Die Reihe
»Basiswissen Psychoanalyse«

ist auf sechs Bände angelegt. Sie orientiert sich in Darstellung und Themenwahl an der Ausbildung in Analytischer Psychotherapie (AP), Tiefenpsychologisch fundierter Psychotherapie (TfP) und Kinder- und Jugendlichen-Psychotherapie (KJP). Damit bietet die Reihe Psychologen, Pädagogen, Ärzten und all denjenigen aus dem therapeutisch-beratenden-pflegenden Umfeld eine fundierte Einführung in psychoanalytisches Wissen.

Die weiteren Bände:

Band 2: Psychoanalytische Verfahren
Band 3: Psychoanalytische Krankheitslehre, Psychosomatik und Pharmakotherapie
Band 4: Kinder- und Jugendlichenpsychotherapie und -psychoanalyse
Band 5: Psychoanalytische Diagnostik: Prävention, Versorgung, Rehabilitation
Band 6: Psychoanalytische Settings für Paar, Familie, Gruppe, Institution

Wolfram Ehlers und Alex Holder

Psychologische Grundlagen, Entwicklung und Neurobiologie

Mit einer Einführung von Christa Rohde-Dachser

Beiträge von Wolfram Ehlers, Uwe Heinemann,
Alex Holder und Hannelore Stenzel

Basiswissen Psychoanalyse,
herausgegeben von Wolfram Ehlers
Band 1

Klett-Cotta

Klett-Cotta
www.klett-cotta.de
© J. G. Cotta'sche Buchhandlung Nachfolger GmbH, gegr. 1659,
Stuttgart 2007
Alle Rechte vorbehalten
Fotomechanische Wiedergabe nur mit Genehmigung
des Verlags
Printed in Germany
Schutzumschlag: Klett-Cotta-Design
Abbildung auf dem Umschlag: © Karl Wägele
Gesetzt aus der Minion von Kösel, Krugzell
Auf säure- und holzfreiem Werkdruckpapier gedruckt
und gebunden von Kösel, Krugzell
ISBN 978-3-608-94163-0

Bibliographische Information der Deutschen Nationalbibliothek
Die Deutsche Nationalbibliothek verzeichnet diese Publikation in der
Deutschen Nationalbibliographie; detaillierte bibliographische
Daten sind im Internet über <http://dnb.d-nb.de> abrufbar.

Inhalt

Vorwort 9

1 Einführung: Theoriegeschichte der Psychoanalyse 13

1.1 Leben und Werk Sigmund Freuds 13

1.2 Verbreitung der Psychoanalyse in Deutschland 15
1.2.1 Gründung der IPV in Nürnberg 1908 15
1.2.2 Emigration jüdischer Psychoanalytiker 15
1.2.3 Spaltung und Neugründung nach 1949 16
1.2.4 Psychoanalyse und Sozialwissenschaft 17

1.3 Theoriegeschichte 18
1.3.1 Triebtheorie und Strukturmodell 19
1.3.2 Ich-Psychologie 22
1.3.3 Objektbeziehungstheorie 23
1.3.4 Selbstpsychologie 24

2 Entwicklungspsychologische Grundlagen der Psychoanalyse 27

2.1 Metapsychologische Perspektiven der Psychoanalyse 27
2.1.1 Das Konzept des psychischen Apparates 27
2.1.2 Das Konzept der psychischen Energie 28
2.1.3 Die zentrale Bedeutung des Unbewussten 29
2.1.4 Der Traum als Königsweg zum Unbewussten 30
2.1.5 Die Metapsychologie 31

2.2 Psychoanalytische Grundannahmen der Entwicklung 33
2.2.1 Vererbung und Erfahrung 33
2.2.2 Entwicklung und Reifung 34
2.2.3 Psychische Prozesse 35
2.2.4 Primär- und Sekundärvorgang 35
2.2.5 Triebe und Triebschicksale 37

2.3 Die Entwicklung von Trieb, Selbst und Objektbeziehungen 48
2.3.1 Psychosexuelle Phasen der Triebentwicklung 48

2.3.2	Die Entwicklung des Selbst	50
2.3.3	Die Entwicklung innerer Objekte und Objektbeziehungen	51
2.4	*Psychoanalytische Entwicklungstheorien*	52
2.4.1	Sigmund Freud	52
2.4.2	Die ichpsychologische Entwicklungstheorie	53
2.4.3	Die Objektbeziehungstheorie Melanie Kleins	54
2.4.4	Die Entwicklungstheorie von Margaret Mahler	55
2.4.5	Die Entwicklungstheorie von Heinz Kohut	55
2.4.6	Die Entwicklungstheorie von Daniel Stern	56
2.4.7	Bindungstheorie und Psychoanalyse	57
3	**Psychologische Grundlagen der Psychoanalyse**	59
3.1	*Allgemeine Krankheitslehre der Psychoanalyse*	60
3.1.1	Allgemeine Aspekte von Krankheit	60
3.1.2	Modellvorstellungen von Gesundheit	66
3.1.3	Multifaktorielle Modelle psychischer Störungen	70
3.2	*Methodische Grundlagen*	81
3.2.1	Der naturwissenschaftliche Beobachter	83
3.2.2	Die kulturwissenschaftliche Forschungsposition	85
3.2.3	Ziele und Strategien der Psychotherapieforschung	86
3.2.4	Psychoanalytische Methoden der Ätiologieforschung	90
3.3	*Struktur und Funktion der Psyche*	94
3.3.1	Normalwissenschaftliche Theorien in der Psychoanalyse	94
3.3.2	Klinische Psychologie und Psychoanalyse	98
3.3.3	Die Struktur der Psychoanalytischen Theorie	102
3.4	*Grundannahmen zu Struktur und Funktion des Bewusstseins*	109
3.4.1	Organisationsformen des Bewusstseins	109
3.4.2	Die experimentelle Untersuchung des Bewusstseins	112
3.4.3	Das topographische Modell	118
3.4.4	Traumtheorie, Traumbildung, Traumarbeit, Traumanalyse	123
3.5	*Motivations- und emotionspsychologische Grundlagen*	130
3.5.1	Psychodynamische Grundlagen der Triebtheorie	132
3.5.2	Spezielle Motivationsformen	138
3.5.3	Komponenten und Funktionen von Emotionen	142
3.5.4	Motivationstheorie und Persönlichkeitsstruktur	146

3.6	Grundlagen von Lernen, Gedächtnis, Kognition	149
3.6.1	Lernen	149
3.6.2	Gedächtnis	156
3.6.3	Kognition: Wahrnehmen, Erkennen, Denken, Bewusstsein	158
3.6.4	Stadien der kognitiven Entwicklung	162
3.6.5	Denkformen im Primär- und Sekundärprozess	163

4	**Medizinische Grundkenntnisse: Aufbau des Nervensystems**	171
4.1	Anatomie und Funktion des Nervensystems	175
4.2	Entwicklung des Nervensystems	179

5	**Neurologische und psychiatrische Erkrankungen**	183
5.1	Entwicklung von Krankheitsmodellen	185
5.2	Schizophrenie	187
5.3	Affektive Störungen	191
5.4	Gedächtnisstörungen	194
5.5	Motorik- und Handlungsstörungen	196
5.5.1	Parkinson (Akinesie)	197
5.5.2	Schlaganfall und spastische Parese	199
5.5.3	Epilepsie (psychomotorisches Anfallsgeschehen)	200

6	**Neurobiologische und biopsychologische Grundlagen**	203
6.1	Neuropsychoanalyse, Neuropsychologie und Neurobiologie	203
6.2	Schlaf, Aktivierung und Triebrepräsentanz	206
6.2.1	Steuerung des Schlafes und der Wachheit	210
6.2.2	Hirnmodell der Traumfunktion	214
6.2.3	Kortikale Aktivierung: Wachheit und Bewusstseinslage	214
6.2.4	Aufmerksamkeitssteuerung	217
6.2.5	Spezifische Aktivierung: Vigilanz und Schreck	222
6.2.6	Motivationssteuerung von Nahrungssuche und Fortpflanzung	225
6.2.7	Nach innen gerichtete Wahrnehmungsoberfläche (Interozeption)	228

6.3	Informationsaufnahme – Speicherung und Objektrepräsentanz	233
6.3.1	Reiz-Aufnahme und -Verarbeitung (Wahrnehmung)	234
6.3.2	Bewusstsein der nach außen gerichteten Wahrnehmungsoberfläche	241
6.3.3	Wahrnehmungsbewusstsein und Gedächtnis	242
6.3.4	Speicherfunktionen und Bewusstsein	243
6.3.5	Gedächtnisformen und Objektrepräsentanz	247
6.4	Zielgerichtetes Handeln: Programmierung, Steuerung, Kontrolle	252
6.4.1	Neurobiologie der Ziel- und Greifbewegungen	255
6.4.2	Neuropsychologie der Emotionen und des Verhaltens	258
6.4.3	Neuropsychoanalyse des zielgerichteten Handelns und Sprechens	262

Literaturverzeichnis 267
       Freud-Literatur 285
Personenregister 287
Sachregister 290
Register der zitierten Schriften Freuds 299
Die Autorinnen und Autoren 300

Vorwort

Dieses Buch ist der erste Band einer auf sechs Bände angelegten Reihe, die für Psychologen und Pädagogen gedacht ist, die eine Ausbildung in analytischer Psychotherapie (AP), Tiefenpsychologisch fundierter Psychotherapie (TfP) und Kinder- und Jugendlichen-Psychotherapie (KJP) beginnen oder begonnen haben, und natürlich für ihre Dozenten. Ebenso könnten Ärzte interessiert sein, die eine systematische psychologische Ausbildung in der Psychoanalyse suchen. Die Didaktik der Reihe sollte es aber auch Nachbarwissenschaftlern ermöglichen, sich über den Wissensstoff der Psychoanalyse zu informieren.

Die Studierenden benötigen eine Übersicht über die Unterrichtsgegenstände, die sie an die Originaltexte heranführt und ihnen mögliche Rezeptionswege aufzeigt. Gemäß der Definition des Gesetzgebers der Bundesrepublik Deutschland soll der Psychologische Psychotherapeut sowohl das Gesamtgebiet der Psychotherapie überblicken und sein Wissen in einer schriftlichen Prüfung nachweisen als auch eine Vertiefungsrichtung (Analytische Psychotherapie, Tiefenpsychologisch fundierte Psychotherapie oder Verhaltenstherapie) wählen, in der er sich spezialisiert. Die Auflistung von Unterrichtsgegenständen des Instituts für Medizinische und Pharmazeutische Prüfungsfragen (IMPP) gibt für den Unterricht eine Richtung vor, die im Widerspruch zu den praktischen Erfordernissen der Ausbildung in der Vertiefungsrichtung Psychoanalyse steht. Hier versucht die Reihe zum Basiswissen der Psychoanalyse eine Brücke zu bauen.

Die Gegenstände des IMPP-Kataloges (GK) erfordern bei der Darstellung des psychotherapeutischen Stoffes in großem Umfang die Berücksichtigung medizinischer Inhalte. Die Tätigkeit in der Praxis macht eine strikte Trennung der Vertiefungsrichtungen Psychoanalyse und Verhaltenstherapie erforderlich. Somit sollte der Unterricht von Beginn an eine Profilierung in der gewählten Vertiefungsrichtung garantieren, auch wenn alle Prüfungsgegenstände abgefragt werden können. Die vorliegende Reihe zum Basiswissen geht daher den Weg der Praxis und versucht den Wissensstoff für die Vertiefungsrichtungen *Analytische Psychotherapie* und *Tiefenpsychologisch fundierte Psychotherapie* unter dem Oberbegriff der *Psychoanalyse* zu vermitteln. Diese Spezialisierung gilt auch für die Ausbildung in der *Kinder- und Jugendlichen-Psychotherapie*. Aus dieser methodischen Perspektive werden aber auch Gegenstände der Verhaltenstherapie (Lernen, Gedächtnis, Kognition) behandelt, damit die Studierenden der Vertiefungsrichtungen auch zu dem in der Praxis nicht erprobten Stoff einen Zugang finden. Der vorliegende Band konzentriert sich auf die psychologischen und biologischen Grundlagen der Psychotherapie, einschließlich der Entwicklungsaspekte in der Psychoanalyse (Gegenstand 1 des GK des IMPP).

Der in der Psychoanalyse von Kindern und Jugendlichen wie von Erwachsenen erfahrene psychologische Psychotherapeut Dr. phil. Alex Holder gibt eine Einführung in die Entwicklungspsychologie und in die Theorien der Entwicklungspathologie (GK 4.1), wie sie im Verlaufe der historischen Entwicklung der Psychoanalyse entstanden sind. Die allgemeinen Theorieperspektiven der Psychoanalyse werden unter dem Gesichtspunkt der Metapsychologie veranschaulicht und ihre Begriffsdefinitionen prägnant dargestellt. Für die zentralen Begriffe Trieb, Selbst und inneres Objekt der Psychoanalytischen und der Tiefenpsychologisch fundierten Therapie (TfP) werden die Entwicklungslinien aufgezeigt.

Ich selbst stelle die psychologischen Grundlagen der Psychoanalyse (GK 1.1) vor und berichte über die Grundannahmen zum Bewusstsein und Lernen, zu Kognition, Motivation und Emotion sowie zu den Entwicklungsaufgaben über die Lebensspanne. Zusammen mit der Psychoanalytiker-Kollegin Dr. med. Hannelore Stenzel wurde ein Abschnitt über spezielle Motivationsformen ausgearbeitet. Die psychoanalytischen Konzepte über die Entstehung, Aufrechterhaltung und den Verlauf psychischer Störungen und psychisch mitbedingter Krankheiten werden im Sinne einer allgemeinen Krankheitslehre der Psychoanalyse (GK 2.3) dargestellt. Die multifaktoriellen Modelle psychischer Störungen sind im Verlauf der Theorieentwicklung der Psychoanalyse entstanden und werden unter Berücksichtigung von Trauma, Konflikt, Struktur und Interaktion diskutiert (GK 2.4). Der im Psychotherapeutengesetz geforderten wissenschaftlichen Methodik der Psychotherapie wird ein eigenes Kapitel gewidmet.

Der Neurobiologe und Leiter des Physiologischen Institutes der Humboldt-Universität der Charité in Berlin, Prof. Dr. med. Uwe Heinemann, hat in Zusammenarbeit mit mir drei Kapitel über die medizinischen Grundkenntnisse der Psychotherapie erarbeitet. Das Kapitel zum Aufbau des Nervensystems (GK 7.3) informiert über dessen Struktur und Funktion. Die Darstellung der neurologischen und psychiatrischen Erkrankungen (GK 7.3.10) erläutert die neurobiologischen Konzepte zur Erklärung von Störungen des Denkens bei der Schizophrenie, der Affektregulation bei der endogenen Depression, des Gedächtnisverlustes bei Demenzerkrankungen sowie der Motorik und Handlung bei Parkinson (Bewegungsstarre), Schlaganfall (Lähmung) und dem Anfallsgeschehen in der Epilepsie. Die biologischen und biopsychologischen Grundlagen (GK 1.2) der Psychotherapie werden unter drei verschiedenen wissenschaftsmethodischen Aspekten dargestellt (Neurobiologie, Neuropsychologie und Neuropsychoanalyse), um die Reichweite dieser biologischen Erkenntnisse für die psychotherapeutische Praxis der Zukunft zu erkunden.

Die Nachfolgerin von Alexander Mitscherlich am Psychoanalytischen Institut der Universität Frankfurt, Frau Prof. Dr. Rohde-Dachser, führt in die Theoriegeschichte der Psychoanalyse ein und verdeutlicht an einer fiktiven Krankengeschichte die verschiedenen Sichtweisen der analytischen Theoriegeschichte: Triebtheorie, Ich-Psychologie, Objektbeziehungstheorie und Selbstpsychologie.

Bei der Herstellung dieses Bandes unterstützten mich zahlreiche Personen, denen ich hiermit herzlichen Dank sage: Annelies Arp-Trojan, Anja Diebetsberger, Hildegund Ehlers, Prof. Dr. phil. et med. Heiner Legewie, Alexis Hofherr, Anne und Horst Michael, Prof. Dr. rer. nat. et med. Reinhard Rüdel, Dr. phil. Hans Peter Mahnke.

Die Konzeption einer Reihe *Basiswissen Psychoanalyse* für Erwachsenen- sowie Kinder- und Jugendlichen-Psychotherapeuten verdanke ich der ausführlichen Diskussion mit dem Lektor des Verlags Klett-Cotta, Herrn Dr. Heinz Beyer. Die Gegenstände der schriftlichen Prüfung zum Psychotherapeutengesetz und die Inhalte der Gegenstandskataloge des IMPP wurden auf sechs Bände der Reihe aufgeteilt, so dass sowohl die Berücksichtigung des Stoffumfangs wie auch die Geschlossenheit jedes Einzelbandes unter Einbindung der medizinischen Grundkenntnisse gewährleistet sind.

Die Gestaltung der Buchumschläge verdanke ich der Zusammenarbeit meines Freundes Karl Wägele mit dem Verlag. Er hat seit seiner Pensionierung als Ausstattungsleiter, Bühnenbildner und Grafiker beim Süddeutschen Rundfunk (SDR) unermüdlich als akademischer Maler weitergearbeitet und konnte daher aus seinem Entwurfsfundus Vorlagen zur Verfügung stellen, die den Einzelbänden einen unverwechselbaren Charakter geben.

Ich danke allen Autoren dieses ersten Bandes für die sehr anregende Zusammenarbeit und die große Geduld bei der Fertigstellung der Endfassung; Herrn Dr. phil. Alex Holder für seine Unterstützung als Mitherausgeber und meinem früheren Kollegen aus der Abteilung von Prof. Dr. Otto Creutzfeld am MPI für Psychiatrie in München, Herrn Prof. Dr. med. Uwe Heinemann, für die Bereitstellung kostbarer Wochenenden im Wintersemester der Jahre 2004/05. Herrn Prof. Dr. Dr. Heiner Legewie danke ich, auch im Gedenken an den leider so früh verstorbenen Illustrator Armin Boerne, für die großzügige Bereitstellung von über 30 Abbildungen aus dem gemeinsamen Werk *Knaurs moderne Psychologie*. Der akademische Maler und Grafiker Uwe Ernst erlaubte uns dankenswerterweise den Abdruck seiner Grafik *Der liebe Gott beim Konditionieren*.

Wolfram Ehlers
Stuttgart, im Oktober 2006

1 Einführung: Theoriegeschichte der Psychoanalyse

■ *Christa Rohde-Dachser, Frankfurt/M.*

Eine *Einführung in die Geschichte der Psychoanalyse* sollte mit der Darstellung des Lebens und Werks Sigmund Freuds beginnen, der um die Wende vom 19. zum 20. Jahrhundert die Psychoanalyse in Wien begründete. Anschließend soll gezeigt werden, wie sich die Psychoanalyse immer stärker auch in Deutschland ausbreitete, wie die Deutsche Psychoanalytische Gesellschaft nach der Machtergreifung Hitlers unter immer größeren Druck geriet, vor dem sie schließlich kapitulierte, und wie es nach dem Ende des »Dritten Reichs« zu einer Spaltung in zwei psychoanalytische Gesellschaften kam, die sich erst in den letzten beiden Jahrzehnten einander wieder annäherten und heute die Psychoanalyse in Deutschland gemeinsam repräsentieren.

Danach werden wir uns der Frage zuwenden, wie sich die Psychoanalyse seit Freud inhaltlich weiter entwickelt hat und welche psychoanalytischen Theorien die moderne Psychoanalyse heute maßgeblich prägen.

1.1 Leben und Werk Sigmund Freuds

S. Freud wurde 1856 im mährischen Freiberg geboren, und zwar als ältester Sohn des jüdischen Stoffhändlers Jacob Freud, der damals 41 Jahre alt war, und seiner damals 21-jährigen Ehefrau Amalie. Später zieht die Familie nach Wien. Sigmund Freud besteht mit Auszeichnung dort seine Matura und entschließt sich zum Studium der Medizin. Nach dem Abschluss des Studiums arbeitet er zunächst vor allem auf dem Gebiet der Neurologie. 1885 bekommt er ein Stipendium für eine Studienreise und beschließt, nach Paris zu Jean Martin Charcot zu fahren. In der Salpêtrière in Paris lernt Freud dessen Theorien über die Hysterie kennen. Unter dem Einfluss von Charcot verschiebt sich sein Interesse zunehmend von der Neurologie zur Psychologie. Nach der Rückkehr aus Paris lässt er sich in Wien als Arzt nieder. Die Erfahrungen mit seinen hysterischen Patientinnen beschreibt er in den 1895 zusammen mit Breuer veröffentlichten *Studien über Hysterie*, wo auch die Behandlung von Anna O. durch Breuer geschildert wird.

In den Jahren danach beginnt Freud mit seiner Selbstanalyse. 1896 rückt er von seiner anfänglichen Annahme ab, die Neurose sei die Folge einer sexuellen Verführung in der Kindheit, und stellt stattdessen die Fantasien des Kindes, die das Resultat sexueller Triebwünsche sind, in den Mittelpunkt seiner Betrachtungen. Er erkennt die Bedeutung des Ödipuskomplexes.

1900 erscheint Freuds Buch *Die Traumdeutung* (1900a), in dem er die grundlegenden Erkenntnisse der Psychoanalyse formuliert. In den Jahren darauf erscheinen in kurzen Abständen weitere wichtige Werke aus der Gründerzeit der Psychoanalyse:

- die *Psychopathologie des Alltagslebens* (1901b), die Niederschrift der »Dora-Analyse« mit dem Titel *Bruchstücke einer Hysterie-Analyse* (1905e) und die berühmten *Drei Abhandlungen zur Sexualtheorie* (1905d), in denen Freud seine Theorie der psychosexuellen Entwicklung des Kindes darstellt;
- 1909 zwei weitere Krankengeschichten, die *Analyse der Phobie eines fünfjährigen Knaben* (1909b), die auch als »Der kleine Hans« bekannt geworden ist, und *Bemerkungen über einen Fall von Zwangsneurose* (1909d), eher geläufig unter dem Namen »Der Rattenmann«.
- 1914, unmittelbar vor Ausbruch des Ersten Weltkrieges, entstand die Arbeit *Zur Einführung des Narzißmus* (1914c). 1917 erscheinen u. a. *Trauer und Melancholie* (1917e) und die Vorlesungen zur Einführung in die Psychoanalyse (1916–1917).
- Mit dem Jahr 1920 wendet sich Freuds Interesse, wahrscheinlich mit verursacht durch die Erfahrungen des Ersten Weltkrieges, den plötzlichen Tod seiner Lieblingstochter Sophie und die Diagnose eines Oberkieferkrebses, einem Typus menschlicher Strebungen zu, der nicht mehr allein durch das Lustprinzip erklärt werden kann. Es erscheinen *Jenseits des Lustprinzips* (1920g), in dem Freud erstmals neben der Libido (»Eros«) den Todestrieb (»Thanatos«) als Antagonisten des Eros einführt, und *Das ökonomische Problem des Masochismus* (1924c).
- 1930, wenige Jahre vor der Machtergreifung Hitlers, veröffentlicht Freud sein Werk *Das Unbehagen in der Kultur* (1930a), in dem die Kultur als der Schauplatz charakterisiert wird, in dem Eros und Thanatos ihren Kampf austragen und ungewiss bleibt, wer schließlich den Sieg davontragen wird.

In Deutschland gewinnt während dieser Zeit der Nationalsozialismus immer mehr an Gewicht. Viele Analytiker emigrieren. 1933 werden in Berlin Freuds Bücher verbrannt. Freud bleibt zunächst weiter in Wien. Im Jahr 1938 wird Wien von den Nazis besetzt. Freuds Tochter Anna wird von der Gestapo verhört. Unter diesem Eindruck beschließt Freud, das Land zu verlassen. Er emigriert 1938 über Paris nach London. Heute erinnert eine Tafel im Bahnhof von Kehl an den von der Gestapo genehmigten Grenzübertritt nach Frankreich (Knebusch, 1998). Ein Jahr später, am 23. September 1939, stirbt Freud in London an den Folgen seines Krebsleidens. Im gleichen Monat beginnt der Zweite Weltkrieg.

1.2 Verbreitung der Psychoanalyse in Deutschland

In Deutschland hat sich die Psychoanalyse zunächst vor allem in Berlin ausgebreitet. Einer ihrer bekanntesten Vertreter in Berlin war Karl Abraham, der 1908 das Berliner Psychoanalytische Institut gründete. 1910 erfolgte die Gründung der Deutschen Psychoanalytischen Gesellschaft (DPG), der auch das Berliner Institut beitrat.

1.2.1 Gründung der IPV in Nürnberg 1908

Bereits zuvor wurde auf dem psychoanalytischen Kongress in Nürnberg die Internationale Psychoanalytische Vereinigung (IPV) gegründet. Die Deutsche Psychoanalytische Gesellschaft wurde Mitglied dieser Vereinigung. In Berlin gewann die Psychoanalyse eine immer größere Zahl von Anhängern. 1920 konnte mit der finanziellen Unterstützung Max Eitingons in Berlin die erste Psychoanalytische Poliklinik (Eitingon, 1923) eröffnet werden.

1.2.2 Emigration jüdischer Psychoanalytiker

Unter dem Druck des wachsenden Antisemitismus in Deutschland emigrierten bis 1933 eine Reihe jüdischer Psychoanalytiker, darunter Karen Horney, in die USA. Ihnen folgte als einziger nicht aus »rassischen« Gründen verfolgter deutscher Psychoanalytiker Bernard Kamm. Nach der Machtergreifung Hitlers setzte in Deutschland sehr bald eine systematische Judenverfolgung ein. Die Psychoanalyse wurde als »jüdische Wissenschaft« gebrandmarkt. Weitere jüdische Psychoanalytiker, darunter Siegfried Bernfeld, Otto Fenichel und Wilhelm Reich, emigrierten in die USA. Die Deutsche Psychoanalytische Gesellschaft stand vor der Frage, ob sie sich auflösen oder ihren jüdischen Mitgliedern nahe legen sollte, aus der Gesellschaft auszutreten. Sie entschied sich für die zweite Alternative. Was später von manchen als eine Rettung der Psychoanalyse über die Zeit des Nationalsozialismus hinweg deklariert wurde, war für andere ein Zeichen der Kollaboration mit dem nationalsozialistischen Regime.

Faktum ist, dass 1935 die jüdischen Mitglieder der Deutschen Psychoanalytischen Gesellschaft (DPG) »freiwillig« aus der DPG austraten. Das Berliner Psychoanalytische Institut wurde in das »Deutsche Institut für Psychologische Forschung und Psychotherapie« in Berlin »eingemeindet«. Vorsitzender dieses Instituts war Matthias Heinrich Göring, ein Vetter des Reichsmarschalls, der der Psychoanalyse nicht unbedingt feindlich gegenüberstand. Seine erklärte Vorstellung war aber, dass an diesem Institut unter einer nationalsozialistischen »Weltanschauung« zu forschen und zu arbeiten sei (Nitzschke, 1993, S. 17). Mitglieder des »Deutschen Instituts« waren u.a. Müller-Braunschweig und Schultz-Hencke. Die Psychoanalyse konnte sich in diesem Institut, wenn auch unter schwierigen Bedingungen und unter vielfachen Zugeständnissen, am Leben erhalten.

1.2.3 Spaltung und Neugründung nach 1949

Nach dem Zusammenbruch des »Dritten Reichs« entstand unter den deutschen Psychoanalytikern die Frage, ob und wie sich die deutsche Psychoanalyse erneut der Internationalen Psychoanalytischen Vereinigung (IPV) anschließen konnte, in der auch die emigrierten jüdischen Psychoanalytiker aus Deutschland ihre neue Heimat gefunden hatten. Unter dem Einfluss von Müller-Braunschweig wurde auf dem Psychoanalytischen Kongress in Zürich 1949 der Anschluss an die Internationale Psychoanalytische Vereinigung gesucht. Der Versuch scheiterte zunächst an einem Referat von Schultz-Hencke, in dem größere Abweichungen von der Freud'schen Lehre sichtbar wurden. Unter diesem Eindruck gründeten einige Mitglieder der DPG, darunter Müller-Braunschweig, 1950 in Berlin die »Deutsche Psychoanalytische Vereinigung« (DPV). Ihr Ziel war, sich von den abweichenden Positionen Schultz-Henckes zu distanzieren und möglichst schnell wieder Anschluss an die Freud'sche Psychoanalyse zu finden. Auf dem psychoanalytischen Kongress in Amsterdam (1951) wurde die DPV in die IPV aufgenommen, während der DPG dies zu diesem Zeitpunkt nicht gelang. In der Folgezeit gab es zwischen den beiden psychoanalytischen Gesellschaften immer wieder wechselseitige Zuschreibungen, die mit der Frage zusammenhingen, wer für die Schuld gegenüber den jüdischen Psychoanalytikern verantwortlich zeichne.

Eine Aufarbeitung dieser von Schuld durchtränkten Geschichte der deutschen Psychoanalyse erfolgte auf Seiten der DPV erstmals auf dem psychoanalytischen Kongress in Bamberg« im Jahre 1980 und dann verstärkt auf dem psychoanalytischen Kongress in Hamburg 1985. Die Deutsche Psychoanalytische Gesellschaft, die in den sechziger und siebziger Jahren noch stark an der Lehre Schultz-Henckes orientiert war, hat diese Auseinandersetzung seit 1980 ebenfalls sehr ernsthaft geführt. Auch hinsichtlich der theoretischen Ausrichtung kam es dabei zu einer immer stärkeren Angleichung an die Standards der Internationalen Psychoanalytischen Vereinigung (IPV). Die Ursachen für die zunächst weiter bestehenden Differenzen zwischen den beiden Gesellschaften dürften nicht zuletzt in der unbewussten Fortschreibung der schuldhaften historischen Vergangenheit und der Frage, wer dabei Täter und wer Opfer war, zu suchen sein. Im Jahr 1994 fand zum ersten Mal eine gemeinsame Reise von Mitgliedern der DPV und der DPG nach Israel statt, um sich dort, an Ort und Stelle, zusammen mit israelischen Kollegen mit der Vergangenheit der Psychoanalyse in Deutschland zu konfrontieren. Die Analytiker, die an dieser Reise teilgenommen haben, haben dabei eine gemeinsame Sprache gefunden. Mittlerweile ist auch diese Diskussion zwischen den beiden psychoanalytischen Verbänden in vollem Gange.

1.2.4 Psychoanalyse und Sozialwissenschaft

Frankfurt am Main trat neben anderen deutschen Städten vor allem durch die Verbindung zwischen Psychoanalyse und Sozialwissenschaften hervor. Es gab dort bereits vor der Machtergreifung Hitlers das Frankfurter Psychoanalytische Institut, dem renommierte Psychoanalytiker (u. a. Erich Fromm, Karl Landauer und Frieda Fromm-Reichmann) angehörten. Das Frankfurter Psychoanalytische Institut hatte engen Kontakt zum Sozialwissenschaftlichen Institut, dem damals Erich Fromm als Leiter vorstand. Beide Institute wurden unmittelbar nach der Machtergreifung Hitlers geschlossen; Landauer ist später im KZ gestorben.

Nach dem Zweiten Weltkrieg war es vor allem Alexander Mitscherlich, der die Psychoanalyse in Frankfurt neu begründete und sich dabei auch intensiv mit der nationalsozialistischen Vergangenheit auseinander setzte. Letzteres geschah in enger Zusammenarbeit mit dem Frankfurter Institut für Sozialforschung, an dem damals Adorno und Horkheimer lehrten. Die wichtigsten Werke Alexander Mitscherlichs aus dieser Zeit sind das 1949 erschienene Buch *Medizin ohne Menschlichkeit* und das zusammen mit Margarete Mitscherlich geschriebene Buch *Die Unfähigkeit zu trauern* (1967). Das Ansehen, das sich die Psychoanalyse in diesen ersten Nachkriegsjahren in der Öffentlichkeit verschaffte, führte zur Gründung des Sigmund Freud-Instituts durch das Land Hessen. Zum ersten Direktor dieses Instituts wurde im Jahr 1960 Alexander Mitscherlich berufen. Sechs Jahre später wurde für ihn auch ein Lehrstuhl an der Universität Frankfurt eingerichtet, aus dem im Rahmen der Hochschulreform 1973 das Institut für Psychoanalyse entstand, als einziges Universitätsinstitut in Deutschland, das ausschließlich das Fach »Psychoanalyse« vertrat. Seit 2006 ist es in das Psychologische Institut des Fachbereichs »Psychologie und Sportwissenschaften« integriert.

1.3 Theoriegeschichte

Die Psychoanalyse hat sich seit Freud in mehrere Richtungen weiterentwickelt. Wenn wir heute von »Psychoanalyse« sprechen, meinen wir in der Regel ein Amalgam aus psychoanalytischer Triebtheorie, psychoanalytischer Ich-Psychologie, psychoanalytischer Objektbeziehungstheorie und psychoanalytischer Selbstpsychologie.

Die Theorien unterscheiden sich durch ihre jeweils unterschiedliche Schwerpunktsetzung. In ihrer Gesamtheit ermöglichen sie ein weit reichendes Verständnis unbewusster psychischer Prozesse. Im Kontext von Schulstreitigkeiten wurden diese theoretischen Ansätze in der Vergangenheit manchmal unnötig polarisiert. Tatsächlich überlappen sich die vier Perspektiven, wobei jede von ihnen dem theoretischen Verständnis der menschlichen Psyche etwas Neues hinzufügt und wichtige klinische Informationen liefert (Pine, 1990; Müller-Pozzi, 2002).

Im Folgenden soll zunächst an Hand eines klinischen Beispiels gezeigt werden, welches die Fragestellungen sind, die innerhalb der Psychoanalyse zur Erklärung psychischer Krankheitsbilder herangezogen werden, und wie die Antworten aussehen, die die genannten psychoanalytischen Theorien darauf liefern können. Ich wähle dazu ein Fallbeispiel mit der Diagnose »Neurotische Depression«.

Es handelt sich um eine 24-jährige Patientin, Studentin der Kunstgeschichte, deren sechsjährige Partnerbeziehung in die Brüche gegangen ist. Der Mann ist – für sie ganz unerwartet – zu einer anderen Frau gezogen, obwohl beide eigentlich vereinbart hatten, gleich nach dem Studium zu heiraten, und sie sich schon auf ein Kind gefreut hatte.

Die Patientin reagiert auf diese Trennung zunächst mit Wut und Verzweiflung und einer starken Verunsicherung als Frau. Daraus entwickelt sich innerhalb kurzer Zeit eine tiefe Depression. Sie fühlt sich unwert, macht sich starke Selbstvorwürfe, dass sie ihren Partner nicht festhalten konnte, glaubt, dass niemand sie mehr lieben könne und dass dies wahrscheinlich auch schon in der zerbrochenen Partnerbeziehung galt. Sie kann sich nicht mehr konzentrieren, traut sich auch sonst keine Arbeit mehr zu, meidet zunehmend den Kontakt mit anderen Leuten, gibt sich immer stärker ihrem Trübsinn hin und denkt in letzter Zeit häufiger an Suizid. Wenn ihr jemand aufmunternd zuredet, erlebt sie nur aufs Neue, dass sie nicht in der Lage ist, die gut gemeinten Ratschläge anzunehmen. Sie wird dann noch verschlossener, die Suizidgedanken nehmen zu.

Alles dies sind Symptome einer Depression, wie sie im Anschluss an eine Trennung häufiger auftritt. Mit zunehmendem Abstand vom Zeitpunkt der Trennung lässt diese Depression in der Regel aber nach, um schließlich wieder einer normalen Lebensperspektive Platz zu machen. In dem hier geschilderten Fall dagegen verschlimmert sich die Depression im Laufe der Zeit. Es muss also – so können wir zumindest vermuten – in der Patientin etwas geben, das diesen depressiven Zustand, der hier nicht mit einer normalen Trauerreaktion verwechselt werden darf, aufrechterhält. Angenommen, die Frau käme mit den geschilderten Symptomen in die psychoanalytische Sprechstunde, wonach könnte der Psychoanalytiker suchen? Versuchen wir eine erste Antwort mit Hilfe der Triebtheorie.

1.3.1 Triebtheorie und Strukturmodell

Die von Freud formulierte psychoanalytische Triebtheorie betrachtet den Menschen als ein von seinen Trieben bestimmtes Wesen. Die Triebe (libidinöser ebenso wie aggressiver Natur) sind im Körper angesiedelt. Innerhalb der Psyche treten sie als triebhafte Wünsche in Erscheinung, die auf unmittelbare Abfuhr drängen. In ihrer elementaren Ausprägung handelt es sich dabei um infantile Wünsche, die das Kind verdrängen musste, um den befürchteten Sanktionen von Seiten der Eltern und später auch eigenen Schuldgefühlen zu entgehen. Die verdrängten Triebwünsche sind von da an dem Bewusstsein nicht mehr zugänglich. Unter bestimmten Umständen können sie aber wieder an die Bewusstseinsoberfläche drängen. Dabei stoßen sie nunmehr aber auf eine Abwehrschranke, die das Ich errichtet hat, um die Verdrängung aufrecht zu erhalten. Sie können deshalb nur in verkleideter Form ins Bewusstsein gelangen. Unter anderem geschieht dies durch die Entwicklung neurotischer Symptome.

Freud hat, um diesen Vorgang zu beschreiben, nacheinander drei Modelle des psychischen Funktionierens entwickelt. Es sind dies:
1. das Affekt-Trauma-Modell (bis 1897);
2. das topographische Modell (1987–1923);
3. das Strukturmodell der Psyche mit den Instanzen Ich, Es und Überich.

Das Affekt-Trauma-Modell basiert auf der Verführungstheorie. Danach sind hysterische und Zwangssymptome im Erwachsenenalter auf eine sexuelle Verführung in der Kindheit zurückzuführen, die zunächst verdrängt wurde. Die Erinnerung kann durch ein sexuelles Ereignis im Erwachsenenleben aber wieder belebt werden. Dabei wächst ihr im Nachhinein die ganze Affekt-Intensität zu, die der Sexualität des Erwachsenen entspricht. Das Wiedererleben des Ereignisses bekommt auf diese Weise traumatischen Charakter. Die Verdrängung muss deshalb grundsätzlich aufrechterhalten werden. Bewusst werden dann lediglich bestimmte neurotische Symptome, in denen das früher real Geschehene einen verdeckten Ausdruck findet. Diesen Ansatz hat Freud später zugunsten der beiden anderen Modelle wieder fallen lassen. Mit der gegenwärtig geführten Diskussion um die Bedeutung frühkindlicher Traumata insbesondere für die Borderline-Entwicklung hat er aber erneut an Bedeutung gewonnen.

Nach der Aufgabe der Verführungstheorie entwickelte Freud 1915 das *topographische Modell des psychischen Apparats* (1915e). Es war sein erster Versuch, das Schicksal unbewusster Seelenvorgänge von ihrem Ursprung in körperlich verankerten Trieben über die dadurch angestoßenen unbewussten Fantasien bis hin zu den bewusstseinsfähigen Derivaten dieser Fantasien zu verfolgen.

Dazu diente ihm ein Drei-Schichten-Modell der Psyche, das sich aus den Systemen Unbewusst, Vorbewusst und Bewusst zusammensetzt. Die drei Systeme sind nach ihrer Nähe zum Bewusstsein angeordnet, deshalb die Bezeichnung *topographisch*. Das System Unbewusst ist dem Bewusstsein grundsätzlich unzugänglich, das System Vorbewusst nur unter bestimmten Bedingungen (z. B. durch Erinnerung) zugänglich. Im deskriptiven Sinne sind beide Systeme von daher unbewusst.

Das Unbewusste besitzt aber auch eine dynamische Qualität. Das bedeutet, dass die unbewussten Inhalte aus den tiefen Schichten des Unbewussten an die Bewusstseinsoberfläche drängen. Sie unterliegen also einem Auftrieb, der dazu führt, dass sie die Grenzen zum System »vorbewusst« und schließlich zum System »bewusst« zu überwinden trachten. Freud postulierte deshalb eine Zensur (»einen Wächter«) an den jeweiligen Systemgrenzen, der verhindern soll, dass unverträgliche Inhalte in das System Vorbewusst oder Bewusst eindringen.

Weil es schwierig war, im Rahmen des topographischen Modells das deskriptive Unbewusste immer vom dynamischen Unbewussten zu trennen, entwickelte Freud in seiner Arbeit »Das Ich und das Es« (1923b) schließlich das »Strukturmodell des psychischen Apparats« mit den Instanzen »Ich«, »Es« und »Überich«. Das »Es« stellt dort den Triebpol der Persönlichkeit dar; es ist »das Reservoir der Triebe«. Im »Es« finden sich ursprüngliche, ebenso wie später verdrängte Triebwünsche, die für das Ich inkompatibel sind und deshalb abgewehrt werden müssen. Triebwünsche präsentieren sich nach Freud sowohl in libidinöser als auch in aggressiver Qualität. Das »Es« funktioniert nach dem Lustprinzip; es will sofortige, bedingungslose Triebbefriedigung, ohne sich um moralische Einschränkungen oder reale Konsequenzen zu kümmern. Dabei unterliegt es dem Denken des Primärprozesses, das von Affekten reguliert wird und keine Widersprüche kennt (vgl. dazu auch 2.2.4). Demgegenüber funktionieren das »Ich« und das »Überich« in ihren bewussten Anteilen nach dem Sekundärprozess, in dem kausales, logisches, die

Realität einkalkulierendes Denken vorherrschen. Das »Überich« ist eine innere Instanz, in der die dem Kind im Verlauf seiner Sozialisation vermittelten Normen und Verhaltensregeln verinnerlicht weiterleben. Eine Verletzung des »Überich« verursacht Schuld- und Schamgefühle, auch wenn diese niemals nach außen hin sichtbar werden. Das »Überich« ist mit dem »Ichideal« verbunden, das dem Individuum die notwendigen narzisstischen Prämien für das an diesem Ideal orientierten Verhalten liefert.

Das »Ich« hat die Aufgabe, einen Ausgleich zwischen den konflikthaften Ansprüchen des »Es« und des »Überich« sowie denen der Realität herzustellen. Es ist durch diese Funktionen bestimmt (wenn es um das innere Erleben des Selbst geht, spricht man in der Psychoanalyse in der Regel nicht vom »Ich«, sondern vom »Selbst«). Das »Ich« zielt primär auf Selbsterhaltung. Es arbeitet zu diesem Zweck nach dem Realitätsprinzip, im Gegensatz zum »Es«, das vom Lustprinzip beherrscht wird – »ein denkendes, planendes, vorausschauendes System« (Elhardt, 1982).

Das psychoanalytische Strukturmodell gilt bis heute als ein fester Bestandteil der Psychoanalyse. Die psychoanalytische Triebtheorie wird darin als eine Konfliktpsychologie sichtbar, in der »Es«, »Ich« und »Überich« zueinander in einem strukturellen Konflikt stehen, der unter bestimmten Umständen auch zu einer neuro-

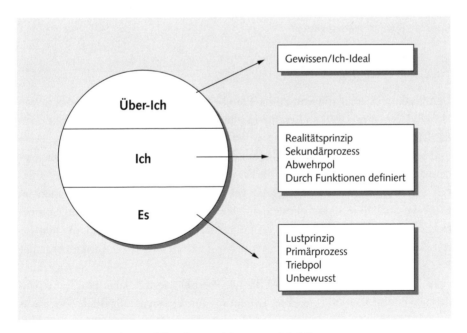

Abb. 1: *Freuds »Strukturmodell« oder »Drei-Instanzen-Modell«*

tischen Lösung führen kann. Das neurotische Symptom ist in diesem Sinne Ausdruck eines Kompromisses zwischen unbewussten Triebwünschen des »Es« und der Abwehr des »Ich«, die verhindert, dass der vom »Überich« verpönte Triebwunsch erneut ins Bewusstsein tritt.

Wenn wir an dieser Stelle zu unserer depressiven Patientin zurückkehren, dann können wir aus der Sicht der Triebpsychologie fragen: Was könnte es sein, was sich hier in verdeckter Form als Wunsch meldet und nach Abfuhr drängt? Mit großer Wahrscheinlichkeit handelt es sich dabei um einen aggressiven Wunsch, der eigentlich dem verlassenen Partner gilt, hier aber als eine auf das Ich zurückgewendete Aggression zum Ausdruck kommt. Die Antwort auf die Frage, warum diese Aggression nur als Wendung gegen die eigene Person, mit allen dazugehörigen Schuldgefühlen und Selbstvorwürfen, ausgelebt werden kann, finden wir u.a. in Freuds *Trauer und Melancholie* (1917e). Hier schildert Freud, wie das verlorene Objekt in der Melancholie innerlich nicht verabschiedet, sondern stattdessen im Ich aufgerichtet wird. Sein Verlust wird auf diese Weise geleugnet und Trauer vermieden, wenn auch um den Preis, dass nicht nur die Liebe, sondern auch der Hass auf das Objekt nunmehr auf das Ich gerichtet wird, mit der Folge einer krankhaften Veränderung des Ich. Die Selbstanklagen des neurotisch Depressiven gelten dann eigentlich dem verlassenden Objekt, mit dem er sich unbewusst identifiziert. Selbstmordgedanken sind vor diesem Hintergrund Mordgedanken. Womit der depressive Konflikt kurz umrissen wäre.

1.3.2 Ich-Psychologie

Demgegenüber fragt die von Anna Freud (1936) und später insbesondere von Heinz Hartmann (1939) weiterentwickelte Ich-Psychologie nach den Funktionen des Ich und nach den Bedingungen, unter denen diese Funktionen sich entwickeln und aufrechterhalten werden können. Zu den Ich-Funktionen gehören insbesondere die Fähigkeit zur Anpassung, die Fähigkeit zur Realitätsprüfung und die Fähigkeit zur Abwehr. Die Ich-Psychologie geht davon aus, dass diese Fähigkeiten im Laufe der Sozialisation erst allmählich erlangt werden. Diese Entwicklung ist störbar, so dass es zu Ich-Verzerrungen und Ich-Defekten kommen kann, die den angemessenen Umgang mit den eigenen Triebwünschen und den Anforderungen der Realität beeinträchtigen.

In ihrer reinsten Ausprägung ist die Ich-Psychologie von daher eine Lehre von den Ich-Funktionen und von ihrer Bedeutung für die Anpassung des Individuums an eine durchschnittlich zu erwartende Umgebung. Die unbewussten Konflikte treten demgegenüber an Bedeutung zurück. Aus diesem Grunde wird die Ich-Psychologie, die vor allem in den USA eine starke Verbreitung erfahren hat, von manchen Psychoanalytikern bis heute eher abschätzig als »Anpassungspsychologie« gesehen. Die Aufgabe der Psychoanalyse sei es aber nicht, den Menschen dazu zu verhelfen, sich an ihre soziale Umgebung anzupassen, sondern die Kritikfähigkeit des Individuums gegenüber den bestehenden sozialen Verhältnissen zu schärfen. Die Ich-Psychologie verfehle diese Aufgabe. Aber auch wer diesen kulturkritischen Einwand ernst nimmt, kann als Kliniker auf die Erkenntnisse der psychoanalytischen Ich-Psychologie nicht verzichten.

Auf unseren Fall angewendet, könnte eine ich-psychologische Fragestellung lauten: Welche Möglichkeiten stehen unserer Patientin zur Verfügung, mit dem Verlassenwerden und der dadurch mobilisierten Aggression fertig zu werden? Wie stark muss sie die Aggression abwehren? Kann sie Wut und Rachewünsche zulassen? Welche Möglichkeiten hat sie, die bedrohliche innere Lücke, die ihr Freund hinterlassen hat, zu schließen? Wie stark ist ihr Selbstvertrauen, um nach einer Zeit der Trauer für sich wieder eine neue Zukunft aufzubauen? Die Ich-Psychologie konzentriert sich vorrangig auf die Lebensbewältigungsmöglichkeiten eines Menschen und vertritt die Vorstellung, dass diese gegebenenfalls auch gelernt werden können. Insofern besteht hier auch eine größere Nähe zur Verhaltenstherapie. Für die klinische Diagnose und die Erstellung einer Psychotherapie-Indikation ist es notwendig, sich nicht nur über die Symptome eines Patienten Gedanken zu machen, sondern auch über seine spezifischen Möglichkeiten, das Leben zu meistern und neue Formen der Lebensbewältigung zu erlernen.

1.3.3 Objektbeziehungstheorie

Von zentraler Bedeutung für die Weiterentwicklung der Psychoanalyse seit Freud ist die Psychologie der Objektbeziehungen, die eng mit den Namen Melanie Klein, Fairbairn, Margaret Mahler und Otto Kernberg verbunden ist. Die psychoanalytische Objektbeziehungstheorie richtet ihr Augenmerk vor allem auf die frühen Objektbeziehungen des Kindes, in erster Linie die frühe Mutter-Kind-Beziehung, und fragt, wie sich diese in der inneren Welt des Kindes widerspiegeln. Die frühen Beziehungserfahrungen werden grundsätzlich nach dem sensomotorischen Modus als Handlungsmuster gespeichert. Zu jedem dieser Muster gehören ein (erlebendes) Selbst und ein Objekt, die beide durch einen spezifischen Affekt miteinander verbunden sind. Sie bleiben als »RIGs« (*R*epräsentanzen der *I*nteraktion in *g*eneralisierter Form, siehe dazu Stern, 1992) im Gedächtnis erhalten und dienen dem Individuum dazu, ähnliche Erfahrungen in der Zukunft nach dem gleichen, bereits vertrauten Muster zu strukturieren. Jeder Mensch hat eine Reihe solcher Beziehungsmuster internalisiert. Er ist es auch, der unbewusst bestimmt, welche davon er in einer bestimmten Situation in Szene setzt. Oft werden bestimmte Beziehungsmuster wiederholt, um auf diese Weise vergangene traumatische Erfahrungen zu bewältigen und zu einer anderen Lösung zu bringen.

Wie könnte die neurotische Depression unserer Patientin als Folge einer Trennung unter dem Blickwinkel der Objektbeziehungstheorie verstanden werden? Wir wissen nichts von der Kindheit der Patientin. Wir können aber davon ausgehen, dass sie in ihrer Reaktion auf die Trennung etwas wiederholt, was ihr in ähnlicher Weise schon einmal als kleines Kind widerfahren ist und was sie bereits damals mit massiven Selbstunwerts- und Verlassenheitsgefühlen beantwortet hat. Verlusterfahrungen können für das kleine Kind, das keine Alternativen hat, so schmerzlich sein, dass es von nun an alles unternehmen wird, um eine Wiederkehr einer solchen Erfahrung zu vermeiden. So gesehen wiederholt unsere Patientin in der neurotischen Depression also unbewusst eine Reaktion aus ihrer Kindheit. Die von der Patientin erlebten Schuldgefühle und Selbstvorwürfe lassen sich dann mit der Frage in Verbindung bringen, was sie damals (und jetzt wieder) in ihrer Fantasie »verschuldet« hat, das auf magische Weise dazu führte, dass sie verlassen wurde, und das hätte verhindert werden können, wenn sie nur entsprechend »brav« gewesen wäre. Die Schuldgefühle, mit denen sie jetzt als Erwachsene auf die Trennung reagiert, wären dann eine unbewusste Wiederholung der kindlichen Situation, eine Wiederholung, in der sich die Patientin selbst die Schuld an dem Verlassenwerden gegeben hat, und sei es nur, um der Trennung nicht hilflos ausgeliefert zu sein und sich ein Stück eigene Handlungsmöglichkeit zu bewahren.

So weit die Interpretation der neurotischen Depression unserer Patientin auf der Grundlage der Objektbeziehungstheorie. Darin ist nicht mehr von Trieb und Abwehr die Rede, sondern von der Reinszenierung einer internalisierten Objektbeziehung in der gegenwärtigen Situation. Das heißt nicht, dass hier nicht auch Triebwünsche eine Rolle spielen können, die abgewehrt werden müssen, weil sie – aus welchen Gründen auch immer – als nicht lebbar erscheinen. Der psychoanalytische Zugang zu diesen Wünschen ist hier aber ein anderer: Er macht sich an den Beziehungserfahrungen der Patientin fest, aus denen auch ihre Verlustangst und ihre Schuldgefühle resultieren.

1.3.4 Selbstpsychologie

Die psychoanalytische Selbstpsychologie befasst sich mit der Entwicklung und Aufrechterhaltung des Selbst. Es geht dabei um das Selbsterleben, das Selbstgefühl, das Selbstwertgefühl, die Grenzen des Selbst und die Erfahrung der eigenen Identität.

Die psychoanalytische Selbstpsychologie ist eng mit der psychoanalytischen Narzissmustheorie verbunden, wie sie von Freud (1914c) entwickelt und später insbesondere von Heinz Kohut (1973) weiter ausformuliert wurde. Im Zentrum der Selbstpsychologie steht die Frage, unter welchen Bedingungen der Mensch ein anhaltendes, stabiles und positives Gefühl seines Selbst und seines Selbstwerts entwickeln kann. Die Sicherheit und Kontinuität des Selbst ist auch Vorbedingung für jede Triebbefriedigung, besitzt hier also absolute Priorität. Das Selbst braucht zu seiner Aufrechterhaltung Selbstobjekte, die bestimmte Funktionen erfüllen müssen, die für jeden Menschen ein Leben lang notwendig sind (vor allem Spiegelung, Lob, Bewunderung). Wir werden die damit zusammenhängenden Fragen in Band 2 der Reihe *Basiswissen Psychoanalyse* ausführlicher behandeln.

Wenn wir unseren Fall einer neurotischen Depression unter dem Gesichtspunkt der psychoanalytischen Selbstpsychologie betrachten, dann lautet die Frage hier vor allem, inwieweit dem Partner, der die Patientin verlassen hat, für diese Patientin die Funktion eines Selbstobjekts zukam, so dass sie sich jetzt ohne ihn unvollständig und entleert fühlt. Es könnte z. B. sein, dass die Patientin den Partner stark idealisiert hat und deshalb alles, was für sie innerlich gut und wertvoll war, auf den Partner projizierte, der dadurch zu einem Teil von ihr wurde. Wenn ein solcher Partner geht, nimmt er das auf ihn projizierte Ideal mit sich fort, und der andere bleibt leer zurück, unfähig, sich selbst anzuerkennen und zu lieben. In der Therapie wird es dann vor allem darum gehen, durch die allmähliche Rücknahme dieser Projektionen das eigene Selbst- und das eigene Selbstwertgefühl wiederherzustellen. Hinzu käme hier wahrscheinlich die Bewältigung der narzisstischen Wut über das Selbstobjekt, das sich der ihm zugeschriebenen Aufgabe einer das Selbst bestätigenden Liebe entzogen hat.

Die bisher geschilderten Ansätze beruhen im Wesentlichen auf der psychodynamischen Krankheitsbeschreibung erwachsener Patienten und dem psychoanalytischen Versuch, aus diesen Schilderungen die Kindheit des Patienten zu rekonstruieren. In den folgenden Kapiteln werden diese Ansätze weiter vertieft (siehe 3.1.3). Dabei wird auch auf Erkenntnisse aus anderen Disziplinen eingegangen, die inzwischen für die Psychoanalyse fruchtbar wurden. Dazu gehören neben der Säuglingsforschung insbesondere die Kognitionswissenschaften und die Neurowissenschaften, deren neuere Forschungsergebnisse die psychoanalytische Krankheitstheorie in vieler Hinsicht bestätigen.

Weiterführende Literatur

Mertens, W. & Waldvogel, B. (Hrsg.) (2000) *Handbuch psychoanalytischer Grundbegriffe.* Kohlhammer, Stuttgart, Berlin, Köln.

Pine, F. (1990) Die vier Psychologien der Psychoanalyse und ihre Bedeutung für die Praxis. *Forum der Psychoanalyse,* Bd. 6, 232–249.

Ermann, M. (1996) *Verstrickung und Einsicht. Nachdenken über die Psychoanalyse in Deutschland.* edition diskord, Tübingen.

2 Entwicklungspsychologische Grundlagen der Psychoanalyse

■ *Alex Holder, Hamburg*

2.1 Metapsychologische Perspektiven der Psychoanalyse

2.1.1 Das Konzept des psychischen Apparates

Sigmund Freud ging in seinen psychoanalytischen Überlegungen von der Hypothese eines »psychischen« oder »seelischen Apparates« aus, in dem sich die Prozesse ereignen und abwickeln, die er im Zusammenhang mit dem Funktionieren der Psyche postulierte. Zwar versuchte Freud schon sehr früh, Zusammenhänge

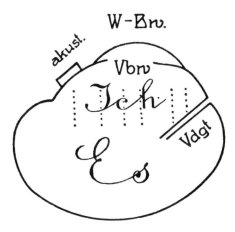

Abb. 2: *Die Eigenschaften des psychischen Apparates, wie sie von S. Freud (1923b, 252) für das Es und das Ich beschrieben wurden: Dem Es »sitzt das Ich oberflächlich auf, aus dem W-System (W = Wahrnehmung) als Kern entwickelt. Das Ich ist vom Es nicht scharf getrennt, es fließt nach unten hin mit ihm zusammen«. Ein besonderer Anteil des Es ist das Verdrängte (Vdgt), das ursprünglich dem Ich angehörte, dann aber von ihm in einem Akt der sekundären Verdrängung abgespalten wurde. Der andere Pol des psychischen Apparates ist das Wahrnehmungs-Bewusstsein (W-Bw.), dessen Inhalte während der freien Assoziation oder im Übertragungsgeschehen und beim Aufwachen aus dem Traum das Vorbewusste (Vbw) passiert haben müssen, bevor sie aus dem Es ins W-Bw. eindringen können. Die Realitätsprüfung soll die Unterscheidung von Realitäten der Außenwelt (z. B. akustisch) und der Wahrnehmung von Vorstellungen ermöglichen (S. Freud, 1940a, S. 84).*

zwischen psychischen und hirnorganischen Prozessen aufzuzeigen, doch gab er diese Versuche sehr bald als unbefriedigend auf. Heute haben es die Techniken der Neurowissenschaften ermöglicht, ganz spezifische Zusammenhänge zwischen psychischen Prozessen (z. B. Affekten, Wahrnehmungen, Erinnerungen usw.) und hirnorganischen Zentren und Prozessen aufzuzeigen (siehe 6.1 bis 6.4). Für Freud jedoch gab es noch kein organisches Korrelat zum psychischen Apparat, einem Konzept, das er einführte, um psychische Prozesse besser erklären und verständlich machen zu können, und das er in der *Traumdeutung* erstmals ausführlich beschrieb (1900a, S. 541 ff.). Im Zusammenhang mit dem seelischen Apparat spricht er dort von einer »psychischen Lokalität«, die anatomisch nicht zu bestimmen ist. Er vergleicht diesen Apparat mit Instrumenten wie etwa einem Mikroskop oder einem Photoapparat, bei denen Vorstufen des Bildes an Örtlichkeiten zustande kommen, wo »kein greifbarer Bestandteil des Apparats gelegen ist«. Mit diesen Vergleichen will Freud auf die Komplexität psychischer Prozesse aufmerksam machen.

Der psychische Apparat ist also ein »zusammengesetztes Instrument«, dessen Bestandteile »Instanzen« oder »Systeme« genannt werden. In seinen frühen Werken geht es dabei vor allem um die Systeme Unbewusst, Vorbewusst und Bewusst (das topische Modell), später um das Es, das Ich und das Überich (das Strukturmodell, siehe Sandler et al., 2003).

Die Unterschiede zwischen diesen beiden Konzeptualisierungen psychischen Geschehens können am besten im berühmten siebten Kapitel der *Traumdeutung* einerseits und dem unfertig gebliebenen und posthum veröffentlichten *Abriß der Psychoanalyse* (Freud, 1940a [1938]) andererseits studiert werden. In Freuds Spätwerk trägt das erste Kapitel den Titel »Der psychische Apparat«, in dem er kurz die wichtigsten Eigenschaften und Inhalte von Es, Ich und Überich skizziert.

Deutlich wird hier auch, dass sich der psychische Apparat von Beginn des Lebens an entwickelt, dass sein Funktionieren anfänglich rudimentär und primitiv ist (Primärvorgang), mit fortschreitender Entwicklung aber sehr viel komplexer wird (Sekundärvorgang). Vor allem dieser Entwicklungsprozess ist es, der heute mit den Stadien der Hirnentwicklung verschiedener Lokalisationen psychischer Funktionen korreliert wird (siehe 6.3.1).

2.1.2 Das Konzept der psychischen Energie

Das Konzept einer psychischen Energie ist ein hypothetisches Konstrukt Freuds, um seelische Prozesse besser verstehen und darstellen zu können. Es stammt aus der frühen Zeit, als Freud in seinem »Entwurf einer Psychologie« (1950c [1895]) versuchte, neurophysiologische Äquivalente für seelische Prozesse zu finden (Kaplan-Solms & Solms, 2003). Hier führte er den Begriff der »Besetzung« ein, mit dem er die energetische Gewichtung einer Idee, eines Wunsches, einer Fantasie, eines Affektes auf der Basis eines neuronalen Netzwerkes charakterisierte. Es geht hier also um quantitative Belange. Diese psychischen Energien können sich in verschiedenen Zuständen befinden: Im System des Unbewussten (später dem Es) sind sie »ungebunden« oder »frei beweglich«, können also problemlos irgendeinen dort vorhandenen Inhalt (abgewehrte Erinnerungen, Fantasien, Affekte usw.) besetzen oder Besetzungen von anderen Inhalten abziehen. In den Systemen Vorbewusst und Bewusst (später dem Ich) sind diese psychischen Energien gebunden, können also üblicherweise nicht von ihren Inhalten oder Affekten getrennt werden. Diese Verschiedenheit ist für den Unterschied zwischen den Primärprozessen, die für das Unbewusste typisch sind, und den Sekundärprozessen, die für die beiden anderen Systeme charakteristisch sind, verantwortlich.

Psychische Energien können qualitativ verschieden sein, d.h. die Triebenergien, die im *Unbewussten* vorherrschen, verleihen den besetzten Inhalten eine Intensität und affektive Qualität, die beim Übergang ins *Vorbewusste* nicht nur gebunden, sondern »neutralisiert« werden, was bedeutet, dass sie die libidinöse oder aggressive Färbung weitgehend verlieren. Die spätere, so genannte »Ich-Psychologie«, die vor allem von Heinz Hartmann propagiert wurde und in Nordamerika weit verbreitet ist, versuchte das Funktionieren des Ichs im Gegensatz zum Es mit dem Vorherrschen neutralisierter Energien zu erklären. So vertrat Hartmann z.B. die Meinung, dass die vom Ich eingesetzten Abwehrmechanismen durch Energien gespeichert würden, die aus neutralisierten Aggressionen stammen.

2.1.3 Die zentrale Bedeutung des Unbewussten

Am Ende des 19. Jahrhunderts, als sich Freud noch ganz am Anfang der Erarbeitung seines psychoanalytischen Gedankengutes befand, war es noch keineswegs eine Selbstverständlichkeit, unbewusste Vorgänge im selben Sinne als *psychisch* zu verstehen wie bewusste. Viele Jahre musste er um die Anerkennung dieser Sicht kämpfen, genauso wie um die der infantilen Sexualität. Im Jahr 1915 veröffentlichte er eine Arbeit mit dem Titel *Das Unbewußte* (1915e), in der er noch feststellen musste: »Die Berechtigung, ein unbewußtes Seelisches anzunehmen und mit dieser Annahme wissenschaftlich zu arbeiten, wird uns von vielen Seiten bestritten. Wir können dagegen anführen, dass die Annahme des Unbewußten *notwendig* und *legitim* ist« (S. 264). Etwas später fügt er hinzu: Die »konventionelle Gleichstellung des Psychischen mit dem Bewußten ist durchaus unzweckmäßig. Sie zerreißt die psychischen Kontinuitäten« (S. 266). In seiner Arbeit mit seinen Patienten und bei seiner Selbstanalyse fand er viele Beweise für das Unbewusste und dessen psychische Natur, ob es sich nun um Traumvorgänge handelte oder um Fehlleistungen oder die Bedeutung von Symptomen. Acht Jahre später kann er dann mit Überzeugung feststellen, dass die Unterscheidung des *Psychischen* in bewusste und unbewusste Phänomene die Grundvoraussetzung der Psychoanalyse sei und der einzige Weg zum Verständnis pathologischer Vorgänge im Seelenleben.

Für das Verständnis psychoanalytischer Theorien ist es auch wichtig, Freuds Unterscheidung zwischen einem dynamisch und einem deskriptiv Unbewussten zu berücksichtigen. Unbewusst im deskriptiven Sinn ist alles, was zu einem bestimmten Zeitpunkt nicht bewusst ist. Es schließt also das Vorbewusste und das dynamisch Unbewusste mit ein. Das dynamisch Unbewusste hingegen fällt zusammen mit dem Verdrängten oder Abgewehrten. Seine Inhalte können also nicht ohne Überwindung von Widerständen vorbewusst oder bewusst werden.

In der psychoanalytischen Strukturtheorie bedeutet das also, dass das dynamisch Unbewusste ein Teil des Es ist (wobei das Es mehr umfasst als das Verdrängte), während das Vorbewusste und das Bewusste zum Ich gehören. Das Überich, eine Differenzierung innerhalb des Ichs, erstreckt sich aber auch bis in das Es. In den postfreudianischen Schulen ist die sprachliche Beschreibung des Unbewussten teilweise konträr, weil eigene Beobachterpositionen mit unterschiedlichen Begriffssystemen verwendet werden, wie dies z. B. bei Melanie Klein der Fall ist, die an Stelle der externen Beobachterposition Freuds eine Sprache für das dynamisch Unbewusste entwickelte (z. B. die gute und die böse Brust als Teilobjekte der oralen Beziehungsaufnahme zur Mutter aufgrund einer Spaltung in der Säuglingszeit). Aber nicht nur klinische Differenzen mit Folgen für die Verständigung ergaben sich hieraus, sondern durch die Schaffung neuer theoretischer Begriffssysteme sollte die Struktur der Metapsychologie verändert werden, wie dies z. B. Peterfreund (1971) und Schafer (1976) vorgeschlagen haben, um die Metapsychologie von den wissenschaftlichen Begriffen der mechanischen Vorstellungen des 19. Jahrhunderts zu befreien.

2.1.4 Der Traum als Königsweg zum Unbewussten

Es ist wohl kein Zufall, dass *Die Traumdeutung* (1900a) Freuds erstes großes und berühmtes Werk ist, weil er hier gerade anhand der latenten (oder unbewussten) Bedeutung von Träumen die Existenz des *Unbewussten* in einem psychischen Sinn aufzeigen und beweisen konnte. Deshalb bezeichnete er den Traum auch als den Königsweg zum Unbewussten, eine Sichtweise, die auch noch heute von vielen Psychoanalytikern geteilt wird, selbst wenn andere Wege zum Unbewussten von

Patienten an Bedeutung gewonnen haben, wie z. B. das Verständnis der Gegenübertragung oder nonverbaler Formen der Kommunikation.

Das Träumen hat die Funktion, unseren Schlaf zu schützen, der durch dynamisch unbewusste Wünsche, die während des Schlafes aktiv geblieben sind und zum Bewusstsein drängen, gestört werden könnte. Um das nach Möglichkeit zu verhindern, gibt es eine Traumzensur, die die unbewussten und latenten Traumgedanken so weit verändert, dass sie für das Bewusstsein akzeptabel werden. Wenn die Traumzensur bei dieser Aufgabe versagt, entstehen Angstträume, durch die der Träumer aus dem Schlaf gerissen wird.

Was wir von unseren Träumen erinnern, ist ihr »manifester Inhalt«, also all das, was dem Träumer nach dem Erwachen im Gedächtnis haften geblieben ist. Der manifeste Traum ist jedoch in der Regel eine Verschlüsselung seiner latenten oder unbewussten Bedeutung, die durch die so genannte »Traumarbeit« zustande gekommen ist und die es zu entwirren gilt, um den tiefsten Sinn eines Traumes verstehen zu können.

Freud hat angenommen, dass Träume in der Regel dynamisch unbewusste Wünsche zum Ausdruck bringen, die sich mit so genannten »Tagesresten« verbinden, um eine Repräsentation im Ich zu erlangen. Hinter diesen Wünschen verbergen sich immer auch alte infantile Wünsche, die durch die Entwicklung der Übertragung reaktiviert worden sind. Die Traumdeutung ist der Prozess, durch den man vom manifesten Inhalt eines Traumes zu seiner latenten Bedeutung gelangt, was vom Patienten vor allem verlangt, dass er zu den Traumelementen frei assoziiert, d. h. Einfälle zu ihnen produziert, die Hinweise auf die unbewusste Bedeutung geben können.

Der Psychoanalytiker verfolgt im Prozess der frei schwebenden Aufmerksamkeit diese Darstellung des Vorbewussten. Hierbei schaffen die unbewussten Tagesreste die notwendige Anheftung zur Übertragung (S. Freud, 1933a, S. 568), ein Vorgang, den Wolfgang Leuschner (2000) mit der Verknüpfung von Sach- und Wortvorstellungen vergleicht, deren kognitive Funktion als Transformation verschiedener Hirnprozesse verstanden wird (Solms, 1996b).

2.1.5 Die Metapsychologie

Für Freud war es die Vollendung der psychoanalytischen Betrachtungsweise, wenn es gelang, einen psychischen Vorgang »metapsychologisch« darzustellen, d. h. also seine dynamischen, topischen und ökonomischen Eigenschaften zu benennen. Dabei geht es um die Klärung und Vertiefung der Hypothesen, die einer psychoanalytischen Theorie zugrunde liegen. Obwohl Freud nur die eben genannten drei metapsychologischen Gesichtspunkte spezifisch erwähnt, ist ein vierter, nämlich der genetische, in all seinen Klärungsversuchen implizit enthalten. So spricht er z. B. von der Psychoanalyse auch als von einer »genetischen Psychologie«, die psychische Phänomene auf zeitlich vorhergegangene zurückführt, aus denen sie sich entwickelt haben.

Beim *dynamischen* Gesichtspunkt geht es in Freuds dualistischem Denken um das Kräftespiel gegensätzlicher oder konflikthafter Strebungen, also um die psychischen *Quantitäten*, die bei einem Konflikt im Spiel sind und Affekte wie Angst, Schuld, Scham usw. hervorrufen. Dieser Gegensatz verdichtet sich im Laufe der Zeit in die Polarität zwischen den Sexualtrieben, die vom Lustprinzip gesteuert sind, und den so genannten »Ichtrieben«, die im Sinne des Realitätsprinzips und der Selbsterhaltung funktionieren. In *Jenseits des Lustprinzips* (1920g) postuliert Freud dann einen weiteren primären Dualismus, nämlich den zwischen dem Lebenstrieb (Eros) und dem Todestrieb (Thanatos), der seelischen Vorgängen von Geburt an eine besondere Dynamik verleiht.

Der *topische* Gesichtspunkt fand zum ersten Mal in der *Traumdeutung* (1900a) eine systematische Formulierung, wo der psychische Apparat in eine Reihe nebeneinander liegender Systeme unterteilt wird, von denen die wichtigsten das *Unbewusste (Ubw.)*, das *Vorbewusste (Vbw.)* und das *Bewusste (Bw.)* sind. Aus topischer Sicht befasst sich die Metapsychologie also mit der Frage, in welchem oder zwischen welchen dieser Systeme sich ein seelischer Prozess abspielt. 1923, in *Das Ich und das Es*, werden diese Systeme dann durch die Strukturen des *Es, Ichs* und des *Überichs* ersetzt, wobei das Es in seiner Gänze unbewusst ist, das Ich und das Überich sowohl unbewusste, vorbewusste als auch bewusste Anteile haben. Das Es ist die älteste psychische Struktur, die alles enthält, was vererbt und konstitutionell vorgegeben ist, vor allem die Triebe.

Explizit beschrieb Freud den *ökonomischen* Gesichtspunkt zum ersten Mal in *Das Unbewußte* (1915e). Die ökonomische Betrachtung dient der Beantwortung der Frage, wie der psychische Apparat mit den Energien umgeht, die bei einem seelischen Vorgang im Spiel sind, um die Erregungen, die ihn belasten, möglichst niedrig oder gebunden zu halten.

Fast allen psychoanalytischen Formulierungen liegt eine *genetische* Betrachtungsweise zugrunde. Die Theorie der infantilen Sexualität, die Postulierung spezifischer Phasen der Libidoentwicklung, die Annahme von Fixierungspunkten und Regressionen implizieren einen genetischen Gesichtspunkt. So weist Freud auch darauf hin, dass alles, was ein Kind erlebt, gedacht, gewünscht oder fantasiert hat, im Erwachsenen noch vorhanden ist, wenn auch »überlagert« ist und unter bestimmten Umständen wieder zum Vorschein kommen kann.

Nach Freud haben vor allem die so genannten Ich-Psychologen einen weiteren metapsychologischen Gesichtspunkt eingeführt, nämlich den *adaptiven*, der sich mit der Anpassung an die gegebenen Umstände befasst. Hartmann veröffentlichte bereits 1939 ein Buch mit dem übersetzten Titel *Ich-Psychologie und Anpassungsprobleme*, und Rapaport und Gill publizierten 1959 einen Artikel, in dem sie den adaptiven Gesichtspunkt der Metapsychologie wie auch explizit den genetischen einführten.

2.2 Psychoanalytische Grundannahmen der Entwicklung

2.2.1 Vererbung und Erfahrung

Die Psychoanalyse geht von der Annahme aus, dass der Mensch nicht als *tabula rasa* geboren wird, sondern dass gewisse psychische Inhalte oder Tendenzen vererbt werden und vor allem zu Beginn des Lebens die Erfahrungen beeinflussen, die ein Säugling mit seiner Umwelt macht, aber durchaus auch in späteren Entwicklungsphasen wirksam werden können, z. B. im Zusammenhang mit der Überichentwicklung. Für Freud gehörte die Bisexualität zur Anlage eines jeden Menschen, und die endgültige Dominanz der heterosexuellen oder homosexuellen Tendenzen wurde weitgehend als Funktion der Erfahrungen angesehen, die ein Mensch im Laufe seiner infantilen Entwicklung macht, aber auch als abhängig von der jeweiligen angeborenen Stärke der beiden Polaritäten der Bisexualität. Auch die Polarität »passiv/aktiv« gehörte für Freud zu den vererbten Merkmalen eines Menschen. Diesbezüglich sind gewaltige Unterschiede bereits bei Föten und Neugeborenen zu beobachten.

Von ganz zentraler Bedeutung für die Psychoanalyse ist nicht nur die Annahme angeborener Triebbedürfnisse, sondern auch die zeitliche Sequenz, mit der sie sich während der Entwicklung manifestieren und in der sie dominant sind, angefangen mit der Oralität, die zu Beginn des Lebens vorherrscht und dominant ist, gefolgt von der Analität, die von der Phallizität abgelöst und nach der Pubertät zur Genitalität wird. Diese Sequenz wird von jedem Menschen, in dieser Reihenfolge, als Entwicklungsphasen durchlaufen. Die individuellen Unterschiede ergeben sich aus der angeborenen Stärke der verschiedenen Partialtriebe und den Erfahrungen, die ein Mensch vor allem während seiner frühen Entwicklung macht, Erfahrungen, die bestimmte Partialtriebe verstärken oder verringern können.

Diese Entwicklung wurde zuerst für die Sexualtriebe postuliert (Freud, 1905d), denen Freud ursprünglich den Selbsterhaltungstrieb gegenüberstellte. Der Aggressionstrieb durchlief in seinem Denken eine komplizierte Entwicklung. So erachtete

Freud die Aggression zuerst als sadistische Komponente des Sexualtriebs, später ordnete er sie auch den Selbsterhaltungstrieben zu, vertrat sogar die Ansicht, dass sie diesen Trieben entspringe. 1920, in *Jenseits des Lustprinzips*, folgte dann die neue Triebdualität von Lebenstrieb versus Todestrieb, wo nun sowohl die Sexual- als auch die Selbsterhaltungstriebe dem Lebenstrieb zugeordnet werden, während die Aggression als Abkömmling des Todestriebs angesehen wird.

2.2.2 Entwicklung und Reifung

Die Reifung eines Menschen ist durch die »Blaupause« gegeben, ist also ebenfalls ein Teil des Vererbten. Die Reifungsprozesse, die das ganze Leben eines Menschen begleiten und das Einsetzen gewisser Fähigkeiten bestimmen, sind somit vorgegeben, angefangen mit den Wahrnehmungsprozessen, die von der Reifung gewisser Gehirnfunktionen abhängig sind, über die Entwicklung der Motorik, die durch bestimmte Reifungsprozesse bedingt ist, bis hin zur Genitalität im erwachsenen Sinn, die die Reifung der Geschlechtsorgane voraussetzt, welche erst in der Pubertät erfolgt.

Die Entwicklung eines Menschen ist also das Resultat der Interaktion von Reifungsprozessen einerseits und Erfahrungen mit sich und der Umwelt andererseits, die ein Individuum im Laufe seiner Entwicklung macht. Die Psychoanalyse hat dabei im Laufe ihrer Geschichte immer mehr darauf hingewiesen, dass Umwelteinflüsse sich umso stärker auf die weitere Entwicklung auswirken, je früher im Leben eines Menschen sie sich ereignen – angefangen mit den Theorien Melanie Kleins, über die frühesten psychischen Entwicklungsstufen und bis hin zu den Ergebnissen der Baby- und Kleinkindbeobachtung und -forschung. Dabei ist der affektiven Interaktion zwischen der Mutter und ihrem Baby, dem »Dialog« zwischen den beiden, eine besonders zentrale Rolle für die Entwicklung eines Individuums beigemessen worden. Einer Mutter kommt also eine besonders wichtige Funktion bei der Affektregulierung ihres Säuglings zu (Stern, 1992). Wenn sie nicht oder nur begrenzt in der Lage ist, seine Signale zu verstehen, und deshalb dieser affektive Dialog nicht zustande kommt oder entgleist, kann das verheerende Wirkungen für die weitere Entwicklung eines Babys oder Kleinkindes haben. Es beeinflusst oder bestimmt z.B. die Art von *Bindung* (»attachment«), die ein Mensch entwickelt (Bowlby, 1975, 1976, 1983) – also entweder eine »sichere«, eine »unsicher-vermeidende«, oder eine »unsicher-ambivalente« Bindung –, oder die Fähigkeit zur *Mentalisierung*, d.h. die Fähigkeit, sich mentale Zustände im eigenen Selbst und in anderen Menschen vorzustellen (Fonagy et al., 2004).

2.2.3 Psychische Prozesse

Wie der Name »Psycho-Analyse« bereits andeutet, gilt ihr Hauptinteresse der Psyche eines Menschen, d.h. seinem Seelenleben und den Prozessen, die sich in seiner Psyche auf verschiedenen Ebenen abspielen: unbewusst, vorbewusst oder bewusst. Alles, was in einem dynamischen Sinn unbewusst ist (und für Freud und die meisten Psychoanalytiker in seiner Nachfolge ist das der weitaus größte Teil des Psychischen), kann nur aus den so genannten »Triebabkömmlingen« erschlossen werden. Um das Unbewusste möglichst effizient ergründen zu können, hat Freud das psychoanalytische Setting und die psychoanalytische Methode erfunden, die auch heute noch fast unverändert angewandt werden: der Patient entspannt auf einer Couch liegend und – idealerweise – frei assoziierend, der Analytiker hinter ihm sitzend, zuhörend und von Zeit zu Zeit deutend. Dabei konzentriert sich der Analytiker vor allem auf die unbewussten psychischen Prozesse, Affekte oder Inhalte, die er von Zeit zu Zeit aus dem erschließen kann, was ihm ein Patient mitteilt. Das Hauptziel seiner Deutungen ist es, dem Patienten etwas von dessen Unbewusstem ihm bewusst zu machen.

Die jeweiligen Inhalte der Psyche sind die Summe verschiedener Beiträge. Zum einen wird angenommen, dass gewisse Inhalte vererbt werden und zu bestimmten Zeiten der Entwicklung aktiv werden. Diese vererbten Inhalte bilden den Kern des Es. Melanie Klein z.B. ging von der Annahme aus, dass vererbte unbewusste Fantasien schon im Säuglingsalter die psychischen Prozesse von innen her beeinflussen. Die aus körperlichen Bedürfnissen erwachsenden Triebe finden ebenfalls im Es ihre ersten psychischen Repräsentationen. Was im Laufe der Entwicklung ganz wesentlich zum Inhalt des Psychischen beiträgt, ist all das, was mittels der Wahrnehmungsapparate aus der Außenwelt internalisiert wird und als psychische Repräsentanzen einen permanenten Niederschlag im Ich findet. Sandler und Rosenblatt (1984) haben in diesem Zusammenhang das Konzept einer Vorstellungswelt eingeführt, die von einem Menschen im Laufe seiner Entwicklung im Ich aufgebaut wird und die die Grundlage für seine Denkprozesse ist.

2.2.4 Primär- und Sekundärvorgang

Diese grundlegende Unterscheidung zwischen zwei psychischen Prozessen ist entwicklungsbedingt, d.h. es wird angenommen, dass es zu Beginn des Lebens nur den psychischen Primärvorgang gibt, der zugleich mit dem Unbewussten identisch ist. In der Terminologie der Strukturtheorie heißt das, dass der Primärvorgang für Prozesse im Es charakteristisch ist und bleibt und dass es zu Beginn des menschlichen Lebens höchstens rudimentäre Funktionsweisen geben kann, die mit einem strukturellen Ich in Verbindung gebracht werden können. Mit fortschreitender Reifung und Entwicklung des psychischen Apparates differenziert sich das Ich aus der Interaktion mit der Außenwelt immer stärker vom Es und beginnt, die vom Es ausgehenden Triebregungen vermehrt zu dominieren und zu kontrollieren. Mit dieser fortschreitenden Stärkung des Ichs geht auch die Entwicklung des Sekundärvorgangs einher, der für die psychischen Prozesse im Ich charakteristisch ist.

Während der im Es vorherrschende Primärvorgang mit relativ großen Quantitäten an psychischen Energien arbeitet – die zudem ungebunden sind, d.h. mit Leichtigkeit von einem Inhalt zu einem anderen verschoben werden – oder zwei Inhalte in einen einzigen verdichtet werden können, operiert der Sekundärvorgang im Ich mit gebundenen und neutralisierten Energien, was zur Folge hat, dass nur kleine Quantitäten an psychischer Energie für Denkprozesse usw. eingesetzt werden müssen. Dies wiederum sorgt für größere Effizienz und erklärt die psychische Vormachtstellung, die das Ich im Laufe der kindlichen Entwicklung über das Es gewinnt. Freud hat für diese Form psychischen Funktionierens den Ausdruck »Probehandeln in Gedanken« geprägt, was bedeutet, dass das Ich ein bestimmtes Szenarium in Gedanken durchspielt und dann aufgrund der damit einhergehenden Affekte (vor allem des Affekts der Angst) »entscheidet«, ob dieses Szenarium auch in Handlung umgesetzt werden kann (darf). Dieses Probehandeln spielt sich meist auf einer vorbewussten oder sogar unbewussten Ebene ab, wobei zu beachten ist, dass auch ein großer Teil des Ichs unbewusst ist.

2.2.4.1 Lustprinzip und Realitätsprinzip
Den Primär- und Sekundärprozessen entsprechen zwei Prinzipien psychischen Geschehens: das Lustprinzip und das Realitätsprinzip (Freud, 1911b). So steht der Primärprozess im Es ganz unter der Herrschaft des Lustprinzips, das zu Beginn des Lebens allein vorherrschend ist und in Freuds Auffassung seine Macht beibehält und der Hauptregulator psychischer Prozesse bleibt, weil das Triebleben des Es immerwährend aktiv ist. Man kann aber auch sagen, dass das Lustprinzip deshalb dominant bleibt, weil auch das Realitätsprinzip auf anderen Wegen versucht, letztlich doch Befriedigung zu erlangen, wenn auch vielleicht mit Aufschub und mit geringerem Lustgewinn.

Im Gegensatz zu Primärprozess und Lustprinzip dient der Sekundärprozess des Ichs ganz dem Realitätsprinzip. Allerdings müssen sich Ich und Realitätsprinzip erst entwickeln. Dies geschieht unter anderem deshalb, weil ein Kleinkind auf die Hilfe der Außenwelt angewiesen ist, um sich von Unlustgefühlen im Zusammenhang mit unbefriedigten Bedürfnissen zu befreien. Dieses Beispiel macht deutlich, dass

Gefühle der Unlust mit einer Zunahme der Bedürfnisintensität zusammenhängen, während sich die Lust aus einer Abfuhr dieser aufgestauten Energien ergibt.

Der Übergang vom Lustprinzip zum Realitätsprinzip – also eine Modifikation des Lustprinzips – kann als einer der wichtigsten und folgenreichsten Schritte in der Entwicklung des psychischen Apparates und seines Funktionierens angesehen werden. Im Es und im Primärvorgang gibt es keine Unterscheidung zwischen Wunsch/Fantasie und Wahrnehmung/Realität. Fantasien werden hier also der äußeren Wirklichkeit bzw. der Wunsch wird seiner Erfüllung gleichgesetzt. Eine Realitätsprüfung kann aber erst dann stattfinden, wenn der Sekundärvorgang und das Realitätsprinzip sich genügend entwickelt haben und wenn die in einem Wunsch aktiv gewordenen Energien des Es gebunden werden können und ihre motorische Abfuhr in einer Handlung so vermieden und auf Denkprozesse reduziert werden kann. In Freuds Strukturtheorie ist die Realitätsprüfung ganz eindeutig eine Funktion des Ichs, das mit seinen Wahrnehmungsapparaten eng mit der Außenwelt verbunden ist und Reize registriert, die von dort kommen, also real sind. Das wiederum macht eine Differenzierung zwischen innen (psychisch) und außen (real) möglich.

2.2.5 Triebe und Triebschicksale

Freud war von Anfang an ein Triebtheoretiker (siehe 1.3.1), und obwohl sich seine Triebtheorien im Laufe der Zeit entwickelt und verändert haben, blieben die Triebe für ihn immer die primären Motivatoren im psychischen Geschehen. Auch heute gibt es noch viele Psychoanalytiker, die Triebtheoretiker geblieben sind, während andere sich mehr an der Objektbeziehungstheorie von Melanie Klein oder der Selbstpsychologie von Heinz Kohut (siehe 2.4.5) orientiert haben oder, wie etwa Otto Kernberg, die Affekte als die primären Motivatoren im psychischen Haushalt ansehen (siehe 3.5.3).

Freuds Definition eines Triebes (Freud, 1905d, S. 67), die sich im Laufe seines Schaffens nicht grundlegend verändert hat, lautet wie folgt:

»Unter einem ›Trieb‹ können wir zunächst nichts anderes verstehen als die psychische Repräsentanz einer kontinuierlich fließenden, innersomatischen Reizquelle, zum Unterschied vom ›Reiz‹, der durch vereinzelte und von außen kommende Erregungen hergestellt wird. Trieb ist so einer der Begriffe der Abgrenzung des Seelischen vom Körperlichen. Die einfachste und nächstliegende Annahme über die Natur der Triebe wäre, daß sie an sich keine Qualität besitzen, sondern nur als Maße von Arbeitsanforderung für das Seelenleben in Betracht kommen.«

Triebe gehen also ganz eindeutig vom Körper aus, haben also eine biologische Komponente; die Psychoanalyse stellt einen Versuch dar, sich vorwiegend mit den psychischen Aspekten des Trieblebens zu befassen. Die biologische Verankerung der Sexualtriebe geht auch aus der Bezeichnung der Entwicklungsphasen hervor, die Freud postulierte und mit denen Partialtriebe korrelierten, angefangen mit der oralen Phase, während welcher der Mund die primäre und dominante Zone des Lustgewinns ist, gefolgt von der analen Phase, während der Prozesse im Zusammenhang mit urethralen und analen Ausscheidungen die Dominanz übernehmen, und schließlich der phallischen Phase, in der die Genitalien im Mittelpunkt stehen.

In einer späteren Arbeit (Freud, 1915e, S. 275) präzisiert Freud, dass ein Trieb selbst nie Objekt des Bewusstseins werden kann, sondern nur die Vorstellung, die ihn repräsentiert, was auch für die unbewusste Ebene gilt, wo sich die Triebe ebenfalls an Vorstellungen heften müssen, um eine Möglichkeit zu haben, vom Ich wahrgenommen zu werden oder sich als Affektzustände im Ich bemerkbar zu machen.

Die historische Entwicklung von Freuds Trieblehre (1920g) zeigt, dass sie von Anfang an dualistisch war, angefangen mit dem Gegensatz zwischen den Sexualtrieben und den Selbsterhaltungstrieben. An diesem Dualismus hielt Freud bis 1920 fest. Was sich davor veränderte, war die Einordnung des Aggressiven. Während die Aggression, wie bereits gesagt, ursprünglich als ein Element der Sexualtriebe (z. B. im Sadismus) angesehen wurde, sah er sie ab etwa 1915 eher als Teil der Selbsterhaltungstriebe (1915c). Aber somit war schon ein Gegensatz zwischen den sexuellen und den aggressiven Trieben gegeben, der dann in *Jenseits des Lustprinzips* (1920g) in den Dualismus zwischen Lebenstrieb und Todestrieb mündete. Dabei wurden die Sexual- und Selbsterhaltungstriebe dem Lebenstrieb zugeordnet, die Aggression dem Todestrieb. Die den Lebenstrieben entstammenden Energien hatten schon seit der Einführung der Sexualtriebe den Namen »Libido«. Eine entsprechende Benennung der Energien des Todestriebes (»Destrudo«) hat sich im psychoanalytischen Sprachgebrauch nie voll durchgesetzt.

Triebe treten nie »in Reinkultur« auf, sondern immer als Mischungen, zu denen die beiden Seiten Beiträge mit wechselnden Proportionen beisteuern können, so wie wir das z. B. von der Ambivalenz her kennen, d. h. der Mischung oder dem Nebeneinander von Liebe und Hass einem anderen Menschen gegenüber. Entsprechend nimmt Freud an, dass sich auch Lebens- und Todestriebe von Anfang an mischen, dass also der Lebenstrieb den Todestrieb bindet und neutralisiert, um ein Überleben zu ermöglichen.

2.2.5.1 Fixierung und Regression

Das Konzept der Fixierung wurde im Zusammenhang mit der Libidotheorie entwickelt, für die Freud schon früh eine Entwicklungslinie aus Phasen postuliert hatte, deren Bezeichnungen von den Körperzonen bestimmt waren, die jeweils dominant waren; die Linie führte also von der oralen über die anale zur phallischen Phase, gefolgt von der Latenz, der Pubertät und der Adoleszenz. Zudem wurden die meisten dieser Phasen noch unterteilt, z. B. oral-passiv und oral-sadistisch, phallisch-narzisstisch und phallisch-ödipal.

Eine ähnlich phasenspezifische Entwicklungslinie hat es für die Aggression in der Psychoanalyse nie gegeben, auch wenn das aggressive Element in Bezeichnungen wie »oral-sadistisch« oder »anal-sadistisch« klar zum Ausdruck kommt. Normalerweise bedeutet die Entwicklung durch die verschiedenen Phasen, dass sich der Großteil der libidinösen Energien von einer Zone zur nächst höheren bewegt, wenn die Reifung die notwendigen Vorbedingungen geschaffen hat. Wenn dies nicht der Fall ist und ein substantieller Teil der Libido in einer früheren Phase oder Zone verharrt, spricht man von einer *Fixierung*. Solche Fixierungen können das Resultat besonders intensiver oder lustvoller Befriedigungen im Zusammenhang mit einer bestimmten Körperzone oder einer besonders befriedigenden Objektbeziehung in einer bestimmten Entwicklungsphase sein. Fixierungen können aber auch aufgrund von Versagungen und schmerzlichen Erfahrungen entstehen. Ein gewisses Maß an Fixierungen scheint im normalen Verlauf der libidinösen Entwicklung unvermeidlich zu sein.

Es können verschiedene Formen der Fixierung unterschieden werden: Fixierung eines Partialtriebes, Fixierung der Libido in einer prägenitalen Phase, Fixierung an ein Objekt oder einen bestimmten Typus der Objektwahl oder auch eine Fixierung an ein traumatisches Erlebnis. Zwischen Fixierungen und Regressionen besteht ein enger und kausaler Zusammenhang.

Je stärker die Fixierungen, desto eher kommt es später zu Regressionen, wenn es auf einer höheren Entwicklungsstufe zu unlösbaren Konflikten kommt. Die Libido fließt dann zum stärksten Fixierungspunkt zurück. Freud hat das hin und wieder durch militärische Metaphern veranschaulicht, indem er die Libido mit einer Armee verglich, die im Vormarsch durch feindliches Gebiet an gewissen Stellen Posten oder eben auch größere Einheiten (Fixierungen) zurücklässt. Wenn die Vorhut dann zu schwach ist, lässt sie sich bei Gefahr zurückfallen.

Eine Neurose entsteht, wenn die fixierten Strebungen der infantilen Sexualität verstärkt werden und dann mit dem Ich in Konflikt geraten. Zu welcher Neurose es dann kommt, hängt von der Natur der Fixierungsstelle ab, auf die die Libido regrediert. So liegt z. B. die Fixierungsstelle einer Hysterie in der phallisch-ödipalen

Phase, die einer Zwangsneurose in der anal-sadistischen Phase. Je früher sich eine Fixierung während der Entwicklung einstellt und je stärker sie ist, desto schwerer wird die Natur der Störung sein, wenn es zu einer Regression kommt. Dabei kommt es nicht nur zu Regressionen der Libido, sondern auch zu Ichregressionen.

Die hier dargestellte Entwicklungslinie der Libido wurde in der postfreudianischen Geschichte der Psychoanalyse ergänzt durch eine Entwicklungslinie der Ichfunktionen und der Objektbeziehungen (siehe dort). In den letzten zehn Jahren wurden neue Entwicklungslinien für die Konzepte der Bindungstheorie (siehe dort) und der Gehirnentwicklung (Schore, 1994) ausgearbeitet. Vermutlich gilt das Konzept der Regression und Fixierung im Sinne der psychoanalytischen Krankheitslehre auch für diese Entwicklungslinien.

2.2.5.2 Angst und Signalangst

Angst und das erst später eingeführte Konzept der Signalangst gehören zu den ganz zentralen Hypothesen der Psychoanalyse. Für das Verständnis vieler Formulierungen und Theorien Freuds ist es wichtig zu berücksichtigen, dass die zwei Angsttheorien, die er entwickelte, fast diametral entgegengesetzt sind. In einer ersten Phase, die bis 1926 dauerte, vertrat er die Meinung, dass die Verdrängung, d. h. die Abwehr triebhafter Wünsche, zu einer Umwandlung der abgewehrten und im Unbewussten »aufgestauten« Libido in Angst führe (1926d).

Obwohl es schon vor 1926 gelegentlich Hinweise auf seine zweite Angsttheorie gab, wurde sie explizit erst in *Hemmung, Symptom und Angst* eingeführt. Nun ist es die im Ich während des meist unbewussten Probehandelns in Gedanken produzierte Angst, die zur Abwehr konflikthafter Triebregungen führt. Die *Signalangst* ist eindeutig eine Ichfunktion, und zwar eine der wichtigsten. Das Ich wird nun »die eigentliche Angststätte«, und die Angst kann nur vom Ich »verspürt werden«, weil nur das Ich Gefahrensituationen beurteilen kann (Freud, 1926d, S. 171). Und weil das Ich – im Gegensatz zum Es – mit relativ kleinen Energiemengen operiert, genügt ein Signal an Angst, um eine Abwehr gegen einen Triebwunsch einzusetzen und ihn zu unterbinden. Die Signalangst hat also die Funktion, das Ich vor einer aus dem Inneren des psychischen Apparates drohenden Gefahr zu warnen und ihm so die Möglichkeit zu geben, bestimmte Abwehrmechanismen einzusetzen und so zu verhindern, dass das Ich von Triebwünschen überflutet und überwältigt wird. Menschen mit einem impulsiven Charakter gelingt diese Kontrolle oft nicht, so dass es zu impulsiven, oft destruktiven Handlungen kommen kann.

Auch wenn die Angst für die Psychoanalyse der Prototyp eines Signalaffekts geblieben ist, kann dieses Konzept ohne weiteres auch auf andere Affekte ausgeweitet werden, die dem Ich in seinem Funktionieren ebenfalls zur Verfügung stehen, wie z. B. Signale von Scham oder Schuld, die genauso zu Abwehrmanövern führen können.

Der Umstand, dass ein großer Teil des Ichs deskriptiv unbewusst oder vorbewusst ist, macht es verständlich, dass sich die meisten Probehandlungen in Gedanken auf einer unbewussten Ebene abspielen. Das trägt sehr viel zur Effizienz unseres psychischen Funktionierens bei, d. h. unser Bewusstsein wird nicht ständig durch aktivierte unbewusste Inhalte belastet.

Den drei Abhängigkeiten des Ichs von der Außenwelt, vom Es und vom Überich entsprechen drei verschiedene Formen der Angst, nämlich sie so genannte *Realangst*, die *neurotische Angst* und die *Gewissensangst*. Darüber hinaus gibt es auch eine inhaltliche Entwicklungslinie verschiedener Ängste, die alle mit als traumatisch erlebten Situationen zu tun haben, angefangen mit der *Überlebensangst* zu Beginn des Lebens, gefolgt von der *Trennungsangst*, der *Angst vor Liebesverlust*, der *Kastrationsangst* und der *Angst vor dem Verlust der Liebe des Überichs*.

2.2.5.3 Ichfunktionen

Während das Es dem Lustprinzip unterworfen ist und bleibt, differenziert sich das Ich aufgrund seiner Interaktion mit der Außenwelt allmählich vom Es, womit ein dem Realitätsprinzip immer mehr entsprechendes Funktionieren verbunden ist. Neuere Ansichten gehen davon aus, dass bereits bei der Geburt (oder sogar schon davor) ein rudimentäres Ich besteht und primitive Formen von Ichfunktionen vorhanden sind. Jedenfalls sind die Wahrnehmungsapparate, die dem Ich zugerechnet werden, bereits nach der Geburt aktiv, wobei ihre Funktionstüchtigkeit von bestimmten Reifungsprozessen abhängig ist. Die Säuglingsforschung hat durch viele Experimente aufgezeigt, dass Säuglinge sehr viel früher zu gewissen Ichleistungen fähig sind, als dies zu Freuds Zeiten und auch Jahrzehnte danach noch angenommen wurde. Andere Funktionen wiederum setzen beträchtliche Reifungen und Entwicklungen voraus, bevor sie auftreten können. Dazu gehören z. B. die Sublimierung oder die synthetische Funktion.

Für die Psychoanalyse ist das Ich die zentrale Schaltstelle im psychischen Apparat und im Seelenleben. In *Das Ich und das Es* (1923b) hat Freud das treffende Bild eingeführt, wonach das Ich gleichzeitig drei Herren dienen muss (nämlich der Außenwelt und ihren Ansprüchen, dem Es und seinen Bedürfnissen und dem Überich und seinen Forderungen und Verboten), wobei das Ich oft große Probleme hat, den unterschiedlichen Ansprüchen gerecht zu werden. Daraus ergeben sich dann Konflikte, die unlösbar erscheinen und somit zur Symptombildung und seelischen Erkrankung führen.

Die Psychoanalyse hat unzählige Ichfunktionen identifiziert, von denen nur die wichtigsten im Folgenden beschrieben werden können. Einige sind bereits erwähnt oder auch ausführlicher beschrieben worden, wie z. B. die Realitätsprüfung oder die Internalisierung.

2.2.5.4 Die Abwehrmechanismen

Ohne die Entwicklung und Verwendung von Abwehrmechanismen würde ein Mensch ständig von Wünschen und Affekten überflutet werden, was ein einigermaßen normales Leben unmöglich machen würde, auch wenn wir Freuds Meinung teilen, dass die Normalität eine »Idealfiktion« (1937c, S. 80) ist. In einigen seiner Formulierungen vertrat Freud die Ansicht, dass die Gefahr, die durch die verschiedenen Abwehrmechanismen gebannt werden muss, darin bestehe, traumatisch überwältigt zu werden. Wir brauchen also Abwehrstrategien, um normal funktionieren zu können. Was den Ausschlag über Normalität oder Pathologie gibt, ist zum einen ein quantitatives Moment, zum anderen die Frage, ob ein Mensch vorwiegend primitive oder frühe Abwehrmechanismen einsetzt oder vermehrt spätere und reifere.

Historisch ist zu beachten, dass Freud nach anfänglichem Gebrauch des Begriffs *Abwehr* später und lange Zeit den Begriff *Verdrängung* als ein Synonym für alle Formen der Abwehr benützte und erst ab 1926 wieder begann, die Verdrängung als *spezifische* Form der Abwehr von anderen Mechanismen zu unterscheiden. Erst seit Anna Freuds *Das Ich und die Abwehrmechanismen* (1936) hat sich der Begriff *Abwehrmechanismus* eingebürgert, den Sigmund Freud mit Hinweis auf das Buch seiner Tochter in *Die endliche und die unendliche Analyse* zum ersten Mal selbst benützt (1937c, S. 80). Und seither hat die Psychoanalyse auch versucht, zwischen solchen Mechanismen und anderen »Abwehrformen«, »Abwehrstrategien« oder »Abwehrmanövern« zu unterscheiden. Dass es unendliche Variationen von Abwehr gibt, geht daraus hervor, dass ein flexibles Ich so ziemlich alles zu Abwehrzwecken einsetzen kann. Bei den Abwehrmechanismen handelt es sich jedoch um »Spezialfälle der Abwehr«, die ganz bestimmte Strukturen aufweisen und von Anfang an mit bestimmten Krankheitsbildern in Verbindung gebracht wurden, für die sie typisch sind: Hysterie mit Verdrängung, Zwangsneurose mit Regression, Reaktionsbildung, Isolierung und Ungeschehenmachen. Eifersucht, Paranoia und Homosexualität gehen mit Introjektion und Projektion einher. Zu diesen sieben Abwehrmechanismen zählt Anna Freud dann noch drei weitere hinzu, die von ihrem Vater als »Triebschicksale« bezeichnet worden sind, nämlich die »Wendung gegen die eigene Person«, die »Verkehrung ins Gegenteil« und die »Sublimierung« (A. Freud, 1936, S. 234 f.). Dies ergibt zehn Mechanismen, denen Anna Freud zwei eigene Beispiele für »Abwehrtypen« hinzufügt, nämlich die »Identifizierung mit dem Angreifer« und die »altruistische Abtretung«, wie auch zwei Formen der Abwehr, die für die Adoleszenz typisch sind, nämlich die »Askese« und die »Intellektualisierung«.

Melanie Klein hat dann einen weiteren und klinisch sehr wichtigen Abwehrmechanismus eingeführt, nämlich den der »projektiven Identifizierung«, und sie und ihre Anhänger haben sich auch intensiv mit dem Mechanismus der »Spaltung« befasst, d. h. also mit sehr frühen und primitiven Abwehrformen, zu denen auch Projektionen und Verleugnungen gerechnet werden müssen. Während diese Mechanismen am einen Ende eines Kontinuums stehen, kann die Sublimierung als die reifste Form der Abwehr angesehen werden, der wir dann eher auch im Bereich der Normalität begegnen. Dazwischen bewegen sich die anderen Mechanismen. In seiner Diskussion des Konzepts der Abwehrmechanismen (siehe Tab. 1) unterscheidet Ehlers (2000) zwischen verschiedenen Formen der Abwehr, die eine Chronologie implizieren: psychotisch, unreif, neurotisch, reif, und er gibt viele Beispiele von Abwehrformen, die üblicherweise nicht zu den klassischen Mechanismen gezählt werden (S. 15–18). Dieses Ergebnis basiert auf seinem empirischen Forschungsansatz (siehe Tab. 1), der eine abstrakte Definition der Abwehr im Sinne einer Handlungssprache zugrunde legt. Dies führt zu neuen aber klinisch ungewohnten Anwendungen der psychoanalytischen Abwehrtheorie.

2.2.5.5 Gedächtnis und Denken

Im Zusammenhang mit dem topographischen Modell des psychischen Apparates, das Freud zum ersten Mal im berühmten 7. Kapitel der *Traumdeutung* (1900a) entwickelte, mit seinen Hauptsystemen des Bewussten, Vorbewussten und Unbewussten, ging er auch von der Annahme aus, dass unsere Wahrnehmungen in »Erinnerungssystemen« nach verschiedenen Kriterien (Gleichzeitigkeit, Ähnlichkeit usw.) registriert werden (1900a, S. 43 f.). Das Anlegen dieser Erinnerungsspuren, also unseres Gedächtnisses, ist eine vorrangige Funktion des Ichs. Freud unterschied auch zwischen so genannten »Dingvorstellungen« und »Wortvorstellungen«, entsprechend der Unterscheidung zwischen Primär- und Sekundärprozessen. Die Ersetzung von Dingvorstellungen durch Wortvorstellungen ist eng verknüpft mit der Entwicklung der Fähigkeit zur Symbolisierung, wodurch sich das psychische Funktionieren auf einer sehr viel effizienteren Ebene abspielen kann: anstatt in Bildern kann nun mit Wörtern gedacht werden. Das ist sowohl ökonomischer als auch schneller.

Je umfangreicher unser Gedächtnis im Laufe der Entwicklung wird, umso reichhaltiger werden unsere Denkprozesse, jedenfalls soweit die Erinnerungen nicht durch Abwehrmaßnahmen diesen Denkprozessen entzogen sind. Die infantile

Überich- und Affektabwehr	Triebabwehr	Affektabwehr u. ihre Folgen	Verschiebung von Trieb und Affekt	Narzisstische Abwehr
Wendung gegen die eigene Person: Aggressive Motive gegenüber einem Objekt werden auf die eigene Person bezogen	**Rationalisierung:** Rechtfertigung von motivierten Handlungen ausschließlich durch Vernunftgründe	**Affektäquivalente dominieren:** Affektwahrnehmungen nur über Veränderungen des Körperempfindens	**Regression:** Rückkehr zu früheren Formen der Bedürfnisbefriedigung und des Verhaltens	**Mechanismus der Spaltung:** Aktives Auseinanderhalten konträrer Introjektionen und Identifizierungen, z. B.: Aufteilung in »total gutes/total böses« Objekt, extreme Schwankungen zwischen konträren Selbstkonzepten. Patient ist von der Gegensätzlichkeit seines Verhaltens und Erlebens nicht betroffen
Introjektion: Totalität des Objektes wird übernommen	**Verleugnung:** Motiv/Konflikt als nicht existent erklärt	**Konversion:** Ausdruck von Konflikten durch körperliche Symptome	**Verschiebung von Aggression:** Abreaktion der Wut an anderen Objekten	**Primitive Idealisierung:** Neigung, bestimmte äußere Objekte unrealistisch zu »total guten« zu machen, ohne wirkliche Hochschätzung der idealisierten Person, mit dem Ziel, an der Größe des idealisierten Objektes teilhaben zu können
Verzögerte Affektausbrüche bei Wut, Kummer, Beanspruchung	**Verdrängung:** Unabsichtlicher Ausschluss von Gedanken und Impulsen aus dem Bewusstsein	**Isolierung:** Abspaltung der emotionalen Komponente von Gedanken und Erinnerungen	**Verschiebung von Libido:** Ersatzbefriedigung durch Vergnügen und Konsum	**Projektive Identifizierung:** Externalisierung der »total bösen« Selbst- und Objektimagines. Es entstehen gefährliche verfolgungssüchtige Objekte, gegen die sich der Patient zur Wehr setzen muss, zu denen aber »empathische« Beziehungen fortbestehen
Ungeschehenmachen (zwanghafte Rituale): Vorheriges, nicht akzeptables Handeln soll durch nachfolgendes Handeln nichtexistent werden	**Verkehrung ins Gegenteil:** Bedrohliches Objekt wird verniedlicht	**Identifikation:** Motive des Objektes werden für die eigene Person übernommen	**Projektion:** Eigene, nicht akzeptable Motive werden dem Objekt zugeschrieben	**Allmachtsphantasien:** Tiefes Gefühl eigener magischer Omnipotenz im Wechsel mit anklammernder Beziehung zu einem »magisch« überhöhten Objekt
Reaktionsbildung: Nicht zugelassenes Motiv führt zur Übernahme der entgegengesetzten Haltung	**Primitive Verleugnung:** »Wechselseitige Verleugnung« zweier emotional gegensätzlicher Bewusstseinsbereiche, die dem Patienten bewusst sind, deren emotionale Relevanz jedoch geleugnet wird			**Entwertung äußerer Objekte:** Sobald ein »gutes« Objekt keine Bedürfnisbefriedigung oder keinen Schutz mehr bietet, wird es fallen gelassen oder abgeschoben

Amnesie entsteht dadurch, dass Verdrängungen – als Folge von Konflikten und den dazugehörenden Erinnerungen – diese Erinnerungen mit ins dynamisch Unbewusste reißen und somit für das Denken erst einmal unzugänglich machen. Man kann zwischen sehr vielen verschiedenen Formen des Denkens unterscheiden. So gibt es das *zielgerichtete Denken*, das mit Logik, Vernunft und Erfahrung (also Erinnerungen) arbeitet. Es gibt auch das *ungerichtete Denken*, das dann eher in Richtung von Fantasien oder Tagträumen verläuft. Außerdem nimmt die Psychoanalyse an, dass es *vorbewusste Denkprozesse* gibt, die nicht alle unbedingt bewusst werden. Ferner gibt es eine Kontinuität zwischen *konkretem* und *abstraktem Denken*, wobei Ersteres mehr mit sinnlichen Erfahrungen und affektiven Erlebnissen zu tun hat und Letzteres eher mit dem denkenden Umgang in Verbindung mit dem Erlebten befasst ist.

Das von Freud postulierte »Probehandeln in Gedanken« ist eine sehr wichtige Ichfunktion, die dem Fantasieren sehr nahe steht, wo man also in Gedanken z. B. die Erfüllung eines bestimmten Wunsches durchspielt und das Ich dann aufgrund der damit entstehenden Signalaffekte eine Umsetzung in Handlung zulassen oder unterbinden kann.

2.2.5.6 Affekte
Wenn das Ich in seinen Funktionen von den Affekten beeinflusst wird, die mit bestimmten Inhalten verknüpft sind, kann die Affektwahrnehmung, auf einer bewussten oder deskriptiv unbewussten Ebene, zu den Ichfunktionen gezählt werden. Auch wenn es keine einheitliche psychoanalytische Affekttheorie gibt, besteht Übereinstimmung darüber, dass unser Verhalten ganz wesentlich durch die existierenden oder angestrebten Affekte bestimmt wird. In Freuds Triebtheorie ging es dabei im Wesentlichen darum, Unlust (Schmerz) nach Möglichkeit zu vermeiden und stattdessen Lust (Befriedigung von Bedürfnissen) zu suchen und zu finden.

◀ **Tab. 1:** *Die Dimensionen der Abwehr werden mit dem mathematischen Verfahren der Faktorenanalyse aus der Ähnlichkeit (Korrelation) von jeweils zwei Abwehrmechanismen errechnet. Mit dieser Methode konnten für insgesamt 23 verschiedene Abwehrmechanismen fünf Dimensionen extrahiert werden, die als Überich-Affektabwehr, Triebabwehr, Folgen der Affektabwehr, Verschiebung von Trieb und Affekt und narzisstische Abwehr bezeichnet werden können. Jede dieser Dimensionen setzt sich aus einer Anzahl von Abwehrmechanismen zusammen. Durch ihr spezifisches Auftreten bei allen Patienten tragen sie entscheidend zur Bildung der jeweiligen Dimension bei. Diese empirisch gefundenen Dimensionen bei mehr als 100 Patienten sind eine statistische Aussage und keine Beschreibung eines Patienten (Tab. nach Legewie & Ehlers, 2000, S. 135; vgl. auch Ehlers, 2004).*

Dieses zu Beginn des Lebens dominante Lustprinzip wird im Laufe der Entwicklung vom Realitätsprinzip abgelöst. Während für Freud die Triebwünsche und deren Streben nach Befriedigung die hauptsächlichen Motivatoren im psychischen Funktionieren blieben, haben die Objektbeziehungstheoretiker den Affekten als primäre Motivatoren größere Bedeutung beigemessen. Zum Beispiel sind in Otto Kernbergs Entwicklungstheorie die Affekte das primäre Motivationssystem, während die Triebe zu Funktionen affektiver Objektbeziehungen werden (Kernberg, 1982). In Freuds Theorie hat die regulative Funktion der Angst eine zentrale Bedeutung, eine Angst, die vom Ich in der Form eines Signals wahrgenommen wird und so seine Entscheidungen mit beeinflusst.

2.2.5.7 Narzissmus

Freuds Einführung des Konzeptes des *Narzissmus* (1914c) war ein Meilenstein in der psychoanalytischen Theoriebildung. Wenn davor von sexuellen Wünschen die Rede war, richteten sich diese und damit die Libido immer auf die Objekte, die bestimmte Wünsche befriedigen sollten. Aufgrund gewisser klinischer Erfahrungen entwickelte Freud dann die Hypothese, dass zu Beginn des Lebens die sexuelle Energie, d. h. die Libido, das Selbst eines Individuums besetzt. Er bezeichnete diesen Zustand als »primären Narzissmus«. (Wenn Freud in diesem Zusammenhang von der »Libidobesetzung des Ichs« spricht [1914c, S. 141], muss darauf hingewiesen werden, dass er in seinem Sprachgebrauch nie genau zwischen dem Selbst als Äquivalent zu Objekten einerseits und dem Ich in seiner strukturellen Bedeutung unterschied, sondern für beide den Terminus »Ich« verwandte.) Erst später wird ein Teil dieser Libido in Objektrepräsentanzen investiert, von denen sie auch wieder auf das Selbst zurückgezogen werden kann, was dann zum »sekundären Narzissmus« führt.

Freud ist nun in der Lage, zwischen einer narzisstischen Objektwahl und einer nach dem »Anlehnungstypus« zu unterscheiden. Bei Letzterer wird das spätere Liebesobjekt nach dem Vorbild der versorgenden, ernährenden, bedürfnisbefriedigenden Mutter gewählt, während ein Mensch, der eine narzisstische Objektwahl trifft, im anderen sich selbst als Liebesobjekt sieht und wählt.

Der Begriff Narzissmus wird oft in einem vorverurteilenden Sinn gebraucht, weil er im Zusammenhang mit einer »narzisstischen Persönlichkeit« oder der Bezeichnung eines Menschen als »Narzisst« eine pathologische Bedeutung hat. Aus einer Entwicklungsperspektive heraus gesehen ist die frühe narzisstische Besetzung des Selbst für eine normale Entwicklung von großer Bedeutung. Dazu gehört auch eine Phase, in der Allmachtsfantasien und magisches Denken an der Tagesordnung sind. Ein pathologisches Geschehen liegt erst dann vor, wenn diese Stufe des Denkens und Funktionierens nicht aufgegeben werden kann. Eine »gesunde« narzisstische Besetzung des Selbst – die Selbstliebe – ist also eine Voraussetzung für die Entwicklung eines kohärenten Selbst und eines guten Selbstwertgefühls.

2.2.5.8 Die Entwicklung von Überichfunktionen

In der klassischen Psychoanalyse ist das Überich eine Differenzierung innerhalb des Ichs und eine intrapsychische Struktur, die im Zusammenhang mit der Überwindung des Ödipuskomplexes beim Übergang von der phallischen Phase zur Latenzzeit errichtet wird. Freud hat das Überich einmal auch als Reaktionsbildung gegen die ödipalen Wünsche bezeichnet, es soll also die Möglichkeit der Befriedigung dieser Wünsche vollkommen ausschließen. In diesem Sinn funktioniert es als Wächter über das Ich.

Das Überich kann als die internalisierte Autorität der Eltern beschrieben werden, d. h. es enthält all die Identifizierungen, die ein Kind im Laufe seiner Entwicklung bis dahin mit seinen Eltern eingegangen ist. Somit enthält es die internalisierten Verbote und Erwartungen, die Ideale für das Selbst, die ein Kind aufgrund seiner Interaktionen mit seiner Umwelt, insbesondere mit seinen Primärobjekten (üblicherweise den Eltern), entwickelt hat.

Nach der Strukturierung des Überichs wird ein Kind in seinem Verhalten allmählich unabhängiger von seiner Umwelt, d. h. es besteht nun eine intrapsychische Instanz, die bei Probehandlungen in Gedanken berücksichtigt werden muss bzw. automatisch funktioniert. Mit der Strukturierung des Überichs werden die ödipalen Wünsche an die Eltern durch die Identifizierungen mit ihnen ersetzt. Zu seinen wichtigsten Funktionen gehören die Idealbildung, das Gewissen und die Selbstbeobachtung. Das Auftreten von Schuldgefühlen ist ein sicherer Hinweis auf die Existenz und das Funktionieren eines autonomen Überichs.

Auch wenn die Strukturierung des Überichs zeitlich mit der Überwindung des Ödipuskomplexes zusammenhängt, gibt es natürlich Vorstufen der Überichbildung, also all die Verbote und Erwartungen, die ein Kind schon vorher internalisiert und mit denen es sich identifiziert hat. Ein wesentlicher Unterschied zum voll strukturierten Überich besteht darin, dass diese Verbote während der präödipalen Phasen nur dann eingehalten werden, wenn die Eltern präsent sind, während das strukturierte Überich davon relativ autonom, bei Abwesenheit wie Anwesenheit der Eltern, funktioniert. Es funktioniert vorwiegend automatisch auf einer deskriptiv unbewussten Ebene und erstreckt sich auch in das Es hinein, »weiß« also um die Existenz aktivierter verdrängter Triebwünsche, was zu unbewussten Schuldgefühlen führen kann.

Melanie Klein und ihre Schule haben dann eine von der klassischen Theorie Freuds sehr abweichende Überichentwicklung postuliert, indem sie diese mit der frühen Triangulierung *Kind – Mutter – Vater* in Verbindung brachten und somit zeitlich in das erste Lebensjahr vorverlegten. Damit rücken auch die primitiven, archaischen Züge eines Überichs mehr in den Vordergrund, d. h. seine sadistischen, strafenden und verfolgenden Seiten.

Auch wenn diese negativen, strafenden Seiten des Überichs in der psychoanalytischen Literatur überwiegen, muss betont werden, dass es auch eine »liebende« Seite des Überichs gibt, über die ein Mensch narzisstische Befriedigungen im Zusammenhang mit der Einhaltung der im Überich repräsentierten Ideale und Erwartungen erlangen kann.

2.3 Die Entwicklung von Trieb, Selbst und Objektbeziehungen

2.3.1 Psychosexuelle Phasen der Triebentwicklung

Die von der Psychoanalyse unterschiedenen Entwicklungsphasen haben ihre Bezeichnungen aufgrund der von Freud unterschiedenen psychosexuellen Phasen erhalten, die zu je einer Zeit dominant sind, angefangen also mit der oralen Phase, während der die Aufnahme von Nahrung, die mit libidinöser Befriedigung einhergeht, im Mittelpunkt steht. Die orale Phase wird in eine oral-passive und eine oral-aktive (oder oral-sadistische; s. Abraham, 1924) Phase unterteilt. Während Ersterer erwächst die größte Lust aus dem Saugen an der Brust, während in der zweiten Subphase das Beißen hinzukommt, dem allerdings noch keine sadistische Absicht unterstellt werden kann.

Als nächste Entwicklungsphase folgt die anale Phase, in der Prozesse und Befriedigungen, die mit urethralen und analen Ausscheidungen, aber auch mit dem Zurückhalten vor allem der Fäkalien zu tun haben, am höchsten besetzt sind, auch wenn die oralen Befriedigungen persistieren. Auch in der analen Phase wird eine initiale sadistische Subphase postuliert. Was die Objektbeziehungen anbelangt, ist die anale Phase gekennzeichnet durch die »Ambivalenz«, d. h. die gleichzeitige Existenz von Liebe und Hass gegenüber ein und demselben Objekt. Aus dieser affektiven Gegensätzlichkeit können oft schwere Konflikte erwachsen, die hohe Anforderungen an die Integrationsfähigkeit des Ichs stellen.

Als nächste folgt in dieser Entwicklungssequenz die phallische Phase, während der die dominante Besetzung den Genitalien gilt, mit einer Differenzierung zwischen einer ersten, phallisch-narzisstischen und einer späteren, phallisch-ödipalen (auch infantil-genital genannten) Subphase; in Letzterer entfaltet sich der so genannte »Ödipuskomplex«.

Während der ersten Subphase gilt das Hauptinteresse sowohl von Mädchen als auch von Jungen den eigenen Genitalien. Exhibitionistisches Verhalten, das auch der Konsolidierung der Geschlechtsidentität und der Entwicklung eines narzisstisch besetzten Körpers dient, ist während dieser Subphase charakteristisch.

In der ödipalen Subphase richten sich die sexuellen Wünsche eines Kindes in der Regel auf den gegengeschlechtlichen Elternteil, während unbewusste Todeswünsche gegen den gleichgeschlechtlichen Elternteil gerichtet werden, die später durch Identifizierungen mit ihm abgelöst werden. Die im Zusammenhang mit diesen Wünschen auftauchenden Ängste (vor Vergeltung, Kastration, Beschämung) führen einerseits zur Strukturierung des Überichs, andererseits zum Übergang zur nächsten Entwicklungsphase, nämlich der der Latenz. Für Freud war der Umgang eines Kindes mit dem Ödipuskomplex und den mit ihm verbundenen Konflikten entscheidend für die Entwicklung entweder neurotischer Störungen oder einer relativ normalen Progression in die Latenz.

Die Latenz ist durch eine relative Desexualisierung der Beziehungen zu den Eltern und auch anderen Objekten gekennzeichnet. Die konflikthaften ödipalen Wünsche und Fantasien werden also verdrängt, und diese Verdrängungen werden durch die gleichzeitige Strukturierung des Überichs abgesichert. Sexuelle Befriedigung auf dem Wege der Masturbation findet aber auch während der Latenz durchaus statt, auch wenn der Triebdruck während dieser Phase weniger intensiv ist.

Mit den pubertären Reifungsprozessen und den damit verbundenen adoleszenten Entwicklungen geht das relative intrapsychische Gleichgewicht der Latenzzeit zu Ende. »Präpubertät« und »Pubertät« sind Begriffe, die sich auf die physiologischen, hormonellen und anatomischen Veränderungen in dieser Zeit der Geschlechtsreifung beziehen, während »Präadoleszenz« und »Adoleszenz« die psychischen Prozesse bezeichnen, die sich als Folge der pubertären Prozesse einstellen. Zu den zentralen Entwicklungsaufgaben während der Präadoleszenz gehört für beide Geschlechter die Anpassung an den sich verändernden Körper und seine Funktionen: die Menarche beim Mädchen, den Samenerguss beim Knaben.

Von späteren Autoren ist die Adoleszenz weiterhin in eine frühe, mittlere, späte und postadoleszente Subphase unterteilt worden (siehe z.B. Blos, 1973). Mit dem Eintritt in das Erwachsenenalter wird die basale Entwicklung vollendet, auch wenn es natürlich auch dann noch weitere Entwicklungen gibt, wie z.B. die der Menopause (siehe Kap. 3.1.2: Modellvorstellungen von Gesundheit).

Im Unterschied zur klassischen Phasenunterteilung hat Melanie Klein in der frühkindlichen Entwicklung zwischen zwei »Positionen« unterschieden, nämlich einer *paranoid-schizoiden,* die etwa während der ersten drei Lebensmonate vorherrschend ist, und einer darauf folgenden *depressiven Position.* Die paranoid-schizoide Position ist durch Projektionen, projektive Identifizierungen und Spaltungen, die depressive Position durch Verlustängste, Hoffnungslosigkeit, Schuldgefühle und letztlich durch Wiedergutmachungsversuche gekennzeichnet. Sie ist auch die Position, in der sich in Kleins Theorie bereits das Überich entwickelt und auch der frühe Ödipuskomplex seine Blüte hat. Allerdings sind die Inhalte der dominanten Wünsche und Fantasien hier andere als beim klassischen Ödipuskomplex, der sich erst im vierten und fünften Lebensjahr herausbildet.

2.3.2 Die Entwicklung des Selbst

Von einem Selbst kann erst dann die Rede sein, wenn das Ich eines Säuglings so weit gereift ist, dass es die Fähigkeit entwickelt hat, zwischen dem, was zum Selbst gehört, und all dem anderen, was nicht dazugehört, zu unterscheiden. Freud ging davon aus, dass die erste diesbezügliche Differenzierung dem Lustprinzip entspringt, d. h. dass alles, was mit lustvoller Befriedigung verknüpft ist, dem Selbst zugerechnet wird, während alles Unlustvolle der Außenwelt zugeordnet wird. Er hat deshalb von einem primären »Lust-Ich« gesprochen, womit er nicht die Struktur des Ichs gemeint hat, sondern das Selbst. Bei dieser illusionären Differenzierung wird also z. B. die nährende und Lust spendende Brust der Mutter dem Selbst zugerechnet, während schmerzliche Körperzustände wie Hunger oder Koliken zum Nicht-Selbst gehören. Erst die vermehrte und bessere Realitätsprüfung führt allmählich eine realistischere Differenzierung herbei.

Es ist wohl die Folge von Freuds verwirrendem Gebrauch des Begriffs *Ich* – sowohl für eine Struktur, die wir heute als *Selbst* oder *Selbstrepräsentanz* bezeichnen würden, als auch im Sinne einer intrapsychischen Makro-Struktur neben Es und Überich –, dass eine systematische Erforschung des Selbst und seiner Entwicklung erst in der Nachfolgezeit entstanden ist. Hartmann (1950) war der erste Psychoanalytiker, der klar zwischen Ich und Selbst unterschied.

Später entwickelte Kohut seine so genannte »Selbstpsychologie«, die das Selbst in den Mittelpunkt der Entwicklungstheorie stellt und ihm eine den klassischen Strukturen Es/Ich/Überich übergeordnete Rolle zuweist (Kohut, 1979). Danach geht die primäre Motivation psychischen Funktionierens vom Bedürfnis aus, eine kohärente Selbstrepräsentanz zu entwickeln. Dazu werden Objekte als so genannte »Selbstobjekte« für narzisstische Zwecke verwendet.

In jüngerer Zeit hat Stern (1992) für das Selbst und das subjektive Selbstempfinden ebenfalls eine zentrale Rolle im psychischen Geschehen postuliert. Für ihn ist es das primäre Organisationsprinzip im psychischen Erleben. Allerdings wird auch noch heute die mehr klassische Ansicht vertreten, dass es zu den Aufgaben/Funktionen des Ichs gehört, eine kohärente Selbstrepräsentanz aufzubauen, parallel zu den entstehenden Objektrepräsentanzen und den Beziehungsrepräsentanzen zwischen dem Selbst und verschiedenen emotional wichtigen Objekten.

Tyson und Tyson (1997) vertreten die Meinung, dass die Ausbildung eines stabilen und kohärenten Selbst einen langen Entwicklungsprozess benötige, der von Ichfunktionen abhängig ist (S. 127). Es besteht zudem eine enge Verknüpfung zwischen der narzisstischen Besetzung der Selbstrepräsentanz und einem angemessenen Selbstwertgefühl, was dem affektiven Selbsterleben die Wichtigkeit verleiht, die ihm im psychischen Haushalt zukommt.

2.3.3 Die Entwicklung innerer Objekte und Objektbeziehungen

Auch wenn das Neugeborene noch nicht in der Lage ist, zwischen sich und anderen zu differenzieren, ist es sehr wohl imstande, etwas von der Interaktion mit seiner Mutter wahrzunehmen und zu registrieren, obwohl es diese Interaktion noch nicht vollständig oder korrekt einordnen kann. Diese Reziprozität zwischen Mutter und Säugling ist biologisch verankert. Im Idealfall entsteht schon bald nach der Geburt ein affektives Feedback-System zwischen den beiden, die Grundlage für eine erste Objektbeziehung, die auch intrapsychisch repräsentiert wird. Die Befunde der Säuglingsforscher (Beebe & Lachmann, 2002) bestätigen Freuds Behauptung, dass die Mutter das erste Liebesobjekt eines jeden Kindes ist.

Der Aufbau einer stabilen Objektrepräsentanz ist ein langwieriger und allmählicher Prozess, angefangen mit der Verinnerlichung von Teilobjekten (Brust, Stimme, Gesicht, Hand der Mutter), die schließlich zu einem ganzen Objekt integriert werden. Neben dieser stabilen Repräsentanz der Mutter – eine Vorbedingung der »Objektkonstanz« – gibt es aber auch ganz viele verschiedene Objekt*bilder* der Mutter: die lachende, ernste, ärgerliche, schlafende, depressive, abwesende usw. Mutter.

Im Zusammenhang mit der abwesenden Mutter hat Winnicott das Konzept des »Übergangsobjekts« eingeführt (1953). Es ist gewöhnlich etwas Weiches und Kuscheliges, das die Beziehung zur abwesenden Mutter symbolisiert. Mit der zunehmenden Festigung der emotionalen Objektkonstanz übernimmt die Beziehungsrepräsentanz zur inneren Mutter die Funktion des Übergangsobjekts.

Neben der Mutter entwickelt ein Säugling und Kleinkind psychische Repräsentanzen von allen emotional wichtigen Menschen, die in seinem Leben eine Rolle spielen, vor allem von seinem Vater, seinen Geschwistern, weiteren Pflegepersonen, Großeltern usw. Zu allen gibt es auch affektiv getönte Beziehungsrepräsentanzen, die im Allgemeinen unbewusst sind, aber jederzeit intrapsychisch aktiviert werden können.

2.4 Psychoanalytische Entwicklungstheorien

2.4.1 Sigmund Freud

Freuds Entwicklungstheorie ist von Anfang an eine Triebtheorie gewesen und ist es auch geblieben. Auch wenn sich seine Ansichten über die grundlegenden Triebarten im Laufe der Zeit änderten – vom Dualismus der Sexualtriebe versus den Selbsterhaltungstrieben zum Dualismus zwischen Lebens- versus Todestrieben –, galt sein Hauptinteresse immer dem Schicksal der verschiedenen Triebe (z. B. Triebe und Triebschicksale, Freud, 1915c), den Fragen, was für Mechanismen sie benutzten (Verschiebung, Verdichtung), um über »Abkömmlinge« eine Repräsentation im Ich zu erlangen, welche Schicksale sie durch die vom Ich eingesetzten Abwehrmanöver erlitten oder wie sie sich in Symptomen als Kompromissbildungen zwischen Triebwünschen und Abwehr wenigstens eine Ersatzbefriedigung verschaffen konnten.

Freuds Theorien erwuchsen immer aus seiner Beschäftigung mit psychischen Erkrankungen und seinen unermüdlichen Versuchen, sie dynamisch zu verstehen. Dabei war seine Annahme eines unbewussten psychischen Geschehens von zentraler Bedeutung, vor allem auch seine These, dass viele dieser unbewussten Inhalte (Wünsche, Fantasien und die mit ihnen verknüpften Affekte) dynamisch unbewusst waren, d. h. dass es vom Ich ausgehende Gegenkräfte gab, die solchen Inhalten den Zugang zu den unbewussten und vorbewussten Teilen des Ichs verwehrten. Es war diese ständige Interaktion von klinischen Erfahrungen mit Patienten und theoretischem (metapsychologischem) Verständnis der Krankheitsbilder, die zu neuen Einsichten in psychisches Funktionieren und zu Veränderungen in der Theorie führte.

Schon sehr früh hatte Freud anhand der Manifestationen der infantilen Sexualtriebe eine libidinöse Entwicklungslinie aus seinen Behandlungen Erwachsener rekonstruiert und auch aufgrund von direkten Beobachtungen postuliert (1905d). Diese Phasensequenz (oral, anal, phallisch, latent, adoleszent, erwachsen) gilt auch noch heute als wegweisend, auch wenn in der Nachfolge Freuds andere Aspekte als das Triebhafte in den Mittelpunkt des psychoanalytischen Interesses gerückt sind, z. B. das Ich und seine Funktionen (Hartmann, Anna Freud), die Objektbeziehungen (Melanie Klein), der Narzissmus und die Entwicklung des Selbst (Kohut) oder die frühesten Phasen der Entwicklung (Mahler, Stern). Tendenziell kann man dabei sagen, dass sich im Laufe der Zeit der Schwerpunkt von Triebtheorien zu Affekttheorien verschoben hat.

2.4.2 Die ichpsychologische Entwicklungstheorie

Heinz Hartmann war der erste Analytiker neben Anna Freud, der sich systematisch mit der Ergründung des Ichs, seiner Genese und seiner Funktionsweise beschäftigte. Anna Freud hatte schon 1936 in ihrem bekannten Buch *Das Ich und die Abwehrmechanismen* das Hauptaugenmerk auf das Ich und sein Funktionieren in konflikthaften Situationen gelenkt. Heinz Hartmann (1939, 1950, 1952, 1955, 1956) hat durch seine Arbeiten, viele auch in Zusammenarbeit mit Kris und Loewenstein (Hartmann & Kris, 1945; Hartmann & Loewenstein, 1962; Hartmann, Kris & Loewenstein, 1946), in Nordamerika eine ganze ichpsychologische Schule ins Leben gerufen, die auch heute noch viele Anhänger hat. Diese ichpsychologischen Arbeiten von Anna Freud sowie von Hartmann und seinen Mitarbeitern haben die Allgemeingültigkeit von Freuds Libidotheorie eingeschränkt, sie aber für die meisten Psychoanalytiker nicht in Frage gestellt.

In seinen theoretischen Überlegungen hat Hartmann z.B. angenommen, dass bestimmte Ichfunktionen im Laufe der Entwicklung einem so genannten »Funktionswechsel« unterworfen sein können, was bedeutet, dass sie zu einem späteren Zeitpunkt eine andere Zielrichtung einnehmen können (1939). In diesem Zusammenhang hat Hartmann auch den Begriff des »genetischen Irrtums« (1955) eingeführt, d.h. die Tendenz, ein aktuelles Verhalten auf seine genetischen Vorläufer zu reduzieren. Er hat auch eine »primäre« und eine »sekundäre Autonomie« des Ichs vom Es postuliert (1950), also (mit der »primären Autonomie«) eine Funktionsweise, die von allem Anfang an vom Es unabhängig ist und in einem so genannten »konfliktfreien Raum« stattfindet. Das Ich verfügt also von Anfang an über primitive kognitive, motorische und wahrnehmungsimmanente Funktionen, die angeboren sind. Auch die Fähigkeit der Anpassung gehört für Hartmann zu den angeborenen Ichfunktionen.

Im Gegensatz zu Freud, in dessen Theorie das Ich sich aufgrund seiner Interaktion mit der Umwelt aus dem Es differenziert, ging Hartmann von der Annahme aus, dass das psychische Funktionieren nach der Geburt erst einmal von einer »undifferenzierten Phase« gekennzeichnet sei, während der es schwer einzuschätzen ist, welche Verhaltensweisen eines Säuglings dem Es entspringen und welche dem primär autonomen Ich. Erst durch die frühesten Erfahrungen und die affektiven Interaktionen mit den primären Objekten finden erste Differenzierungen statt. In diesem Zusammenhang hat Hartmann auch das Konzept der »durchschnittlich erwartbaren Umgebung« geprägt (1939).

2.4.3 Die Objektbeziehungstheorie Melanie Kleins

Schon zu Lebzeiten Freuds entwickelte auch Melanie Klein ihre eigenen Entwicklungstheorien, die sich vor allem aus den Beobachtungen ihrer eigenen Kinder und den Analysen von Kindern ergaben, sich aber auch auf die Hypothesen angeborener unbewusster Fantasien und die Auswirkungen des Todestriebs auf die frühesten Erfahrungen eines Säuglings in der Mutter-Kind-Dyade stützten. In diesem Sinn kann Klein als eine der ersten Analytikerinnen angesehen werden, die eine Theorie formulierte, die sich in erster Linie mit Objektbeziehungen beschäftigte.

Klein war jedoch weniger an den aktuellen, realen Erlebnissen eines Säuglings mit seiner Mutter interessiert, sondern sehr viel mehr an dem, was dabei intrapsychisch aus der Interaktion mit den bereits vorhandenen Fantasien und primitiven Mechanismen wie Projektionen, Spaltungen und projektiven Identifizierungen wurde. Die empirische Säuglingsforschung der jüngsten Zeit hat allerdings in Frage gestellt, ob ein Säugling bereits die Fähigkeit zu den komplexen Fantasien besitzt, die Klein ihm in ihren theoretischen Überlegungen unterstellt.

Klein und ihre Anhänger verwendeten Freuds Konzept eines hypothetischen Todestriebs nicht als eine Spekulation auf einer biologischen Basis, sondern als ein klinisches Konzept; sie erachteten den Todestrieb und die mit ihm verknüpfte Destruktivität als verantwortlich für die frühesten Verfolgungsängste von Säuglingen und brachten sie mit Fantasien über die eigene Zerstörung oder die der Objekte, von denen sie abhängig sind, in Verbindung. Die Annahme der angeborenen Existenz komplexer Fantasien führte Klein in ihrer Entwicklungstheorie auch dazu, Phänomene wie den Ödipuskomplex und die Bildung des Überichs bereits in das erste Lebensjahr vorzuverlegen. Für diese Zeit nahm sie auch die beiden von ihr postulierten »Positionen« an, die *paranoid-schizoide* zu Beginn des Lebens und die ihr nach etwa drei Monaten folgende *depressive Position*.

Die paranoid-schizoide Position ist gekennzeichnet durch Verfolgungsangst des Säuglings aufgrund der Projektion seiner eigenen destruktiven Fantasien wie auch durch die Spaltung der Brust in gut und böse (Klein, 1946, 1952c, d). In diesem Zusammenhang führt Klein auch das Konzept der »projektiven Identifizierung« ein, ein Mechanismus, mit dem der Säugling versucht, seine feindseligen Affekte zu kontrollieren. In der depressiven Position geht es vor allem um die Angst des mittlerweile drei Monate alten Säuglings, die Mutter(brust) beschädigt oder zerstört zu haben. Das Depressive ist die Folge der existierenden Gefühle von Verlust und Hoffnungslosigkeit. Andererseits fördert diese Depression auch die Entwicklung des Überichs und des Ödipuskomplexes und führt schließlich zu Wiedergutmachungsversuchen (Klein, 1935, 1940, 1946, 1952c, d).

2.4.4 Die Entwicklungstheorie von Margaret Mahler

Während Melanie Kleins Theorien über die frühen Entwicklungen eines Säuglings vor allem auf ihrer klinischen Erfahrung mit schwer gestörten Kleinkindern und Erwachsenen fußten, basieren Margaret Mahlers Theorien der frühen Entwicklung auf einer Langzeitstudie ›normaler‹ Kinder in Interaktion mit ihren Müttern. Margaret Mahler (1963, 1971; Mahler & Furer, 1978; Mahler et al., 1978) interessierte sich vor allem für den intrapsychischen Aufbau von Selbst- und Objektrepräsentanzen, und aufgrund ihrer Studien postulierte sie eine Reihe aufeinander folgender Entwicklungsstufen, die der allmählichen »Loslösung« von der Mutter und der »Individuation« dienen. Loslösung und Entwicklung einer Selbstrepräsentanz gehen Hand in Hand.

Bevor dieser Separationsprozess beginnen kann, durchläuft der Säugling nach Mahlers Ansicht zwei Phasen, die sie die »normale autistische« und die »normale symbiotische« nennt. Die erste Phase erstreckt sich über die ersten vier Lebenswochen, die zweite dauert vom zweiten bis zum vierten oder fünften Monat. Wie diese Begriffe bereits implizieren, handelt es sich um Phasen, die einer Differenzierung zwischen Selbst und Objekt vorausgehen. Ihnen folgen dann die von Mahler postulierten vier Subphasen des Prozesses der Separation/Individuation: die »Differenzierung«, das »Üben«, die »Wiederannäherung« und schließlich die »Konsolidierung der Objektkonstanz«.

Vor allem Mahlers erste beiden Phasen des Autismus und der Symbiose und ihre Idee, dass der Säugling anfänglich durch eine Reizschranke von der Außenwelt isoliert sei, sind kritisch rezipiert worden, vor allem von den Säuglings- und Kleinkindforschern. Trotz solcher berechtigter Kritik darf das Verdienst Mahlers nicht übersehen werden, auf die Bedeutung der affektiven Verfügbarkeit der Mutter oder Pflegeperson gerade in den frühesten Entwicklungsphasen eines Säuglings und Kleinkindes aufmerksam gemacht zu haben.

2.4.5 Die Entwicklungstheorie von Heinz Kohut

Kohut (1973, 1979) ist der Begründer einer Schulrichtung innerhalb der Psychoanalyse, die mit »Selbstpsychologie« bezeichnet wird, als Gegensatz zur »Ich-Psychologie«. Kohuts Selbstpsychologie ist eng verknüpft mit seiner Beschäftigung mit dem Narzissmus, für den er eine eigene, selbständige Entwicklungslinie konzipiert hat. Das Selbst ist in Kohuts Entwicklungstheorie die übergeordnete psychische Struktur, die die klassischen Strukturen von Es, Ich und Überich enthält. Für ihn ist der Aufbau eines »kohäsiven Selbst« das optimale Entwicklungsziel. Um dieses Ziel zu erreichen, ist der Säugling bzw. das Kind auf so genannte »Selbstobjekte« angewiesen, die mit Empathie auf die jeweiligen Bedürfnisse eines Säuglings reagieren und bestimmte Funktionen für das Selbst übernehmen, zu denen es selbst noch nicht fähig ist. Die Kohäsion des Selbst kommt also mittels der empathischen Reaktionen spiegelnder Selbstobjekte zustande. Das fördert auch die kindliche Grandiosität und trägt zur Idealisierung der inneren Eltern bei.

Kohuts Meinung nach entstehen Selbstpathologien, wenn ein Mangel an elterlicher Empathie aufgetreten ist und die Selbstobjekte in ihrer Spiegelfunktion versagt haben. Das führt zu Selbst-Defekten und zu einer Verletzung des kindlichen Narzissmus sowie dem Auftreten narzisstischer Wut. In Kohuts Theorie macht es ein massiver Defekt in der normalen Selbstentwicklung einem Menschen unmöglich, die Stufe ödipaler Konflikte zu erreichen. Erst eine Heilung des Selbst bringe die Voraussetzung dafür.

Auch Kohuts selbstpsychologische Theorien sind heftig kritisiert worden, vor allem die pathogenetische Rolle, die er den Eltern und der Umgebung als Ursachen der Störungen des Selbst zuschreibt. Entwicklungspsychologisch steht Kohuts Theorie im Gegensatz zu der Auffassung, die Entwicklung als Interaktion von angeborenen Potentialen, den Aktivitäten des Säuglings und den Erfahrungen, die er macht, versteht. Auch Kohuts These, dass ödipale Konfliktsituationen nicht erlebt werden können, solange eine Selbstpathologie besteht, lässt sich klinisch nicht bestätigen.

2.4.6 Die Entwicklungstheorie von Daniel Stern

Stern ist kein Psychoanalytiker, sondern ein Säuglings- und Kleinkindforscher, der jedoch wichtige Thesen bezüglich der intrapsychischen Prozesse während der ersten Lebensjahre und der frühesten Interaktionen zwischen einem Säugling und seiner Mutter aufgestellt hat. Dabei hat sich Stern vor allem um das Verstehen der affektiven Komponenten bemüht, sowohl intrapsychisch im Erleben des Säuglings als auch im Kontext des affektiven Dialogs zwischen Mutter und Kind.

Eines seiner zentralen Konzepte ist das des »Selbstempfindens«, für ihn das primäre psychische Organisationsprinzip. Dabei unterscheidet er vier aufeinander folgende Phasen des Selbstempfindens: Bis zu einem Alter von etwa zwei Monaten spricht er vom Empfinden des »entstehenden Selbst«; von zwei bis sechs Monaten bildet sich das Empfinden des »Kern-Selbst« heraus; zwischen sieben und neun Monaten herrscht das Empfinden des »subjektiven Selbst« vor; und ab fünfzehn Monaten kommt dann noch das Empfinden des »verbalen Selbst« hinzu. All diese Entwicklungen ereignen sich in der interpersonellen Verbundenheit mit der Mutter, so dass jede Phase des Selbstempfindens eine neue Form sozialer Bezogenheit definiert, also ein Nebeneinander von »Empfinden des eigenen Selbst«, »Selbstempfinden mit dem anderen« und »Empfinden des anderen«.

Sterns Verhaltensbeobachtungen von Mutter-Säuglings-Interaktionen und die Schlüsse, die er daraus gezogen hat, haben unser Wissen um früheste präverbale Prozesse sehr erweitert; vor allem wird auch der Wichtigkeit der affektiven Elemente im Dialog zwischen Mutter und Säugling durch sein Konzept der »Affektabstimmung« gebührend Rechnung getragen. So hat Stern z.B. aufgezeigt, dass eine nicht geglückte affektive Abstimmung zwischen Mutter und ihrem Säugling zu deutlichen Störungen in der Befindlichkeit und im Verhalten eines Säuglings führt (1984).

2.4.7 Bindungstheorie und Psychoanalyse

Die Bindungstheorie ist von John Bowlby, einem britischen Psychoanalytiker, während seiner Tätigkeit in der Abteilung für Kinderpsychotherapie in den fünfziger Jahren entwickelt worden. Die Theorie basiert auf zwei Grundannahmen:
1. Der Säugling kann sich bei der Geburt schon auf ein biologisch angelegtes »Bindungssystem« stützen, das aktiviert wird, sobald eine äußere oder innere Gefahr auftaucht. Zu den primären Bezugspersonen (Vater und Mutter) werden ganz spezifische Bindungen aufgebaut. Diese Bezugspersonen werden zur Hilfe und Unterstützung angefordert, wenn das eigene Bemühen in der Gefahrensituation nicht ausreicht.
2. Die mit den Bezugspersonen gesammelten Erfahrungen bestimmen die Gefühle, Erwartungen und Verhaltensweisen dieser spezifischen Bindungsbeziehung. Es entsteht ein so genanntes *Bindungsmuster,* das sich zwar mit der Weiterentwicklung des Säuglings wandelt, aber in seiner Grundstruktur gleich bleibt, so dass es in der Beziehung des späteren Erwachsenen in seiner Beziehung zu den eigenen Kindern wieder auftaucht. Zur Darstellung dieser Beziehungen werden systemtheoretische Modelle verwendet, um den Kommunikationsprozess zu beschreiben.

Weiterführende Literatur

Fonagy, P, Gergely, G, Jurist, EL und Target, M (2004) *Affektregulierung, Mentalisierung und die Entwicklung des Selbst.* Klett-Cotta, Stuttgart.

Holder, A (2002) *Psychoanalyse bei Kindern und Jugendlichen – Geschichte, Anwendungen, Kontroversen.* Kohlhammer, Stuttgart.

Mahler, M & Furer, M (1978) *Symbiose und Individuation*. Klett, Stuttgart.

Mahler, M, Pine, F & Bergman, A (1978) *Die psychische Geburt des Menschen*. Fischer, Frankfurt/M.

Sandler, J, Holder, A, Dare, C und Dreher, AU (2003) *Freuds Modelle der Seele*. Psychosozial-Verlag, Gießen.

Sandler, J & Rosenblatt, B (1984) Der Begriff der Vorstellungswelt, *Psyche,* 38, 235–253.

Stern, D. (1992) *Die Lebenserfahrung des Säuglings*. Klett-Cotta, Stuttgart.

Tyson, P & Tyson, RL (1997) *Lehrbuch der psychoanalytischen Entwicklungspsychologie*. Kohlhammer, Stuttgart.

3 Psychologische Grundlagen der Psychoanalyse

■ *Wolfram Ehlers, Stuttgart*

Die allgemeinen und psychologischen Grundlagen der Psychoanalyse knüpfen an das universitäre Lehrfach »Psychologie« (Legewie & Ehlers, 2000) an, das sich in seinen Teilbereichen der Psychologie als Wissenschaft widmet. Hierzu gehören u. a. die Grundlagen von Wahrnehmung, Bewusstseinsprozessen, Emotionen, Motivation, Lernen und Gedächtnis, Denken und Handeln und die Anwendung dieses Wissens in der Psychotherapie zur Erhaltung und Herstellung von seelischer Gesundheit.

In diesem Band werden die Beiträge, welche die Psychoanalyse geleistet hat, in den Kontext moderner wissenschaftlicher Theorien der Psychologie gestellt. Hierbei geht es um die psychologische Funktion der Krankheitstheorie und um deren Bedeutung in der Klinik. Die Theorien der Persönlichkeit, die zur Erschließung der Struktur psychischer Prozesse und der individuellen Besonderheiten zwischen den Personen so wichtig sind, werden im Zusammenhang mit speziellen Motivationsformen diskutiert (3.5.2). In diesem Buch ausgeklammert werden muss das sozialpsychologische Grundwissen im Kontext des psychoanalytischen Wissens über Paarbeziehungen, Gruppenprozesse und gesellschaftliche Zusammenhänge.

Im Folgenden geht es um die wissenschaftliche Analyse der psychoanalytischen Krankheitstheorie. Es folgt ein Kapitel über die wissenschaftlichen Methoden der Psychoanalyse (3.2), aus dem die Auswirkungen der wissenschaftstheoretischen Position auf die Darstellung der allgemeinen psychoanalytischen Krankheitslehre deutlich werden sollen. Entgegengesetzte wissenschaftstheoretische Positionen bei der Darstellung einer allgemeinen psychoanalytischen Neurosenlehre finden sich z. B. bei Rainer Krause (1998) und Siegfried Zepf (2000a). Beide nehmen eine kritische Position zu Freuds biologischer Konzeption der Psychoanalyse ein, aber aus unterschiedlicher wissenschaftstheoretischer Perspektive. Krause kritisiert die fehlende Berücksichtigung der modernen Instinktlehre. Zepf hingegen beklagt eine Biologisierung psychologischer Sachverhalte, die in einer psychoanalytischen Sozialpsychologie eine bessere Verankerung finden könnten.

3.1 Allgemeine Krankheitslehre der Psychoanalyse

3.1.1 Allgemeine Aspekte von Krankheit

Im Sozialgesetzbuch (SGB V, § 27 [2001]) wird Krankheit definiert als ein »regelwidriger Körper- oder Geisteszustand, der die Notwendigkeit einer ärztlichen Heilbehandlung oder – zugleich oder allein – Arbeitsunfähigkeit zur Folge hat«.

Für die objektive Definition von Krankheit lieferte die medizinische Pathophysiologie die Vorlage. Fünf biologische Prozesse verursachen an den Organen Krankheitsbilder, die als natürliche Krankheitseinheiten angesehen werden. Diese fünf Prozesse oder Faktoren sind:

1. das Trauma (z. B. ein Schädelbasisbruch oder eine Verbrennung als Verletzungstrauma);
2. der Infektionsweg (z. B. Infektion mit einem Grippevirus);
3. der Autoimmunprozess (z. B. bei Allergien);
4. der Tumorbildungsprozess (z. B. bei Karzinomen);
5. der angeborene Defekt, der genetisch verursacht ist (z. B. Mongolismus).

Seit der Etablierung der Psychiatrie in der Medizin hat man versucht, auch den psychischen Krankheitsprozess im Sinne einer Psychopathologie durch einige dieser Faktoren zu erklären. Wenigstens drei dieser biologischen Faktoren (angeborener Defekt, Autoimmunprozess und Infektionsweg) werden in der biologisch ausgerichteten Psychiatrie als ursächlich für das zentrale Krankheitsbild der Psychosen intensiv untersucht und als ätiologische Faktoren für die biologische Funktionsstörung eines seelisch-geistigen Krankheitszustandes diskutiert. Mit dem psychogenetischen Verursachungsprinzip in der Psychoanalyse seit über 100 Jahren konfrontiert, ist das Leib-Seele-Problem in der Psychiatrischen Krankheitslehre immer wieder von verschiedenen Seiten beleuchtet worden. In der Psychoanalyse wird daher die Symptom- und Störungsdiagnose (siehe im Band über die psychoanalytische Krankheitslehre, im Rahmen der Reihe *Basiswissen Psychoanalyse*) durch die Konflikt- und Persönlichkeitsdiagnose erweitert. Seit 1967 ist die psychoanalytische Psychotherapie eine Pflichtleistung der gesetzlichen Krankenkassen und somit seitdem ein wesentlicher Bestandteil der Versorgung psychisch Kranker. Im ambulanten Bereich werden 50 bis 65 Prozent aller Behandlungen mit diesem Verfahren durchgeführt. Ähnlich hoch ist der Anteil dieser Therapieform in der stationären Psychotherapie.

Neben der kulturellen Wertschätzung Sigmund Freuds als Literat ist sein großes Verdienst für Psychologie und Medizin in seinem Wirken als Neuropathologe und Arzt zu sehen. Einerseits hat er die biologischen Grundlagen der »Nerven- und Geisteskrankheiten« aufzufinden versucht (siehe Kasten 2, S. 120 f.). Andererseits hat er aber auch für die Hysterie und andere seelische Erkrankungen die Ätiopathogenese der psychogen verursachten Neurosen entwickelt. So ist die psychoanalytische Krankheitslehre nicht nur durch psychologische, sondern auch durch biologisch-ätiologische Faktoren (z. B. durch krankheitsverursachende Konstitution oder sexuelle Abstinenz bei den Aktualneurosen) geprägt.

Im Gegensatz zur somatogenen Verursachung von Lähmungen und Sprachstörungen (wie Kinderlähmung oder Aphasien) ist die Ätiologie der Psychoanalyse eher einem psychosozialen Krankheitsverständnis verpflichtet. Dies wirkt sich vor allem bei der Realisierung der psychotherapeutischen Technik aus (siehe Bd. 2 der Reihe *Basiswissen Psychoanalyse*). Entsprechend dieser psychogenen Ätiologie definiert der »Wissenschaftliche Beirat Psychotherapie« (WBP, 2004) die psychodynamische Psychotherapie durch die folgenden therapeutischen Ziele mit den dazugehörigen spezifischen Wirkfaktoren bzw. Techniken:
1. Bearbeitung von lebensgeschichtlich begründeten unbewussten Konflikten;
2. Bearbeitung krankheitswertiger psychischer Störungen;
3. Berücksichtigung von Übertragung, Gegenübertragung und Widerstand;
4. die Strukturierung der Stundeninhalte erfolgt nach der Technik der Fokussierung oder der freien Assoziation.

Die Wirksamkeit der psychoanalytischen Psychotherapie ist für folgende neun Anwendungsbereiche, ausgerichtet an der ICD-10 der WHO, nachgewiesen worden und definiert damit die von den Kassen zu finanzierende Behandlung von psychischen und körperlichen Erkrankungen:
1. Affektive Störungen (F3);
2. Angststörungen (F 40–42);
3. Belastungsstörungen (F 43);
4. dissoziative, Konversions- und somatoforme Störungen (F 44, 45, 48);
5. Ess-Störungen (F 50);
6. psychische und soziale Faktoren bei somatischen Erkrankungen (F 54);
7. Persönlichkeitsstörungen und Verhaltensstörungen (F 6);
6. Abhängigkeit und Missbrauch (F 1, 55);
9. Schizophrenie und wahnhafte Störungen (F 2).

Allerdings kann man aus der Wirksamkeit von Psychotherapie wissenschafts-theoretisch noch nicht auf den Nachweis einer psychogenen Ätiologie schließen, daher bleibt die Diskussion um die psychogenen und somatogenen Anteile von psychischer Krankheit so lange bestehen, wie Varianzanteile der Ätiologie für die einzelnen als krankheitsverursachend nachgewiesenen Faktoren unter den jeweils neu entwickelten Forschungsmethoden Bestand haben. Letztlich bleibt es derzeit der

Kooperation zwischen Ärzten, Psychologen und ihren Patienten überlassen, in welchem Ausmaß Medikamente, die somatogene Ursachen beseitigen, den Prozess der Psychotherapie unterstützen können.

Die Konzeption der psychogen verursachten neurotischen Erkrankungen wurde auf zahlreiche andere Erkrankungen mit körperlichen Symptomen wie Psychosomatosen oder Organneurosen übertragen. Die von Freuds Nachfolgern in der Psychosomatik (Franz Alexander, 1950; Max Schur, 1966; George L. Engel, 1970; Alexander Mitscherlich, 1966, 1967; Pierre Marty, 1958; Thure von Uexküll, 1996) entwickelten psychosomatischen Vorstellungen unterscheiden sich vor allem dadurch, welche Eigenständigkeit sie dem somatogenen Geschehen ätiologisch einräumen. Freud selber stellte bei der psychogenen Ätiologie auch einen konstitutionellen Faktor in Rechnung, der intrauterin und postpartal von genetischen wie exogenen Noxen gebildet wird.

Die behaviorale Konzeption von Krankheit, die in der Klinischen Psychologie (Davison et al., 2002, S. 48–50) dominiert, stützt sich auf ein Diathese-Stress-Modell. In ihm finden auch biologische und psychologische Faktoren Berücksichtigung. Jedoch wurden der Entwicklungsgesichtspunkt und die Faktoren der unbewussten Konflikte und ihre Abwehrkonzeption eliminiert. Das auf diese Krankheitskonzeption aufbauende Verhaltenstherapie-Modell untersucht die Wechselwirkungen zwischen der Disposition (Diathese) für eine Krankheit und dem Stress, der in Gestalt von belastenden Umwelt- und Lebensereignissen auftritt. Die biologischen Faktoren beziehen sich auf eine genetisch übertragene Diathese, die das Risiko einer möglichen Erkrankung erhöht.

Wie Nuechterlein (1987) für die Erkrankungswahrscheinlichkeit der Schizophrenie nachwies, sind diese biologischen Vorgaben aber in weiten Teilen durch spezifische, zur Verletzlichkeit (Vulnerabilität) des Kranken passende Konflikte im familiären oder gesellschaftlichen Rahmen mitbestimmt. Durch das Erkennen dieser Konflikte werden das Verständnis der Auslösesituation und die Entwicklung von Verfahren zur Gegensteuerung erweitert.

Als weitere biologische Dispositionen oder Risikofaktoren gelten z. B. eine Virusinfektion der Mutter oder das Rauchen während der Schwangerschaft, Sauerstoffmangel bei der Geburt, schlechte Ernährung während der Kindheit. Neben körperlichen Risikofaktoren finden sich später beim Erwachsenen aber auch zahlreiche psychologische Risikofaktoren wie Bewegungsmangel, beruflicher Dauerstress bei kardiovaskulären Erkrankungen, Gefühle der Hoffnungslosigkeit und Abhängigkeit bei Depression, Angst vor Übergewicht bei Essstörungen. Ferner sind ökologische Faktoren wie z. B. Schadstoffexposition (Strahlen, Asbest, Teer usw.) und

Lärmexposition zu beachten. Diese Risikofaktoren müssen in Wechselwirkung mit salutogenetischen Faktoren (Antonovsky, 1997) gesehen werden, die zu einer Verminderung der Erkrankungswahrscheinlichkeit führen können, wenn sie berücksichtigt werden (siehe 3.1.2).

Eine der biologischen Ätiologie gegenläufige Entwicklung in der Psychiatrie hat mit der Schaffung eines internationalen Klassifikationssystems für die psychischen Krankheitsphänomene zu tun. In seiner 10. Revision (ICD-10, Kapitel V) wird der ätiologische Klassifikationsgesichtspunkt weitgehend aufgegeben, weil man einer Steigerung der Zuverlässigkeit (Reliabilität) der Diagnose den Vorrang geben wollte. Dieser Gewinn wird mit einem Verlust der ätiologischen Gültigkeit (Validität) erkauft, was den klinischen Gebrauch des Klassifikationssystems einschränkt (Landis, 2001).

Dennoch legen die meisten Lehrbücher der Psychiatrie diese neue Klassifikation zugrunde. Für die Psychoanalyse muss jedoch ein Kompromiss gefunden werden, bei dem die Bildung von ätiologischen Krankheitsgruppen wieder eingeführt wird; die nach der ICD-10 getroffenen Diagnosen sollten in dieser neuen Klassifikation aber wieder auftauchen. Hierzu gibt es verschiedene Angebote in den Lehrbüchern der psychotherapeutischen und psychosomatischen Medizin (Ermann, 2002; Rudolf, 2000; Hoffmann & Hochapfel, 2004) wie auch der psychologischen Psychotherapie (Leichsenring, 2004).

Wenn wir in diesen Lehrbüchern nach ätiologischen Konzepten suchen, dann stoßen wir auf das psychoanalytische oder psychodynamische Erklärungsmodell und das behaviorale Modell, jeweils mit spezifischen ätiologischen Annahmen für die phänomenologischen Symptomkomplexe. Entsprechend der Zielsetzung der Reihe *Basiswissen Psychoanalyse* konzentrieren wir uns hier auf die psychoanalytischen Modellannahmen und ätiologischen Hypothesen bezüglich der Krankheitsgruppen und Symptomkomplexe. Die jeweils spezifische Ätiologie folgt allgemeinen psychoanalytischen Prinzipien der Ätiologie nach Sigmund Freud (1894a, S. 61 f.):

1. Unverträglichkeiten im Vorstellungsleben von hysterischen, zwanghaften und halluzinierenden Patienten haben einen Unlustaffekt (Scham-, Schuldgefühle und verletzter Stolz) zur Folge.
2. Das Ich ist nicht in der Lage, diesen Widerspruch und den resultierenden Affekt durch Denkarbeit zu lösen.
3. Weil die Gedächtnisspur an das auslösende Ereignis und die mit einem Affekt beladene Vorstellung nicht – wie im Falle der Gesundheit – durch Vergessen zu tilgen sind, muss eine pathologische Abwehr entwickelt werden, die ein neurotisches oder psychotisches Symptom zur Folge hat.

Das Grundmuster des krank machenden seelischen Konflikts besteht also aus einer pathologischen Disposition der Patienten, die den vorher gesunden Zustand des Patienten in einen pathologischen verwandelt. Das psychodynamische Verständnis dieses pathologischen Zustandes lässt die Krankheitssymptome als eine misslungene Anpassung des Ichs an eine Konfliktsituation erscheinen. Die auslösende Situation kann ein Trauma im Sinne einer Reizüberflutung sein – wobei die Impulse der Reizquellen mit der äußeren Wahrnehmungsoberfläche aufgenommen werden können (Trauma-Modell) oder aber aus inneren Quellen der Trieb- und Affektwahrnehmung herrühren können (Modell des Trieb- und Affektkonflikts).

Die pathologische Disposition spielt im dritten ätiologischen Modell der Psychoanalyse über die Strukturpathologie eine größere Rolle als in den ersten zwei Krankheitsmodellen. Diesen drei Krankheitsmodellen entsprechend wurde 1945 von dem nach London vertriebenen österreichisch-jüdischen Psychoanalytiker Otto Fenichel in der ersten großen Synopsis psychoanalytischer Krankheitsbilder zwischen traumatischen, Psycho- und Charakterneurosen unterschieden.

Die *traumatischen Neurosen* werden durch funktionelle Störungen wie Einschränkung der Ichfunktionen, Affektausbrüche, Schlafstörungen und Wiederholungssyndrome beschrieben. Die *Charakterneurosen* dagegen werden typologisch unterschieden nach der grundsätzlichen strukturellen Persönlichkeitsstörung des Narzissmus, des Zwangs, der Phobie, der Hysterie und der Schizoidie. Bei den *Psychoneurosen* steht der neurotische Konflikt mit seinen Hemmungen, Vermeidungen von Sexualität und Aggressionen, Minderwertigkeitsgefühlen und Ermattung im Zentrum der ätiologischen Erklärung der Symptomatik. Die Unterformen der Psychoneurosen umfassen ein breites Spektrum von Krankheitsgruppen:

1. Organneurosen (mit Störungen der Muskulatur, Atmung, Herz-Kreislauf-Funktion, Intestinalorgane);
2. narzisstische Neurosen (Schizophrenie und affektive Störungen);
3. Perversionen und Impulsneurosen (mit den Störungen Sadismus, Masochismus, Fetischismus, Spielsucht, Kleptomanie usw.);
4. Übertragungsneurosen (Angsthysterie, Konversionshysterie, Zwangsneurosen).

Neben diesen klassischen ätiopathogenetischen Einteilungsversuchen der Krankheitsgruppen findet sich bei bei Leichsenring (2004) der Versuch psychoanalytischer Autoren, die ICD-10-Klassifikation der Krankheits- und Symptomgruppen mit einem psychodynamischen Krankheitsmodell und den dazugehörenden dominanten ätiologischen Faktoren zu kombinieren:

1. Die Krankheitsgruppe der Sucht wird unterteilt nach den suchtauslösenden Substanzen (Alkohol und psychotrope Substanzen) und den Verhaltensweisen (wie Spielsucht). Die ätiologischen Faktoren werden in den Störungen der Ich-

funktionen gesehen sowie in einer narzisstischen und Borderline-Pathologie der Persönlichkeit. Das psychodynamische Krankheitsmodell muss um biologische Faktoren ergänzt werden, die das süchtige Krankheitsverhalten aufrechterhalten (Wernado et al., 2004).

2. Bei den Symptomstörungen der Sexualität ist zwischen den Paraphilien (gleichgeschlechtliche Partnerwahl), den Perversionen und den sexuellen Funktionsstörungen zu unterscheiden (Richter-Appelt, 2004). Als ätiologische Faktoren bei den sexuellen Funktionsstörungen gelten die psychodynamischen Ursachen für eine Verminderung des sexuellen Verlangens, eine Beeinträchtigung der Erregbarkeit oder eine Behinderung der Durchführung eines Koitus mit Eindringen oder dem Ausbleiben des Orgasmus. Die Appetenzstörung (F 52.0) besteht in einem Mangel oder Fehlen sexueller Fantasien und des Verlangens, die sexuelle Aversion (F 52.10) in einer Angst vor der körperlichen Berührung und in der Vermeidung solcher Situationen. Alle diese Symptome sind oft auf psychodynamische Konflikten zurückzuführen, die biographisch aufzuschlüsseln sind. Dies gelingt meist erst nach ausreichender Offenheit im psychoanalytischen Prozess und nach aktiver Thematisierung durch den Psychoanalytiker.

3. Bei den schizophrenen Psychosen sind im Sinne eines multifaktoriellen Krankheitsgeschehens genetische Faktoren von konstitutionellen und psychogenen Faktoren zu unterscheiden (Dümpelmann, 2004). Das psychodynamische Krankheitsmodell betont die Störung der Symbolisierungsfähigkeit (Benedetti, 1991, 1992), der Konfliktverarbeitung (Mentzos, 1991, 1992) oder die Störung der Objektbeziehung (Bion, 1954).

4. Bei den depressiven Psychosen ist der Übergang zu den viel häufiger auftretenden depressiven Neurosen nicht immer eindeutig festzulegen, weil bisher nur der zeitliche Verlauf oder die pharmakologische Ansprechbarkeit der depressiven Symptome über die Zuordnung zu einer der beiden Gruppen entscheiden kann (Schauenburg, 2004). Ätiopathogenetisch finden sich in der »Endstrecke« verschiedenster biographischer Prozesse zahlreiche psychogene Faktoren. Bei einer unsicheren frühkindlichen Bindungsgeschichte finden sich multiple Objektverluste, die ein unsicheres Selbstwertgefühl und maladaptive Interaktionen zur Folge haben. Aus diesen lassen sich psychodynamische Konflikte rekonstruieren, die in analytischen Psychotherapien durchgearbeitet werden können.

Störungen, die das somatische Krankheitsgeschehen, psychosomatische Erkrankungen und post-traumatische-Belastungsstörungen (PTB) betreffen, werden bezüglich ihrer pychodynamischen Pathogenese ausführlich in einem Band der Reihe *Basiswissen Psychoanalyse* über Krankheitsmodelle und Pharmakotherapie dargestellt.

3.1.2 Modellvorstellungen von Gesundheit

Die Definition von Gesundheit geschieht normativ und objektiv. So ist Gesundheit im versicherungsrechtlichen Sinne definiert als »ein Nichtvorhandensein von Krankheit«. Alle Normabweichungen von Gesundheit sind also als Krankheit zu definieren. Schauen wir uns eine andere Definition von Gesundheit an, so entdecken wir psychosoziale Faktoren, die einem gänzlich anderen Wissenschaftsmodell folgen als dem Krankheitsmodell der biologischen Krankheitsfaktoren und der Versicherungswirtschaft, das aus dem rechtlichen Modell heraus gewonnen wurde. Die Weltgesundheitsorganisation (WHO, 1947) definierte Gesundheit in ihrer konstituierenden Sitzung als »Zustand des umfassenden körperlichen, geistigen und sozialen Wohlbefindens und nicht nur als das Fehlen von Krankheit oder Behinderung«.

In dieser Definition stellt Gesundheit einen eigenen positiven Zustand dar, der sich auf den ganzen Menschen in seinen körperlichen, geistig-seelischen und sozialen Aspekten zu beziehen versucht. Kriterium ist das subjektive Wohlbefinden (Trojan & Legewie, 2001), der subjektive Aspekt von Gesundheit wird betont; nicht die Experten haben darüber zu befinden, sondern der betroffene Kranke selber. Damit wird deutlich, dass sich in dieser wissenschaftstheoretischen Position die Rolle des Kranken gewandelt hat. Aus einem passiven Objekt medizinischer Behandlung wird ein von krank machenden Umständen gefährdetes Subjekt, das selber über den dadurch entstandenen Zustand entscheiden und sich gegen krank machende Faktoren wehren kann. Therapeutische Behandlung wird damit zu einem aktiven Prozess der Kommunikation über das, was innerhalb und außerhalb der Behandlung als krank und gesund zu gelten hat. Dies ist überall dort zu bedenken, wo Gesundheit zur »Zwangsbeglückung« zu werden droht.

Die soziale und kulturelle Definition von Gesundheit und Krankheit relativiert die biologischen Faktoren, die in der medizinischen Definition der Pathophysiologie im Vordergrund stehen. Wird dieser Ansatz konsequent weitergeführt, kann die Krankheitstheorie durch eine Theorie der Gesundheit Konkurrenz bekommen, wie es von Antonovsky (1997) im Konzept der Salutogenese versucht wird. Hier ist die Forschung auf die Ermittlung von den Gesundheitsprozess fördernden Faktoren ausgerichtet. Untersucht werden die Entwicklungsbedingungen von Gesundheit, bewusste Handlungsweisen, die den Erhalt von Gesundheit zum Ziel haben, und die Wirkung von Interventionen zur Gesundheitsförderung. Die Erweiterung des Pathogenesemodells der Medizin geht in drei Richtungen (Trojan & Legewie, 2001): Stressbewältigung, Nutzung der vorhandenen Ressourcen und der Persönlichkeitsunterschiede.

1. Die *Stressbewältigungstheorien* betonen den Prozess der Anpassung des Körpers an den Stressreiz, der durch das neuroendokrine System des Körpers im Zusammenwirken mit dem Immunsystem vermittelt wird und zu messbaren somatischen Veränderungen im Körper führt. Der Anpassungsprozess durchläuft drei Phasen, deren Endprozess (3. Phase als Zustand der Erschöpfung) zu schwerer Krankheit oder zum Tod führt (Legewie & Ehlers, 2000). Der Prozess beginnt mit der Schockphase, der eine Alarmreaktion (1. Phase) auslöst, die durch gegenregulatorische Körpervorgänge ausgeglichen werden soll. Gelingt dies nicht und kumulieren die Funktionsstörungen bei der Körpertemperatur, der Herz-Kreislaufregulation, den Veränderungen im intestinalen Gewebe und den Immunreaktionen, dann kommt es in der Widerstandsphase (2. Phase) zur Aufbietung aller Kräfte, um der Gegenregulation zum Erfolg zu verhelfen, was meist gelingt. Bei Chronifizierung dieser Phase kann es aber zu Gewebeschädigungen kommen. Die biologische Einseitigkeit dieser medizinischen Stresstheorie wurde durch Lazarus (1991) mittels einer kognitiven Emotionstheorie ergänzt. Im Zentrum steht eine kognitive Bewertung der Stressoren, die dann eine negative oder positive emotionale Tönung erhalten können – z. B. als Eustress –, die physiologische Reaktionen beeinflussen kann. Die daran anschließenden Bewältigungsversuche mit unterschiedlichen Bewältigungsstrategien (z. B. Distanzierung, Ablenkung, Leugnen, Vermeiden) führen zu problembezogenen Strategien des Handelns, die eine aktive Veränderung der Situation anstreben. Der psychologische Vorteil dieser Ergänzung liegt auf der Hand. Der Psychoanalytiker erkennt in der Typisierung der Bewältigungsmechanismen die Abwehrmechanismen des psychoanalytischen Konfliktmodells wieder.

2. Die *Bedürfnis-Ressourcen-Theorien* (Trojan & Hildebrand, 1989; Becker, 1992) zeigen die Wechselwirkung des Stressmodells mit den konkreten Lebensbedingungen, ihren Ressourcen und kulturellen Einflussfaktoren. Das äußerst komplexe »salutogenetische Gesundheitsmodell« von Antonovsky (1997) benennt insgesamt zehn generalisierte Widerstandsressourcen für die 2. Phase des Stressmodells. Diese Ressourcen reichen von materiellen Faktoren über soziale Unterstützung bis hin zur Ich-Identität und einer präventiven Gesundheits-Orientierung. Weiterhin werden soziale und physikalisch-biochemische Stressoren benannt, die eine Belastung erhöhen können. Das Wechselspiel von Ressourcen und Stressoren entscheidet über den Stand und die Bewegungsrichtung auf dem Kontinuum von Krankheit und Gesundheit.

3. Die *Entwicklungstheorien der Persönlichkeit* liefern Ansätze zu einer prozessorientierten Ressourcenanalyse des Individuums. Sie haben sich aus Verlaufsbeobachtungen im Rahmen psychotherapeutischer Behandlungen oder bei entwick-

lungspsychologischen Längsschnittuntersuchungen der kognitiven, emotionalen und sozialen Kompetenzen der Persönlichkeit herauskristallisiert. Die älteste und einflussreichste Entwicklungstheorie der Persönlichkeit findet sich in der Psychoanalyse, wo S. Freud unter Gesundheit die Möglichkeit zur »Liebes- und Arbeitsfähigkeit« verstand. In *Das Unbehagen in der Kultur* (1930a, S. 434) verdeutlicht er den Prozesscharakter seiner Auffassung von Gesundheit:

»Das Ziel des Menschen, daß der Mensch ›glücklich‹ sein soll, war im Plan der Schöpfung nicht vorgesehen. Was man im engeren Sinne als Glück bezeichnet, ist eher etwas, das sich dann einstellt, wenn aufgestaute Bedürfnisse plötzlich befriedigt werden. Daher ist es seiner Natur nach ein immer wieder vorübergehendes Phänomen.«

Gesundheit als ein Teilaspekt von Glück ist also ein Gleichgewichtszustand, der in der jeweiligen neuen Lebenssituation erneut hergestellt werden muss, wenn die Entwicklungsphasen neue Entwicklungsaufgaben an das Ich des Menschen herantragen. Diese psychosozialen Entwicklungsaufgaben spiegeln sich in jeweils neuen Beziehungsgefühlen (siehe 2.3.3), inneren und äußeren Selbst-Objektbeziehungen) wider:

1. Urvertrauen;
2. Autonomie;
3. Identifikation mit der Geschlechtsrolle im Sinne von Männlichkeit und Weiblichkeit im Kleinkind- und Vorschulalter;
4. leistungsbezogene Arbeitshaltung im Grundschulalter;
5. Ausbildung von Ich-Identität in Pubertät und Adoleszenz;
6. die Notwendigkeit von neuen persönlichen Bindungen (Partnerschaft und Freundschaften) und die Übernahme von Verantwortung für Kinder (Generativität) oder ein Lebenswerk durch die Herausforderungen des frühen Erwachsenenalters;
7. eine reife Identität ist notwendig, um unter den Belastungen des Alters (körperliche Defizite, sozialer Funktionsverlust und Endlichkeit des eigenen Lebens) eine neue Integrität herzustellen.

Die Entwicklungsaufgaben sind Grundprobleme der menschlichen Existenz, wobei jede Epoche und gesellschaftliche Schicht Einfluss auf die Form dieser Grundprobleme hat. So formulieren Oerter und Montada (1995, S. 124) für die amerikanische Mittelschicht der fünfziger und sechziger Jahre des 20. Jahrhunderts sehr spezifische Entwicklungsaufgaben einer Durchschnittsbiographie (Tab. 2), die sich anders als bei Erikson (1966) nicht nur auf den Lebenszyklus in der Familie beziehen, sondern auch Lebensbereiche wie berufliche Arbeit, Verlust des Partners, schwere Krankheit und Abhängigkeit im Alter berücksichtigen.

Tab. 2: *Die Entwicklungsaufgaben in verschiedenen Perioden der menschlichen Biographie (nach Oerter & Montada, 1998, S. 124) sind mit phasentypischen Konflikten verbunden, die sich aus dem Widerstreit der Entwicklungsaufgaben und der sozialen Anforderungen mit ihren Gegenspielern in den Triebimpulsen ergeben.*

Enwicklungsperiode	Entwicklungsaufgaben
Frühe Kindheit (0–2 Jahre)	1. Anhänglichkeit *(social attachment)* 2. Objektpermanenz 3. Sensomotorische Intelligenz und einfache Kausalität 4. Motorische Funktionen
Kindheit (2–4 Jahre)	1. Selbstkontrolle (vor allem motorisch) 2. Sprachentwicklung 3. Fantasie und Spiel 4. Verfeinerung motorischer Funktionen
Schulübergang und frühes Schulalter (5–7 Jahre)	1. Geschlechtsrollenidentifikation 2. Einfache moralische Unterscheidungen treffen 3. Konkrete Operationen 4. Spiel in Gruppen
Mittleres Schulalter (6–12 Jahre)	1. Soziale Kooperation 2. Selbstbewusstsein (fleißig, tüchtig) 3. Erwerb der Kulturtechniken (Lesen, Schreiben etc.) 4. Spielen und arbeiten im Team
Adoleszenz (13–17 Jahre)	1. Körperliche Reifung 2. Formale Operationen 3. Gemeinschaft mit Gleichaltrigen 4. Heterosexuelle Beziehungen
Jugend (18–22 Jahre)	1. Autonomie von den Eltern 2. Identität in der Geschlechtsrolle 3. Internalisiertes moralisches Bewusstsein 4. Berufswahl
Frühes Erwachsenenalter (23–30 Jahre)	1. Heirat 2. Geburt von Kindern 3. Arbeit/Beruf 4. Lebensstil finden
Mittleres Erwachsenenalter (31–50 Jahre)	1. Heim/Haushalt führen 2. Kinder aufziehen 3. Berufliche Karriere
Spätes Erwachsenenalter (51 und älter)	1. Energien auf neue Rollen lenken 2. Akzeptieren des eigenen Lebens 3. Eine Haltung zum Sterben entwickeln

Jürgen Habermas (1981, 1984) berücksicht in seiner Theorie des kommunikativen Handelns gesellschaftliche Normen und Lebensbedingungen unter Beibehaltung der aufklärerischen Position von S. Freud. Im Mittelpunkt der Theorie steht die zwanglose Verständigung im alltäglichen sozialen Handeln. Zur Aufklärung des

Widerspruches zwischen individuellen und gesellschaftlichen Konflikten ist die kritische Untersuchung des strategischen gegenüber dem kommunikativen Handeln von Bedeutung. Strategisches Denken kann auf Verständigung keine Rücksicht nehmen. Das strategisch-verdeckte oder sogar unbewusste Handeln ist dem verständigungsorientierten sozialen Handeln so entgegengerichtet, dass es nur unter bestimmten Bedingungen eine Möglichkeit zur Verständigung gibt. Diese Möglichkeit der Verständigung richtet sich nach den Geltungsansprüchen der jeweiligen sozialen Welt (soziale Situation), in der diese Verständigung gesucht wird:
1. Verständlichkeit in Bezug auf die Welt der Sprache;
2. Wahrheit in Bezug auf die Welt der Tatsachen ;
3. Angemessenheit in Bezug auf die Welt der sozialen Beziehungen und Normen;
4. Aufrichtigkeit in Bezug auf die innere Welt der Wünsche, Absichten und Gefühle.

Werden diese Geltungsansprüche in der sozialen Welt des Individuums (gestörte innere Objektbeziehungen) oder der Gruppe (Überbewertung ökonomischer gegenüber ökologischen Wertmaßstäben, siehe 3.2.3.1) durch strategisches Handeln außer Kraft gesetzt, dient die Verständigungsabsicht nur noch der Verschleierung der strategischen Ziele.

3.1.3 Multifaktorielle Modelle psychischer Störungen

3.1.3.1 Affekt-Trauma-Modell

Traumatische Erfahrung drückt sich unmittelbar in Schrecken, Angst und völliger Hilflosigkeit aus. In der Psychoanalyse bezeichnet der Begriff Trauma das Überschreiten der Verarbeitungsmöglichkeiten des Traumatisierten; die objektive Qualität des Ereignisses ist dann von solcher Intensität, dass die subjektive und, je nach Entwicklungsstand, die zentralnervöse Verarbeitungskapazität des Betroffenen erschöpft ist und sein Reizschutz dauerhaft durchbrochen wird. Dies führt zu einer Erschütterung des psychischen Apparates in seiner Gesamtheit, so dass es zu einem Zusammenbruch der zentralen Ichfunktionen kommt. Die Symptome einer posttraumatischen Belastungsstörung sind Versuche des Ich, in der zwanghaften Wiederholung des traumatischen Erlebens (z.B. im Traum) Bewältigungsformen zu finden, die dem Schutz vor Reizüberflutung dienen und eng mit zentralnervösen Verarbeitungsprozessen verbunden sind (siehe 6.2.5). Die Bewältigungen können einer zukünftigen Traumatisierung entgegenwirken. Das heißt aber noch nicht, dass die Bewältigung der Realität objektiv erleichtert würde, denn die verminderte Fähigkeit zur libidinösen Besetzung von Objektbeziehungen kann z.B. zur Interessenverarmung geführt haben.

Das Trauma-Modell basiert auf psychoanalytischen therapeutischen Erfahrungen auf der Grundlage der Verführungstheorie. Danach sind hysterische Symptome und Zwangssymptome im Erwachsenenalter auf eine sexuelle Verführung in der Kindheit zurückzuführen. In der therapeutischen Beziehung zum Psychoanalytiker kann die zunächst verdrängte traumatische Vergangenheit bewusst gemacht werden. Die Erinnerung kann im Erwachsenenleben – z. B. durch ein traumatisches Ereignis – wiederbelebt werden und nun mit der ganzen Intensität des ihr dabei zugewachsenen Affektbetrages ins Bewusstsein drängen.

Anders als bei lerntheoretischen Erklärungen der traumatischen Reaktionen (siehe Steil, 2003, S. 287 f.), die einen Lernvorgang durch emotionale Konditionierung oder operantes Lernen zugrunde legen, bleibt der affektive Gehalt der traumatischen Situation kindlicher Traumatisierungen nach dem Trauma-Modell erhalten und kann durch den Vorgang der Verdrängung nicht an der Oberfläche des Bewusstseins erkannt werden. Dies aber ist die Voraussetzung des lerntheoretischen Ansatzes, der bei der Aufstellung von Therapieplänen die Konditionierungszusammenhänge von Beginn an kennen muss, um einen korrekten Therapieplan und die Überprüfung des Erfolgs festzulegen.

So kann der affektive Betrag bei der zwanghaften Persönlichkeitsstruktur z. B. in kognitiven Dysfunktionen zu erkennen sein, aber die Wucht des traumatischen Erlebens wird erst nach Reaktivierung des traumatischen Konflikts im Verlauf der therapeutischen Interaktion deutlich, was dann die Umstellung auf ein anderes Therapiemodell oder eine andere therapeutische Technik erfordert.

Dies wird gegenwärtig in dem Technikangebot der kognitiv-behavioralen Therapie (KBT) deutlich, bei der nur die Kombination von Therapietechniken erfolgreich ist: Dem imaginativen Nacherleben der Traumatisierung (Exposition *in sensu*) folgt eine Exposition *in vivo*. Der gesteuerten Wiederbelebung des Realtraumas folgen Eingriffe bei der traumatischen Erinnerung (z. B. verändert eine Mutter imaginativ die durch einen Unfall zerstückelte Leiche ihres Kindes zu einem heilen, aber toten Körper), und die Restrukturierung kritischer Überzeugungen in einem »sokratischen Dialog« lässt den Therapeuten beim Patienten überprüfen, ob dessen Einstellungen, Überzeugungen und Interpretationen zum Trauma und seinen Folgen angemessen und hilfreich oder dysfunktional sind. Untersuchungen zur Wirksamkeit der KBT bei PTB (Posttraumatischer Belastungsstörung) zeigen, dass nur die Kombination behavioraler und kognitiver Verfahren die Wirksamkeit steigert. Die Konsequenzen dieses Verfahrens für die Übertragungsbeziehung in langfristigen Therapieansätzen sind nicht absehbar. Somit scheint es eine konsequente Entwicklung zu sein, wenn die Lern- und Kognitionstherapien psychotherapeutische Strategien für Kurzzeittherapien entwickeln, die nur den Patienten

Behandlung zukommen lässt, die durch die jeweilige Therapietechnik soweit erreichbar sind, dass die Therapie in kurzer Zeit abgeschlossen werden kann. Für nicht erfolgreich behandelte Patienten ist eine anschließende Behandlung nach einem langfristigen Methodenansatz notwendig.

Hier sind die Unterschiede zwischen lerntheoretischen Ansätzen und gegenwärtigen psychoanalytischen Ansätzen zur Traumatherapie zu suchen (siehe Fischer, 2004, S. 165–172). Der eventuell notwendige Therapeutenwechsel bietet die Chance einer neuen Übertragungsbeziehung, die dem Patienten eine neue Chance geben könnte, kritische Übertragungspositionen mit Retraumatisierungscharakter in einer Halt gebenden Beziehung entsprechend der Kapazitäten der Ichfunktionen durchzuarbeiten. Ethische Erwägungen würden natürlich eine vorherige methodenspezifische Indikationsstellung bezüglich der Behandelbarkeit erforderlich machen, zumindest bezüglich des Risikos der Retraumatisierung.

Die Indikationsstellung zur kognitiv-behavioralen Therapie versucht das Risiko der erfolglosen Behandlung durch Kontraindikationen zu vermindern (Steil, 2003, S. 288):

»Kontraindiziert ist eine KBT der PTB beim Vorliegen akuter Suizidalität und psychotischer Symptomatik, bzw. wenn eine komorbide Störung (Drogenabusus, Borderline-Persönlichkeitsstörung, Essstörung) den Patienten akut gefährdet oder die Behandlung stark behindern würde ... Hegen Patienten lediglich den Verdacht, dass eine Traumatisierung (z.B. sexueller Art in der frühesten Kindheit) stattgefunden hat, haben aber keine Erinnerung daran, so ist eine PTB-Behandlung nicht angezeigt«.

Die Risiken der Retraumatisierung lassen sich möglicherweise durch die offen angebotenen Manipulationsofferten in der kognitiv-behavioralen Therapie insofern begrenzen, als die Arbeit mit unbewusstem Material in der Übertragung zum Therapeuten vermieden wird.

Die Abwehr der traumatischen Erinnerung hat im neurotischen Symptom einen Kompromiss gefunden zwischen chaotischer Desorganisation des Icherlebens im wiederbelebten Trauma und den Erfordernissen des Ichs nach neuer Anpassung. Hierbei findet jedoch das früher real Geschehene einen neuen, verdeckten Ausdruck. Dies kann entweder zu einem Symptomwechsel oder zur Wahl neuer therapeutischer Beziehungen führen – ein Geschehen, das sowohl mit den Methoden der Lerntherapie wie auch mit denen der Psychoanalyse eintreten kann, wenn der Therapieansatz eine mögliche Reaktivierung des traumatischen Konflikts nicht in Rechnung stellt.

Die notwendige Unterscheidung der Reaktivierung des Realtraumas vom kindlichem Trauma ist psychoanalytisch so zu sehen, dass ein erneutes Durcharbeiten des kindlichen Realtraumas mit der früheren kindlichen Überforderung des Organismus (einschließlich der hirnphysiologischen Repräsentanz mit Affektbetrag, Speicherung der auslösenden Ereignisse sowie der Objektbeziehungsstörung) einhergehen kann. Durch diese Belastung infolge der lebhaften Gedächtnisaktivierung unverarbeiteter Überforderung kommt es zu einer Retraumatisierung in der aktuellen Beziehungssituation. Daher ist es vor allem Ziel der psychotherapeutischen Behandlung, durch entsprechende Angebote in der Objektbeziehung und das nicht erneut traumatisierende Durcharbeiten der kindlichen Überforderung eine Retraumatisierung zu vermeiden. Grundlage dieses Interpretations-Modells ist die Bedeutung des unbewussten Konflikts bei der Rekonstruktion des Traumgedankens und des latenten Trauminhalts in der manifesten Traumerzählung.

Die Verführungstheorie der klassischen Psychoanalyse betont eine spezielle traumatische Szene, die im familiären Bereich auf der ödipalen Entwicklungsstufe des 3.–5. Lebensjahres aufgesucht wird (Übertragungsbeziehung). Die neuere psychoanalytische Entwicklungstheorie (siehe 2.4) betont aber auch die anderen Entwicklungsphasen als relevant für die Krankheitsentstehung. Dies erfordert eine neue Technik des Arbeitens in der Übertragung, und zwar so lange, bis das Ich des Patienten zu einer beobachtenden Einstellung aufgrund der neuen Erfahrungen mit dem Psychoanalytiker in der Lage ist. Diese Methode erlaubt eine schonende Wiederbelebung des Traumas in einer Schutz gebenden Übertragungsbeziehung, die dennoch in ungeahnte Tiefen der Bewusstseinserforschung früher kindlicher Entwicklungsphasen führen kann.

In der historischen Entwicklung der Psychoanalyse ist dieser Weg von Freud nach der Aufgabe der Verführungstheorie (1898a) mit der 17 Jahre langen Erforschung des Unbewussten beschritten worden (Freud, 1915e, *Das Unbewußte*). In diesem Abschnitt der Theorieentwicklung versuchte Freud vor allem das Schicksal unbewusster Seelenvorgänge von ihrem Ursprung in körperlich verankerten Triebwünschen über die verschiedenen unbewussten Fantasien bis hin zu den bewusstseinsfähigen Derivaten des Triebwunsches zu verfolgen. Hierbei dienten ihm die in der Traumforschung entdeckten Prinzipien des psychischen Apparates als theoretischer Hintergrund zur Beschreibung des psychopathologischen Mechanismus der Krankheitsentstehung. Er übertrug das neuronale Modell des psychischen Apparates auf das erste psychoanalytische Affekt-Trauma-Modell.

Im Falle der Verführung oder anderer Traumata in der infantilen Entwicklung des Patienten durchbrechen übergroße Energiequanten den normalerweise funktionstüchtigen Reizschutz des Ich. Der Einbruch dieser Energie zerstört die bisher funktionierende Bindungsfähigkeit des Ich und schafft neue Bahnungen zwischen den Neuronen, die nicht mehr vom Ich, wie bisher, kontrolliert werden können. In der später entwickelten Triebtheorie (Freud, 1920g) beschreibt Freud, wie der Organismus in einer unmittelbaren Reaktion an der Einbruchstelle der Reizüberflutung eine Gegenbesetzung aufbaut.

Mit dem Einbruch der Reizüberflutung ändert sich auch die gesamte Funktionslogik des psychischen Apparates (Freud, 1916–17a, S. 284). Das Lustprinzip wird abgelöst von der Notwendigkeit der Selbsterhaltung, die eingebrochenen Energiequanten zu binden (Fixierung an das Trauma). Sogar im Traum, der eigentlich nach dem Prinzip der Wunscherfüllung funktioniert, bekommt die Wiederholung des Unlustvollen Vorrang, und er verliert somit seine Funktion zur Restitution. Der Wiederholungszwang von Unlustvollem wird nach dem Affekt-Trauma-Modell zum Grundmechanismus der Krankheitsentstehung.

Die klinische Weiterentwicklung des Modells durch Ferenczi (1933), Kris (1963), Khan (1963), Müller-Pozzi (1985) und Ehlert-Balser (1996) rückt die Objektbeziehungstheorie ins Zentrum der Entwicklung eines psychodynamischen Verständnisses. Das traumatische Objekt kann trotz Zerstörung und Leidens, die es anrichtet, nicht verlassen werden und muss daher als inneres Objekt erhalten bleiben, weil es nicht nur bewusst gehasst wird, sondern unbewusst zum Selbsterhalt unverzichtbar ist. Verständlich wird diese klinische Erfahrung durch folgende theoretische Annahmen:

1. Die notwendige Unterwerfung unter den Angreifer führt zu einer Introjektion des verfolgenden Objekts. Die Aggression und mögliche Schuldgefühle des Täters dringen im traumatischen Moment in das Opfer ein. Die prätraumatische Beziehung zum Täter soll unbewusst durch Unterwerfung wiederhergestellt werden.
2. Im Gegensatz zu den Extremtraumatisierungen Erwachsener, die oft als singuläres Ereignis zu posttraumatischen Belastungsstörungen führen, ist bei der kindlichen Entwicklung von subtraumatischen Überforderungen der Psyche auszugehen. Daher können nicht nur Traumata im Sinne eines Schock zur Reizüberflutung führen, sondern auch kumulative Überforderungen im Sinne eines Stressmodells (Kris, 1963), die zu traumatischen Entwicklungsstörungen führen. Im Zentrum der klinischen Rekonstruktion steht hierbei das Versagen der mütterlichen Schutzfunktionen, die nicht ausreichend zur täglichen Auflösung der anwachsenden inneren Spannungen des Säuglings beiträgt.
3. Das Kind erlebt den teilweisen Wegfall der Schutzfunktion als traumatische Abwendung der Mutter. Da die absolute Abwendung der Mutter ein vernichtendes Trauma darstellen würde, ist der Säugling zu einer globalen Identifizierung mit der traumatisierenden Mutter gezwungen.

4. Traumatisierungen im Erwachsenenleben reaktivieren diese traumatischen Objektbeziehungen, so dass es bei Folteropfern zu unverständlichen Identifizierungen mit den Tätern kommt, weil die Regression das unbewusste Erleben der Beziehung zum Primärobjekt wieder erzwingt. Daher sind die Persönlichkeitsstruktur und der mögliche protektive Wert gesunder Ichfunktionen aufgrund ausreichend guter innerer Objektbeziehungen entscheidend für die therapeutische Überwindung des Realtraumas.

3.1.3.2 Konfliktpathologie
Grundlage der Psychoneurosen ist ein seelischer Konflikt, der hinter der offensichtlichen Symptomatik zu suchen ist. Voraussetzung für dieses noch heute für Neurosen und Psychosen wichtige Krankheitsmodell der Psychoanalyse war die Weiterentwicklung des Affekt-Trauma-Modells der Aktualneurosen zum Trieb- und Konfliktmodell der Psychoanalyse. Die frühere Deutung der Symptomatik der Neurasthenie (Ermüdbarkeit, Dyspepsie, Kopf- und Rückenschmerzen), der Hypochondrie, der Depersonalisation und vor allem der Angstneurose – mit ihren akuten Angstanfällen im Sinne traumatischer Neurosen – hatte wichtige Erkenntnisse über die Systeme Ubw, Vbw, und Bw des topographischen Modells des psychischen Apparats geliefert (siehe 2.1.3 und 3.3.3). Der konstitutionelle Anteil der Kausalfaktoren war bei diesen Neurosen aber so hoch, dass die psychodynamische Erforschung an Grenzen stieß.

Wenn diese Erkrankungen chronifizieren, ist jedoch die Übertragungsbereitschaft aufgrund der fortgeschrittenen Regression größer und die Ichfunktionen sind besser in der Lage, die unlustvollen Körpersensationen psychisch zu verarbeiten. Aus der Angstneurose kann sich dann eine Psychoneurose im Sinne einer Phobie oder einer Zwangsneurose entwickeln (Nunberg, 1959, S. 217). An diesen für das Modell der psychogenen Ätiologie der Neurosen klassischen Erkrankungsformen hat Freud den psychoneurotischen Konflikt, der hinter dem neurotischen Symptom die Krankheit hat entstehen lassen, aufzeigen können. Nehmen wir hierzu eine klassische Fallvignette:

Ein 43jähriger Patient klagt über Ängste und schwere Kontaktstörungen. Der Grund für die Kontaktstörungen scheint darin zu liegen, dass er den engeren Umkreis seiner Wohnung nicht verlassen kann, ohne Ängste zu bekommen. Angst auslösende Orte kann er anscheinend nicht mehr aufsuchen. Er vermeidet Brücken, Kaufhäuser, Verkehrsmittel, weil er dort Herzanfälle mit Todesangst bekommt. Häufig stellen sich bei ihm Zwangsvorstellungen ein, jemandem etwas Schlimmes antun zu müssen. In größeren Höhen hat er gelegentlich den Impuls herunterzuspringen.

Symptomatisch dominiert die Angstvermeidung, die ihm bei einer Einengung seiner Lebensinteressen gelingt. Es handelt sich hierbei offensichtlich um eine Phobie, bei der die Abwehr des neurotischen Konflikts in der Angstvermeidung besteht. Das Symptom der Phobie bindet die Angst und die Energie des vegetativen Ausdrucks des Angstaffekts in einem so starken Ausmaß, dass der Patient bei sich zu Hause relativ angstfrei leben kann. Wie aber ist die Psychodynamik dieser Kompromissbildung des neurotischen Angstkonflikts zu verstehen?

Allgemein gilt für die Psychogenese des Konflikts bei den Psychoneurosen, dass einerseits ein Konflikt zwischen den selbsterhaltenden Ich-Trieben und den Sexualtrieben entsteht, der in den Affekten des Hassens und Liebens zum Ausdruck kommt (Freud 1915c, S. 231). Andererseits muss das Ich in seiner Konfliktspannung zwischen den moralischen Anforderungen der Außenwelt und dem überwältigenden Druck seines Es und von dessen Triebrepräsentanzen zu einem Kompromiss finden, der längst nicht immer zugunsten des Ich gelingt, sondern zu pathogenen Symptomen wie Angstanfällen oder Zwangsvorstellungen und Zwangshandlungen führt (Freud, 1924b, S. 390). Dieser Konflikt zwischen den Instanzen der Struktur des psychischen Apparates (Ich und Es) und den Forderungen der Außenwelt ist nach dem topographischen Modell ein »Widerstreit zwischen Mächten, von denen die eine es zur Stufe des Vorbewußten und Bewußten gebracht hat, die andere auf der Stufe des Unbewußten zurückgehalten worden ist. Darum kann der Konflikt zu keinem Austrag gebracht werden ... Eine wirkliche Entscheidung kann erst fallen, wenn sich die beiden auf demselben Boden treffen. Ich denke, dies zu ermöglichen, ist die einzige Aufgabe der Therapie« (Freud 1916–17a, S. 449).

Die Umwandlung des innerseelischen Konflikts in ein äußeres Symptom hängt von den Besetzungsintensitäten ab, die die inneren Vorstellungen oder Repräsentanzen der äußeren Situation im Inneren des psychischen Apparates erlangt haben. Der innere Konflikt bedarf somit einer Verstärkung durch die auslösende Situation. Kommen wir zur Fallvignette zurück, so erfahren wir über den 43-jährigen Patienten,

> *dass er im 18. Lebensjahr bei seiner ersten Freundin eine Ejaculatio praecox erlebt hatte. Diesem frustranen sexuellen Erleben folgte ein erstes Auftreten der Brückenangst, die mit Herzjagen einherging. Später übertrug er unbewusst diese Ängste auf die Benutzung öffentlicher Verkehrsmittel, wenn er dort Treppen ersteigen musste. Da sich diese Ängste häuften und auch bei Autobahnbrücken und an steilen Ufern eines Flusses auftauchten, habe er die Situation durch Vermeidungsverhalten in den Griff bekommen. Eine Besserung des Verhaltens trat ein, als er eine Frau kennen*

lernte, mit der er befriedigende sexuelle Kontakte erleben konnte. Als es in dieser, dann ehelichen Beziehung aber zu einer Zunahme der Rivalitätsgefühle seiner Frau kam, die im ständigen Streit mit der Schwiegermutter stand, entwickelte er wieder massive Herzbeschwerden, genau wie seine Mutter. Diese Beschwerden waren so stark, dass die Frau zur »Krankenschwester« ihres Mannes wurde, die ihn morgens zur Mutter brachte und abends wieder abholte. Nachdem seine Frau ihn verließ, wollte er nicht weiterleben.

Am Beginn dieser Angsterkrankung finden wir eine Aktualneurose mit einer sexuellen Frustration, die eine Triebstauung zur Folge hatte. Durch Generalisierung der Angst kam es zu einer Verschlimmerung der Krankheit, die aber durch Vermeidungsverhalten in den Griff zu bekommen war. Die phobische Kompromissbildung erhielt in der Angstentstehung beim Treppensteigen im öffentlichen Verkehr ihre unbewusste Konfliktbedeutung. Durch eine Änderung der triebökonomischen Bedingungen während der zufrieden stellenden Liebesbeziehung mit der späteren Frau konnte sich das Vermeidungsverhalten zurückbilden. Die Reaktivierung eines ödipalen Konflikts durch Zuspitzung der Rivalitätsbeziehung zwischen der Ehefrau und der eigenen Mutter endete in einer massiven Regression des Ichs des Patienten. Er kehrte zur Mutter zurück, und es kam zu einer Intensivierung der Mutter-Sohn-Beziehung bei Gleichklang der Symptome. Daraufhin verließ die Ehefrau das regressive kindliche Spannungsfeld zwischen Mutter und Sohn. In dieser neuen Situation trat eine neue Angst in das Erleben des Patienten ein, die wir als Trennungsangst bezeichnen können.

Der entscheidende Faktor der Symptomentstehung ist eine äußere und/oder innere Versagungssituation, die mit Triebstauung einhergeht. Die entstehende unerträgliche Unlust zwingt die Libido des Patienten, auf alte infantile Fixierungsstufen zu regredieren. Im Sinne der psychoanalytischen Neurosenlehre von Otto Fenichel (1999, Bd. 1, S. 200) kann zusammenfassend gesagt werden:

Im neurotischen Konflikt (zwischen Ich und Es) sucht eine Triebregung nach einer Abfuhr im Kampf gegen die ihr entgegenstehende Angst (Schuldgefühl, Ekel, Scham). Die Triebregung richtet sich auf die Außenwelt; ihre Gegenkräfte streben einen Rückzug von der Außenwelt an. Die Triebregung scheint von einem Objekthunger beherrscht zu werden, ihre Gegenkräfte scheinen von dem Bestreben beherrscht zu werden, Objekte zu vermeiden.

Da die Triebregungen eine Entwicklung durchlaufen (siehe 2.3.1), führen die Regressionen des Ich in den Selbstheilungsversuchen der Patienten zu unterschiedlichen Triebkonflikten (z. B. ödipaler Triebkonflikt und Trennungskonflikt in der Fallvignette). Das gleiche epigentische Prinzip ist auch auf die Objektbeziehung des

Ich oder des Selbst zu seinen Objekten zu übertragen. Darauf wird bei der Darstellung der Trieb- und der Objektbeziehungstheorie Bezug genommen (1.3.1 und 1.3.3). Wie die Fallvignette demonstriert, reicht die Betrachtung des innerseelischen Konflikts auf der Basis eines Triebkonflikts nicht aus, um das komplexe Interaktionsgeschehen zwischen Ehefrau, Schwiegermutter und dem Patienten zu verstehen. Es ist notwendig, die daraus resultierenden interpersonellen Konflikte abzuleiten, die schließlich zu einer Symptomveränderung führen und eine neue Diagnose erfordern. Die hierdurch auftauchenden diagnostischen Probleme einer Komorbidität (siehe 3.1.1) könnten aber durch ein erweitertes psychodynamisches Modell besser verstanden werden, das die Strukturpathologie und die Störung der Objektbeziehungen einbezieht.

3.1.3.3 Strukturpathologie

Die klassische psychoanalytische Theorie des Konflikts basiert auf der Triebtheorie, die Freud aus der Psychoanalyse der hysterischen und zwanghaften Symptome entwickelt hat. Bei der *Angsthysterie* wird der seelische Konflikt durch den Konversionsmechanismus in einem körperlichen Symptom ausgedrückt (Angstanfall mit Herzrasen beim Treppensteigen nach einer »Verkehrsteilnahme« in unserem Beispiel). Bei der *Zwangsvorstellung* bewirkt der Abwehrmechanismus der Isolierung, dass der Schrecken einer Angstvorstellung vom Angstinhalt getrennt ist und die Affektintensität in der dauernden zwanghaften Wiederholung der Vorstellung abgeführt werden kann, ohne dass bewusst Angst empfunden wird.

Bei einer Chronifizierung dieser Vorgänge kommt es zu Ichveränderungen, die sich in *pathologischen Charakterzügen* ausdrücken. Bei einer pathologischen Modifikation des Charakters besteht eine pathogene Konfliktdynamik zwischen Trieb und psychischer Struktur. Die Regression des Ichs erzwingt neue Abwehrformen, weil die Fixierungsstellen des Triebes und die damit verbundenen Abwehrmechanismen zu einer früheren, geringer differenzierten Ich-Struktur gehören (siehe 3.5.4). Diese zeichnet sich durch folgende Merkmale aus:

1. Ist das notwendige Minimum an seelischer Organisation und Strukturbildung zur Abwehr des Triebkonflikts nicht vorhanden, so kommt es, im Falle einer Regression, zu einem Versagen der Ichfunktion der Abwehr. Das Ich wird traumatisch überschwemmt, was die Regression vertiefen kann (Modell von John E. Gedo, siehe 3.5.4).
2. Das Versagen der synthetischen Ichkapazität (Hartmann, 1939) kann aber auch durch einen Defekt in der Ichreifung gegeben sein. Primäre Defekte in der Ichentwicklung schaffen strukturelle Dispositionen, die zur Erklärung psychosomatischer, perverser und psychotischer Symptome herangezogen werden.

Vertreter der Ich-Psychologie in den USA (Rapaport, 1973) schufen eine Systematik der Ichfunktionen (Blanck & Blanck, 1999). Durch unterschiedlich starke Entdifferenzierung dieser Funktionen sind die Störungsbilder der Neurosen und Psychosen von der Psyche bei normal Gesunden abzugrenzen (Bellak et al., 1973). In Deutschland wurde diese Entwicklung von Psychoanalytikern der DPG (Heigl, 1969; Streeck, 1983) und der DPV (Fürstenau, 1977) aufgegriffen und der Begriff der strukturellen Störung eingeführt. Solche strukturellen Störungen sollen sich von den reiferen Störungen mit Konfliktpathologie durch zeitstabile Strukturpathologie unterscheiden, für die modifizierte psychoanalytische Behandlungsansätze erforderlich sind (Rüger, 2000, S. 679).

Die Annahme, Krankheitssymptome fungierten aufgrund einer defizitären Ich-Reifung als Ersatzbildung für ein schwaches Ich, wird nicht von allen Psychoanalytikern geteilt. Verschiedene Psychoanalytiker setzen diesem Konzept andere Theorieentwicklungen entgegen:

1. Lacan (1975, S. 109) argumentiert von einer Sprachtheorie der Psychoanalyse her, dass alle Symptome wie eine *Sprache* strukturiert seien, die der Psychoanalytiker verstehen lernen müsse; dann seien unter Verzicht auf psychopathologische Differenzierungen alle Symptome lesbar und psychoanalytisch zu interpretieren.
2. Andere psychoanalytische postfreudianische Theorieentwicklungen versuchen dieses Problem durch Modifikation der Theorie des psychoanalytischen Konflikts aufzugreifen (Mentzos, 1982, 1991).

3.1.3.4 Interaktionspathologie innerer und äußerer Objekte

Mit dem Wechsel der Forschungsperspektive von der Ein-Personen-Psychologie zur Zwei-Personen-Psychologie, die durch die Objektbeziehungstheorie (siehe 1.3.3 und 2.3.3) entwickelt wurde, tritt die Betrachtung der dyadischen Interaktion in den Vordergrund der psychopathologischen Überlegungen.

Aufbauend auf den Erkenntnissen über die Mutter-Säugling-Dyade (Lichtenberg, 1991a) und der Bindungstheorie (Bowlby, 1975), wird die Tragweite der grundlegenden Organisationsprinzipien von Interaktionsprozessen ins Zentrum der Störungsanalyse gerückt.

Im Interaktionsprozess wird zwischen der Selbstregulation und der interaktiven Regulation unterschieden (Beebe & Lachmann, 2002).

1. Der Begriff der Selbstregulierung kennzeichnet die individuelle Fähigkeit, von Geburt an die eigenen Zustände zu regulieren, um Aktivitätszustände der Erregung zu bewältigen (z. B. Aufrechterhaltung der Wachheit, Dämpfung von Übererregtheit, Hemmung emotionaler Ausbrüche).

2. Der Selbstregulierungsprozess wiederum beeinflusst ohne Unterlass die interaktive Regulierung in der Dyade.

Im Erwachsenenalter besteht die Aufgabe der Selbstregulierung darin, den Zugang zu inneren Zuständen zu ermöglichen, diese zu artikulieren und zu nutzen (Sander, 1995). Sie erwächst mit Beginn des Lebens aus der Wahrnehmung inneren Erlebens (Aktivitätszustand, Erwartung, Emotion).

Die Pathologie muss darum in beiden Prozessen – in Selbstregulierung und interaktiver Regulierung – gesucht werden. Sowohl das problematische Temperament des Säuglings wie das intrusive Verhalten der Mutter oder ihr auffälliger Rückzug können zur interaktiven Störung beitragen.

Als Beispiel können depressiv weniger auffällige Mütter dienen, die zu Kommentaren der Urheberschaft gegenüber ihren vier Monate alten Säuglingen neigten, wenn die Babys sie anschauten: »O, wie du strampelst«, oder: »Jetzt lächelst du«. Mütter mit einer Anfälligkeit für depressives Erleben hingegen tendierten zu Urheberschafts-Kommentaren, wenn die Babys sie nicht anschauten: »Wohin schaust du?« Oder: »Du schaust mich nicht an.« Die verbale Kommunikation ist je nach Vulnerabilität für Depression in den spezifischen Interaktionen auf Hinwendung oder Abwendung des auf Bindung angewiesenen Säuglings ausgerichtet.

Beebe und Lachmann (2002, S. 140–162) beschreiben die Störung solcher Muster der Selbstregulierung und der Regulierung von Interaktion im Erwachsenenalter mittels der Ko-Konstruktion von inneren und relationalen (interaktiven) Prozessen:

Ein schizoider Patient konnte sich am Behandlungsverlauf kaum beteiligen. Er gab keine bedeutsamen Ereignisse aus seinem Leben preis. Erst als er sich nach sieben Jahren Therapie von seiner Legensgefährtin trennte, weil er die Schwierigkeiten mit ihr nicht mehr ertrug, konnte er ein Gefühl der Verzweiflung darüber beschreiben, dass er nicht lebhafter und lebendiger werden könne. Dies war der Schlüssel zum Geständnis, dass er diese Freundin sexuell missbraucht hatte, worin er die Therapeutin nicht einweihen wollte, weil er sie dann hätte verlassen müssen. Während der Schweigezeit war die langjährige Tolerierung seines unverbindlichen Verhaltens durch die Therapeutin ein wesentlicher interaktiver Beitrag für das später aktivere Eingehen auf die Selbstregulierungsprozesse des Patienten, z. B. die starke Hemmung seiner affektiven Beteiligung an der therapeutischen Beziehung.

Die Verbindung des Interaktionsgeschehens mit den lebensgeschichtlichen Hintergründen der Erkrankung kann über die Rekonstruktion von Modellszenen aus den frühesten Beziehungserfahrungen gelingen. So kann das Verhalten depressiver

Mütter bei erhöhten Erregungs- und Affektzuständen des Säuglings zu einem Beziehungsabbruch führen, so dass dieser sich nicht begleitet fühlt, was zu einer pathologischen Verstärkung der Intensität der Selbstregulierung in extremer Einsamkeit führt.

3.2 Methodische Grundlagen

Historisch ist der Ursprung der Psychoanalyse in der Medizin zu suchen. Sigmund Freud verwendete den Begriff »Psychoanalyse«, um eine von ihm entdeckte Behandlungsmethode zu bezeichnen, die aus der Hypnose hervorgegangen ist. Darüber hinaus ist die Psychoanalyse auch eine Methode des wissenschaftlichen Denkens. Die wissenschaftliche Fundierung dieser Behandlungsmethode ist eng mit der psychoanalytischen Beobachtungsmethode verbunden und weicht erheblich von den sonstigen naturwissenschaftlichen Methoden der Medizin ab. In der Naturwissenschaft ist es wichtig, dass der Naturbeobachter nicht selber in den Prozess der Beobachtung und Messung verstrickt ist. Das hierfür maßgebliche cartesianische Wissenschaftsverständnis hat die Beherrschung des Erkenntnisobjekts zum Ziel. Zwei wichtige Postulate sollen helfen, dieses Ziel zu erreichen:
1. Die strikte Trennung zwischen erkennendem Subjekt (substantia cogitans) und Erkenntnisobjekt (substantia extensa) sichert eine objektive Beobachtung.
2. Die Zerlegung des Erkenntnisobjekts in messbare Variablen dient dem Ziel, dieses zu beherrschen.

Die psychoanalytische Theorie ist primär als eine klinische Psychologie zu verstehen, deren Erkenntnisse an eine spezifische Behandlungsmethode der medizinischen Psychologie gebunden sind. Da Freud nicht die heutigen neurobiologischen Messmethoden zur Verfügung standen, musste er sich auf die Entwicklung neurobiologischer Konzepte begrenzen und ihre empirische Validierung für spätere Zeiten erhoffen. Freud selber gab als Ziel seines *Entwurfs einer Psychologie* für Neurologen an (1950c [1895], S. 387): »Eine naturwissenschaftliche Psychologie zu liefern, d. h. psychische Vorgänge darzustellen als quantitativ bestimmte Zustände aufzeigbarer materieller Teile, und sie damit anschaulich und widerspruchsfrei zu machen.«

Er entwickelte darum eine Metapsychologie (siehe 2.1) auf naturwissenschaftlicher Grundlage, eine Metapsychologie, die durch das naturwissenschaftliche Wissen seiner Zeit methodisch begrenzt war. In einer solchen Psychologie war das Gehirn spekulativer Gegenstand psychologischer Untersuchungen. Das musste zwangsläufig zu theoretischen Konflikten führen, bei denen Freud stets bemüht war, sein Begriffssystem zu präzisieren und den Beobachtungen im therapeutischen Prozess anzupassen. Die Validierung seines neurobiologischen Modells musste jedoch eine Utopie bleiben, so lange jedenfalls, bis bessere Methoden der naturwissenschaftlichen Beobachtung zur Verfügung standen (siehe Kasten 3: »Neurobiologie: Konzept und Messung«, S. 175).

In der klinischen Psychoanalyse ist das Ziel der Beobachtung nicht das beobachtbare und messbare Verhalten des Organismus und nicht das Funktionieren der Körperfunktionen, insbesondere des Gehirns, sondern das seelische Geschehen, das aus seinem sprachlichen Ausdruck erschlossen werden muss. Dennoch bezieht Freud eine naturwissenschaftliche Beobachterposition, die er auch auf seine Fallgeschichten angewendet wissen wollte. Sie gerieten ihm aber unter der Hand zu Novellen. Dennoch versuchte er, soweit wie möglich den cartesianischen Denkansatz aufrechtzuerhalten.

In diesem Band wird bei der Darstellung des heutigen Wissens über die Neurobiologie der Versuch unternommen, die Grundstrukturen von Freuds spekulativem neuronalen Netzwerkmodell auf das heutige Wissen anzuwenden. Wir stützen uns dabei auf die Aussagen von Neurobiologen, die Freuds Überlegungen zum Bewusstsein und Gedächtnis auf der Basis damaliger neurobiologischer Konzepte heute wieder hochaktuell finden (siehe 6.1).

Für heutige Psychoanalytiker ist eine solche Neuropsychoanalyse ein hochgestecktes Ziel, angesichts des methodischen Unwissens der Naturwissenschaft bezüglich der Komplexität der humanwissenschaftlichen Probleme, die allein in der akademischen Psychologie der letzten 100 Jahre deutlich wurden (Legewie & Ehlers, 1992, S. 13–23). Die zahllosen erkenntnistheoretischen Lücken im Übergang von der Atom- und Quantenphysik zur psychoanalytischen Seelenkunde scheinen nicht überwindbar zu sein.

Angesichts dieser Aussichtslosigkeit der naturwissenschaftlichen Konzeption einer Psychoanalyse haben Psychoanalytiker mit verschiedenen akademischen Lebensformen (Spranger, 1922) ganz unterschiedliche, sich oft widersprechende Wege zur Revision der Freud'schen Metapsychologie vorgeschlagen. Die Spranger'schen Grundtypen der Individualität, die durch theoretische, ökonomische, ästhetische, soziale und politische Denkformen gekennzeichnet sind, finden sich auch bei Psychoanalytikern. Ihre Beiträge lassen sich daher sehr divergenten wissenschaftstheoretischen Positionen zuordnen.

Wir rücken in dieser Reihe zum *Basiswissen Psychoanalyse* drei wissenschaftliche Positionen in den Vordergrund. Wir können aus wissenschaftstheoretischer Sicht den naturwissenschaftlichen, den sozialwissenschaftlichen und den kulturwissenschaftlichen Ansatz der Psychoanalyse unterscheiden. Jede dieser wissenschaftstheoretischen Positionen hat entscheidende Auswirkungen auf die Forschungsmethoden der Psychoanalyse gehabt.

3.2.1 Der naturwissenschaftliche Beobachter

Wir finden unter dem Aspekt der naturwissenschaftlichen Position Auseinandersetzungen mit dem Denkmodell der empiristischen Philosophie und des kritischen Rationalismus (Stegmüller, 1978, S. 354):
1. Empirische Begriffe sind solche, über deren Anwendbarkeit man in jedem konkreten Falle allein mit Hilfe von Beobachtungen entscheiden kann. Scheinbegriffe erfüllen diese Bedingung nicht und sind in der Wissenschaft zu beseitigen.
2. Das zentrale empirische Sinnkriterium unterscheidet wissenschaftlich sinnvolle Aussagen von so genannten metaphysischen Aussagen. Danach ist eine synthetische Aussage empirisch sinnvoll, wenn die Aussage Bestandteil einer empiristischen Sprache ist.
3. Eine empiristische Sprache ist nach präzisen Syntaxregeln aufgebaut, deren sämtliche Aussagen bestätigungsfähig sind, z. B. durch Stützung und Bestätigung über empirische Daten.

In der Psychoanalyse gibt es relativ wenige empirische Begriffe und Forschungsansätze, die als synthetische Aussagen im Sinne Stegmüllers zu begreifen wären. Die logische und empirische Überprüfbarkeit von klinischen Hypothesen mit dem Ziel einer naturwissenschaftlichen Systematik ist deshalb das zentrale Anliegen der empirisch-psychoanalytischen Forschung (Kächele et al., 1991). Sie muss folgende Rahmenbedingungen erfüllen:
1. Die Diskussion um Forschungsmethoden wie z. B. Versuchspläne für Einzelfall- und Gruppenstudien, die Frage nach der Kontrolle der experimentellen Variablen (Kontrollgruppenproblem), die Auswahl der Messmethoden und ihre gültige Operationalisierung müssen vor der Phase der Datensammlung (z. B. im psychoanalytischen Dialog) entschieden sein.
2. Die Beantwortung der Fragen nach eindeutiger Messbarkeit und Zusammenfassbarkeit der Ergebnisse und ihrer Interpretation sind entscheidende Merkmale für die Gültigkeit von empirischen Aussagen.

Die Erfahrung zeigt: Je eindeutiger die Beobachtungsdaten sind, desto geringer ist ihre Aussagekraft (Validität und Relevanz), weil ihre hohe Zuverlässigkeit eine zu geringe Abbildung und Trennschärfe der seelischen Phänomene ermöglicht. So wird von klinischen Psychoanalytikern heftig in Zweifel gezogen, ob mit Ergebnissen aus Fragebogendaten unbewusste Prozesse abgebildet werden, die dokumentiert und verglichen werden können. Qualitative Methoden werden hierfür als geeigneter angesehen, weil sie eine phänomengetreue Dokumentation der sprachlichen Abbildung von dialogischen Prozessen der Kommunikation ermöglichen.

Trotz aller Einwände gegen die Interpretation von Ergebnissen aus empirischen Untersuchungen lassen sich manche Forschungsannahmen, die in der Praxis der klinischen Psychologen kolportiert werden, angesichts der empirischen Ergebnisse nicht halten. Wir geben hier einige relevante Beispiele:

1. Die Wirksamkeit psychoanalytischer Verfahren ist nicht nachgewiesen: Diese Aussage ist nicht zu beziehen auf tiefenpsychologisch fundierte Therapieverfahren (Leichsenring, 2002), weil für diese randomisierte kontrollierte Therapiestudien (RCT) vorliegen, in denen für zahlreiche Störungsbilder die Wirksamkeit nachgewiesen wurde. Depressive Störungen, Angststörungen, Belastungsstörungen, somatoforme Störungen, Persönlichkeitsstörungen, Ess-Störungen, psychosomatische Erkrankungen, Sucht, Schizophrenie lassen sich erfolgreich therapieren.
2. Angesichts der langen Behandlungszeit in Psychoanalysen ist über deren Wirksamkeit kein empirischer Nachweis zu erbringen. Diese Aussage ist nur dann richtig, wenn völlig unangemessene Forschungsmethoden (Goldstandard der RCT-Studien in der Outcomeforschung) zur Anwendung kommen, in denen wichtige Aspekte der Praxis (Leichsenring 2004) nicht berücksichtigt werden können. So ist über drei bis sechs Jahre hinweg die Glaubwürdigkeit der Kontrollbedingungen von RCT-Studien nicht aufrechtzuhalten. Besser sind naturalistische Untersuchungen für Langzeitstudien geeignet, wie sie in den letzten Jahren erfolgreich mit hohem Aufwand durchgeführt wurden.
3. A. Dührssen und E. Jorswieck haben schon 1965 die ökonomische Leistungsfähigkeit von analytischen Psychotherapien nachgewiesen, was schließlich zur Anerkennung als Kassenleistung führte. G. Rudolf et al. (2004) konnten nachweisen, dass psychoanalytische Psychotherapien bei behandelten Patienten größere Effekte als bei einer Gruppe von Patienten unter Kontroll- oder Vergleichsbedingungen erzielen können. Wichtig ist hierbei, dass die Effekte nicht nur in Katamnesen stabil blieben, sondern über die Jahre hinweg sogar zunahmen. Zur Erklärung dienen die nachgewiesenen strukturellen Änderungen der Persönlichkeit, die in Kurzzeitpsychotherapien in dieser hohen Effektivität nicht nachgewiesen werden können. Untersuchungen von Sandell et al. (1999) sowie Leichsenring und Rüger (2004) bestätigen diese Untersuchungsergebnisse.

3.2.2 Die kulturwissenschaftliche Forschungsposition

Der geisteswissenschaftliche Beobachter bedient sich eines Vorwissens über seinen Untersuchungsgegenstand und lehnt die naive Annahme ab, ohne jedes Vorwissen objektiv beobachten zu können. Vielmehr ist er bemüht, sein Vorwissen offen zu legen. Er geht von einem Naturverstehen aus, das als Zeichendeutung (Semiotik) zu bezeichnen ist (Legewie & Ehlers, 2000, S. 19). Er besitzt ein hermeneutisches Wissenschaftsverständnis (griech.: hermeneuein = interpretieren). In diesem besteht das Forschungsziel nicht in der Herausarbeitung von kausalen Bezügen in der Natur, vielmehr ist das wichtigste Forschungsziel die Erkenntnis der Sinnbezüge.

Die Natur ist in diesem semiotischen Selbstverständnis ein Buch, dessen Wörter und Sätze der Kundige auf der Grundlage seines Erfahrungswissens lesen und auslegen kann. Die Sprache wird hierbei als Zeichensystem gesehen. Über die Sprache hinaus gibt es zahlreiche andere Zeichensysteme in der Kultur. Die Einteilung der Zeichen nach Umberto Ecco (1977) unterscheidet zwischen natürlichen und künstlichen Zeichen.

1. Als künstliche Zeichen werden Sprachsysteme, aber auch Werkzeuge aufgefasst. Bei den Werkzeugen wird zwischen einer Primärfunktion unterschieden, die ihre Zwecke bezeichnet, und einer Sekundärfunktion, die eine Verwendung dieser Zwecke darüber hinaus angibt. Die Menschen drücken mit den künstlichen Zeichen ihre Ideen und Vorstellungen über die Natur aus.
2. Die natürlichen Zeichen verweisen auf natürliche Vorgänge oder Dinge der Natur oder auf unwillkürliche vom Menschen hervorgebrachte Vorgänge wie medizinische und psychische Symptome (z. B. Mimik und Gestik in der Kommunikation).

Die Bedeutung dieser Zeichen (Semantik) ist für die Zeichenlehre in der Psychoanalyse und Psychosomatik wie in der Linguistik von großer Bedeutung. Seit den bahnbrechenden Arbeiten von Hans-Georg Gadamer (1960), Paul Ricoeur (1969) und Jürgen Habermas (1968) wird diese wissenschaftliche Position auch vermehrt in der Psychoanalyse diskutiert. Daher ergibt sich für die Psychoanalyse auch ein natürliches Interesse an der kulturwissenschaftlichen Betrachtung des psychotherapeutischen Prozesses, wie sie von Alfred Lorenzer (1976), Christopher Bollas (2000) und Brigitte Boothe (2004) diskutiert wird.

Der Vorgang der Bedeutungszuschreibung setzt die Auswahl des Bezeichneten voraus. Diese Auswahl vollzieht sich auf dem Hintergrund des Erfahrungswissens des Interpreten über die jeweils spezifische Lebenswelt. Diese kann, wie Sprangers Typologie zeigt, sehr verschieden sein. Die Interpretation des Bezeichneten ist jeweils ein kreativer Akt, bei dem das Erfahrungswissen des Experten im Kontext

(Zusammenhang) mit dem Zeichen bedeutsam wird. Die Bedeutung erschließt sich also nicht aufgrund von mathematischen Gesetzen, wie in den Naturwissenschaften, sondern durch den Zusammenhang (Kontext), in dem sie auftritt.

Aufgrund des hermeneutischen Zirkels erfordert die Interpretation eine Revision, wenn neue Gesichtspunkte auftauchen. Dies zeigt sich besonders bei der Interpretation sprachlicher Texte (Gadamer, 1960). Jede Interpretation baut auf geschichtlich gewordenen Vorannahmen auf, die sich in geschichtlich-kulturellen Deutungsmustern niederschlagen. Gadamer wendet den Begriff der Vorurteile ins Positive; denn das hermeneutische Denken kann im hermeneutischen Zirkel die bekannten Grenzen der Erkenntnis im Austausch mit dem Erkenntnisgegenstand (z. B. im psychotherapeutischen Prozess) schrittweise erweitern.

Auf die Psychoanalyse angewandt, sollte die Überprüfung von Sinnbezügen wegen der Kontextabhängigkeit der seelischen Phänomene nur im innerklinischen Raum erfolgen. Dort verbietet sich die Anwendung von extraklinischen experimentellen Designs (Schöpf, 2000). Es sind aber auch zahlreiche Stimmen laut geworden, die auf die Grenzen des hermeneutischen Verstehens in der Psychoanalyse hinweisen, wie sie Ricoeur aufgezeigt hat, Grenzen, die sich daraus ergeben, dass die Psychoanalyse von einer Unbewusstheit des Konflikts ausgeht. Die Tiefenhermeneutik von Alfred Lorenzer (1974) und Jürgen Habermas (1968) greift diese Kritik auf und beschreibt, wie die Psychoanalyse den Nachweis erbringen kann, dass sprachliche Kommunikation exkommunizieren kann, indem Inhalte aus der Kommunikation ausgeschlossen werden. Aus lebendigen wortsprachlichen Ausdrucksformen werden Klischees, die sich nur noch in körperlich-mimisch-gestischen Zeichen Ausdruck verschaffen können. Daher wird für die Analyse der seelischen unbewussten Konflikte gefordert, dass auch die Körpersprache (siehe 3.5.3) zum Gegenstand der Hermeneutik werden muss.

3.2.3 Ziele und Strategien der Psychotherapieforschung

3.2.3.1 Ökologische oder ökonomische Forschungsziele?
In der zeitgenössischen psychoanalytischen Diskussion über die Psychotherapieforschung wird meistens unterstellt, dass jeder qualitative Forschungsprozess in Hypothesen enden muss, die quantitativ überprüft werden können (Kächele, 1992). Dies bestimmt die ökonomischen Forschungsziele. Aber die Quantifizierung erfordert meist ein völlig anderes Vorgehen der Forschung, das in letzter Konsequenz diametral zum Heilungsprozess steht – eine Kritik, der sich die ökologische Psychotherapieforschung annimmt (Trojan & Legewie, 2001, S. 67).

3.2.3.2 Empirische Forschung für ökonomische Interessen?

In der empirisch-quantitativen Psychotherapieforschung (ökonomische Forschungsperspektive) der Klinischen Psychologie (Caspar & Jacobi, 2004, S. 395 – 410) geht es um die Überprüfung klinischer Hypothesen außerhalb des psychotherapeutischen Prozesses. Hier dominiert wissenschaftstheoretisch eine eher naturwissenschaftliche Position, die davon ausgeht, dass die Psychotherapieforschung durch Quantifizierung der Beobachtungen und ihre statistische Auswertung qualitativ verbessert werden kann. Dies ist wissenschaftstheoretisch also ein denotativer Untersuchungsansatz (siehe Kasten 1: »Denotative und konnotative Theorie ...«, S. 100 f.).

Die dabei auftauchenden Probleme der Gegenstandsangemessenheit werden – wie es die Unterscheidung von denotativer und konnotativer wissenschaftstheoretischer Position nahe legt (siehe Kasten 1) – dem ungenügenden Verstehen der in der Praxis tätigen Kollegen angelastet. Dennoch wird viel Verständnis für sie aufgebracht (Caspar & Jacobi, 2004, S. 399):

»Die Psychotherapieforschung entstand aus der Untersuchung von Einzelfällen. Der Wunsch nach generalisierbaren Ergebnissen konnte damit aber nicht in einfacher Weise erfüllt werden: Untersuchungen an Gruppen von Patienten, typischerweise mit Verwendung von Mittelwerten, kommen diesem stärker entgegen. Für Praktiker sind Mittelwerte aber oft zu abstrakt, Einzelfalluntersuchungen, so eingeschränkt ihre Aussagekraft sein mag, sind oft leichter nachvollziehbar.«

Bei dieser Argumentation wird völlig übersehen, dass jede Generalisierung im Sinne naturwissenschaftlicher Forschung bei sozialwissenschaftlichen Gegebenheiten (Forschungsgegenstand) auf ein methodisches Relevanzproblem stößt, das bei der Interpretation der Daten meist nicht reflektiert wird. Es kommt zu scientistischen Missverständnissen (Habermas, 1981), die dazu führen, dass aus statistischen Massenuntersuchungen Schlussfolgerungen gezogen werden, die dem Gegenstand völlig unangemessen sind (Legewie, 2000, S. 125–128). Das naturwissenschaftliche Argument verdeckt wissenschaftsmethodische Probleme, die unlösbar sind, und führt zu einer für die Zukunftsplanung durchaus schädlichen Einseitigkeit unter den Kriterien der Ökonomie, entgegen der Vernunft eines auf Nachhaltigkeit ausgerichteten Denkansatzes (Ökologie).

»Je weniger Therapiestunden, desto geringer die Therapiekosten, desto effektiver ist der Nutzen einer Therapie, wenn der gleiche Erfolg nachweisbar ist.« – Dies ist unter ökonomischer Perspektive eine durchaus plausible Schlussfolgerung, die bei der Untersuchung des Einflusses der Therapiedauer auf den Therapieerfolg wegweisend ist. Hierzu haben Orlinsky und Howard (1986) ein generisches Modell der Wirkfaktoren entwickelt, auf dessen Basis neuerdings die Existenz von Vertiefungsrichtungen der Psychotherapie zugunsten eines Modells der schulenfreien Theorie abgeschafft werden soll (Grawe, 2005). Das generische Modell der Wirkfaktoren dient der Literaturanalyse (Metaanalyse) von Ergebnissen der Erfolgsforschung um Therapieverfahren miteinander vergleichen zu können, denen theoretisch und praktisch grundverschiedene Wirkfaktoren zugrunde legen.

Der ökologische Standpunkt würde jedoch nach der Angemessenheit der Kriterien für die Therapietechnik und den Therapieerfolg fragen und erhebliche Verkürzungen in der ökonomischen Argumentation aufdecken. Um dieser Diskussion auszuweichen, werden allgemeine Krankheitsmodelle formuliert (Schulte, 1993), bei denen der Therapieerfolg als Linderung oder Heilung von Störungen mit Krankheitswert definiert wird. Der viel umfassendere multifaktorielle psychoanalytische Krankheitsbegriff (siehe 3.1.3) findet keine Berücksichtigung. So wird auch nicht danach gefragt, welche Methoden der Wirkungsmessung, die aus dem multifaktoriellen Krankheitsmodell der Psychoanalyse resultieren, zur Definition der wissenschaftlichen Erhebung des Therapieerfolges herangezogen werden können. Das Problem der Angemessenheit der Wirkungsmessung je nach Therapiemethode wird übersehen oder heruntergespielt.

Das Wissen der niedergelassenen Psychoanalytiker hierüber wird in der herrschenden empirischen Erfolgsmessung ignoriert, so dass eine erhebliche Divergenz zwischen Forschung und Qualitätskontrolle in der Praxis entsteht. Wenn die komplexere Qualitätskontrolle in der Praxis (Gutachterverfahren) nicht im naturwissenschaftlichen Sinne parametrisiert werden kann, wird diese Qualitätskontrolle in Frage gestellt, trotz jahrzehntelanger Erfahrung hiermit bei der kassenärztlichen Vereinigung. Dies alles geschieht im Namen eines Wissenschaftsideals, das in Bezug auf seine Gegenstandsangemessenheit von einer ökologischen Psychotherapieforschung hinterfragt werden sollte (Legewie, 2000).

Zur Definition der Störung werden dann im Sinne des positivistischen Missverständnisses psychologischer Forschung die Art, das Ausmaß und die Anzahl der Beschwerden und ihre Folgen zur Wirkungsmessung herangezogen. Zur Erfolgsmessung werden zahlreiche Indizes für immer den gleichen unspezifischen Sachverhalt, die Störung der seelischen Balance, herangezogen, ohne die Spezifität der Störung auf verschiedenen psychischen Funktionsebenen – vom Bewusstsein bis zur Persönlichkeitsstruktur – zu berücksichtigen.

Durch aufwendige Versuchsplanung, das Anzapfen verschiedenster Datenquellen (Patient, Therapeut, Bezugspersonen, Hausarzt) und die Verwendung multiperspektivischer Beobachtungsmethoden (Fragebögen, Verhaltensbeobachtungen, Tests etc.) werden störungsspezifische Messwerte definiert, die sich an den für jede Diagnosekategorie beschriebenen Symptomen orientieren. Als störungsübergreifende Maße werden Indizes aus Symptom-Checklisten verwendet, denen wieder das gleiche Störungsmodell, nämlich die Symptomebene der Beschwerden, zugrunde gelegt werden kann. Bei all diesen Parametrisierungen haben Untersuchungsparameter für psychoanalytische Konzepte, die Gespräche zur Grundlage haben, keine Chance, als Erfolgskriterien herangezogen zu werden, weil ihre Auswertung zu zeitaufwendig und zu kostspielig ist.

Ganz wichtig für die ökonomische Psychotherapieforschung ist vor allem die Kostenperspektive, die von F. Jacobi und J. Kosfelder (2002) folgendermaßen zusammengefasst wird:

»In einer zunehmend von ökonomischen Erwägungen geprägten Auseinandersetzung mit (potenziellen) Kostenträgern sollten jedoch noch zwei weitere Dimensionen eine Rolle spielen: Kosten-Effektivität einer Behandlung, d.h. das Verhältnis von aufgewendeten Ressourcen zum Therapieerfolg, sowie Kosten-Nutzen-Analysen. Damit verknüpft ist die Stabilität des Behandlungserfolges, denn Einsparungen (z.B. durch weniger Arztbesuche, Krankheitstage etc.) lassen sich nur über einen definierten Zeitraum beziffern.«

Insgesamt folgt die ökonomische Psychotherapieforschung also einem sehr aufwendigen Verfahren der Versuchsplanung und Datenerhebung wie Datenanalyse, ohne die Angemessenheit der Daten zu befragen. Weiterhin unterliegt dieser ökonomische Forschungsansatz einem grundsätzlichen methodischen Missverständnis. Eine Generalisierung der Erfolgsuntersuchung im Gruppenvergleich vergisst, im Gegensatz zur Einzelfallstudie, die ökologische Validität und Relevanz der Erfolgsdefinition zu untersuchen. Relevanz und Valididät können dagegen in der qualitativen Einzelfalluntersuchung, wie sie im Gutachterverfahren zur Anwendung kommt, sehr differenziert beschrieben werden. Da aber die Krankenkassen bisher nicht bereit sind, die Kosten für solche Untersuchungen zu übernehmen, wird dieses angemessenere Modell der Erfolgsforschung nicht genutzt.

3.2.3.3 Ökologische Psychotherapieforschung

Der ökologische Aspekt der Psychotherapieforschung (Trojan & Legewie, 2001, S. 66–68) gründet auf einem sozialwissenschaftlichen, dialogischen Forschungsansatz, der sich nicht der Quantifizierung widersetzt, diese aber erst zu einem späteren Zeitpunkt der Versuchsplanung erwägt. Das dialogische Forschungsparadigma baut wissenschaftstheoretisch auf einer Diskurs- und Aufklärungsmetapher auf. Krankheitsmodelle sind bei diesem Forschungsansatz nicht einfach wahre Abbilder der untersuchten Wirklichkeit, sondern zweckbestimmte Konstruktionen, deren Sinn in jedem spezifischen sozialen Kontext zuerst erforscht werden muss.

Die Erkenntnis wird kontextabhängig definiert. Als methodisches Erkenntnisziel wird das Verstehen von Sinnzusammenhängen – im Gegensatz zum Zerlegen in messbare Variablen wie beim cartesianischen Paradigma – angestrebt. Der Zugang zum Gegenstand erfolgt über die Kommunikation und nicht über ein Messen. Das Evaluationsziel ist nicht der Vergleich mit scheinobjektiven Normen, sondern die Evaluation als Diskurs (Trojan & Legewie, 2001, S. 68):

»Der Modellkonstrukteur sammelt seine Informationen im Dialog mit dem Forschungsfeld unter einem wie auch immer gearteten Anwendungsaspekt, wobei er sich die Kompetenz und das Kontextwissen der Menschen im jeweiligen Feld gezielt zu Nutze macht. Die gesammelten Informationen werden schrittweise in einem konstruktiven Akt zu einem Modell oder einer Theorie integriert. Bei der Modellanwendung werden umgekehrt dem Modell Informationen entnommen, um damit ›planvoll‹ auf die Wirklichkeit einwirken zu können.«

Naturwissenschaftliche und statistische Erkenntnismöglichkeiten sollten in einem solchen ökologischen Modell der Psychotherapieforschung in Abhängigkeit vom dialogischen Ergebnis der Feldbefragung erst in Folgeuntersuchungen zur Überprüfung der Generalisierbarkeit eingesetzt werden. Beim jetzigen Stand der Psychotherapieforschung heißt das: Man müsste, von den Erfahrungen der Qualitätssicherung in der psychotherapeutischen Praxis ausgehend, auf Felddaten basierende Hypothesen qualitativ ermitteln und hierfür ein Modell erstellen, in dessen Rahmen dann eine Quantifizierung und eine systematische Versuchsplanung angestrebt werden könnten. Dies birgt immerhin die Hoffnung in sich, dass die komplexen Erfahrungen der Praxis mit dem Junktimmodell der Psychoanalyse, d.h. der Verschränkung von Therapie und Forschung, Berücksichtung finden.

3.2.4 Psychoanalytische Methoden der Ätiologieforschung

Zur empirischen Forschung gehört zuerst die begriffliche Klärung einzelner Termini und Konzepte, wie sie zur Hypothesenbildung in Einzelfall- und Gruppenstudien zu Fragen der Ätiologie notwenig sind. Ihren theoretischen und klinischen Begriffsapparat hat Alex Holder in den Kapiteln 2.1 und 2.2 dargestellt. Hier sollen die wissenschaftstheoretischen Positionen und konzeptuellen Forschungsmethoden diskutiert werden. Die Notwendigkeit verschiedener konzeptueller Forschungsarbeiten in der Psychoanalyse und ihre je eigene Berechtigung verdeutlicht Anna Ursula Dreher (1998, S. 18) an folgendem Text von Sigmund Freud (1919f, S. 323):

»Erst durch die Aufstellung und Handhabung des Begriffs einer ›narzißtischen Libido‹, d.h. eines Maßes von sexueller Energie, welches am Ich selbst hängt und sich an diesem ersättigt, wie sonst nur am Objekt, ist es gelungen, die Libidotheorie auch auf die narzißtischen Neurosen auszudehnen, und diese durchaus legitime Fortentwicklung des Begriffes der Sexualität verspricht für diese schweren Neurosen und für die Psychosen all das zu leisten, was man von einer sich empirisch vorwärtstastenden Theorie erwarten kann.«

Für Dreher konstituiert sich der Fortschritt in der Psychoanalyse durch die Ausdifferenzierung des Begriffsapparates sowie durch die gelegentliche Neuschöpfung von Konzepten. Wie bei den allgemeinen Konzepten der psychoanalytischen Krankheitslehre erläutert wurde, führte die Ausweitung des Traumamodells zum Konflikt- und Strukturmodell der Neurose und zur Entdeckung neuer ätiologischer Faktoren. Die Berücksichtigung dieser Faktoren erlaubte es, ein immer breiteres Krankheitsspektrum für die erfolgreiche psychoanalytische Behandlung zu erschließen. Neue Konzepte erfordern und ermöglichen aber nicht nur die Erweiterung des Begriffsapparates, sondern auch die Erhebung und Sicherung neuartiger empirischer Indizien. Wie gewinnen wir psychoanalytische Beobachtungsdaten? Mit welchen Forschungsmethoden analysieren wir diese Daten?

3.2.4.1 Beobachtungsdaten aus der psychoanalytischen Situation

Da die empirisch-psychoanalytische Forschung sich primär auf die klassische Falldarstellung eines psychoanalytischen Prozesses oder einer psychoanalytischen Behandlungsstunde bezieht, sind es Beobachtungsdaten aus der psychoanalytischen Situation zwischen Therapeut und Patient, die als empirische Datenbasis in der Psychoanalyse herangezogen werden können. Hierbei erfolgt die Aufarbeitung und Aufbereitung der Daten durch den Psychoanalytiker selber. Anders als bei Laborexperimenten gilt die Verschränkung (Junktim) von Heilen und Forschen. Viele Psychoanalytiker sehen dieses Junktim als Forschungsanspruch und klinischen Vorteil der Psychoanalyse (Dreher, 1998, S. 50). Einige wenige haben ein wissenschaftstheoretisches Problem mit dem Junktim (Thomä & Kächele, 1973). Sie fordern daher die Weiterentwicklung des novellistischen Fallberichts zur empirischen Krankengeschichte.

3.2.4.2 Empirische Krankengeschichte

Die empirische Krankengeschichte hat das Ziel, den Zusammenhang zwischen Erkrankung und Lebensgeschichte durch Rekonstruktion der ätiologischen Faktoren der Symptomentstehung aufzuzeigen. Freud spricht in Anlehnung an die Philosophen David Hume und John Stuart Mill von einer Ergänzungsreihe, in der viele Faktoren zusammenkommen müssen, damit eine Erkrankung entsteht. Es war die Konkretheit der wissenschaftlichen Vorstellungen dieser englischen Philosophen des britischen Empirismus, die Sigmund Freud anregten, alte abstrakte Theorien zugunsten eigener Erfahrungen mit den Patienten aufzugeben und neue Hypothesen zur Ätiologie seelischer Erkrankungen zu entwickeln.

Der Begriff der *Überdeterminierung von Symptomen* in der Ätiologie von Neurosen bezeichnet das Zusammentreffen von mehreren Faktoren, von denen jeder einzelne nicht unbedingt die Krankheit auslösen muss. Die psychoanalytische Krankheitslehre versucht daher seit ihren Anfängen, ein Modell der *Multimorbidität* aufzuzeigen. Hierzu musste sie ihre Krankheitstheorie immer weiter ausdifferenzieren und verfeinern, auch bezüglich der Behandlungstechnik. Das Konzept einer multifaktoriellen Krankheitstheorie ist in dem Begriff der Überdeterminierung angelegt.

Die *Disposition* definiert die Belastbarkeit des Patienten in kritischen Lebenssituationen. Durch konstitutionelle Einflüsse und prägende Konflikte in Kindheit und Adoleszenz wird der Boden für eine neurotische oder psychosomatische Reaktionsbereitschaft geebnet. Der konstitutionelle Faktor ist eine notwendige, aber nicht hinreichende Bedingung für die Entstehung einer seelischen Erkrankung.

Erst die Hinzufügung der *Kranken- und Leidensgeschichte* bringt die Symptome durch die Rekonstruktion der subjektiven Entstehungsbedingungen in den notwendigen Zusammenhang mit den verschiedenen lebensgeschichtlichen und ätiopathogenetischen Bedingungen. Eine solche empirische Krankengeschichte, die neue individuelle Krankheitsfaktoren entdeckt, versucht die Hintergründe des Denkens und Handelns der Patienten aufzuspüren, um historisch-genetische Erklärungsskizzen der Symptome und Konflikte vorlegen zu können. Es werden Ereignisketten beschrieben und Fragen geklärt, warum ein Zustand zum nächsten führt. Besonders gut kann dies an den Krankengeschichten des »Wolfsmanns« (Freud, 1918b: »Aus der Geschichte einer infantilen Neurose«) und des »Rattenmanns« (Freud 1909d: »Bemerkungen über einen Fall von Zwangsneurose«) studiert werden.

Freud war aber in Bezug auf den Behandlungserfolg beim Wolfsmann so unzufrieden, dass er noch eine amerikanische Kollegin, Ruth Brunswick, in den zwanziger Jahren des letzten Jahrhunderts um eine Nachbehandlung bat, die dann für den Patienten eher zufrieden stellend war. Der Patient lebte noch bis 1979 in New York. Er wurde noch zu seinen Lebzeiten, nach Freuds Todesjahr 1939, zum Gegenstand (Opfer?) zahlreicher historischer Nachforschungen, die Freuds klinische Behandlungsmethode hinterfragen wollten (Roazen, 1999).

Diese historischen Forschungen sind einerseits entstanden, weil man den Verdacht klären wollte, dass die eigene psychoanalytische Geschichtsschreibung möglicherweise einer Selbstmystifizierung aufgesessen war. Andererseits zeigen diese

Bemühungen auch, als wie kritisch die Publikation von berühmten Fallgeschichten sich erwiesen hat, so dass heutige Psychoanalytiker sinnvollerweise zur unbedingten Anonymität der Patienten, auch im Sinne des gesetzlichen Datenschutzes, verpflichtet sind.

Aber auch der notwendige kritische Blick für das Zusammenwirken von Hypothesenbildung (Forschen) und Heilen wird an diesen Fallgeschichten deutlich vor Augen geführt. Für Thomä und Kächele (1988, S. 16) ist daher die Verwandlung der Krankengeschichte in einen empirischen Behandlungsbericht eine notwendige wissenschaftliche Konsequenz.

Im empirischen Behandlungsbericht rückt der Dialog zwischen Patient und Analytiker so in den Mittelpunkt, dass sowohl die selektive Wahrnehmung des Patienten bezüglich der psychoanalytischen Deutungen des Analytikers wie auch die selektive Darstellung der Notizen in der Krankengeschichte nachvollzogen werden können. Norman N. Holland (1975) hat die Krankengeschichte des von Freud analysierten »Rattenmannes« aufgrund von später aufgefundenen täglichen Behandlungsberichten Freuds (1907–08) reinterpretiert. Die hierbei zu gewinnenden Einsichten über den dyadischen Kommunikationsprozess schaffen neue Einblicke in den Bereich der psychoanalytischen Praxis und haben zu elementaren Veränderungen der Praxis beigetragen (Thomä & Kächele, 1988, S. 18–26).

Diese im philosophischen Sinne empiristische Forschungstradition wird durch qualitative Methoden der Text- und Interaktionsanalyse, wie sie in den Gesellschafts- und Kulturwissenschaften praktiziert werden, ergänzt werden müssen. Bei diesen Forschungsmethoden ermöglichen Narrative einen Zugang zum subjektiven Erleben des Erzählenden und laden den Zuhörer zum empathischen Mitvollzug ein. Die Analyse dieser Narrative führt zu affektiv-kognitiven Modellen der kommunikativen Interaktion, die es ermöglichen, einen »objektiven« Blick auf die psychische Situation, den therapeutischen Prozess und die Beziehung der Interaktionspartner zu werfen (Angus & McLeod, 2004). Solche am Inhalt orientierten qualitativen Forschungsergebnisse können für den Psychoanalytiker die Qualität eines Supervisionsprozesses gewinnen, was man von den Untersuchungsergebnissen empirischer Studien seltener sagen kann. Sie dienen eher der Rechtfertigung des psychoanalytischen Handelns gegenüber der Gesellschaft und ihren Institutionen, die in Deutschland die psychoanalytische Behandlung fremdfinanzieren.

3.2.4.3 Die naturwissenschaftliche Verkürzung des Junktimmodells
Die Prüfung von psychoanalytischen Hypothesen erfordert ein sehr sorgfältiges Vorgehen anhand von Stundenberichten, wie es Edelson (1984) an der Beweisführung bezüglich der Behandlung des »Rattenmanns« aufgezeigt hat. Trotz dieser

Bemühungen bleiben Thomä und Kächele skeptisch, ob eine Prüfung anhand der Stundenprotokolle ausreicht, und bevorzugen die Forschung durch Dritte anhand von Tonbandprotokollen der Behandlungsstunde. Anna Ursula Dreher (1998) hingegen gibt den Beobachtungsdaten des Analytikers, die von ihm selber beforscht werden, eine höhere Wertigkeit. Der Vorteil läge darin, dass die empirische Beobachtung (Tonband, Videokamera) den Behandlungsprozess nicht denaturieren kann. Dies führe zu behandlungstechnisch valideren Aussagen (siehe Bd. 2 der Reihe *Basiswissen Psychoanalyse*), ganz abgesehen von den ethischen Komplikationen des Datenschutzes durch Tonband und Videoaufzeichnungen, die vermieden werden können.

3.3 Struktur und Funktion der Psyche

Nach der von Sigmund Freud initiierten Pionierphase der Psychoanalyse setzte in den 30 er Jahren des 20. Jahrhunderts eine Konsolidierungsphase ein, in der die Grundannahmen zur Struktur und Funktion der Psychoanalyse einem Differenzierungsprozess ausgesetzt waren, der eine Erweiterung der Konzepte hin zu einer allgemeinen psychologischen Theorie zur Folge hatte. Dieser Prozess der Konsolidierung erfolgte zunächst im Rahmen der von Anna Freud in London und Heinz Hartmann in den USA entwickelten Ich-Psychologie. Er führte schließlich zu verschiedenen Formen der Objektbeziehungstheorien und der Selbstpsychologie (siehe 1.3). Wissenschaftstheoretisch begann eine Phase der Normalwissenschaft im Sinne der wissenschaftshistorischen Theorie von T. S. Kuhn (1967).

3.3.1 Normalwissenschaftliche Theorien in der Psychoanalyse

Der Zustand der Psychoanalyse in einer normalwissenschaftlichen Phase (Schülein, 1999) ist gekennzeichnet durch grundsätzliche wissenschaftstheoretische Diskussionen, die Auseinandersetzung mit alternativen Positionen der Psychoanalyse und die Präzisierung der Überlegungen zur Struktur und Funktion der Psyche, die sich aus dem Eingehen auf die Kritik an der Psychoanalyse ergab. Heinz Hartmann (1927) stellte folgende Anforderungen an die Wissenschaftlichkeit der Psychoanalyse:

b) Die Psychoanalyse hat die Aufstellung von Regeln oder Gesetzen des psychischen Geschehens zum Ziel.

c) Die an einzelnen Individuen gewonnenen Erkenntnisse sollen zu Sätzen allgemeiner Geltung weiterentwickelt werden.

d) Die beschriebenen seelischen Gegebenheiten müssen der Kategorie der Kausalität folgen. Ein bloß sinnhafter Zusammenhang durch eine thematische Nähe reicht zur Beweisführung nicht aus.
e) Im Gegensatz zur geisteswissenschaftlichen Psychologie wie z. B. von Max Scheler und Karl Jaspers muss die Ebene der erlebten Phänomene verlassen werden zugunsten einer Konzentration auf die Entdeckung der Gesetzmäßigkeiten der Psyche.
f) Die Wissenschaft der Psychoanalyse sollte aber auch nicht an den wichtigsten Vorgängen im Seelenleben vorübergehen, wenn sie experimentell noch nicht fassbar sind. Hiermit ist das Relevanz- und Methodenproblem der experimentellen Psychologie angesprochen (siehe Legewie & Ehlers, 2000, S. 24).

Im Sinne dieser naturwissenschaftlichen Position der Psychoanalyse lässt sich die Verwendung der Begriffe Struktur und Funktion, bezogen auf die Psyche, mit der Verwendung dieser Begriffe in der Medizin durchaus vergleichen.

1. Unter »Struktur« wird ein gegliederter Aufbau eines geordneten Systems der Natur verstanden, wie z. B. der anatomische Aufbau des Gehirns, des Neurons, der Eiweißstoffe (Proteine), der Moleküle und ihrer Atome.
2. Unter »Funktion« wird eine Fähigkeit, Leistung oder Verrichtung einer gegebenen Struktur verstanden, die mit funktionellen Methoden beobachtet, untersucht und gemessen werden kann, wie z. B. mit dem Elektroenzephalogramm (EEG) oder mit der Elektrophorese, einem Verfahren zur qualitativen Bestimmung der Proteinfraktionen von Körpereiweiß.

Bevor wir sehen können, wie »Struktur« und »Funktion« auch in der Psychoanalyse diese naturwissenschaftliche Interpretation erfahren können, sollten wir kurz die wissenschaftstheoretische Weiterentwicklung der Psychoanalyse aus heutiger Sicht betrachten. J. A. Schülein (1999, S. 61) bewertet Hartmanns naturwissenschaftlichen Entwurf für die Grundlagen der Psychoanalyse als einen »pragmatischen Volltreffer« für die in seiner Zeit bestehenden psychologischen Hintergrundannahmen der Psychoanalyse. Diese Selbstdefinition der Psychoanalyse als »Naturwissenschaft des Seelischen« hatte aber den Nachteil, dass wissenschaftstheoretische Methodenprobleme (siehe 3.2) ausgegrenzt oder überspielt wurden.

Dies hatte wiederum für die zukünftige Theoriebildung die Folge, dass inkompatible Theorien entstanden, die nur für Teilbereiche der Psychoanalyse Geltung beanspruchen konnten. Nach 1960 verlor dann das »normalwissenschaftliche« Programm von Hartmann zur Erforschung der Psychoanalyse an Integrationskraft, weil viele psychoanalytische Autoren die Forderung nach einer Neuformulierung der Grundlagen der Psychoanalyse und ihrer Begründungen erhoben, statt, wie erwartet, ihre Arbeitskraft einer Weiterentwicklung der Ich-Psychologie zu widmen. Das Auseinanderstreben dieser Neuformulierungen soll an zwei wichtigen, diametral entgegengesetzten Ansätzen verdeutlicht werden, die nur die Gemeinsamkeit teilten, die Metatheorie der Psychoanalyse neu zu formulieren.

Für die naturwissenschaftliche Position wäre aus der angelsächsischen Diskussion Emanuel Peterfreund (1971) zu nennen, der Struktur und Funktion der Psyche unter dem Aspekt eines informationsverarbeitenden Systems untersuchen und erklären will:

1. In einem solchen System definieren die frei verfügbare Programmierbarkeit und das Gedächtnis die Speicherkapazität des organismischen Systems für die Verarbeitung der Informationsangebote.
2. Die Möglichkeiten und Begrenzungen sind dann das Ergebnis von Evolutionsprozessen, die Entwicklungspotenzen über die genetische Kodierung zwischen den Generationen der Arten weitergeben.
3. Da psychisches Erleben sich aus der Aktivität spezifischer komplexer Programme ergibt, die hierarchisch aufgebaut sind, ist die Pathologie psychischer Funktionen das Resultat inadäquater Programmierungen. Ein Konflikt lässt sich durch die Inkompatibilität zwischen Ziel und Programm definieren.
4. Die Reprogrammierung, wie sie in der Psychoanalyse praktiziert wird, bindet freie Programmierungskapazität, was eine Fixierung und Begrenzung der Entwicklungspotenzen zur Folge hat.
5. Die Attribute optimaler Informationsverarbeitung sind die Ich-Funktionen der Kontrolle, Organisation, Anpassung und Integration. Grundlage hierfür ist ein optimales Lernen.

In diesem informationstechnologischen Modell ist die Psyche vollkommen an körperliche Prozesse gebunden – so wie auch Freuds Konzeption von einem monistischen Modell des Leib-Seele-Problems ausgeht, wenn er neuronale Strukturen des psychischen Apparates als Grundlage seelischer Funktionen beschreibt. Peterfreunds Modell vermeidet eine Festlegung auf bestimmte anatomische Strukturen und spezifische physiologische Funktionen, um sich unabhängig von der Entwicklung spezieller Hardwaremodelle der Gehirnfunktionen zu machen. Es hat somit eine hohe Flexibilität in Bezug auf neurobiologische Erkenntnisse; es sorgt zudem für eine naturwissenschaftliche Kompatibilität. Für die klinisch-psychoanalytische Theorie ist es relativ neutral, weil es keine Vorschriften für die klinisch-psychoanalytische Beobachtung und Datensammlung macht. Die Akzeptanz im klinisch-psychoanalytischen Denken ist aber zweifelhaft und führt zur Aufgabe wesentlicher Konzepte der Psychoanalyse, weil der strukturelle Gesichtspunkt den genetischen und triebdynamischen Theorieaspekt zu sehr vernachlässigt.

Eine ähnlich radikale Umwandlung der Metatheorie der Psychoanalyse findet sich auch bei einer diametral entgegengesetzten Theorieentwicklung in der kulturtheoretischen Tradition, die sich durch größere Nähe zum klinisch-psychoanalytischen Gegenstand, der sprachlichen Kommunikation zwischen Psychoanalytiker und Patient, auszeichnet. Ziel ist die Schaffung einer neuen Theoriesprache, die keine neurologisch-physikalischen Vorstellungen über die Funktion der Psyche mehr enthält. Diese neue theoretische Sprache will völlig auf die Konzepte von Energie, Kraft, Besetzung und Neutralisierung als Elemente einer Motivationstheorie verzichten und stattdessen eine Handlungssprache schaffen, die klarer vom menschlichen Tun spricht. Dabei werden, z. B. von Roy Schafer (1976), folgende Grundstrategien entwickelt.

1. Unter Zugrundelegung der Sprachstruktur (Grammatik) werden von Subjekt und Objekt Handlungen in Form von Verben, Adverbien und adverbialen Bestimmungen definiert. So bleibt der Mensch im Mittelpunkt des Handelns und wird nicht ersetzt durch die Interaktion zwischen Instanzen und Trieben.
2. Das Unbewusste tritt in Form von unbewussten Handlungen auf. Triebimpulse werden als konditionale Handlungen beschrieben. Konflikte werden durch entsprechend widersprüchliches Handeln zwischen Personen beschrieben.
3. Patient und Analytiker entwickeln eine Erzählung, die sie gemeinsam erarbeiten (Schafer, 1995).

Eine Anwendung dieser Handlungssprache findet sich in Tabelle 1 (S. 44) bei der Beschreibung einzelner Abwehrmechanismen im Sinne von Subjekt-Objekt-Beziehungen, die durch motivierte Handlungen gekennzeichnet sind.

Da die Grundlagen der Psychoanalyse nach Abschluss des Konsolidierungs- und Differenzierungsprozesses im Sinne der Evolutionstheorie des Wissens von T. S. Kuhn (1967) weder eindeutig im Sinne eines natur- noch eines kulturwissenschaftlichen Grundverständnisses darstellbar sind, wähle ich den Weg der »kontroversen Diskussion«, damit deutlich wird, dass unser klinisch-psychoanalytisches Wissen auf unterschiedlichen wissenschaftstheoretischen Positionen aufbaut, die nicht zu vereinheitlichen sind.

Es sollen die jeweiligen wissenschaftsmethodischen Standpunkte und der Theoriebezug des klinischen Wissens (siehe 1.3) herausgearbeitet werden. Hierbei stütze ich mich auf Arbeiten zu den Grundlagen der psychoanalytischen Grundbegriffe, die von Wolfgang Mertens und Bruno Waldvogel (2000) im *Handbuch psychoanalytischer Grundbegriffe* herausgegeben wurden. Dieses Handbuch realisiert den Anspruch, Schnittstellen zu verschiedenen wissenschaftstheoretischen Positionen zu skizzieren, so dass interdisziplinär Beiträge der Neurobiologie, Kognitionswissenschaften und Entwicklungspsychologie berücksichtigt werden. Weiterhin wird die

Begriffsgeschichte, ausgehend von der Pionierphase der Psychoanalyse und bis hin zur Gegenwart, in ihren Grundzügen erläutert.

3.3.2 Klinische Psychologie und Psychoanalyse

Das Lehrfach der *Klinischen Psychologie* an den psychologischen Instituten der Universitäten ist die notwendige theoretische Vorbereitung für die Ausbildung zum gesetzlich im Gesundheitssystem verankerten Beruf des Psychologischen Psychotherapeuten (PP). Diese theoretische Ausbildung soll garantieren, dass dem gesellschaftlichen Trend zu paramedizinischem Heilungswissen (Psychoboom) mit wissenschaftlicher Methodik entgegengetreten werden kann. Aber sie ist nicht die hinreichende Bedingung zur theoretisch-wissenschaftlich fundierten Ausübung des Berufs des psychologischen Psychotherapeuten, wie aufgezeigt werden soll.

Die Psychoanalyse stellt sich ebenfalls dem heutigen »Psychoboom« entgegen. Ihre Institutionalisierung in der Gesundheitsversorgung wird durch eine eigene psychoanalytisch-klinische Theorie zusammengehalten. Die Darstellung dieser Theorie während des Studiums der Klinischen Psychologie ist heutzutage allerdings problematisch. Nachdem zu Beginn der Institutionalisierung der Psychologie in den fünfziger Jahren des vorigen Jahrhunderts das Fach »Tiefenpsychologie« an den psychologischen Instituten in Deutschland durch eigene Fachvertreter gut repräsentiert war, sind an den Universitäten heute Psychoanalytiker in der Klinischen Psychologie und Medizinischen Psychologie eine Rarität.

Dabei ist für viele theoretische Fächer in den Bereichen der Psychologie und der Medizin, die praktisch mit dem deskriptiven Unbewussten arbeiten, die Metapsychologie Sigmund Freuds eigentlich eine Voraussetzung für neuropsychologisch angemessenes Denken (siehe 2.1 und 6.1). Freud hatte zu Beginn des 20. Jahrhunderts als erster Mediziner ein umfassendes neuropsychologisches Modell des psychischen Geschehens entwickelt, das heute noch von klinischer Relevanz ist (Vertiefungsrichtung »Psychoanalyse« in der Ausbildung zum PP). Dabei soll nicht übersehen werden, dass Freud in seiner Zeit nicht der Einzige war, der so modern gedacht hat und damit die Renaissance der Neurowissenschaften am Ende des 20. Jahrhundert vorweggenommen hat (Sulloway, 1982). So hatte schon S. Exner (1884) ein neuronales Netzwerk für Gedächtnisfunktionen konzipiert.

In der Darstellung der Klinischen Psychologie (Davison et al., 2002) erhält die Psychoanalyse den Status eines Paradigmas neben anderen, wie z.B. dem biologischen, humanistisch-existenziellen, lerntheoretischen, kognitiven Paradigma. Damit wird die historische Weiterentwicklung der Psychoanalyse in der Exploration dieser anderen »Paradigmen« übersehen oder sogar geleugnet (Birbaumer,

2002, S. 522). In der Darstellung des Basiswissens sollte daher an geeigneten Stellen der Zusammenhang mit den anderen therapeutischen Paradigmen in ihrer historischen Bedeutung aus der Sicht der Psychoanalyse zur Diskussion kommen, sofern uns dies als didaktisch notwendig erscheint. Hiermit soll auf die notwendige Erneuerung und Korrektur des psychoanalytischen Wissens im Lehrfach »Klinische Psychologie« hingewiesen werden.

Ein zweiter Grund für die Notwendigkeit der Erneuerung des klinischen Wissens in der klinischen Psychologie liegt in dem besonderen wissenschaftstheoretischen Status der Psychoanalyse. In der Wissenschaftstheorie wird das psychoanalytische Denken im therapeutischen Prozess (Differenzierung von Primär- und Sekundärvorgang, siehe 3.6.5) neuerdings unter einer sozialwissenschaftlichen Perspektive den konnotativen Theorien zugerechnet. Jede konnotative Theorie ist in ihrer Methode, genau wie die denotativen Theorien der Naturwissenschaften (siehe Kasten 1: »Denotative und konnotative Theorie ...«, S. 100 f.), durch ihren Gegenstand definiert. Hiermit ist zunächst keine inhaltliche Bestimmung gemeint, sondern die Bestimmung des Realitätstypus der Wissenschaft (Schülein, 1999).

Die Psychoanalyse beruft sich auf einen Realitätstypus, der postuliert, dass psychische Realität nur unter besonderer Akzentuierung unbewusster Sinnzusammenhänge klinisch erfolgreich und in der seelischen und psychosomatischen Tiefe umfassend erkannt, beschrieben und geheilt werden kann (siehe auch Schülein, 1999, S. 314).

Es geht hier also um die Bestimmung der Beobachtungsmethode des Unbewussten, nicht um die Inhalte der Betrachtung unbewusster seelischer Prozesse. Das dazu gehörige Methodeninventar wird eher den Sozial- und Kulturwissenschaften als den Naturwissenschaften entnommen werden müssen. So finden sich in der psychoanalytischen Forschung zahlreiche »qualitative Ansätze«, die sich der Untersuchung narrativer Verständigung in der Psychoanalyse widmen (siehe 3.2.2). Das Narrativ gilt als Grundkategorie der qualitativen Forschung (Lucius-Hoene & Deppermann, 2002). Gegenstand dieser Untersuchungen sind die Fallgeschichten der Psychoanalytiker, die je nach methodischem Ansatz als Novelle (Overbeck, 1993) oder als Interaktionsgeschichte (A. E. Meyer, 1993) konzipiert und dokumentiert werden sollten.

Da wir uns in Band 1 auf die Darstellung der positivistischen Wissensansätze und ihrer Verbindung zur Psychoanalyse begrenzen, werden die qualitativen Untersuchungsansätze in den folgenden Bänden der Reihe *Basiswissen Psychoanalyse* stärker zum Zuge kommen. Hier beschränke ich mich daher auf übergeordnete und vergleichende Aussagen.

Kasten 1: Denotative und konnotative Theorie als unterschiedliche wissenschaftstheoretische Positionen

Eine Theorie sollte ein strukturiertes, Erkenntnis ermöglichendes System von Aussagen über reale Sachverhalte und deren logische Zusammenhänge darstellen. Jedes System von Aussagen verlangt ein eigenes Symbolsystem. Dieses sollte auf die theoretische Erschließung des Systems und auf den Gegenstand abgestimmt sein. Eine Theorie sollte den Gegenstand nicht verzerren und ihn auch nicht auf triviale Weise zur Darstellung bringen. Hier liegen die didaktischen Probleme wissenschaftstheoretischer Überlegungen.

Das Nichttriviale erfordert oft eine abstrakte Darstellung der Gegenstände, deren Relation sich aber aus einer komplexen Wirklichkeit ergibt, wie z. B. die der Interaktion von intrapsychisch hochkomplex organisierten Subjekten, deren Teilsysteme und Funktionen in einem nicht mehr überschaubaren Zusammenhang stehen können (siehe 3.1.3.4: »Interaktionspathologie ...«). Die Objektangemessenheit von Theorie wird hierbei zu einem wichtigen Relevanzkriterium, ebenso die Logik des Symbolsystems, mit dem jede Theorie arbeiten muss. Johann August Schülein (1999) unterscheidet ein denotatives von einem konnotativen Symbolsystem.

Nomologische Realität wird in einem *denotativen Symbolsystem* abgebildet, d. h. die Merkmale der Eindeutigkeit und der identischen Stabilität führen zu eindeutigen und unverwechselbaren Bezeichnungen der Gegenstände. Es gibt keine Alternativen, Veränderungen, Überraschungen.
1. Im landläufigen Sinn wäre die anatomische Nomenklatur (siehe Farbtafel 2, Gehirndarstellungen) ein solches denotatives Symbolsystem.
2. Bezüglich der Interaktionspathologie ließe sich sagen: Solange sich die Realität zuverlässig nomologisch zeigt, lässt sich das Steuernde jeder einzelnen Situation der Interaktion abstrakt herausfiltern.

Diesen Ansatz verfolgen die Allgemeine Psychologie an den Universitätslehrstühlen und die Neurobiologie in der Medizin. Inwieweit die klinische Psychologie und Psychotherapie in ihrer Anwendung im Gesundheitswesen diesem wissenschaftstheoretischen Modell folgen soll, ist zumindest strittig (siehe Trojan & Legewie, 2001).

Die *konnotative theoretische Position* bezieht sich auf die »autopoietische Realität« (griech.: Autopoiesis/Autopoiese meint die Gestaltung des Selbst). Schülein betrachtet die Psychoanalyse als Sozialwissenschaft, die sich neben den Naturwissenschaften auf eine eigene Theorielogik beziehen muss, die dem auto-

> poietischen Charakter des untersuchten Gegenstandes gerecht wird. In der Psychoanalyse wird dieser Gegenstandsbereich in einem konnotativen Symbolsystem angemessen erfasst. Ihre konnotative Theorie muss flexibel sein und die Komplexität des Gegenstandes abbilden können. Dazu bietet sich eine terminologisierte Umgangssprache an (siehe Metapsychologie 2.1), mit weitgehend offener Semantik und Grammatik.
>
> Da keine einzelne Theorie alle Themenaspekte gleich gut behandeln kann, gibt es stets Alternativ-Theorien. Solche Theorien entwickeln sich selber, als Gegenstand der Selbstreflexion, in institutionellen Gegebenheiten. Sie entstehen aus der Realität, die sie thematisieren. So muss das psychoanalytische Forschungsparadigma des Junktim von »heilen und forschen« in seiner Verstrickung mit dem erforschten Gegenstand (Interaktion in einer Dyade) jeweils neu in einem Prozess der Selbstreflexion (über die Art der Verstrickung) neu erarbeitet werden.

Die verschiedenen *Forschungsansätze in der Psychoanalyse* ergaben sich aus dem Interesse einzelner Wissenschaftler am deskriptiven Unbewussten und den Auswirkungen dieses Interesses in den Kultur- und Gesellschaftswissenschaften im Verlaufe der gesellschaftlichen Institutionalisierung der Psychoanalyse (A. Mitscherlich, Habermas, Lorenzer, Loch). Auch die unterschiedlichen Grundberufe der Weiterbildungsteilnehmer haben zu einer Integration von Wissen aus verschiedenen biologischen, sozial- und kulturwissenschaftlichen Bereichen geführt, deren wissenschaftliche Breite schon in der Pionierphase der Institutionalisierung der Psychoanalyse angelegt war (Schülein, 1999, S. 303–411). Bezüglich der Einordnung der Psychoanalyse in eine Systematik wissenschaftlicher Theorien als »konnotative Theorie« kann man sagen, dass sie einerseits eine Wissenschaft zwischen allen Wissenschaften (Buchholz & Gödde, 2005) und andererseits entweder den naturwissenschaftlichen (Hartmann) oder den hermeneutischen Theorien (Ricoeur, Lorenzer) zuzurechnen ist.

Hinzugefügt werden muss, dass Einigkeit über die Existenz unbewusster psychischer Prozesse besteht; aber bei der Frage, was denn genau alles unbewusste psychische Realität sei, geht die Auffassung verschiedener psychoanalytischer Teiltheorien weit auseinander. Das liegt einerseits daran, dass ein Begreifen, was diese psychische Realität ausmacht, zwar ein Höchstmaß an Selbstreflexion erfordert, dass aber andererseits diese Realität empirisch nicht unmittelbar erfasst werden kann. Ein anderes Problem liegt in der Schwierigkeit, dass ein beobachtendes Subjekt sich selbst zum Gegenstand der Erforschung machen muss (Autopoiesis). So sind unbewusste psychische Erfahrungen unbestreitbar real, aber sie sind im jeweils konkreten Fall immer bestreitbar, nie eindeutig zu fassen, wenn das Subjekt dieser Erfahrungen von sich selber (Selbstanalyse) oder von anderen zum Objekt der Beobachtung (Lehranalyse) gemacht wird.

Sigmund Freud (1900a) hat im 7. Kapitel der *Traumdeutung* aus diesem Grundproblem den Schluss gezogen, dass das Bewusste nicht als Gegenstand, sondern funktional zu bestimmen sei. David Rapaport (1973, S. 43 ff.) hat diesen Gedanken aufgenommen und das System der psychoanalytischen Theorie durch eine Reihe von funktionellen Gesichtspunkten beschrieben. Diese Funktionen sind jeweils mit bestimmten strukturellen Eigenschaften des Gegenstandes verbunden. Ich werde darum im Folgenden die Thematik der Metapsychologie und der Entwicklungspsychologie (siehe 2.1 und 2.2) unter dem Gesichtspunkt der postfreudianischen Theorieentwicklung aufgreifen.

3.3.3 Die Struktur der psychoanalytischen Theorie

Die Struktur der psychoanalytischen Theorie unterscheidet nach David Rapaport (1973, S. 22) verschiedene Analyseebenen (dynamisch, ökonomisch, strukturell, genetisch, adaptiv). Diese Analyseebenen finden sich bei Freud in vier deutlich unterscheidbaren Modellen, einzeln oder in Kombination miteinander. In diesen Modellen werden Bezüge zu verschiedenen wissenschaftlichen Grundlagenfächern hergestellt. Rapaport entwickelt hieraus ein integratives Modell, das aufzeigt wie aus den Freud'schen Modellannahmen eine allgemeine Theorie der psychoanalytischen Psychologie entstehen könnte. Bei Freud sind folgende vier Grundmodelle zu unterscheiden:

3.3.3.1 Das Reflexbogen- (oder topographische) Modell

Das topographische Modell beschreibt die Tendenz des Organismus, auf Reize zu reagieren (Freud, 1900a, S. 542 ff.). Erregungen des sensorischen Apparats des Organismus führen zu ihrer motorischen Abfuhr im Verhalten. Die Erregung durchläuft hierbei die Systeme Ubw, Vbw und Bw. Diese Topographie des Ablaufs kann aber auch eine andere Richtung einschlagen, wenn die Erregung bei Triebreaktionen im Inneren des Organismus (Triebtheorie) ihren Ursprung im Unbewussten hat oder wenn vorbewusste Tagesreste der Erinnerung Träume auslösen. Sensorische Reize können auch im Unbewussten und Vorbewussten enden, wie das bei experimentell erzeugten Traumbildern (Poetzel, 1917, S. 278 ff., Leuschner et al., 1997) oder der subliminalen Wahrnehmung (Hentschel et al., 1986) der Fall sein kann. Das Modell ist nützlich, um scheinbar spontane gedankliche oder affektive Vorgänge oder Handlungen im klinischen Rahmen zu analysieren, wie z. B. Träume,

Tagträume, Wahnbildungen, Erröten, Schwitzen, Fehlhandlungen, Mimik, Gestik und unwillkürliche Bewegungen.

3.3.3.2 Das Entropie- (oder ökonomische) Modell

Dieses Modell wird als Grundmodell des motivierten Handelns (Freud, 1900a, S. 538–578) verstanden. Es bringt Verhalten (z. B. Saugen des Säuglings) in Kausalbeziehung zu Vorgängen der Spannungsminderung (Unruhe – Saugen an der Brust – Nachlassen der Unruhe). Das ökonomische und das topographische Modell werden in der Klinischen Psychologie als das typische psychoanalytische Paradigma beschrieben (Davison et al., 2002, S. 32). Daraus abgeleitet, können die folgenden fünf psychoanalytischen Annahmen für die Mehrzahl der amerikanischen klinischen Psychologen als anerkannt gelten:

1. Kindheitserfahrungen tragen zur Persönlichkeitsbildung des Erwachsenen bei.
2. Das Verhalten wird durch unbewusste Prozesse beeinflusst.
3. Menschen setzen Abwehrmechanismen ein, um Angst oder Stress zu bewältigen.
4. Ursachen und Zwecke menschlichen Verhaltens sind nicht immer offenkundig und bedürfen einer motivationalen Analyse.
5. Einige Lerngesetze betonen die Bedeutung der Belohnung und Verstärkung von Kontingenzen des Verhaltens. Die Verstärker folgen meist dem Lustprinzip.

Das ökonomische Modell ist die Grundlage für die Begriffe des Lustprinzips und der Wunscherfüllung und enthält schon den Kern des dynamischen und des adaptiven Gesichtspunktes des integrativen Modells von Rapaport (1973, S. 30).

3.3.3.3 Das darwinistische oder genetische Modell

Dieses Modell der Psychoanalyse (Freud, 1905d) geht von der Annahme aus, dass der Verlauf der Ontogenese angeborenen Gesetzen folgt. Insbesondere die Theorie der psychosexuellen Entwicklung der Libido basiert auf diesem genetischen Gesichtspunkt. Auch die Begriffe und Krankheitsfaktoren der Regression und Fixierung finden in diesem Modell ihre Erklärung. Spätere Weiterentwicklungen des Modells durch Hartmanns (1972) Konzept des Funktionswechsels und der Anpassung des Ich sowie Eriksons (1966) epigenetisches Prinzip der Entwicklung in Kindheit und Gesellschaft erweiterten den genetischen Ansatz hin zu den kognitiven und sozialen Aspekten der psychischen Strukturen in ihrer Auswirkung auf Verhaltensentwicklungen. Umweltfaktoren und angeborene Gegebenheiten stehen in der psychoanalytischen Auffassung der Ontogenie des Verhaltens im Zentrum der Theorie von Lernen und Gedächtnisbildung. Vor allem aber werden sie mit Trieb und Affekt in Verbindung gebracht. Sowohl die neuropsychologische Theorie von Hebb (1949) als auch die Experimente von Hunt et al. (1947) konnten diese Erkenntnisse erst 50 Jahre später in der Psychologie etablieren. Werners (1953) genetischer Ansatz der geistigen Entwicklung und Piagets Forschungen (1954, 1966, 1969) zur kognitiven Entwicklung des Kindes setzen diesen Ansatz einer Entwicklungspsychologie fort. Die Entwicklung der modernen psychoanalytischen Objektbeziehungstheorien und Untersuchungen des Bindungsverhaltens sind ohne diesen Ansatz nicht zu denken.

3.3.3.4 Das Struktur-Modell der neuralen Integrationshierarchie

Dieses Modell hat Freud (1900a, S. 574) von dem englischen Neurologen H. Jackson übernommen, der eine Hierarchie neuraler Schichten im Gehirn postulierte. Freud hat dieses Konzept einer hierarchischen Struktur auf die Hierarchie seelischer Funktionen übertragen. Nach diesem Muster ist die Reihenfolge der Systeme Ubw, Vbw und Bw aufgebaut wie auch die hierarchische Gliederung von Es, Ich und Überich, ebenso das Konzept der multiplen Schichtung von Abwehr. Sogar das Modell des Konflikts hat seinen Ursprung in der Annahme einer Hemmung untergeordneter Verarbeitungsschichten durch hierarchisch übergeordnete. Die Hemmung wurde als dynamisches Ereignis aufgefasst, das aus dem Aufeinanderprall von Kräften entsteht, wie das beim Konflikt zwischen libidinösen Affekten und den Kräften des Ichs geschieht (Freud 1895d, S. 81 ff). Später bestand der Konflikt zwischen Trieb und Zensur (1900a, S. 105 ff). In der endgültigen Konzeption (Freud, 1923b, S. 252 ff.) besteht dieser Konflikt zwischen den Strukturen des Es und des Ich, unter Einbeziehung des Überich.

Bei der Entwicklung der topographischen Theorie hin zur Strukturtheorie hat sich Freud also immer wieder eines Modells der neuronalen Integrationshierarchie bedient, ohne sich klar zu deren neuronaler Bedeutung äußern zu können (siehe auch 6.1). Auch der dynamische Gesichtspunkt der hierarchischen Gliederung der Funktionssysteme fußt auf einer neurodynamischen Konzeption des Gehirns, wie sie von Freud (1891b) für die Aphasien entwickelt wurde.

3.3.3.5 Allgemeine psychoanalytische Psychologie nach Rapaport

Die thematische Beschränkung des Modells von Freud auf klinisch-psychologische Phänomene wie auch die Wahl einer Mechanik des psychischen Apparates hat David Rapaport (1973, S. 43 ff.) dazu angeregt, das klassische System der klinisch-psychoanalytischen Begriffe (siehe 2.1) um eine Analyse der Struktur der Metapsychologie Freuds zu erweitern.

Rapaport beschreibt eine Reihe von Gesichtspunkten, die jeweils bestimmte strukturelle Eigenschaften des Gegenstandes der Theorie hervorheben. Er entwickelt ein allgemeines psychologisches Modell, das auch für normale psychologische Funktionsabläufe Geltung haben kann. Im Sinne des von Heinz Hartmann propagierten Konzepts einer psychoanalytischen »Normalpsychologie« sollen hiermit die psychologischen Grundlagen der Psychoanalyse beschrieben werden. Die nach Freuds Tod vertiefte Erforschung unbewusster Prozesse hat eine große Komplexität psychischer Funktionen verdeutlicht, die eine zufriedenstellende theoretische Zusammenführung erschwert. So entwickelt Rapaport *sechs Grundmodelle*, in denen die Funktionsabläufe psychischer Prozesse nach steigender Komplexität hierarchisch aufeinander bezogen sind.

1. Das primäre Modell des motivierten Handelns. Rapaport sieht dieses Grundmodell des motivierten Handelns auf die Primärtriebe wie Hunger, Durst und Schmerz begrenzt. Es dominiert das Lustprinzip.

Rapaport verdeutlicht dies an einem Beispiel aus der klinischen Entwicklungstheorie. Er wählt die Unruhe des menschlichen Säuglings, die zum Saugen an der mütterlichen Brust führt, als Ausgangspunkt für motiviertes Verhalten. Somit wird die Verhaltenssequenz von der Unruhe des Säuglings, zum Saugen an der Brust und bis zum Nachlassen der Unruhe zu einem klinisch übertragbaren Grundmodell des motivierten Verhaltens. Die Überführung dieser Szene aus der Mutter-Kind-Dyade in die Metatheorie der psychoanalytischen Triebtheorie würde zu der folgenden Beschreibung führen: *Das Überschreiten der Triebschwelle durch die Akkumulation von Triebenergie im Triebimpuls führt zur Aktion am besetzten Objekt und zur Abfuhr der Besetzung in der Triebbefriedigung.*

Dieses Modell versucht den Begriff der Spannungssteigerung in einer Verhaltensreihe zu beschreiben. Ein ähnliches Modell findet sich auch im Motivationszyklus der biologischen Bedarfsdeckung der modernen Psychologie wieder (Legewie & Ehlers, 2000, S. 205). Der Motivationszyklus unterscheidet drei aufeinander folgende Phasen. Die erste Phase bezieht sich auf das Motiv als Triebzustand oder organismischer Bedarf. Die zweite Phase betrifft die Tätigkeit, die durch den Motivationszustand ausgelöst wird. Das hierzu gehörige Verhalten wird als zielgerichtet bezeichnet. Die dritte Phase wird als konsumatorischer Akt beschrieben, durch den es zu einer Triebbefriedigung oder Verminderung des Triebzustandes kommt. Dieses Modell hat also ebenfalls die Reduktion der Spannungssteigerung zum Ziel.

Das Dazwischentreten von psychischen Strukturen und abgeleiteten Motiven wird mit dem primären Modell des motivierten Handelns noch nicht beschreibbar. Da weder die kognitive Aktivität des Subjekts noch der Einfluss von Emotionen und Affekten berücksichtigt wird, sind hierfür zwei weitere Modelle notwendig, die nicht dem Lustprinzip folgen, sondern ein Misslingen im Triebaufschub zur Voraussetzung haben. Der Triebaufschub gilt als Ausgangslage für menschliche

Konflikte und Entwicklungsanreize und die damit einhergehenden potentiellen Entgleisungen im kindlichen Erleben, das unter bestimmten Bedingungen zu pathologischen Fixierungen (Trauma) führen kann.

2. *Das primäre Grundmodell des Denkprozesses und der Vorstellung* setzt also voraus, dass ein Triebobjekt nicht erreichbar ist. Das kann bei oralen Partialtrieben die mütterliche Brust sein, während der anale Partialtrieb sich auf einen sicheren Ort der Ausscheidung bezieht und der phallische Partialtrieb das Erreichen der Befriedigung mit dem gegengeschlechtlichen Objekt zum Ziele hat. Die Abwesenheit des Triebobjekts zwingt das menschliche Subjekt zu einer halluzinatorischen Wunschbefriedigung; die hirnphysiologischen Grundlagen der Wunscherfüllung im Traum werden später (siehe 6.2.2) diskutiert. Frühe Erinnerungsspuren (Gedächtnisfunktion) der Befriedigung sind die Grundlage für eine Steigerung der halluzinatorischen Intensität.

Dieses zweite Grundmodell der Denkvorgänge erweitert also das Grundmodell des motivierten Handelns zu einem Modell des motivierten Denkens. Das Lustprinzip findet damit im Denken nach dem Typus der halluzinatorischen Wunscherfüllung seine Entsprechung. Die Notation für den Funktionsablauf des motivierten Denkens lautet:

Abb. 3: *Primäres Grundmodell des Denkprozesses und der Vorstellung für motiviertes Denken: Träume, Halluzinationen, Illusionen, Tagträume.*

Das Denken bekommt in diesem Grundmodell einen gerichteten, intentionalen Charakter. Hiermit können klinische Phänomene des motivierten Denkens wie Träume, Halluzinationen, Illusionen, Tagträume und Träumereien in die Analyse von psychopathologischen wie gesunden Verhaltensabläufen einbezogen werden. Wichtige Begriffe der klinischen Psychoanalyse werden auf dem Hintergrund dieses Modells verstehbar, z. B. die Verwendung der freien Assoziation (klinisch-psychoanalytische Grundregel) als psychoanalytische Technik zur Förderung des motivierten Verhaltens mit dem Ziel der Konflikt- und Abwehranalyse. Die Begriffe der Projektion und Identifikation als Grundlage des kommunikativen Handelns werden in Zusammenhang gebracht mit motivierten Aktionen des Subjekts. Hypnosephänomene des suggestiven Verhaltens auf der Grundlage motivierter Kommunikation und die halluzinatorische Wunscherfüllung in Situationen der Triebdeprivation (Hunger, Durst, Reizentzug) finden in diesem Modell Berücksichtigung.

3. *Das primäre Grundmodell des Affekts* erfordert ebenfalls die Abwesenheit des Triebobjekts als Voraussetzung der Steigerung der Triebintensität. Die Steigerung der Triebintensität führt zu einer Notentladung des Subjekts über die Kanäle der Affektabfuhr (Mimik, Gestik, Organspannung und Organaktivierung). Solche Affektentladungen werden von Freud (1900a, S. 571, 604) als Ausfalltore für die Triebspannung beschrieben. Die Affektentladung richtet sich aber nicht nur gegen die Außenwelt, sondern auch ins Innere des Körpers. Freud (1911b) beschreibt dies als autoplastische Adaptation. Affektauslösende Reize werden nach diesem Modell durch unbewusste Vorstellungen im Sinne halluzinatorischer Vorstellungen oder durch Triebrepräsentanzen beeinflusst und sollten somit im kommunikativen Handeln der Psychoanalyse nach einer Affektentladung des Subjekts rekonstruiert werden können. Die rückwirkende Analyse affektiven Verhaltens schafft somit Zugang zu unbewussten motivierten Verhaltensweisen wie affektiv aufgeladenen Symptomen, Träumen und Fehlleistungen.

Aus den Grundmodellen des Denkens und der Affekte schuf Freud (1915d, S. 255, und 1915e, S. 276) in seinen Arbeiten über Verdrängung und das Unbewusste ein kombiniertes Modell, das halluzinatorische Vorstellung und Affektentladung bei Abwesenheit eines Triebobjekts alternativ oder auch summativ durch Überschreiten der Triebschwelle entstehen lässt. Die klinische Theorie der Verdrängung und des Unbewussten basiert darauf, dass der verdrängte Trieb in der Traumanalyse und in der Analyse der Affekte erkannt und bis hin zu seinen in der Vorstellung abgebildeten Triebrepräsentanzen und den Repräsentanzen des Affektbeitrags zurückverfolgt werden kann. So findet das Symptom der Zwangsvorstellung in der Affekthemmung dadurch seine Erklärung, dass durch Verdrängung, Isolierung und Verschiebung (Abwehrmechanismen) die Affektrepräsentanzen in den Äußerungsformen des Subjekts beseitigt werden. Erst in der Analyse dieser Abwehr in der Übertragungsbeziehung zwischen Analytiker und Analysand kommen diese abgewehrten Affektrepräsentanzen dann zum Ausdruck und zur Entladung.

Die beschriebenen drei primären Modelle der Handlung, des Denkprozesses und der Affekte werden ergänzt durch drei sekundäre Modelle, die bei Abwesenheit des Triebobjekts Ichleistungen für das Handeln, das Denken und die Affekte erfordern.

4. *Das sekundäre Modell des Handelns* ist schon für Freud (1900a, S. 513) eng mit dem Denken, den Affekten und der Motivation verbunden. Er untersucht das Handeln in der Vorstellung am Beispiel der Psychologie der Traumvorgänge: im

Vergessen von Träumen, in der Regression, in der Wunscherfüllung, in der Funktion des Traumes, im Angsttraum, im Primär- und Sekundärvorgang, in der Verdrängung. Rapaport (1973, S. 30) beschreibt dieses aus den Grundmodellen zusammengesetzte Modell wie folgt: *Der Trieb erreicht Schwellenintensität → der abgeleitete Trieb wird vom Grundtrieb mobilisiert oder erreicht unabhängig die Schwellenintensität → strukturbedingter Aufschub bei psychologischer Abwesenheit des Triebobjekts → Umweghandlung auf der Suche nach dem Triebobjekt und Instrumentalhandlung, um es zu erreichen → Befriedigung.*

Das Grundmodell des motivierten Handelns wird also ergänzt um die Möglichkeit der Wirksamkeit von abgeleiteten Trieben oder um die psychologische Intensitätssteigerung durch psychisch induzierte Abwesenheit des Objekts. Durch die Einführung instrumentellen Handelns vor dem Erreichen der Triebbefriedigung wird die Möglichkeit des Lernens und der Verhaltensänderung zur Modifikation von motiviertem Handeln eingeführt. Hierdurch wird der Unterschied der menschlichen Handlung von den automatisierten Instinkthandlungen beim Tier herausgearbeitet.

All diese Überlegungen dienten anfangs nicht der Analyse von nur sichtbarem Verhalten, wie es das Ziel der heutigen Verhaltensanalyse auf dem Hintergrund des Behaviorismus ist, sondern der Einführung einer Psychologie des psychischen Apparats auf der Grundlage der Physiologie des Gehirns, als Basis der Bewusstseinsprozesse. Dass der Traum Ausgangsmaterial für die Entwicklung eines Modells der Traumdeutung und der psychologischen Vorgänge im Gehirn sein sollte, war auch zu Freuds Zeiten ein gewagtes Unternehmen, dessen Risiko er sich immer bewusst war. Diese Vorsicht hat ihn aber nicht abgehalten, ein System der psychischen Funktionen und ihrer Störungen aufzustellen.

5. *Das sekundäre Modell der Denkprozesse* überträgt die Funktion des Triebaufschubs auf die Denkfunktionen: Anstelle der Halluzination ermöglichen die kognitiven Ichfunktionen einen strukturierten Aufschub mit Umweghandlungen, die geordnetes Denken ermöglichen. Die kognitive Organisation ist hierarchisch der Trieborganisation übergeordnet und kontrolliert diese: *Der Trieb oder Triebabkömmling erreicht Schwellenintensität → strukturierter Aufschub → antizipierende und planende Experimentalhandlung in Gedanken mit kleinen Besetzungsbeträgen, um das Triebobjekt zu finden und die Triebhandlung auszuführen.*

6. *Das sekundäre Modell des Affektes* versucht der Erfahrung gerecht zu werden, dass sich zu jeder Stufe einer Hierarchie der Motive spezifische Affekte und Affektabfuhrkanäle herausbilden. Ichstrukturen, die dem Triebaufschub dienen, steuern auch den Affektausdruck, der abgesondert von der Triebentladung erfolgt. Die abgesonderte Affektladung dient der Bildung eines die Triebspannung antizipierenden

Affektsignals (z. B. Signalangst statt Angst als Triebspannung): *Der Trieb oder Triebabkömmling erreicht Schwellenintensität → strukturierter Aufschub → das Affektsignal wird durch das Ich aus strukturell abgesonderten Affektladungen ausgelöst.*

Die psychoanalytischen Grundannahmen zu den Funktionen und Strukturen der Psyche werden somit nur durch eine multiperspektivische Sicht- und Denkweise ausreichend komplex dargestellt und verstanden. Daher werden wir die Grundlagen nur aus didaktischen Gründen in psychische Teilfunktionen zerlegen, deren Zusammenwirken durch Rapaports mehrdimensionales Modell der psychoanalytischen Struktur angedeutet wird.

3.4 Grundannahmen zu Struktur und Funktion des Bewusstseins

3.4.1 Organisationsformen des Bewusstseins

In der Philosophie beginnt das neuzeitliche Denken mit der Ablösung des Begriffs des Bewusstseins vom christlichen Begriff des Gewissens. Es ist der französische Philosoph René Descartes, der in seiner Substanzenlehre mit der Unterscheidung einer *res cogitans* (denkende, nicht ausgedehnte Substanz) von der *res extensa* (ausgedehnte, nicht denkende Substanz) für den Menschen die Autonomie des reflektierenden Ichs begründet. Sigmund Freuds klinische Entdeckung des Unbewussten nimmt dem Menschen teilweise wieder die uneingeschränkte Geltung dieser Freiheit, aber seine Patienten erhalten einen Teil der Freiheit zurück, indem das bewusste Ich lernt, dort, wo Es war, ein Ich leben zu lassen und es aus der Knechtschaft der Neurose zu befreien.

Mit der Entdeckung des Unbewussten als therapeutisch wichtige psychische Funktion stehen Bewusstseinsprozesse im Zentrum der topographischen Theorie der klinischen Psychoanalyse. Das Bewusstwerden unbewusster (ubw) Konflikte (siehe 2.1.3 und 2.1.4) ist vorrangiges therapeutisches Ziel, damit das im regressiven Wiederholungszwang sich aufdrängende Unbewusste der willentlichen und bewussten Kontrolle wieder zugeführt werden kann. Im Begriff des Bewusstseins lassen sich zwei Grundaspekte unterscheiden:

1. Das Bewusstsein des Selbst (Ich) besitzt eine selbstreflexive Funktion, d. h. es ist auf sich selber als Objekt bezogen und hat damit eine intentionale Struktur. Es weiß von sich selbst, dass es wissen kann (Lateinisch: cogito ergo sum = Ich denke, also bin ich). Das Ich kann von sich selbst als von einem Anderen (intentional) denken.
2. Der materielle Aspekt des Bewusstseins meint, dass Bewusstsein immer von etwas anderem gebildet wird. Gemeint ist hiermit die Repräsentation der Welt

im Bewusstsein des Menschen. So ist für Freud von Beginn an das Bewusstsein aufs engste mit der Wahrnehmung verbunden (W-Bw). Bewusstsein ist für ihn vor allem an die Wahrnehmung der Außenwelt geknüpft (Freud 1940a, S. 83). Damit Innenwelt entstehen kann, hat das Bewusstsein die Funktion eines Sinnesorgans zur Wahrnehmung psychischer Qualitäten (Freud 1900a, S. 620 f.). Der materielle Aspekt des Bewusstseins führt aber auch zur Theorie der Repräsentation von Bewusstsein mittels der Funktionen des Gehirns (siehe 6.2.3).
In Freuds erstem psychischen Modell über die Topographie des Bewusstseins (Freud, 1925a) gehört das System W-Bw (Wahrnehmungs-Bewusstsein) zur reizaufnehmenden Oberfläche des seelischen Wahrnehmungsapparats (siehe 6.2.7 und 6.3.2). Im Strukturmodell von Es, Ich und Überich ist das Bewusstsein dem Ich zugehörig. Dieses ist durch den direkten Einfluss der Außenwelt unter Vermittlung des W-Bw in der kindlichen Entwicklung aus dem Es hervorgegangen (Freud, 1923b, S. 252). Für die Aufmerksamkeitssteuerung des Bewusstseins wird die Energie aus dem Vorbewussten (Vbw) oder dem Ich genommen.

Der Mechanismus der Aufmerksamkeit »entzündet« sich dabei, so Freud, an der Wahrnehmung der psychischen Realität (Freud, 1900a, S. 621). Freud hat die Beschreibung einer Mechanik der Aufmerksamkeit nicht selber vorangetrieben. Aber er verwendet bei der Entwicklung seiner Abwehrlehre die Funktion eines Zensors, der den Zugang zum Bewusstsein durch Verdrängung verweigert. Dieser Zensor übernimmt bei der Wahrnehmungsabwehr Aufgaben, die in der Weiterentwicklung der Bewusstseinstheorie in der Psychiatrie (Jaspers, 1913) der Aufmerksamkeit zukommen.

In der späteren Theorieentwicklung muss sich Freud bei der Ausarbeitung der Abwehrtheorie des Ich in Bezug auf die Gleichsetzung von Ich und Bewusstsein korrigieren, weil auch das Ich infolge der Verdrängung unbewusste Anteile enthält (Freud 1924b, 1927e, 1940e). Für die psychoanalytische Behandlungstechnik postuliert er, dass eine Beeinflussung des Unbewussten vom Bewusstsein her über die Deutung erfolgt. Diese kann aber nur wirksam sein und das Unbewusste erreichen, wenn die Widerstände beseitigt werden können, die eine Durchlässigkeit an der Schwelle der Systeme Bw/Vbw zum Unbewussten (Ubw) verhindern wollen.

Eine solche Arbeit an den Widerständen ist es, welche die kognitive Deutungsarbeit in der Psychoanalyse nicht nur mit kortikaler Aktivität des Gehirns in Beziehung setzt, sondern auch an der Herstellung von kognitiv-emotionalen Verbindungen mitwirkt (siehe 6.4.3). Die Aufmerksamkeit und ihre physiologischen Mechanismen sind hierbei von entscheidender Bedeutung (siehe 6.2.4).

Freuds Theorie des Unbewussten konnte auf der Bewusstseinspsychologie von Wilhelm Wundt aufbauen, der 1879 das erste psychologische Laboratorium in

Leipzig begründete. Der Zusammenhang von Bewusstsein und Aufmerksamkeit wird in dem Vergleich des Bewusstseins mit einer Bühne durch den Philosophen und Psychiater Karl Jaspers (1913) anschaulich gemacht. Die einzelnen seelischen Phänomene erscheinen auf dieser »Bühne« in ihren formalen und inhaltlichen Aspekte. Eine *Bewusstseinsenge* entspricht einer sehr engen Bühne. Um das Zentrum des Bewusstseins wird ein nach der Peripherie hin dunkler werdendes Blickfeld sichtbar, sobald der Blick an den Rand des Scheinwerferkegels kommt. Die *Klarheit des Bewusstseins* entspricht der Gesamtbeleuchtung. Die Weite des Bewusstseins ist abhängig von der *selektiven Aufmerksamkeit*. Bei planmäßiger Selbstbeobachtung kann man die Aufmerksamkeitsgrade und *Bewusstseinsstufen* untersuchen. Freuds Beschreibung der Topographie des Bewusstseins ist das Ergebnis einer subjektiven Bewusstseinsforschung, die eine Verbindung zwischen inhaltlichen und formalen Aspekten des Bewusstseins herzustellen versucht.

Unter dem Begriff der selektiven Aufmerksamkeit fanden die schon längst beschriebenen Bewusstseinsphänomene nach der kognitiven Wende in der klinischen Psychologie wieder Eingang in die Universitätslehre. Unter dem Einfluss von Informationstheorie und Kybernetik wurden elektronische Modelle der Informationsselektion entwickelt, die Grundlage neuer konzeptueller und empirischer Untersuchungen in der Psychologie wurden.

Experimentelle Untersuchungen mit einer Blickkamera zeigen, dass ein Augenblick im Bewusstseinsstrom ca. 200–300 ms (Millisekunden) dauert, wenn wir die Fixierung des Blickes auf einem Gegenstand als Augenblick definieren (siehe Abb. 4). Wenn wir etwa ein Gesicht ansehen, wechselt der Blick 3–5mal in der Sekunde, wobei jeweils ein bestimmter Punkt des Gesichts fixiert wird. Die Fixierungspunkte der »Augenblicke« zeichnen mit Augen, Nase, Mund und Umrissen ein Gesicht nach.

Ullrich Neisser (1967), Vertreter einer kognitiven Psychologie, sieht hier die selektive Aufmerksamkeit am Werk. Der Wahrnehmende konstruiert handfeste Gegenstände, indem er die Informationen einer ganzen Reihe von solchen Schnappschüssen zusammenfügt. Diese Momentaufnahmen werden im Gedächtnis gespeichert, indem aus Sinnes- und Gedächtniskomponenten ein schematisches Modell der Schnappschüsse konstruiert wird (*Synthese*). Den fortlaufenden Vergleich des Modells mit der Reizvorlage bezeichnet er als *Analyse*. Die selektive Aufmerksamkeit wählt in jedem Augenblick das Ergebnis eines Prozesses der parallelen Informationsverarbeitung verschiedener Reizparameter und Sinneskanäle aus. Die verschiedenen kognitiven Modelle versuchen Vorhersagen darüber zu treffen, wie das sensorische Kurzzeitgedächtnis und der formale Verarbeitungsprozess von Ein- oder Mehrkanal-Modellen der Aufmerksamkeit aussehen könnten.

 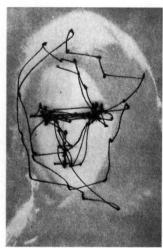

Abb. 4: *Die Betrachtung des menschlichen Antlitzes (linkes Foto) erlaubt uns nicht nur Einblicke in die menschliche Seele, sondern der mimische Ausdruck muss auch aufgenommen werden. Die Aufzeichnung der Blickbewegungen mit einer Kamera und ihre Registrierung im Gesicht (rechtes Foto) verweist auf Fixierungspunkte mit 3–5 Blickwechseln in der Sekunde. Diese Blickwechsel sind nicht zufällig, sondern sie zeichnen das Grundschema eines menschlichen Gesichtes mit Augen, Nase, Mund und Umrissen des Gesichtsausdruckes nach (Quelle: Legewie & Ehlers, 1992, S. 110).*

Der Zusammenhang zwsichen diesen kognitiven Aufmerksamkeitsmodellen und dem psychoanalytischen Modell des Bewusstseins ist Gegenstand zahlreicher experimenteller Untersuchungen in Bezug auf verschiedene Bewusstseinsstufen. Der topographische Ort dieser Prozesse ist vermutlich das Vorbewusste (Shevrin, 1977).

3.4.2 Die experimentelle Untersuchung des Bewusstseins

In der experimentellen Bewusstseinsforschung (Legewie & Ehlers, 1992, S. 107 – 160) spielen neben der Untersuchung von Prozessen der selektiven Aufmerksamkeit zahlreiche andere kognitive Prozesse wie Bewusstseinsweite, Bewusstseinszustand und Wahrnehmungsabwehr eine wichtige Rolle:

1. *Bewusstseinsweite und Aufmerksamkeitsspanne* funktionieren in Abhängigkeit von den Gruppierungstendenzen des Denkens. Durch die Bildung von übergeordneten Ganzheiten oder Informationsgruppen oder Gruppen von Gegenständen werden größere Informationsmengen verarbeitet. Hierdurch kann der

experimentell nachgewiesene Informationsverlust, der durch die Transformation der Information und ihre Bündelung in den einzelnen Sinneskanälen erzwungen wird (Flaschenhals der Wahrnehmung), wieder kompensiert werden. Deswegen entspricht die maximale Informationsmenge beim motorischen Ausgang des Organismus der des Eingangs.

2. *Die Zustandsregelung des Bewusstseins* erlaubt eine Flexibilität in der Genauigkeit der Informationsverarbeitung aus der Umwelt. So sorgt die physiologische Orientierungsreaktion (siehe 6.2.4 und 6.2.5) dafür, dass die Erregbarkeit der Analysatoren bei den Rezeptoren erhöht werden kann, wenn Gefahr im Verzug ist (Sokolov, 1963). Auf der motorischen Seite des Organismus findet sich die gleiche Regelungsmöglichkeit, auf die Karl H. Primbran und Diana McGuinnes (1975) hingewiesen haben.
3. *Veränderte Bewusstseinszustände* ergeben sich aus der experimentellen Beeinflussung des Aktivierungsgrades im Gehirn. Sie können durch verschiedene Psychopharmaka, durch Meditationstechniken wie durch Hypnose manipulativ erreicht werden. Solche für die Psychotherapie wichtigen Verfahren zur Veränderung des Bewusstseinszustandes sind Gegenstand vielfältiger experimenteller Untersuchungen, die unser Wissen um diese Zustandsänderungen sehr erweitert haben. Der Gefahr des manipulativen Einsatzes und des Missbrauchs wird leider nicht immer durch Gesetze vorgebeugt, wie das für den Missbrauch von Psychopharmaka im Betäubungsmittelgesetz der Fall ist. Auf jeden Fall erfordern diese Verfahren bei ihrer Verwendung in der Psychotherapie eine umfassende geleitete Selbsterfahrung über Jahre hinweg.
4. *Die experimentelle Untersuchung der Wahrnehmungsabwehr* versucht einen Brückenschlag zwischen kognitiver Psychologie und Psychoanalyse. Die Wahrnehmungsabwehr wurde in den Anfängen bei Tabu-Wörtern wie »Penis« »Nutte« usw. studiert. Der Vergleich der Reaktionszeiten beim Aussprechen von neutralen und Tabu-Wörtern zeigt eindeutig bei Letzteren eine Verlängerung der Reaktionszeit. Dies wird auf komplexe Verarbeitungsprozesse der semantischen Information zurückgeführt, die auf dem Weg vom kurzfristig dargebotenen Reiz bis zur motorischen Reaktion ablaufen.

Wie die Wahrnehmung durch Abwehrprozesse verzerrt werden kann, zeigt die Untersuchung des Prozesses der Perzeptgenese. Hiermit ist der Prozess der Wahrnehmungsbildung gemeint, der in einem Zeitraum von 20 bis 2000 ms stattfindet. Dem Auge werden bedrohliche Konflikte in der Peripherie des visuellen Wahrnehmungsfeldes dargeboten. Aus den jeweils vom Probanden gezeichneten Perzepten kann die Art der Wahrnehmungsabwehr beurteilt werden. Zwischen 40 und 300 ms zeigt sich ein Anstieg und Abfall der Wahrnehmungsabwehr. Dies ist ebenfalls der Zeitraum, in dem von der Schädeloberfläche reiz- und ereigniskorrelierte elektrische Potentiale aus dem Elektroenzephalogramm (EEG) abgeleitet und aus der EEG-Hintergrundaktivität herausgefiltert werden. Daraus ist eine zeitlich hohe Korrelation zwischen Wahrnehmungsabwehr und Aktivierungsprozessen im Gehirn zu vermuten (siehe Abb. 6) Die hieran beteiligten kognitiven Faktoren veranschaulicht das Modell von Dixon über die Verarbeitung der Wahrnehmungsabwehr im System des Vorbewussten (siehe Abb. 7). Die Faktoren der physiologischen Aktivierung im Gehirn veranschaulicht das Blockschaltbild (Abb. 5) von Pribram und McGuinnes (1975).

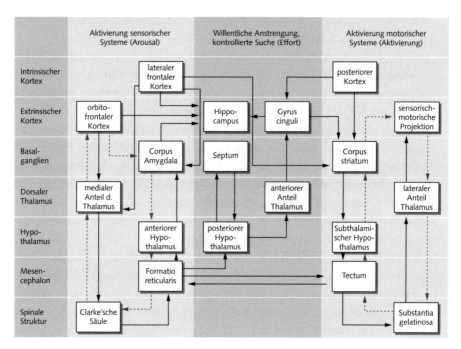

Abb. 5: *Das Modell von Karl Pribram und Diana McGuinness (1975) besteht aus drei Untersystemen Arousal, Effort, Aktivation. Aktivierungsprozesse (sensorisches Arousal) im Gehirn beeinflussen die Aufmerksamkeit und Willensanstrengung (effort) zur Steuerung von Handlungsstrategien (Aktivation) als Reaktion auf bestimmte Reizbedingungen (einschließlich den Absichten, Instruktionen und Reizkontexten in einem Experiment). Jedes dieser Untersysteme soll durch Biosignale (z. B. evozierte Potentiale und langsame kortikale Potentiale im Oberflächenelektroencephalogramm) in seiner Aktivität bei der Aufmerksamkeitsleistung beobachtet werden können. Bei einer automatischen Verarbeitung zwischen Reiz und Reaktion wie bei der Konditionierung ist der Einfluss der willentlichen Anstrengung (effort) geringer als bei risikoreichen Beobachtungsaufgaben (modifiziert nach Legewie & Ehlers, 1992, S. 53).*

Karl H. Pribram (1994, S. 161–165) beschreibt Experimente aus seinem Labor, die zeigen, dass emotionale und motivationale Funktionen des Organismus, die mit dem Primärvorgang zusammenhängen, den Organismus in Richtung Risiko einstellen, um akute Gefahren abwehren zu können. Die vom Primärvorgang abhängige Einstellung der Reizverarbeitung zeigt eine Zustandsabhängigkeit des Systems Vbw. Die vom Sekundärvorgang bestimmten Prozesse dienen dagegen der Über-

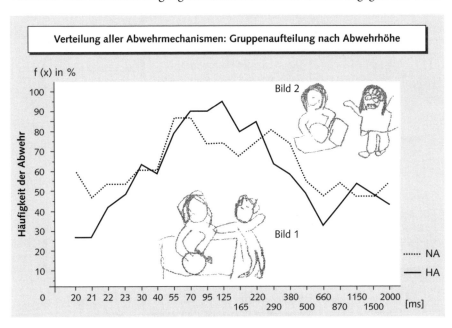

Abb. 6: *Die Wahrnehmungsabwehr in der Peripherie des visuellen Feldes wird in einem speziellen Zeitfenster (40–290 ms) organisiert. Vermutlich sind hiermit verschiedene Prozesse der Aktivierung im Gehirn verbunden. Die hieran beteiligten kognitiven Faktoren beschreibt das Modell von Dixon (Abb. 7). Die Wahrnehmungsabwehr wurde bei jeder kurzfristigen Darbietung einer bedrohlichen Figur auf dem Computer anhand der vom Patienten gezeichneten Wahrnehmung als Abbild des Perzeptes beurteilt. Die Zeichnungen (unteres Bild 1) enthalten bei unterschwelliger Darbietung keine bedrohliche Figur. Die Kurven zeigen dann, dass mit steigender Darbietungszeit die Anzahl der mit Abwehr beurteilten Zeichnungen (Häufigkeit der Abwehr) steigt. Dies bleibt so bis zur Darbietungszeit der bedrohlichen Figur von ca. 125 ms. Dann nimmt die Häufigkeit der Abwehr in dem Kollektiv wieder ab – vermutlich, weil der bedrohliche Inhalt des Bildes (siehe oberes Bild 2) erkannt wird. Patienten mit niedriger Abwehr (NA) zeigen am Maximum prozentual weniger Abwehr. Die Abwehr hält aber länger an als bei Patienten mit hoher Abwehr (HA). Die zwei Zeichnungen verdeutlichen die Abwehr der Bedrohung (Bild 1) und die Wahrnehmung der Bedrohung (Bild 2) (nach Legewie & Ehlers, 1992, S. 124).*

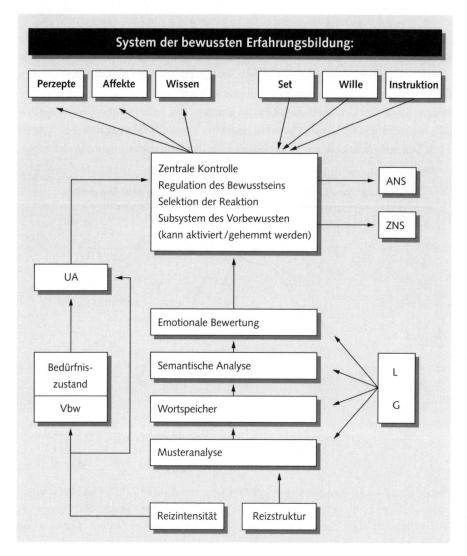

Abb. 7: *Das Dixon-Modell beschreibt die Beziehungen zwischen bewussten, unbewussten und physiologischen Faktoren in Wahrnehmungsexperimenten (Beeinflussung durch Set, Wille, Instruktion). Die Daten wurden aus Studien zur bewussten und unbewussten Wahrnehmung bei subliminaler Stimulation gewonnen (nach Dixon, 1981, modifiziert). Das System des Vorbewussten (Vbw) und das zur Regulation des Bedürfniszustandes nehmen infolge der Reizintensität Einfluss auf die unspezifische Aktivierung (UA = unspezifisches Arousal), die wiederum die kognitiven Faktoren zur Regulation des Bewusstseins und der Selektion der Reaktion stimuliert. Das Ergebnis dieser Regulation hat Einwirkung auf die physiologische Reaktion des autonomen (ANS) und zentralen (ZNS) Nervensystems. Die Reizstruktur wird durch die kognitiven Faktoren der Musteranalyse, des Wortspeichers, der semantischen Analyse und der emotionalen Bewertung verarbeitet und auch vom Langzeitgedächtnis (LG) beeinflusst.*

windung von Reizverarbeitungsgrenzen (Bewusstseinsgrenzen), wobei eine Veränderung der Aufmerksamkeitsspanne, der Gedächtnisspanne und der willentlichen Entscheidung von Bedeutung ist.

Die experimentelle Erkundung der psychoanalytischen Topographie des Bewusstseins beschäftigt sich weiterhin mit dem Prozess der Wahrnehmungsabwehr (Smith & Hentschel, 2004), des motivierten Vergessens (Leuzinger-Bohleber, 2000) und der Symbolisierung von Tagesresten der Wahrnehmung in Weckträumen (siehe 3.4.4.5).

N. F. Dixon (1981) hat für die Verarbeitungsprozesse während der Wahrnehmungsabwehr bei unterschwelliger (subliminaler) Stimulation ein Modell entworfen, das dem System des Vorbewussten im Sinne Freuds eine bestimmte Position innerhalb der kognitiven Prozesse der Wahrnehmung einräumt. Die während des Wahrnehmungsprozesses ablaufenden Prozesse im Vorbewussten speisen sich aus der Intensität, die der Wahrnehmungs-Reiz für das Bedürfnissystem (Bedürfniszustand) hat. Die vorbewusste Verarbeitung dieser Impulse steuert die vom Reiz ausgelöste unspezifische Aktivierung. Diese Aktivierung wiederum nimmt Einfluss auf die kognitive Kontrolle von Aufmerksamkeit, Handlungsentscheidungen, Hemmung oder Aktivierung von vorbewussten Subsystemen, die wiederum mit der semantischen Analyse, dem Wortgedächtnis, der Musteranalyse und der emotionalen Bewertung des Reizes hierauf Einfluss nehmen. Im System der bewussten Erfahrungsbildung beeinflussen diese Vorgänge das Wissen, die Affekte und das vom Reiz ausgelöste Wahrnehmungsperzept. Auf der somatischen Handlungsseite wiederum sind die Reaktionen des autonomen (ANS) und des zentralen Nervensystems (ZNS) auf den Reiz von der vorbewussten Reizverarbeitung mitbestimmt.

In der *Traumdeutung* (Freud, 1900a) differenziert Freud bezüglich der Bewusstseinsinhalte zwischen dem prinzipiell bewusstseinsfähigen Vorbewussten (Vbw) und dem dynamischen Unbewussten (Ubw), deren Inhalte dem Bewusstsein nicht unmittelbar zugänglich sind (2.1.4).

Die Ergebnisse aus der Traumforschung (Leuschner, 2001, S. 725) sind insbesondere für die psychoanalytische Praxis von Interesse:

1. In Analysen berichtete Träume geben das Geträumte nur selektiv wieder. Es kann situativ durch das Übertragungsgeschehen verändert werden.
2. Die meisten Trauminhalte werden vergessen. Die Erinnerung daran ist der Ausnahmefall. Träume ereignen sich zu mehr als 70 Prozent in der Schlafzeit, weil nicht nur in REM-Phasen (siehe 6.2.2), sondern auch im Non-REM-Schlaf weniger visuelle, eher fragmentierte Trauminhalte nach dem Aufwecken erinnert werden. Es wurde sogar nachgewiesen, dass die Traumarbeit (Zensurleistung) schon am Tag beginnt.

3. Kognitive Operationen, wie sie im Traum stattfinden, sind motivabhängig, wie Leuschner et al. (1997) gezeigt haben.

Die kognitiven Operationen im Traum folgen der *Logik des Primärvorgangs* (siehe 2.2.4). Der Primärvorgang im Traum setzt eine topische Regression voraus. Dieser Vorgang ist wie ein Rückzug auf die Tätigkeit des System Ubw zu verstehen. Die im Vorbewusstennoch erhaltene Logik geht in ihrer Kohärenz verloren. Wort- und Sachvorstellungen werden voneinander abgekoppelt (siehe 6.2.2), so dass vorbewusste Gedanken fragmentieren. Die synthetische Leistung der Sprache des Vorbewussten wird rückgängig gemacht. Statt Wortvorstellungen entstehen Klangbilder, die den Sachvorstellungen gleichgestellt sind und somit auch visuell dargestellt werden können. Diese Vorgänge im Unbewussten lassen sich auch im kreativen Akt beobachten. Verdichtung und Verschiebung sind die wichtigsten kognitiven Operationen im System Ubw.

Die *Verdichtung* ist einerseits für den sinnlichen Charakter der Träume verantwortlich. Andererseits setzt die Verdichtung an den Elementen der Wort- und Sachvorstellungen an. Mit der horizontalen Verdichtung wird bezeichnet, dass der manifeste Traum eine verdichtete Fassung des latenten Traumes ist, die sich erst durch die dazugehörigen Assoziationen erschließt. Das manifeste Traumbild setzt sich also aus den Gedankenfragmenten des umfassenderen Traumgedankens (latenter Trauminhalt) zusammen. Der sinnliche Charakter des manifesten Trauminhalts wird mit der Summierung der ursprünglichen Besetzungsenergie aus den Triebabkömmlingen im latenten Traum begründet.

Die *Verschiebung* ist das Hauptmittel der Traumentstellung (Freud 1933a, S. 21). Sie führt zur Ersetzung der Traumgedanken durch in der Reihe der Gedankeneinfälle weiter Entferntes. Anspielungen entstehen durch die Verwandlung der Triebabkömmlinge in ihr Gegenteil. Die Verschiebung wirkt auf dreifache Weise auf die Traumaffekte. Nach ihrer Abtrennung von den ursprünglichen Vorstellungsinhalten werden sie in gleicher Intensität anderen Vorstellungen angeheftet. Sie können auch ganz unterdrückt werden und fehlen dann ganz im Trauminhalt. Es ist aber auch ihre inhaltliche Verwandlung möglich.

3.4.3 Das topographische Modell

Die Erkenntnis, dass den Erinnerungen nicht nur objektive Ereignisse in der Außenwelt zugrunde liegen, dass vielmehr ebenfalls Fantasien und motivierte Vorstellungen Einfluss nehmen und die subjektive Wirklichkeit angesichts von Krankheit und Leiden zielgerichtet verändern, führte daher zu neuen Schlüsselkonzepten der Psychoanalyse. Verdrängung und Projektion, Wiederholungszwang und Konflikt galten der Psychoanalyse als Merkmale der Psychopathologie. Kernstück dieser zu Beginn des 20. Jahrhunderts neuen Krankheitslehre aber wurde das topographische Modell des psychischen Apparates.

Das *topographische Modell* (siehe Kasten 2) besteht aus drei Subsystemen:
1. das Unbewusste (Ubw),
2. das Vorbewusste (Vbw),
3. das Bewusste (Bw).

Das *Unbewusste* ist zum Körperlichen hin durchlässig für Impulse aus der physiologischen Motivationssteuerung. Die Objekte der Außenwelt sind über das Wahrnehmungssystem mit den Systemen Bw und Vbw in Verbindung. Zwischen den Systemen werden von der Tiefe des Unbewussten zur Oberfläche des Systems Bw Informationen über Triebe und Wünsche, die mit den physiologischen Bedürfnissen des Soma in Zusammenhang stehen, transportiert und durch Zensoren so lange modifiziert, bis der Vorstellungsgehalt für das System Bw zu verarbeiten ist. Da die primitiven Impulse aus dem Soma den evolutionären, archaischen Impulsen aus der Stammesgeschichte entsprechen, gehorchen sie ihrem Drang nach motorischer Abfuhr, was beim Menschen einer kulturspezifischen Modifikation bedarf. Diese Aufgabe übernimmt der Zensor zwischen den Systemen.

Das topographische Modell der Psychoanalyse wurde von Sigmund Freud über einen relativ langen Zeitraum seines wissenschaftlichen Schaffens als Grundlage des psychoanalytischen Denkens verwendet (1897–1923). Es diente der Entschlüsselung der Bewusstseinsverzerrungen bei den Behandlungen der Kranken. Die zentrale Bedeutung des Unbewussten für die Psychoanalyse vermittelt Freud (1900a, S. 617f.) im 7. Kapitel der *Traumdeutung*, in dem er die »Topik der Seele« erstmals ausformuliert:

»Das Unbewußte ist das eigentlich reale Psychische, uns nach seiner inneren Natur so unbekannt wie das Reale der Außenwelt und uns durch die Daten des Bewusstseins ebenso unvollständig gegeben wie die Außenwelt durch die Angaben unserer Sinnesorgane.«

Die Erkenntnisse aus der *Traumdeutung* (1900a) und die krankheitsprägenden Einflüsse der infantilen Sexualentwicklung (1905d, *Drei Abhandlungen zur Sexualtheorie*) erschlossen sich Freud aus der klinischen Arbeit mit seinen Patienten und dem Fortschreiten seiner Selbstanalyse. Die Rekonstruktion von Kindheitserlebnissen ließ ihn Abstand nehmen von der Annahme, die Erkrankung des Neurotikers sei vorwiegend traumatisch bedingt, und er schrieb dem kindlichen Erleben des Selbst der Kranken ein größeres Gewicht zu.

Die nach dem Affekt-Trauma-Modell (siehe 3.1.3.1) scheinbar erinnerten Verführungen in der Kindheit entpuppten sich als Tagträume der rekonstruierten kindlichen Erlebnisse, die hinter den Symptomen auftauchten. Nicht zuletzt war das eigene Erschrecken Freuds in seiner Selbstanalyse von Bedeutung, dass die Anschuldigungen, die er selber seinem Vater gegenüber in Träumen gehegt hatte, sich bei wachem Verstand als haltlos herausstellten (Briefe an Fließ, 1985c [1887–1904], S. 283).

Die Neubewertung der inzestuösen Erinnerungen (siehe Abb. 8, Er und Er') führte zur Einführung einer Tiefendimension der Psychologie. Entlang dieser Tiefendimension beobachtet der Psychoanalytiker eine dynamische Interaktion zwischen verschiedenen Bewusstseinssystemen (siehe 1.3.1 und 2.1.3): System Unbewusst (Ubw), Vorbewusst (Vbw) und Bewusst (Bw). Untersucht wird das Schicksal des Triebwunsches auf seinem Weg vom System Ubw bis hin zu seiner Manifestation an der Oberfläche im System Bewusst. Bezüglich der Wahrnehmungsoberfläche unterscheidet Freud (1900a, S. 620f.) die Wahrnehmung der Realität innerhalb unseres Selbst von der Wahrnehmung der Realität außerhalb des Selbst (siehe 6.2.7 und 6.3.2).

Kasten 2: Freuds Konstruktion des psychischen Apparates

Freud entwirft in der *Traumdeutung* (1900a, S. 519) einen seelischen Apparat als ein zusammengesetztes Instrument, dessen Bestandteile er »Systeme« nennt, die, wie Linsen in einem Fernrohr, räumlich nacheinander angeordnet sind. In diesen hintereinander geschalteten Systemen geht alle psychische Tätigkeit von inneren und äußeren Reizen aus, um am motorischen Ende des Erregungsablaufs diese wieder abzuführen, damit die vorhandene Erregung konstant bleiben kann. Im Modell B wird die aus der Wahrnehmungsseite (W) entstammende Erregung in Erinnerungsspuren (Er) dem psychischen Apparat einprägt. Er erhält damit durch diese »Bahnung« die Funktion von Gedächtnis und Erinnerung (Er, Er'). Freud platziert am motorischen Ende (M) des psychischen Apparates ein System Vorbewusst (Vbw) und räumlich weiter im Inneren des Apparates ein System Unbewusst (Ubw). Mit zunehmender ontogenetischer und phylogenetischer Entwicklung wird aus dem Reflexapparat ein psychischer Apparat, dessen innere Veränderungen ihn zum Ausdruck von Gemütsbewegungen und Erfahren von Befriedigungserlebnissen, zum Träumen und zum Denken befähigen (1900a, S. 570f.). Kommt es zum Triebdruck, so erzeugen Körperbedürfnisse (endogene Reize) eine innere Erregung, die in Verbindung mit dem Wahrnehmungsbild eines bedürfnisbefriedigenden Objekts (oder dessen Halluzination im Traum) zu einer

3.4 Grundannahmen zu Struktur und Funktion des Bewusstseins ▪ 121

motorischen Handlung (M) im Traum, in der Vorstellung oder, wenn die Voraussetzungen gegeben sind, in der Realität führt. So kommt es zu einem Befriedigungserlebnis, in dem die Triebspannung abgeführt wird (Primärvorgang). Mit zunehmender ontogenetischer Entwicklung entsteht eine Ausdifferenzierung der Assoziationsnetze, die eine Begrenzung der halluzinatorischen Wunscherfüllung auf ein Erinnerungsbild (ER') bewirkt, das zum Abgleich mit der Realität bei der Suche nach realen äußeren Befriedigungserlebnissen dient.

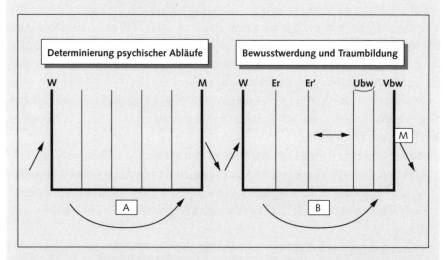

Abb. 8: *A (linke Seite): Sigmund Freuds Modell (1900a, S. 542–546) der Determinierung psychischer Abläufe beschreibt den Übergang von somatischer Erregung in psychische Erregung (↔). Der Reflexapparat ist das Vorbild für das Modell A. Die psychischen Abläufe sind für ihn durch die räumliche Anordnung der Systeme vom Begin der Wahrnehmung (W) bis hin zur motorischen Reaktion (M) determiniert. B (rechte Seite): Anders als im Reflexmodell erweitert Freud das physiologische Modell der Erregungsabläufe in einem zweiten Modell B zu einem komplexeren Apparat, der sich aus verschiedenen Untersystemen zusammensetzt. Die neuronalen Erinnerungsspuren (Er, Er') verwandeln sich in psychische Energie, die in den Systemen des Unbewussten (Ubw), Vorbewussten (Vbw) und der motorischen Handlung (M) durch Besetzungen transformiert wird.*

Die Inhalte der inneren Wahrnehmungsoberfläche zeigen sich im Traum (2.1.4). Die im Aufwachtraum und Tagtraum sich darbietenden sexuellen Erinnerungsbilder sind Wünsche der Patienten, die in einem Fantasieraum befriedigt werden wollen, der durch zahlreiche Entstellungen vor der Entdeckung seiner »unmoralischen« Ziele, nur dem Lustprinzip zu folgen, geschützt ist. Die Aufdeckung tatsächlicher traumatischer Erlebnisse in der Kindheit und die gravierenden Folgen solcher Kindheitstraumen, aber auch die Re-Traumatisierungen bei Folter und Verfolgung, bei Unfall und Krankheit, all dies blieb der Wiederentdeckung durch spätere Analytikergenerationen überlassen (siehe 3.1.3.1).

Die psychischen Qualitäten des Bewusstseins (siehe 2.1.3), das als Oberfläche des topographischen Systems angesehen wird, sind der wichtigste phänomenale Bezugspunkt der Psychoanalyse. In Zuständen des inneren Konflikts stellen sich dem Beobachter die Grenzen zwischen den drei System Bw, Vbw und Ubw als sehr klar dar, d.h. die Systeme erscheinen als scharf voneinander getrennt. Der Grund hierfür ist in der deutlichen Wirkung eines Zensors zu suchen, dessen Auswirkungen in zahlreichen Phänomenen zutage treten, so in Fehlleistungen, Versprechern, Symptombildungen und Träumen.

Die Aktivität dieses Zensors wiederum ist abhängig von äußeren und inneren Geschehnissen des topographischen Systems. Sandler et al. (2003, S. 75) geben hierfür folgendes Beispiel:

»So können zum Beispiel alle drei Systeme den Wunsch, ein Rivale möge zu Tode kommen, so lange tolerieren, wie dieser gesund und wohlauf ist; wird er jedoch krank, kann ein Konflikt entstehen (besonders, wenn es sich um ein geliebtes Familienmitglied handelt) und der Wunsch ins System Unbewusst verbannt werden.«

Die Grenzen zwischen den Systemen dienen also der Abwehr (siehe 2.1.3, 3.4.1) unerträglicher Vorstellungen. Diese für die Bewusstseinsoberfläche kritischen Vorstellungen werden vom Psychoanalytiker aus den »freien Assoziationen« des Patienten während der psychoanalytischen Liegung herausgefiltert. An diesen kritischen Vorstellungen versucht der Psychoanalytiker im Prozess des Forschens und Heilens die inneren Triebregungen auf ihrem Weg aus der Tiefe des Unbewussten über das Vorbewusste zur Bewusstseinsoberfläche zu erkennen.

Freuds (1916–17a, S. 305 f.) Vorstellungen von diesem Prozess lassen uns erkennen, wie er sich die Beschaffenheit der topographischen Systeme vorstellte.

Das System des Unbewussten erscheint Freud als ein großer Vorraum, »in dem sich die seelischen Regungen wie Einzelwesen tummeln«. Das für einen Beobachter Interessante spielt sich jetzt an der Schwelle zum nächsten Raum ab, der ihm wie ein enger Salon erscheint. An dessen Schwelle waltet »ein Wächter seines Amtes, der die einzelnen Seelenregungen mustert, zensuriert und sie nicht in den Salon einläßt, wenn sie sein Mißfallen erregen«.

Diese von Freud sehr lebendig geschilderte Szene erscheint wie die Vorlage seiner wissenschaftlichen Konzeption des Unbewussten und der Abwehr der Abkömmlinge des Unbewussten, die dem Beobachter des analytischen Prozesses wie dem intrapsychischen Zensor Missfallen bereiten. Das Missfallen des Zensors kann nun dazu führen, dass die Abkömmlinge des Unbewussten zurückgewiesen werden und damit bewusstseinsunfähig werden. In diesem Fall spricht Freud von dem Vorgang der Verdrängung, der für ihn für lange Zeit zum Hauptvorgang der Triebabwehr wurde (siehe 2.1.1 und 2.2.5). Werden die seelischen Regungen nun über die Schwelle gelassen, bleiben sie so lange bewusstseinsunfähig, bis sie die »Blicke« des Bewusstseins auf sich ziehen. Hier taucht ein Bild der Bewusstseinsfunktion auf, wie es von Karl Jaspers (1913) verwendet wird, um die Funktion der Aufmerksamkeit zur Auswahl von Bewusstseinsinhalten zu beschreiben (siehe 3.4.1). Diese Analogie zwischen den Funktionen der selektiven Aufmerksamkeit und der Abwehr oder Verdrängung durch die Selektion von Bewusstseinsinhalten lässt Dixon (1981) ein neurobiologisches Modell der Aufmerksamkeit und Abwehr entwerfen.

3.4.4 Traumtheorie, Traumbildung, Traumarbeit, Traumanalyse

3.4.4.1 Traumtheorie

Das topographische Modell und die *Traumtheorie* sind eng miteinander verbunden, weil der Traum Sigmund Freud einen »Königsweg zum Unbewussten« aufzeigte (2.1.4). Die Abkömmlinge des Unbewussten im Traum sind der Schlüssel zu den infantilen Sexualtrieben und Wünschen, deren Verdrängung und alltägliche Wiederbelebung dem Kranken zu schaffen macht. Bevor sie analysiert werden können, muss der Kranke natürlich ihre wichtige Rolle für die Symptomentstehung verstanden und akzeptiert haben. Dort, wo sich dieses Verständnis in der Beziehung zwischen Patient und Psychoanalytiker nicht entwickeln kann, muss der Weg zum Unbewussten über die Übertragungsbeziehung gesucht werden.

Auch heute noch ist für viele Psychoanalytiker der topographische Bezugsrahmen (Sandler et al., 2003) die wichtigste theoretische Orientierung für die Traumanalyse und die Rekonstruktion der Traumprozesse. Die Denkvorgänge und Symbolisierungsprozesse im topographischen System sind, je nach der Dominanz der Anbindung des Ich an die innere oder äußere Wahrnehmungsoberfläche, primären und sekundären Bewusstseinsfunktionen des Wachens und Träumens unterworfen. Die Funktion der Systeme ist durch unterschiedliche Funktionsmodi bestimmt, die entsprechend den verschieden psychischen Leistungen spezifische Bezeichnungen erhalten.

1. So verwandelt das Vorbewusste bei der Traumbildung die aus dem Unbewussten kommenden Triebimpulse, die nach dem Modus des *Primärvorganges* funktionieren, in manifeste Vorstellungsbilder, die im System Bw ausdrückbar werden.

Dies erst ermöglicht es dem Psychoanalytiker oder Traumforscher, einen Bericht von einem Aufwach- oder Wecktraum zu erhalten.

2. Die nach dem Primärvorgang im Unbewussten organisierten Triebimpulse funktionieren nach dem Lustprinzip, d. h. sie drängen nach Abfuhr. Die Abfuhr besteht in Befriedigung oder in Spannungsreduktion bei Schmerzen, ohne Rücksicht auf die Forderungen der Außenwelt oder auch anderer Rücksichtnahmen dem Soma gegenüber, z. B. bei Triebstauung oder im Krankheitsfall.

3. Die durch die Traumarbeit modifizierten Vorstellungsbilder haben die Primitivität des Primärvorgangs eingebüßt und sind daher durch einen Außenstehenden sowie durch das System Bw, das nach dem Realitätsprinzip im *Sekundärvorgang* funktioniert, sprachlich verstehbar. Hier herrscht eine Logik, die unserem auf Wissen und Vernunft aufbauendem Realitätsprinzip genügt. Die Logik des Primärvorgangs ist eine andere. Sie unterliegt den Mechanismen der Verschiebung und Verdichtung (siehe 2.1.4, Abb. 9 und den folgenden Text eines Traumbeispiels).

Was nun haben diese Funktionsabläufe im Traum mit Gesundheit und Krankheit zu tun? In der *Traumdeutung* (1900a, S. 573) hat Freud der Zensur die Funktion zugedacht, über unsere geistige Gesundheit zu wachen:

»In der Zensur zwischen Ubw und Vbw, deren Annahme uns der Traum geradezu aufnötigt, haben wir also den Wächter unserer geistigen Gesundheit zu erkennen und zu ehren.«

Wovor der Traumvorgang unser Bewusstsein bewahren soll, kann am besten ein Traumbericht aus der Behandlung eines in der Entwicklung schwer gestörten Patienten zeigen: Der Patient, Herr X, wird von selbstzerstörerischen Impulsen aus dem Unbewussten gequält, so dass er aufwacht, weil die Traumzensur unzureichend arbeitet. Herr X hat seit zwei Tagen mit einer Arbeitsstörung zu kämpfen. Er unterbricht in der Therapie seine Einfälle und erinnert sich, bevor er von seinem

Abb. 9: »*Der Traum als Hüter des Schlafes*«. *Die Zunahme der somatischen Reizquelle wird in diesem Traum eines »französischen Kindermädchens« in einer Intensitätssteigerung der Größe des Gewässers und der darauf befindlichen Schiffe dargestellt. Je länger und lauter das Kind nach dem Kindermädchen schreit, desto mehr bestätigen ihr die Traumbilder, dass sie weiterschlafen kann, weil die physiologische Energie sich in psychische Energie in Form der Vorstellungsbilder verwandelt. Letztendlich setzt sich dann doch die Realitätskontrolle durch, indem der Weckreiz des Säuglingsgeschreis das Kindermädchen aufweckt, weil die Schwellenerhöhung des inneren Wahrnehmungsapparates (Bewusstsein) infolge von Verschiebung und Verdichtung in den Traumbildern für die anhaltende Intensitätssteigerung des äußeren Weckreizes nicht mehr ausreicht (modifiziert nach Legewie & Ehlers, 1992, S. 131).* ▶

3.4 Grundannahmen zu Struktur und Funktion des Bewusstseins ■ 125

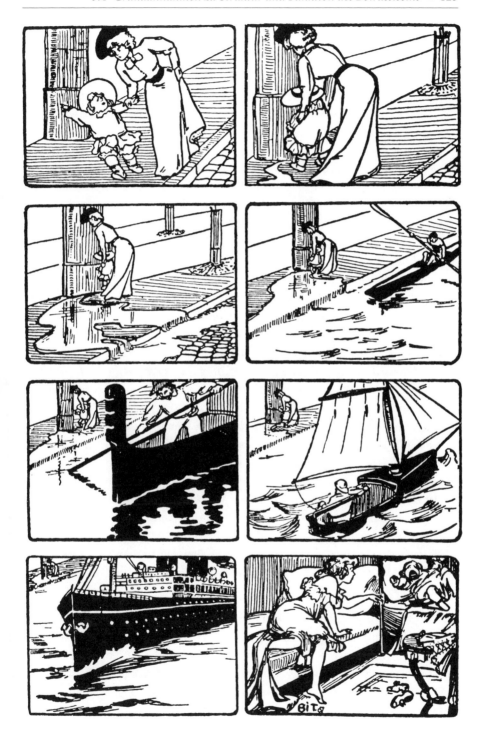

Traum berichtet, wie sein Vater, der als Schwerarbeiter müde nach Hause kommt, von der Mutter aufgefordert wird, sich noch mal aufzuraffen, um ihr beim abendlichen Putzen in fremden Haushalten zu helfen:

> »Ein Haus ist von einem Elektrozaun umgeben, der wilde Tiere abhalten soll. Das Haus gehört einem reichen Onkel, der Ochsen züchtet. Für den Fall, dass der Strom ausfällt, hat der Onkel einen Sicherheitscontainer gebaut. Zwei Mauerschichten und ein Dach mit Sehschlitzen. Dieser Raum ist wiederum in zwei Räume unterteilt. In einem Raum ist ein Zuchtbulle. Meine Mutter und ich und der Onkel und mein Bruder sind auch in dem Raum. Meine Mutter ist bei dem Bullen, wo es für sie eng ist. In dem anderen Teil sind mein Onkel, mein Bruder und ich. Das Haus soll vor Raubtieren schützen. Der Bulle nimmt fast den ganzen Teil des linken Raumes ein. Die Mutter muss mit ganz wenig Platz auskommen. Der Bulle findet gar nicht toll, dass da meine Mutter noch drinnen ist. Er ist so schön, so stark und groß. Der Bulle legt sich auf den Fuß der Mutter, die da auch drinnen liegt. Sie muss sich mit Mühe das Bein rausreißen, unter dem Bullen. Ich sehe aus dem Haus heraus durch diese Schlitze und erkenne draußen noch eine Krankenschwester. Wieso ist die Frau nicht bei uns? Dann kommt schon der Tiger, der reißt ihr etwas Weißes vom Leib. Ich sehe ihren BH und denke, was sieht die gut aus. Aber der Tiger frisst ihr ein Bein weg, und die Frau schreit, und dann noch das andere Bein. Plötzlich wird aus der schreienden Frau ein kleines Kind. Das Schreien hört auf und ich wache auf.
>
> Das war heute morgen. Ich denke, das ist ein sehr, sehr schlimmer Traum. Ich denk halt noch, der verharmlost…, nein…, er zeigt wichtige Dinge. Zum einen ist dieser Bulle ein Wertgegenstand. Aber wie kann man ein Personal draußen lassen und diesen bescheuerten Bullen mit in das Schutzhaus nehmen, etwas Materielles? Der wird auch noch in den gleichen Raum gepackt wie meine Mutter. Der Bulle hat einen Nutzen, damit der Wert der Herde gesteigert wird, damit man neue Tiere kriegt. Aber meine Mutter steckt in dem gleichen Raum. Das bedeutet wohl, wie viel Nutzen ich aus meiner Mutter ziehen kann. Was ich von anderen tun lassen könnte und bezahlen müsste, könnte meine Mutter ja für mich tun. Das brauch ich dann nicht selber zu machen.«

Wenn der Zensor in diesem Fall nicht ausreichend die Systeme Vbw und Bw vor den gefährlichen oral-aggressiven Triebimpulsen schützen kann, muss der Träumer aufwachen, weil der Reizschutz durchbrochen ist und das System Bw mit einer Angst konfrontiert ist, die der Patient in seinem ersten Einfall deutlich ausdrückt: »Ich denke, das ist ein sehr schlimmer Traum«. Der Blick aus dem Schutzhaus lässt beobachten, welche schrecklich drängenden und gefährlichen Impulse aus dem

»Es« das »Ich« bedrohen, das den Schlaf im Vorbewussten (Vbw) noch beschützen will. Die Sicherheit gebende Funktion der Zensur, die Bedrohlichkeit der im Unbewussten (Ubw) agierenden tierischen Dranghaftigkeit und die hilflosen Versuche des Ich, durch die unangemessene Abwehr der Sexualisierung (»Ich sehe ihren BH und denke, was sieht die gut aus«) sich der bedrohlichen Angst zu entziehen, all das wird durch das Bild der »schreienden Frau« verdeutlicht. Wie wenig auch dieses neue Bild das Ich entlasten kann, drückt die dann folgende Verwandlung aus. Die mit diesem Impulsdurchbruch verbundene Hilflosigkeit und die dadurch erzwungene Regression des Ich verdeutlicht die Verwandlung der schreienden Frau in ein Kind. Dieses Bild des Kindes ist gleichzeitig ein Appell an den Analytiker in der Übertragung, sich der Reizüberschwemmung des Ich anzunehmen.

Wie die psychophysiologischen Forschungen zur Zustandsabhängigkeit der Traumbildung innerhalb des Schlaf-Wach-Rhythmus zeigen (siehe 6.2.1 und Legewie & Ehlers, 2000, S. 141–150), ist der Tiefschlaf in 70 Prozent der Schlafzeit vom Traumgeschehen in REM- und Non-REM-Schlaf durchdrungen (Leuschner, 2000). Schlafen heißt also nicht – so wie es subjektiv erscheinen will –, dass wir von psychischer Arbeit befreit sind. Vielmehr stellt das weitgehend unbewusste Traumgeschehen eine für die Gesundheit wichtige seelische Arbeit dar. Seine wichtige psychobiologische Funktion zur Aufrechterhaltung von Wohlbefinden und psychischer Gesundheit steht außer Frage. Freuds psychoanalytische Entdeckungen über die Traumbildung und den Traumprozess ermöglichen jedoch schon vor der Entdeckung der neurobiologischen Mechanismen (siehe 6.2.2) die auf subjektiven Berichten über die Traumerinnerungen basierende Erforschung der Krankheitsentwicklung seiner Patienten im System Ubw.

3.4.4.2 Traumbildung

Die *Traumbildung* basiert auf einer Ausschaltung der Tätigkeit des sekundärprozesshaften Denkens (siehe 3.6.5) einschließlich der Realitätsprüfung. Die motorische Abfuhr ist vermindert, und im Vorbewussten sorgt eine Restaktivität für die Traumarbeit. Diese dient der Aufrechterhaltung der libidinösen Besetzung des Traumwunsches und der Tagesreste. Der Traum bekommt in seiner Funktion als »Wächter« unseres Schlafes die Bedeutung eines Schutzes vor Verwirrung und Irrsinn, weil er das nächtliche halluzinatorische Erleben zur Befriedigung verdrängter Triebwünsche vom Bewusstsein fernhält. Zur Auslösung dieser unbewussten Traumprozesse führen aktuelle Wahrnehmungsreize (siehe 6.3.2 und 6.2.7, Exterozeption und Interozeption), Körperempfindungen und Vorstellungen und Erfahrungen des vergangenen Tages (Tagesreste) und vor allem eine Aktivierung des dynamischen Unbewussten und damit die in der Therapie zu bearbeitenden gehemmten Triebwünsche aus dem System Ubw. Die psychische Energie dieser Triebwünsche erzeugt im Schlaf einen Drang, der nach Abfuhr strebt. Aber auf dem Weg vom System Ubw zum System Vbw finden Veränderungen statt, die zu einer Entstellung der Triebwünsche führen.

3.4.4.3 Traumarbeit

Die *Traumarbeit* dient der Entstellung dieser Triebwünsche. Das Ergebnis der Traumarbeit ermöglicht es den Triebimpulsen, als halluzinatorische Wunscherfüllung bis ins System Vbw vorzudringen, ohne dass der Träumer wach wird. Die im Schlaf aktivierten Wahrnehmungsbilder werden durch Primärvorgänge (siehe 2.2.4) wie Verdichtung, Verschiebung und Symbolisierung verwandelt und entstellt, so dass der verpönte Triebimpuls unschädlich gemacht wird. Die Abwandlung der Traumbilder im Vorbewussten führt nach Überwindung der letzten Zensur zwischen Vorgewusstem und Bewusstem zum manifesten Trauminhalt, der beim Aufwachen mehr oder weniger gut erinnert werden kann.

Trotz der Traumzensur drücken sich Triebwünsche anscheinend so offenkundig unzensiert aus, dass man hinter diesem *manifesten Trauminhalt* keinen weiteren latenten Inhalt vermutet. Aber das kann täuschen. Der *latente Trauminhalt* verweist auf den eigentlichen, individualisierten unbewussten Triebwunsch. Er sollte in jedem einzelnen Fall, ohne kurzschlüssigen Rückgriff auf populäre Traumsymbolik, aufs neue durch Assoziationen erforscht und rekonstruiert werden.

Bei dieser Rekonstruktion stößt der Analytiker auf zahlreiche andere Abkömmlinge des Triebwunsches, die sich sekundär von den anderen Traumquellen ableiten lassen, wie z. B. Tagesreste, somatische Reizquellen und externe Wahrnehmungsreize. In ähnlicher Weise können auch Beziehungswünsche zum Psychoanalytiker zum Gegenstand des latenten Trauminhaltes, manchmal auch des manifesten Traumes, werden. Die Übertragungsbedeutung kann nur mit der Behandlungstechnik der Übertragungsanalyse entschlüsselt und therapeutisch genutzt werden.

3.4.4.4 Traumanalyse

Die *Traumanalyse* hat die Aufgabe, hinter den Modifikationen des ursprünglichen Triebwunsches zuerst die verschiedenen zensurierenden Funktionen der Psyche aufzudecken, um dem Analysanden das selbständige Aufspüren der Triebabkömmlinge zu ermöglichen. Wie bei einer Höhlenwanderung oder in einem Irrgarten ist das ein Vorgang des dynamischen Voranschreitens und Zurückweichens durch die Schichten des Vorbewussten, hin zur möglichen unbewussten Triebquelle, deren Abkömmlinge zensuriert wurden.

3.4 Grundannahmen zu Struktur und Funktion des Bewusstseins ■ 129

Die Analyse dieser Triebabkömmlinge, deren latente Trauminhalte sich in allen Modifikationen im Vorbewussten darstellen, um zur halluzinatorischen Wunscherfüllung zu gelangen, erfolgt an den manifesten Trauminhalten. Das Material der Aufwachträume enthält also im Traummaterial versteckte Triebabkömmlinge. Diese hatten es geschafft, die zweite Zensur zwischen Vorgewustem und Bewustem zu überwinden, weil sie in der jeweiligen Maske zur Triebbefriedigung im Lichte des Bewustseins geeignet erschienen. Man könnte also die Traumanalyse durchaus auch mit der Suche nach vertrauten Gesichtern hinter den verfremdenden Masken eines aufregenden Festes vergleichen. Es sind hauptsächlich die Aufwachträume, die zu dieser Modellbildung geführt haben. Von diesen zu unterscheiden sind experimentell erzeugte Weckträume.

3.4.4.5 Weckträume

Aus der experimentellen Traumforschung wissen wir, dass die *Weckträume* sich durch folgende Merkmale von den Aufwachträumen unterscheiden (Leuschner et al., 1997):

1. Die Visualisierung ist bei Aufwachträumen nicht mehr elementarer Bestandteil des Traumerlebens. Gedanken mit eher fragmentarischen Zügen treten auch in Non-REM-Phasen des Schlafes auf, wodurch auch unterschiedlich intensive Visualisierungen bei Aufwachträumen verursacht sein könnten.
2. Traumarbeit ist kein stereotyper Vorgang, der nur in REM-Phasen stattfindet, weil er ganz verschiedene Traumarten erzeugt, wie z. B. Agieren von traumatischen Erlebnissen (reenactment), Bettnässen, Schlafwandeln, schwere Angstzustände (pavor nocturnus), Reden im Schlaf. Es handelt sich offensichtlich um verschiedene Modi der Traumarbeit, die zustandsabhängig an die Non-REM-Phasen des Schlafes gebunden sind.
3. Die Ich-Funktionen werden im Traumschlaf nicht eingestellt, sondern sie dissoziieren. Steuerleistungen von Wahrnehmungen und Kognitionen bleiben in eingeschränktem Umfang erhalten. Traumzensur wirkt auch auf neutrale Triebquellen, so dass Abwehrmotive sich ihrer im Traum erst sekundär bedienen. Solche neutralen Traumquellen sind neben den Erinnerungen an Tagesprobleme auch Wahrnehmungsreize während des Schlafes.
4. Die Träume von Kindern (Traummenge und narrative Traumstruktur) sind abhängig vom zunehmenden Entwicklungsstand der kognitiven Fähigkeiten der Kinder. Kinder haben deutlich mehr Angstträume als Erwachsene.

3.4.4.6 Angstträume
Der Traum verliert seine Funktion als Hüter des Schlafes im Falle von *Angstträumen*, bei denen es zum Durchbruch des ungenügend entstellten Triebimpulses kommt. Der Aufschub der Abfuhr von Triebenergie erhöht den Drang zum Durchbruch der Weckschwelle und führt zu einem unruhigen Schlaf. Dieser zeigt sich dem Beobachter als Stöhnen, Zähneknirschen, Murmeln, Sprechen, bis hin zum Schlafwandeln. In seiner ersten Angsttheorie postulierte Sigmund Freud, dass Angst die Verwandlung der Triebenergie der verdrängten Inhalte darstelle. Entsprechend muss die Kumulation von Triebaufschub wie die Verletzung des Reizschutzes in traumatischen Situationen zu einer vermehrten Traumaktivität führen, die in ihrer Intensität die Weckschwelle durchbrechen kann. So kann die Schlafstörung als ein Symptom gesehen werden, in dem erfolglos verdrängte Triebabkömmlinge und traumatische Verletzungen des Reizschutzes zur Abreaktion kommen.

Ist das *Vorbewusste* gezwungen, eine Kompromissbildung in Form eines neurotischen Symptoms zu schaffen (z.B. Schlafstörung als Folge von verdrängten Triebabkömmlingen), empfindet das System *Bw* dieses Symptom wie etwas Fremdes, das sich der Kontrolle des Ich entzieht (ichdyston). An dieser subjektiven Erfahrung setzt die zweite Angsttheorie von Freud (1926d, Hemmung, Symptom und Angst) an. In dieser Theorie wird die Angst zum Hauptmotiv der Abwehr. Dieser Theorieschritt folgt aus einer grundsätzlichen Theoriemodifikation, die schließlich zur Strukturtheorie der Psychoanalyse führte.

3.5 Motivations- und emotionspsychologische Grundlagen

Freud konzipierte die Triebtheorie in der naturwissenschaftlichen Sprache der Physik. Entsprechend den elektrischen Maßeinheiten formulierte er in der Metapsychologie (siehe 2.1) ein dynamisches Konzept der seelischen Aktivität, das durch Energie (Ampère), Kraft (Volt) und Widerstand (Ohm) zu seelischen Funktionen führt. Die Natur der psychologischen Kräfte sah er im Begriff des Triebes gefasst, der zwar körperlichen Ursprungs war, der aber als seelische Repräsentanz nicht mit der zugrunde liegenden Hirnfunktion verwechselt werden darf. Dennoch verweisen Kritiker der Triebtheorie immer wieder auf die obsolete Herkunft der Triebtheorie aus der naturwissenschaftlich-positivistisch geprägten Neurologie und Psychiatrie des ausgehenden 19. Jahrhunderts, die sich mechanistischer Vorstellungen über die Gehirnfunktionen bediente und moderne Auffassungen über die Organisation neuronaler Gehirnprozesse noch nicht berücksichtigen konnte (Lichtenberg, 1989).

3.5 Motivations- und emotionspsychologische Grundlagen ■ 131

Wie ich an anderer Stelle (W. Ehlers, 1979e) aufgezeigt habe, ist Freuds dynamischer Energiebegriff in ein informationstheoretisches Konzept des psychischen Apparates zu überführen, für das moderne Theorien der Hirnprozesse (siehe 6.3) bisher so viele Fakten zusammengetragen haben, dass Freuds Konzeption des psychischen Apparates wieder als hochaktuell gelten kann (Schmidt-Hellerau, 2000; Kennel, 1998). Allerdings sind diese Fakten auch im Sinne einer Selbstpsychologie zu interpretieren, wie sie von Lichtenberg (1989), Hadley (1989) und Gedo (2000) dargestellt wurde. Ich werde im Folgenden darauf eingehen.

Weitere Kritik an der Triebtheorie Freuds übt eine kulturwissenschaftliche Position, die sozialisationstheoretische Argumente ins Feld führt. So interpretiert Laplanche (1988, S. 122–148) die infantile Sexualität im Kontext der frühen Pflege und des Körperkontakts mit der Mutter, die zu einer Einpflanzung der Sexualität führten, im Sinne einer Urverführung. Lorenzer konzipiert die Triebe im Sinne einer materialistischen Sozialisationstheorie als Folge von Sprach- und Interaktionsspielen, die aufzeigen, welche erklärende Bedeutung gesellschaftliche Prozesse in der Interaktion mit den Gehirnprozessen im kommunikativen Handeln des Menschen erlangen können. Wir werden in einem weiteren Band der Reihe *Basiswissen Psychoanalyse* zum Themenbereich »Paar, Gruppe, Institution, Gesellschaft« näher darauf eingehen.

Rainer Krause (1998, S. 12) kritisiert an der physiologischen Triebtheorie, die Freud (1915c) im Zusammenhang mit den Triebschicksalen aufstellt, dass eine physiologische Konvention der Reflexphysiologie genutzt werde, um klinische Phänomene zu beschreiben. Die Spezifika dieser Heuristik postulieren ein Lustprinzip, bei dem Reizverminderung Lust schafft, während Reizsteigerung das Gegenteil, nämlich Unlust, zur Folge hat. Dies hält Krause z. B. für die Neugier und andere Motive für nicht zutreffend. Bei diesem Argument wird übersehen, dass die Triebreize von einer inneren Wahrnehmungsoberfläche kommen, die sowohl biologische Bedarfsdeckung (Ziel der Spannungsminderung) als auch kommunikativen Kontakt zur Umwelt ermöglichen. Es ist gerade das Ziel von Freud, nachzuweisen, dass die Bedingungen einer reinen Reflexphysiologie im psychischen Apparat nicht aufrechterhalten werden können (siehe 3.3.3). Gerade deswegen besteht er auf der materiellen Grundlage der seelischen Funktionen in seinem Trieb-Modell, weil er mit der hierarchischen Struktur der biologischen Funktionen und ihrer Transformation ins Seelische glaubt, der höheren Komplexität der seelischen Abläufe gerecht zu werden.

An dem Reflexmodell kritisiert Krause die anthropologische Annahme, der Mensch sei eine in sich geschlossene Einheit, die sich höchst ungern und widerwillig öffnet. Dies habe verschiedene Entwicklungspsychologen zum Widerspruch gereizt, weil es den Tatsachen der interaktiven Forschung in der Säugling-Mutter-Beziehung wie auch im emotionalen Ausdrucksgeschehen in der psychotherapeutischen Dyade nicht entspricht (siehe 3.5.3). Darum plädiert Krause dafür, motivationale Intentionen nicht auf der Basis unbewusster Fantasien zu erschließen, sondern stattdessen die im Verhalten sichtbaren Komponenten von Affekten als Hinweis auf verborgene Motivkonflikte zu nutzen.

3.5.1 Psychodynamische Grundlagen der Triebtheorie

In der dynamischen Psychologie von Woodworth (1918) wird das englische Wort *drive* (Trieb) zur Beschreibung einer hypothetischen Kraft oder Energie benutzt, die allgemeine physiologische Grundlagen hat und auf keine bestimmte Art des Verhaltens ausgerichtet ist, jedoch das Verhalten von Tieren und Menschen aktiviert. Sigmund Freud versteht unter *Trieb* die menschlich-seelische Repräsentanz des Sexualtriebes. Er sei eine körperliche Quantität, die im Psychischen als Libido erscheine. Die psychosexuellen Phasen der Triebtheorie (siehe 2.3.1) sind sowohl für die Entwicklung frühkindlicher Entwicklungsstörungen, traumatische Fixierungen und Regressionen wie auch für das psychosexuelle Verständnis der klassischen Persönlichkeitstheorie von Bedeutung.

Die Theorie der psychosexuellen Entwicklung definiert libidinöse Stufen vor dem Hintergrund einer gesteigerten libidinösen Besetzung verschiedener erogener Körperzonen von der Säuglingsphase bis zum Vorschulalter. Im ersten Lebensjahr dominieren Mund, Lippen und Haut als Quellen sinnlicher Lust (orale Phase). Im zweiten Lebensjahr bis zum Alter von drei oder vier Jahren überwiegen Aktivitäten, bei denen Abkömmlinge der Analerotik die Lustempfindungen bestimmen (anale Phase). Vom dritten bis fünften oder sechsten Lebensjahr beschäftigen sich Kinder mit ihren Genitalien und entwickeln Neugier und Sorgen über das Vorhandensein oder Fehlen des Phallus (phallische Phase).

Im Gegensatz zur wissenschaftstheoretischen Position der Verhaltensforschung ist es für die psychoanalytische Psychologie wichtig zu betonen, dass der Trieb als ein Grenzbegriff zwischen Seelischem und Materiellem (wie der Instinkt in der Biologie) anzusehen ist. Er ist ein psychischer Repräsentant, der aus dem Materiellen (von Physiologie und Biologie erforscht) als Reiz oder Erregung (Energiequantität) in die Seele gelangt. Es handelt sich bei der Triebtheorie also um die Konstruktion subjektiver Erklärungen des Erlebens und Verhaltens, die in materiellen Ursachen begründet sind.

Sigmund Freud (1905d, 1915c, 1916–17a) schuf damit eine neurobiologische Motivationstheorie, in der die Bedeutung der Triebe für die Entwicklung menschlicher Erkrankungen (Neurose, Psychose, Psychosomatosen) auf dem Hintergrund einer Theorie innerseelischer Konflikte herausgearbeitet wurde. Er erweiterte seine neurobiologische Triebtheorie (Sulloway, 1982) durch kulturtheoretische Überlegungen zu einer dualistischen Triebtheorie, in der ein Lebenstrieb (Eros) dem Todestrieb (Thanatos) gegenübersteht.

Die Triebtheorie der Psychoanalyse ist das bedeutsamste aber auch unfertigste Stück der psychoanalytischen Theorie (Freud, 1905d, S. 67). Klinisch erschien sie unverzichtbar, um wesentliche Erfahrungsgehalte der Psychoanalyse des Unbewussten als auch der Symptome der Kranken zu erklären. Auch am Ende des wissenschaftlichen Schaffens von Freud werden die Triebe als letzte Ursache jeder Aktivität gesehen (1940a, S. 70). Die Zerlegung des Triebrepräsentanten in Drang, Quelle, Ziel und Objekt (1915c, Triebe und Triebschicksale, S. 214 ff.) veranschaulicht zugleich den Weg von der somatischen Quelle zum Triebziel, den die klassische Motivationstheorie der Psychoanalyse zu beschreiben versucht:
1. Der Drang beinhaltet das Maß an Arbeitsanforderung, das der Körper über z. B. motorische Abfuhr dem Seelischen abfordert.
2. Ziel des Triebes ist die Aufhebung des Reizzustandes an der Triebquelle durch Erregungsabfuhr. Es wird zwischen inneren und äußeren Triebzielen unterschieden. Das innere Triebziel ist die als Befriedigung empfundene Körperveränderung, die durch Bedarfsdeckung oder Spannungsminderung eintritt.
3. Unter der Triebquelle versteht man einen somatischen Vorgang in einem Organ oder Körperteil, ein Vorgang, der als Reiz im Seelenleben fungiert.
4. Das Objekt ist nicht ursprünglich mit dem Trieb verknüpft, sondern ihm nur aufgrund der Eignung zur Triebbefriedigung zugeordnet (Freud, 1933a, S. 103).

Dies Modell entspricht in weiten Teilen dem neurobiologischen Modell der Bedarfsdeckung (Legewie & Ehlers, 1992, S. 205), das, vom Zustand der Deprivation ausgehend, einen Mangel in der organischen Bedarfsdeckung (Nahrung, Flüssigkeit, Sauerstoff, Reduktion von Reizüberflutung bei Schmerz, siehe 6.2.6) als Ausgangspunkt von zentralnervöser Aktivierung annimmt. Die Bedarfsdeckung erfolgt in drei Phasen (Motivationszyklus):
1. Der Zustand, von dem das motivierte Verhalten seinen Ausgang nimmt, aktiviert bestimmte zielgerichtete Verhaltensweisen. Er wird meist als Motiv, Triebzustand oder organischer Bedarf bezeichnet, wobei die einzelnen Begriffe sich auf unterschiedliche Modellannahmen beziehen. »Bedürfnisse« nennt man die subjektiven Begleiterscheinungen des organischen Mangelzustandes.

2. Die Tätigkeit, die durch den Motivationszustand ausgelöst wird und im Normalfall zu einer Bedürfnisbefriedigung führt, wird als »zielgerichtetes Verhalten« (engl.: goal directed behavior) bezeichnet.
3. Die Triebbefriedigung tritt ein, wenn das angestrebte Ziel durch Endhandlungen (engl.: consumatory act) erreicht ist und der physiologische Bedarf durch Konsumation gedeckt werden kann. Diese konsumatorischen Akte reichen vom Essen, Trinken, Aufwärmen, Schmerzvermeidung bis hin zum sexuellen Akt der Paarung oder dem der Bemutterung.

Zur Beobachtung von Motivationseinflüssen in der empirischen Psychotherapieforschung eignen sich Variablen aus diesen drei Phasen des Motivationszyklus. Es sind Variablen, die den Zustand der Aktivierung, das zielgerichtete Verhalten und den konsumatorischen Akt betreffen:

1. Die *zentralnervöse Aktivierung des Motivationszustandes* kann natürlich besser im Tierversuch beobachtet und manipuliert werden als beim Menschen. Aber die neurobiologischen Modelle der Aktivierung (siehe 6.2) zeigen uns, dass der Schlaf-Wach-Rhythmus ebenso hierher gehört wie die Stresssituation, in der die Reizüberflutung den Organismus in seiner homöostatischen Regelung von Bedarf und Befriedigung aus dem Gleichgewicht bringt. Das heißt, beim Menschen können Erkrankungen, die mit der Bedarfsdeckung in Zusammenhang gebracht werden (z. B. Essstörungen, Depressionen, traumatische Neurosen), unter dem Aspekt des Mangelzustands und der Bedrohung von homöostatischer Regelung mit den Methoden der Neurobiologie untersucht werden. Hierbei ist die Störung der Aktivierung besonders wichtig.
2. Die Untersuchung des *zielgerichteten Verhaltens* in der Psychotherapieforschung ist eingebettet in das menschliche Interaktionsgeschehen. So beziehen sich die Untersuchungen zur Affektregulation (Krause, 1998, S. 38–51 und 67–85) auf das instrumentelle Handeln in der affektiven Kommunikation von Psychotherapieprozessen, in denen die Pathologie von Bedürfniszuständen analysiert wird (siehe 3.5.3).
3. Die Untersuchung der konsumatorischen Phase, in der es um die Bedürfnisbefriedigung und ihre Störungen geht, verweist uns auf Suchtkrankheiten, bei denen die Bedarfsdeckung zu einer Schädigung des Organismus und des Selbsterhaltungsbedarfs führt. Die Unterschiede in der Bevorzugung von Triebzielen haben natürlich eine große Variationsbreite. Daher ist es wichtig zu klären, wann der konsumatorische Akt unabhängig vom organischen Bedarf zum Selbstzweck des Süchtigen wird. Die Untersuchung der Sexualstörungen und Perversionen beschäftigt sich darum vorrangig mit der Selektion und dem Konsum von Triebzielen.

Die Regelung des Motivationszyklus ist Gegenstand zahlreicher moderner Untersuchungsansätze der Neurobiologie (Gauggel, 2004b, S. 81–85). Hierbei werden verschiedene Regelmodelle (Legewie & Ehlers, 1992; S. 210–221) zugrunde gelegt:

1. Bei der Regelung *homöostatischer Antriebe* (z. B. Hunger und Durst) wird ein innerer Gleichgewichtszustand wiederhergestellt, der durch Erschöpfung der organischen Reserven gestört worden war. Ziel dieser Regelung ist das Gleichgewicht der Selbsterhaltung durch Homöostase.
2. Die Regelung *nicht-homöostatischer Antriebe* (z. B. Neugier, Reizhunger, Sexualtrieb und zahlreiche Emotionen) dient der Interaktion des Organismus mit der Außenwelt und kann daher nicht allein das Gleichgewicht der Selbsterhaltung zum Ziel haben, sondern muss die Fähigkeit zur Anpassung und Veränderung, bezogen auf die Bedingungen der Außenwelt, entwickeln können. Die Steuerung eines offenen instrumentellen Verhaltens – wie der Umgang mit dem Inzest-Tabu bei Primaten und Menschen – wurde von Norbert Bischoff (1985, S. 467) auf die Interaktion von Sicherheitsgefühlen und Bindungsmotivation bezogen. Abhängigkeitswünsche und Unternehmungslust stehen bei dieser Regelung im Widerspruch. Ein Kleinkind ist gegen Erregung aversiv, ein Jugendlicher gegen Sicherheit. Die Erregungs- und die Sicherheitsappetenz (Aktivierung unterschiedlicher Triebziele und die damit verbundene regelungstechnische Zielbewertung) definiert verschiedene neue emotionale Zustände wie Neugier und Furcht in Bezug auf eine positive und negative Bewertung von Erregung. Bindung und Überdruss nehmen Bezug auf positive und negative Bewertung von Sicherheit.

Diese ethologischen Theorien der Instinkte orientieren sich am äußeren beobachtbaren Verhalten der Interaktionspartner. Psychoanalytiker hingegen spezialisieren sich auf die Beobachtung der inneren Repräsentanzen durch das Übertragungs-Gegenübertragungsgeschehen.

Die kritische Einstellung von Forschern, die den psychotherapeutischen Prozess lieber außerhalb der analytischen Dyade studieren wollen, gegenüber den innerseelischen Prozessen führt dazu, dass die Triebtheorie durch die Beobachtung der Affekte über Mimik und Gestik erkundet wird. Bei dieser experimentellen Motivanalyse wird die Beziehungsorientierung von Affekten (Krause, 1998, S. 27) genutzt, um auf die dahinter liegenden Motivationen zu schließen. Dabei gehen die Affektforscher meist von den nicht- homöostatisch geregelten Trieben aus und polemisieren gegen die homöostatische Triebregelung des Freud'schen Modells.

Krause (1998) leitet die beobachtbaren Affekte aus einem hierarchischen Organisationsschema der Triebe ab. Affekte sind seiner Meinung nach die psychischen

Repräsentanzen von hierarchisch geordneten, zielorientierten Motivationssystemen, die über körperinnere Signale und Reize aus der Außenwelt aktiviert werden. Sie werden somit von nicht-homöostatischer Antrieben geregelt, die der Interaktion des Selbst mit der Außenwelt dienen. Die Affekte steuern in der sozialen Kommunikation die Objektbeziehungen. Krause folgt damit dem Objektbeziehungsmodell von Kernberg (1997, S. 19 ff.), der Libido und Aggression als ein hierarchisch übergeordnetes Motivationssystem konzipiert, in dem die Affekte zwischen der intrapsychischen Organisation der Triebe und den biologisch gegebenen Instinkten eine Brückenfunktion einnehmen.

So wird die Quelle der Libido nicht so sehr in den erogenen Zonen gesucht, sondern in einem »Spitzenaffektzustand«, bei dem alle physiologisch aktivierten Funktionen und Hautzonen einbeschlossen sind, die in der Interaktion von Säugling oder Kleinkind mit der Mutter in Zuständen erotisch-sinnlicher Erregung angesprochen werden. Affekte sind dadurch immer auf verinnerlichte Objektbeziehungen bezogen, in denen eine Selbstrepräsentanz und einee Objektrepräsentanz durch den spezifischen Affekt miteinander verbunden sind.

Die Ersetzung des Begriffes Trieb durch den der Motivation ist auf den Versuch der amerikanischen Ich-Psychologie (Hartmann, 1939) zurückzuführen, von Freuds These (1920g) über die antagonistischen Wirkprinzipien des Lebens- und des Todestriebes abzurücken und an ihrer Stelle das Konzept libidinöser und aggressiver Motivationen einzuführen. In einem solchen System wird die von Freud (1905d, S. 68) getroffene Unterscheidung von sexuellen und narzisstischen Erscheinungsformen der Libido wieder aufgegeben (siehe 2.2.5). Dies führte in der amerikanischen Psychoanalyse schließlich zu der grundlegenden Kritik Kohuts an der Libidotheorie, die von Lichtenberg (1989) übernommen wurde, was zum Aufgeben einer einheitlichen psychoanalytischen Motivationstheorie führte (siehe 3.5.2).

Die europäische Entwicklungslinie bei der historischen Auseinandersetzung mit der Triebpsychologie nimmt einen anderen Verlauf (Henseler, 1989). Die Entdeckungen Melanie Kleins in London über die Notwendigkeit, den Todestrieb auch für die Analyse präsymbolischer Ausdrucksformen des dynamischen Unbewussten im Kleinkindalter beizubehalten, hatte eine Wiederbelebung der Diskussion um die klassische Triebtheorie zur Folge (Schmidt-Hellerau, 1995).

Melanie Klein geht davon aus, dass der Säugling von Geburt an mit einem Ich ausgestattet ist, das subjektive Interpretationen von körperlichen Sensationen vornehmen kann, die von einem Objekt ausgelöst wurden. Freuds Triebdualismus von Libido und Todestrieb findet sich in den unbewussten Fantasien wieder, die als

Repräsentanten somatischer Triebvorgänge anzusehen sind und zusammen mit der subjektiven Interpretation des Ich spezifische Bedürfnisse und Gefühle zum Ausdruck bringen. Infolge der Triebmischung dominiert die Sexualität oder der Todestrieb, so etwa beim Neidgefühl, das eine zentrale Bedeutung für destruktive Prozesse im Krankheitsfall haben kann.

Die Kritik seitens der Objektbeziehungstheorie setzt an der Dominanz des Sexualtriebes an, die zu einer Überbetonung der Lustsuche im Gegensatz zur Objektsuche führt. So definiert Fairbairn die Libido eher als objektsuchend (siehe Bd. 2 von *Basiswissen Psychoanalyse*). Die seelische Störung wird in dieser Interpretation der Libido im Bindungsschicksal des Kindes gesucht, das viel wichtiger sei als das von Sigmund Freud so betonte Triebschicksal (siehe 2.2.5). Dies führt gelegentlich dazu, dass die sexuelle Ätiologie seelischer Krankheit völlig in den Hintergrund tritt. So verzichtet Fairbairn schließlich auf jegliche biologische Erklärung der Libido.

Das sozialisationstheoretische Triebverständnis (Zepf, 2000b) betont die entscheidende Bedeutung der Interaktionsformen in der Repräsentanz der Triebpotenz im »Es«, als Hort der Trieberfahrung. Die Aufhebung des Mangels in der Versorgung des Ungeborenen durch die Geburt führt zu einer Praxis eingeübter Interaktionsformen. Das Interaktionsangebot der Mutter führt auf der Seite des Kindes zur Entspannung. Durch das Zusammenspiel des Kindes mit den Angeboten der Mutter entsteht eine Erinnerungsspur im Gehirn des Kindes (Interaktionsengramm), in der die verschiedenen Interaktionen gespeichert werden. Hierdurch entstehen modellhafte Erwartungen, die als Triebspannung künftige Interaktionen mitbestimmen.

Bei einer solchen biopsychosozialen Fassung des Triebbegriffs ist die Annahme eines Todestriebes oder eines eigenständigen Aggressionstriebes aufzugeben. Die Körperlichkeit des Subjekts wird in Form von Triebwünschen wahrgenommen und im Verhalten realisiert. Körperbedürfnisse (Hunger, Durst, Schmerzvermeidung) werden auf Objekte gerichtet (Triebziele). Triebwünsche äußern sich als libidinöse Besetzung von erogenen Zonen. Die Triebkraft der Libido bildet sich auf der Repräsentanzenebene in der Besetzung von Vorstellungen ab, die vom Subjekt als sexuelles Verlangen oder Interesse erlebt werden. Löst der Trieb sich in seinem quantitativen Aspekt von der Vorstellung ab, zeigt er sich als Affekt in der Empfindung.

Die durch den Trieb bestimmte Körperlichkeit des Menschen wird somit als seelisches Verlangen oder als Affekt über die seelischen Repräsentanzen des Triebes vorbewusst oder bewusst wahrgenommen.

3.5.2 Spezielle Motivationsformen

■ *Hannelore Stenzel, Stuttgart, und Wolfram Ehlers, Stuttgart*

Lichtenberg (1989, 1991b) schlägt aufgrund der experimentellen und durch Beobachtung gewonnenen Ergebnisse der Säuglingsforschung (siehe 2.4.6) vor, eine neue Konzeption der psychischen Organisation zu entwickeln, die alternativ zu Freuds dualer Triebtheorie ein System von fünf motivationalen Strukturen postuliert. Er geht davon aus, dass ein neugeborenes Kind durch angeborene oder rasch erlernbare Schemapräferenzen aktiv Stimuli sucht und auf Stimuli reagiert. Die Entwicklung von Strukturen aus der genetischen Vorgabe und deren Interaktion mit den ausreichend optimalen Angeboten zur Entwicklung aus der Außenwelt entspricht auch den neuen Erkenntnissen zur Entwicklung des Nervensystems (siehe 4.2 und 6.4).

In der Interaktion des Neugeborenen mit den Pflegepersonen ergeben sich zunächst affektive Wahrnehmungs- und Handlungsmuster. In der weiteren Entwicklung kann von dem älteren Säugling durch das Lernen von affektiven Wahrnehmungs- und Handlungsmustern bereits die Wirkung einer Handlung antizipiert, ein Ziel verfolgt oder eine Handlung geplant werden. Das heißt, die Säuglingszeit dient in weiten Strecken dem Erwerb kognitiver Fähigkeiten im Umgang mit den biologischen Motivationsstrukturen. Diese werden in der Kommunikation mit den emotionalen Stellungnahmen der Erwachsenen erworben. Die durch das Kind von den Pflegepersonen, die sich um es bemühen, erworbenen affektiven Wahrnehmungs- und Handlungsmuster bilden die Grundlage von Lichtenbergs psychoanalytischer Motivationstheorie. Außerdem basiert sie auf den selbstpsychologischen Erkenntnissen Kohuts über die Entwicklung des Narzissmus. Im Sinne einer Theorie der subjektiven Bedürfnisse werden *fünf motivationale Systeme* unterschieden:

Ein erstes motivationales System besteht in der Notwendigkeit, *physiologische Bedürfnisse* zu befriedigen. Dieses System umfasst die Regulation von Hunger, Atmung, Wärme, Ausscheidung, Gleichgewicht und Schlaf. Die Mutter ist normalerweise darauf eingestellt, auf das biologisch motivierte Kind zu reagieren, das Störungen in diesem Bereich signalisiert. Durch das Motiv Hunger z. B. kommt beim Kind ein Prozess der Selbstorganisation in Gang: *Das Kind hat die Wahrnehmung »Hunger«, diese wird von der Mutter erkannt und angemessen beantwortet, und das Kind erkennt den Übergang von Hunger in Sattheit.*

Regulationsstörungen aus sämtlichen physiologischen Bereichen können im späteren Leben und in Regressionszuständen als spezifische Residuen in Erscheinung treten, wie z.B. bei den Essstörungen oder anderen psychosomatischen Erkrankungen.

Ein zweites System steuert das *Bedürfnis nach Bindung,* das sich später, im weiteren Verlauf des Lebens, in dem Bedarf nach Verbundenheit äußert (attachment/affiliation). Durch die wiederkehrende Interaktion von physiologischer Bedürfnisbefriedigung zwischen Säugling und Mutter wird immer wieder auch das System der Bindung aktiviert. Dieses motivationale System umfasst im Säuglingsalter das Suchen, Greifen, Klammern, Einkuscheln. Spätere erweitert es sich zu den Fähigkeiten der Verbundenheit schaffenden Kommunikation, die eine Fähigkeit zum emotionalen Teilen mit anderen einschließt. Säuglinge betrachten die Mutter zunächst als Wegweiser und Orientierungsfigur: *Intuitiv halten Mütter ihre Kinder nahe an ihr Gesicht, sprechen melodisch, vereinfacht und übertrieben affektiv. 10 Tage alte Säuglinge können diese übertriebenen Affekte bereits imitieren, die Aufmerksamkeit ihrer Mütter fesseln und sie im Kontakt halten.*

Später zeigen die Kinder den Geschwistern und Haustieren gegenüber auch ein altruistisches Verhalten, das ein Teilen der Bindungsgefühle zum Ziel hat. Die Erweiterung der Dyade Mutter-Kind zur Triade führt dann zu den Spannungen der ödipalen Entwicklungsphase mit ihren typischen Konflikten. Aber auch schon in der Dyade können durch die Beimischung von Aktivitäten aus dem aversiven System Motivkonflikte entstehen, durch die affektive Wahrnehmungs- und Handlungsmuster von ambivalenten und ängstlich verweigernden Kindern geprägt sind. Die verschiedenen Erscheinungsformen von Bindungsmotiven bleiben das ganze Leben über bestehen und äußern sich in der Sehnsucht nach affektiver Übereinstimmung, nach empathischer Resonanz, nach Begleitung beim Entlasten von Schmerz, nach Trost, nach dem Miteinander-Teilen von Verbundenheit und nach Idealisierung.

Ein drittes System umfasst das Bedürfnis nach *Selbstbehauptung und Erkundung* (assertion and exploration). Entgegen der früheren psychoanalytischen Annahme über den »rekonstruierten« Säugling, der im primären Narzissmus passiv gefangen ist, zeigt das beobachtete »kompetente« Neugeborene schon in den ersten 4 Monaten ein starkes Bedürfnis nach Erkundung, so dass eine angeborene Tendenz postuliert wird, auf Kompetenz und Effektivität hinzuarbeiten und Freude zu erleben, wenn die Außenwelt eine erfolgreiche Erkundungsaktivität zulässt.

In einer von Papoušek und Papoušek (1975) geschaffenen Beobachtungssituation konnten Säuglinge Lichtblitze selber auslösen, wenn sie den Kopf zu einer experimentell festgelegten Seite des Bettes dreimal hinwendeten. Wenn sie dieses Handlungsmuster gelernt hatten, drehten sie den Kopf immer wieder nach diesem Muster und äußerten Gesten der Freude. Je mehr Erfahrung sie mit diesem Handlungsmuster hatten, umso weniger wichtig wurde die Stimulation mit dem Lichtreiz. Sie schienen hauptsächlich von der Effektivität ihrer Handlung erfreut zu werden.

Entsprechend der Entwicklungstheorie von Daniel Stern haben diese Säuglinge schon ein Kernselbst gebildet, das sich in einer eigenständigen Aktivität manifestiert (siehe 2.4.6). Störungen des motivationalen Selbstbehauptungs- und Erkundungssystems können sich später im Kindesalter, aber auch beim Erwachsenen in begrenzten Lern- und Arbeitsstörungen äußern.

Ein viertes System, das *aversive System,* bezieht sich auf das Bedürfnis, durch Widerspruch oder durch Rückzug aversiv zu reagieren. Gemeint ist die schon beim Säugling zu beobachtende Fähigkeit, Kontroversen mit den Bezugspersonen durch Verwendung von Widerspruchs- und Rückzugsmustern erfolgreich zu überwinden.

Ein drei Monate alter Säugling einer depressiven Mutter ist auf der Basis des aversiven Motivationssystems in der Lage, dieser Mutter niemals ein Lächeln zu zeigen, während es bei der Anwesenheit des freundlichen Vaters lächelt, Blickkontakt aufnimmt und Freude vokalisiert. Andererseits kann das Schreien des Säuglings seinen Widerspruch der Pflegeperson gegenüber signalisieren. Diese erhält die Gelegenheit, zu zeigen, dass Kummer und Aversion in Wohlbehagen übergehen können und ein anderes Motivationssystem dominieren kann, das dem Rückzug entgegenwirkt.

Bei Unstimmigkeiten in der Bindungsbeziehung überlagern Widerspruchs- und Rückzugsmuster die anderen Motivationssysteme, so dass häufig auch schon pathologisch aggressive Handlungsmuster beim Säugling zu beobachten sind. Das aversive Motivationssystem dient der Selbsterhaltung und nicht der Zerstörung, wie es die Todestrieb-Hypothese der kleinianischen Theorie nahe legen würde. Das Überleben ist gesichert, wenn die Eltern dem Kind den Schutz bieten, der in der jeweiligen Familie und Gesellschaft als Sicherheit gewährend und erwünscht gilt. So entstehen komplexe Interaktionen zwischen Pflegepersonen und Kindern, die an die jeweiligen Kulturen angelehnt sind. So jedenfalls könnte ein idealer Umgang der Pflegepersonen mit dem aversiven Bedürfnis im Säuglingsalter und in der Kleinkindzeit verlaufen, wenn nicht im Erwachsenen durch aversives Verhalten destruktive Fantasien ausgelöst würden. Und erst an dieser Stelle, auf der Ebene der unbewussten Fantasien der Erwachsenen, erhält die Todestrieb-Hypothese wieder ihren klinischen Sinn.

Ein fünftes Bedürfnis und Motivationssystem umfasst das *Verlangen nach sinnlichem Vergnügen oder sexueller Erregung.* Unter »Sinnlichkeit« versteht Lichtenberg ein angenehmes Sinneserleben, das von Affekten begleitet ist und dessen Rhythmus ruhig und unaufdringlich ist: ein Zustand, der dem Kind beim Streicheln eines geliebten Übergangsobjekts vor dem Einschlafen Sicherheit und Geborgenheit vermitteln kann. Bei stärkerem Rhythmus des Streichelns unter Einbeziehung genitaler Zonen geht die Steigerung der Sinnlichkeit in eine sexuelle Erregung über, wie sie für Verführungssituationen von Patienten immer wieder als traumatisches Ereignis aus der Kindheit berichtet wird.

Säuglingsbeobachtungen zeigen, dass Eltern beim Wickeln, Baden und Abtrocknen ihrer Kinder die Befriedigung dieser motivationalen Bedürfnisse mit einbeziehen. Traumatische Beschämung und peinliche Affekte spielen erst durch die aversive Motivation der Bezugspersonen als Reaktion auf die masturbatorische Suche des Kindes eine – verhängnisvolle – Rolle. Das Gleiche gilt natürlich auch für die Ausscheidung in der urethralen Phase und die Defäkation in der analen Entwicklungsphase.

Wird das sinnlich-sexuelle Motivationssystem zum dominierenden System der fünf Motivationskomplexe, so ist nach Lichtenberg der Motivationszustand beschrieben, den Sigmund Freud seiner Triebtheorie zugrunde gelegt hat. In der ödipalen Phase, während der Pubertät und in bestimmten Phasen des Verliebtseins bekommt die Suche nach sexuellem Vergnügen diese triebhafte Qualität. Nach Lichtenberg bezieht sich die Triebtheorie Freuds auf einen wenn auch häufigen Sonderfall in der Ausdifferenzierung eines allgemeineren Systems der fünf spezifischen Motivationsformen, die zwar kombiniert auftreten, aber sich doch spezifisch und eigenständig in der sozialen Interaktion ausdifferenzieren.

Die Wirkkraft dieser motivationalen Systeme lässt sich nicht auf das Triebhafte reduzieren. Sie können sowohl aus dem Körperinneren als auch von außen geweckt werden. Hierdurch ergeben sich zahlreiche Interaktionen der Motivationssysteme. Ihre Identifikation und Kombination wird der komplexen Motivationssteuerung in der Interaktion des Selbst mit den Bezugspersonen besser gerecht, als es dem heutigen Psychoanalytiker mit der dualen Triebtheorie möglich ist.

So wird ein schläfriges Baby das Bedürfnis haben, den mangelnden Bedarf an Schlaf zu decken, aber das Angebot einer Rassel eröffnet ihm die Möglichkeit zu schauen, zu greifen und an der Rassel zu lutschen. Die Aktivierung der Motivation nach Selbstbehauptung und Erkundung kann dann das biologische Bedürfnis nach Schlaf übertreffen, und es folgt eine neue Interaktion mit der Bezugsperson.

Die motivationalen Systeme regulieren sich somit untereinander. Die positive Entwicklung in einem System steigert die Stabilität im anderen motivationalen System.

Alle motivationalen Systeme sind von Anfang an und ständig präsent. Die relative Dominanz eines Systems ist z.B. in der therapeutischen Interaktion von der momentanen Psychodynamik in der Kommunikation mit dem Psychoanalytiker abhängig oder beim Säugling von der momentanen Kommunikation mit der Mutter. Jedes Bedürfnis oder die Aktivierung des speziellen Motivationssystems kann zu einem dominanten Motiv einer analytischen Sitzung werden und kommt in den Wünschen des Analysanden zum Ausdruck.

3.5.3 Komponenten und Funktionen von Emotionen

S. Freud (1895 f, S. 365) beschäftigt sich seit den Anfängen der Psychoanalyse eher mit den dysphorischen Affekten, die der Abfuhr von Spannungen dienen, um Triebdysregulationen aufzulösen. Die primäre kommunikative Funktion von Affekten wird also nur für die Pflegesituationen betrachtet, in denen das Kind leidet und die pflegende Aufmerksamkeit in der Dyade beanspruchen muss. Die klinische Bedeutung der Affekte (Krause, 2000) zeigt sich in vier verschiedenen Zusammenhängen:
1. Der traumatische Affekt meint einen Zustand völliger Hilflosigkeit in einer Situation der unauflösbaren Bedrohung. Solche Zustände sind charakteristisch für Zusammenbrüche der inneren Regulierung (Krystal, 1978), die zur einer Entdifferenzierung des Affekterlebens führen.
2. Spannungsveränderungen als Folge von Triebstauungen und/oder Triebaufschub führen zu Empfindungen der Lust-Unlust-Reihe der Affekte. Dies entspricht der Lust-Unlust-Dimension zur qualitativen Beurteilung des emotionalen mimischen Ausdrucks nach Schlosberg (1954; siehe Abb. 10).
3. Beziehungsorientierte Affekte lösen bei anderen eine Affektansteckung aus, die diese Zustände wie Freude, Wut, Ekel, Angst, Trauer, Interesse und Verachtung mitempfinden lassen. R. Krause und J. Merten (1996) sehen hierin eine psychologische Grundlage für das Übertragungs- und Gegenübertragungsgeschehen.
4. Affekte verinnerlichter Strukturen (Chasseguet-Smirgel, 1981) als Niederschlag realer Beziehungen resultieren aus einem Konflikt zwischen einer überdauernden Ich-Struktur, wie z.B. dem Ichideal, und dem erlebenden Ich, das Gefühle wie Schuld, Scham und Stolz empfindet.

Die allgemeinpsychologische Theorie unterscheidet folgende Einzelfunktionen (Legewie & Ehlers, 1992, S. 161) von Emotionen:
1. Die *Ausdrucksfunktion* der Emotionen wird als Signal und Reaktion in einem interaktiven Prozess verstanden, der einer Verständigung zwischen verschiedenen Individuen über innere Zustände des Organismus dient (siehe Abb. 10).

3.5 Motivations- und emotionspsychologische Grundlagen ■ 143

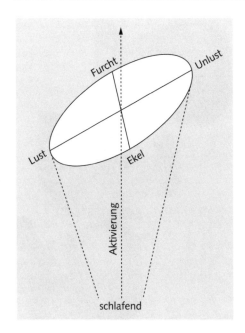

Abb. 10: *Die Zuordnung von mimischen Ausdrucksformen zu qualitativ sprachlich definierten Emotionskategorien wie Liebe und Wut oder Glück und Überraschung ermöglicht die Einordnung in einem System von drei Dimensionen der sprachlichen Bezeichnung von Emotionen: Lust – Unlust, Furcht und Ekel, Aktivierung mit den Polen schlafend – wachend (nach Schlosberg, 1954).*

Methodisch verbinden sich auf diesem Forschungsgebiet ethologische Ansätze der Verhaltensanalyse mit psychologischen Theorien des emotionalen Ausdrucksgeschehens.

2. Die *motivationale Funktion* von Emotionen besteht darin, dass sie durch Aktivierung von Handlungsplänen auf das Handeln vorbereitet. So ist es nicht verwunderlich, wenn Rainer Krause (1998, S.15) in seiner Kritik von Sigmund Freuds Triebtheorie den Schluss auf bestimmte Triebzustände aufgrund von subjektiv zugänglichen Fantasien für verfehlt hält und, zumindest für die Forschung, der Beobachtung der Affektzustände und des Austauschs von Emotionen in der Gesichtsmimik den Vorrang gibt.

3. Die *selbstregulatorische Funktion* von Emotionen besteht darin, dass unser Selbst Informationen darüber erhält, ob es uns gut oder schlecht geht, wenn wir bestimmte Intentionen in Handlungen umsetzen. Dies gilt im Besonderen für mitmenschliche Interaktionen. Die Bedeutung dieser Funktion für die Definition von sozialen Konflikten ist äußerst wichtig (siehe 3.1.3.4).

4. Die *Bewertungsfunktion* von Emotionen im interaktiven Handeln mit der Außenwelt ist wichtig für die Regulation von Beziehung in Hinsicht auf überdauernde innere und äußere Strukturen der Bewertung (z.B. Ichideal, gesellschaftliche Norm).

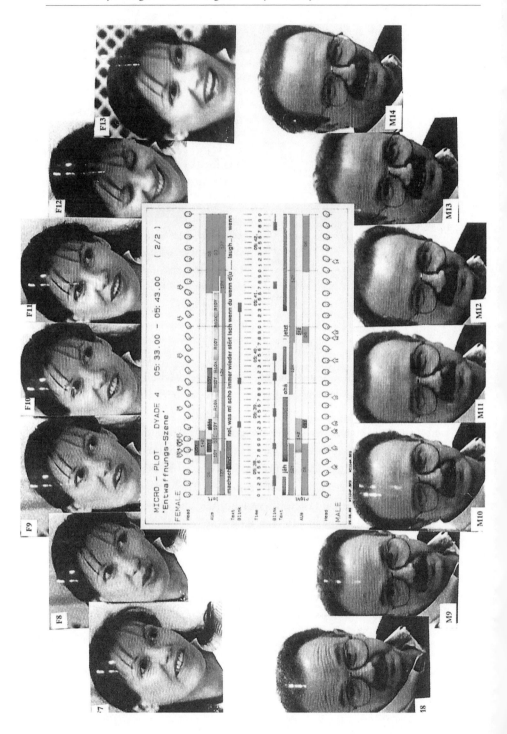

Die Kommunikationstheorien des Beziehungsverhaltens betrachten die Interaktionspartner als Sender und Empfänger. In einem solchen Modell können sich Impulse, Intentionen und Affekte in verschiedenen Ausdruckskanälen im Handeln (Stimme, Extremitäten, Ganzkörperbewegungen, Positionen, Mimik) mitteilen. Die Aufnahme des Eindrucks dieser Emotionen erfolgt wiederum über die verschiedenen Sinneskanäle (Gehör, Gesicht, Geruch, Fühlen, Wärme). Aus diesen Sinnesinformationen schließt der Dialogpartner auf Intentionen, Eigenschaften, Affekte und Triebzustände des anderen. Neben der Information mittels der Sprache erhält der Psychoanalytiker also zahlreiche andere Informationen aus dem Interaktionsgeschehen, die es ihm ermöglichen das Gesprochene seines Patienten auf einem emotionalen Hintergrund zu bewerten.

Krause (1998, S. 51–64.) hat die außersprachlichen Aspekte des Beziehungsverhaltens in psychotherapeutischen Dialogsituationen untersucht. Er unterscheidet bei den Körperbewegungen zwischen verschiedenen Ausdrucksindikatoren:

1. *Körpermanipulatoren* sind Bewegungen eines Körperteils an einem anderen Körperteil, wie z. B. kratzen, streicheln, die Lippen lecken, den Bart streicheln usw. Sie treten bei Stress und Unwohlsein auf wie auch als Teil des Werbeverhaltens in erotischen Kommunikationssituationen. Das Bewusstwerden dieser Handlungen löst Schamgefühle aus. Patienten, die zu einer erotisierten Beziehungsregulation neigen, vermissen diese Ausdrucksmöglichkeiten im analytischen Setting beim Liegen.
2. *Regulatoren* sind Verhaltensgestalten des ganzen Körpers, die Sprecherzustände in der Dyade steuern. Hierzu zählen Sequenzen des Sprechens und Schweigens. Schweigepausen von mehr als 1–2 Sekunden verweisen auf Zusammenbrüche der Kommunikation in der Dyade und tauchen häufig in Gesprächen mit depressiven und schizophrenen Patienten auf. In aufdeckender Psychotherapie werden von erfahrenen Psychotherapeuten solche Sprecher-Hörer-Regulatoren aus Alltagssituationen nicht verwendet, um in keinen Prozess der Intellektualisierung hineinzugeraten, was anfangs zu erheblichen Irritationen auf Seiten der Patienten führt.
3. *Illustratoren* sollen mimisch und gestisch, parallel zum Gesprochenen, die Inhalte untermalen. Bei schwerer gestörten Krankheitsgruppen wie Schizophre-

◀ **Abb. 11:** *Durch Aufzeichnung der Momentaufnahmen der Mimik von Dialogpartnern kann der Ablauf von Affekten in einer dialogischen Kommunikation erfasst werden. In der »Entwaffnungsszene« (siehe Protokoll in der Mitte der Abb.) setzt der Mann nach einem kurzen Ausdruck der Verachtung ein permanentes Lächeln auf, um die Attacke seiner Frau in der Wirkung herunterzuregeln (nach Bänninger-Huber et al., 1990).*

nien, Depressionen und somatopsychischen Störungen sind die Illustratoren reduziert.
4. *Synchronisierungen* von Körperbewegungen, insbesondere des mimischen Ausdrucks, sind grundlegende Ausdrucksindikatoren der Beziehungsgestaltung. Affektansteckung und Affektabstimmung bedienen sich dieser Indikatoren.

Das Erkennen von Störungen der Affektregulation und die Identifikation von bestimmten Mustern der Affektindikatoren dienen der objektiven Beschreibung von Krankheitsphänomenen wie Hypochondrie, Konversion und Alexithymie in der Beziehungsregulation. Aber auch Persönlichkeitsstrukturen und ihre Störungen lassen sich hiermit objektivieren. So finden sich bei den frühen Störungen keine ausreichenden Synchronisationsreaktionen. Bei strukturellen Störungen sind teilweise heftige Affekte an die falschen Objekte gebunden. Die in den frühen Lebensjahren aufgezwungene Beobachtung des Fehlens positiver Beziehungserfahrung bei anderen Personen und das Fehlen der Erfahrung von eigenen positiven Beziehungen führen immer wieder zu anhaltendem Einsamkeitserleben. Maßgeblich hierfür ist einerseits die Identifikation mit dem Traumatisierten oder der am eigenen Leib erfahrene Mangel. Auf der Verhaltensebene zeigt sich das Erleben von Einsamkeit in der Vermeidung von bestimmten Affekten wie z.B. Getrenntsein oder Nähe sowie in der Vermeidung von Synchronisation und Intimität. Stattdessen treten negative Affekte in großer Intensität in spezifischer Weise auf. Bei schizophrenen Patienten ist es die Verachtung, bei Patienten mit Colitis ulcerosa ist es der Ekel.

3.5.4 Motivationstheorie und Persönlichkeitsstruktur

Dass in der amerikanischen Psychoanalyse der Triebbegriffes durch die Entwicklung des Motivationskonzeptes in der Ich-Psychologie ersetzt wurde, ist von John E. Gedo, einem Kollegen Kohuts am Psychoanalytischen Institut von Chicago, aufgegriffen worden. Gedo hat ein übergreifendes Motivationssystem entworfen, das die Integration von Basismotiven in einer Entwicklungsreihe mit dem Ziel einer reifen Persönlichkeitsstruktur beschreibt. Diese Theorie möchte sowohl Freuds dualer Triebtheorie auf neurobiologischer Basis als auch Kohuts Ausarbeitung einer Selbstpsychologie gerecht werden.

Für J. E.Gedo (2000, S. 457 f.) beginnt der nicht lösbare Widerspruch in Freuds Triebtheorie mit dem Versuch, narzisstische Erscheinungsformen in der Psychopathologie durch die Unterteilung der Libido in narzisstische und Objektlibido aufzulösen. Freuds Annahme scheiterte aber an dem automatischen »Wiederholungsverhalten« bei den traumatischen Neurosen (siehe 3.1.3.1), die ihn zum

häufig kritisierten Postulat eines Todestriebes veranlassten. Deshalb wurde der allumfassende Erklärungsanspruch der Triebtheorie erklärtermaßen durch Kritiker wie z.B. Kohut aufgegeben. Gedo erscheint die Motivationstheorie Lichtenbergs als ein zulässiger Ausweg, weil sie besser auf das gegenwärtige Verständnis neuronaler Prozesse anzuwenden sei. Er nennt hierfür zahlreiche Gründe, aus denen er die Forderung nach einer Hierarchie der Motivationssysteme ableitet:
1. Biologisch vorprogrammierte Motivationssysteme sind ununterbrochen verfügbar.
2. Sie werden evoziert durch Anpassungsanforderungen der Außenwelt, für die sie angemessen ausgestattet sind, um deren Forderungen zu genügen. Sexuelle und aggressive Motive ergeben sich daher auch aus der Reaktion auf spezifische Stimuli der Außenwelt, nicht aufgrund eines Triebdruckes.
3. Im Rahmen von Fantasiebildungen können sexuelle und aggressive Reaktionen auch endogen, also ohne äußere Schlüsselreize, stimuliert werden. Es wird also ein Bezug hergestellt zu Freuds ursprünglichem Modell der Wahrnehmung, in dem er eine innere und eine äußere Wahrnehmungsoberfläche für die Reizverarbeitung im psychischen Apparat konzipiert hatte.
4. Eine von einem vorprogrammierten Plan dominierte Sexualität ist zwar genetisch vorgegeben, aber sie gibt es nur vor deren Integration in eine komplexe Hierarchie von Motivationen. Danach ist die Struktur dieser Hierarchie ausschlaggebend für die Reizverarbeitung.

Für Gedo ergibt sich hieraus die Folgerung, dass die Einführung einer narzisstischen Libido nicht mehr erforderlich ist, um zahlreiche menschliche Motivkombination in der Interaktion mit den Objekten abzuleiten. Auch die Kontrolle dieser Motive und ihrer Konflikte muss nicht nur durch eine biologische Struktur erfolgen, wie das Postulat eines Todestriebs es uns aufzwingen will. Neugier, Objekthunger oder Explorationsdrang im Säuglingsalter, die mit Freud als Ausdruck narzisstischer Libido interpretiert werden mussten, gehören nicht mehr nur einem im Gehirn vorprogrammierten System zu, sondern speisen sich aus einer eigenen Motivklasse, wie sie von Lichtenberg postuliert wurde.

Auf der Grundlage eines solchen Modells kann die Verarbeitung von höheren Funktionen im Nervensystem, bei denen es um die Kodierung und Dekodierung von abstrakten Symbolen geht, in einem hierarchisch organisierten Motivsystem erfolgen. Die Hierarchie ermöglicht dem Selbst eine innere Orientierung, wie das kognitive Prozesse (siehe 3.6.3 und 3.6.4) erfordern (A. Wilson & Gedo, 1992).

Bezüglich des Entwicklungsprozesses ist es ein hierarchisches Modell, das zur Integration der biologischen Motivationsstrukturen von der kindlichen Entwicklung bis zum Erwachsenenalter dient. Die Hierarchie dient der Darstellung einer

Entwicklung verschiedener Reifungsschichten im Verlaufe des Integrationsprozesses. Er beginnt mit den Überformungen der biologischen Grundmotive (Modus I), wie sie Lichtenberg dargestellt hat, und endet mit der Ausbildung der kognitiven Funktionen eines reifen Ich (Modus VI), das auch für die Tätigkeit der Motivationssysteme früherer Reifungsschritte eine Integration leisten kann.

Bei dem Aufbau eines solchen grundlegenden Motivationssystems sollte von *erfahrungsgeleiteten Basismotiven* (Steuerung von Handlungsprogrammen) ausgegangen werden. Biologische Anlagen in Form von ererbten Strukturen im Gehirn haben nur so lange einen alleinigen Einfluss auf das Verhalten, als diese Strukturen von realen Erfahrungen unbeeinflusst bleiben. Die *Basismotive* bilden die Grundlage des *Modus-I-Motivsystems*.

Das *Modus-II-Motivsystem* stützt sich auf die *Steuerung der Interaktion* mit der Außenwelt durch das *Affektsystem*, das sich auf eine biologisch vorprogrammierte Basis bezieht. Die Affekte werden von im Gedächtnis gespeicherten Situationserfahrungen und den dazugehörigen Affektfolgen (Kontingenzen) modifiziert. Sie verweisen auf eine sekundäre Motivstruktur der *Affektregulation in der Interaktion*. Freud spricht in solchen Fällen vom Lustprinzip mit der dazugehörenden Unlust in Situationen der Frustration:

> *Ob eine spezifische Aktivität Lust oder Unlust bereitet, ergibt sich nicht aus ihr selbst heraus, weil keine Aktivität im Nervensystem in völliger Isolation stattfindet. Im Modus II erfolgt die antriebssteigernde oder -hemmende Einflussnahme des Lust/Unlust-Systems immer im Kontext komplexer Interaktionen mit dem Umfeld. So kann exploratives Verhalten in entsprechendem Umfeld aufgrund von dauernder Bestrafung Unlust zur Folge haben, wodurch ein maladaptives Motiv entsteht, das zu einem paradoxen, nicht zu erwartenden Motivationsschema führt.*

Die Ergänzung der Grundmotivation durch den Einfluss von Signalen aus dem Gedächtnis, wie sie hier zugrunde gelegt wird (affektive Erfahrungsbildung), ermöglicht eine differenziertere Motivationssteuerung infolge von Anpassungsprozessen nach dem *Modus II*.

Modus III der Motivverwandlung bezieht sich auf die Auswirkungen der Wiederholung von Mustern affektmotorischer Aktivitäten. Hierdurch werden Grenzen für das Wohlbefinden festgelegt, die der *Stabilität der affektiven Selbstorganisation* dienen. Diese werden auf neurochemischer Analyseebene in Form neurobiologischer Veränderungen gespeichert, die sich aus emotionalen Vergleichsprozessen ergeben haben und zu einer subjektiven Befriedigung führten (Hadley, 1989). Hieraus ergibt sich ein Modell vom Selbst-in-der-Welt-Sein. Wenn die affektiven Selbstorganisationen stabil geworden sind, reduziert sich das Maß tolerabler Veränderungen so sehr, dass das Bedürfnis, die Veränderungen innerhalb der Grenzen des Wohlgefühls zu halten, zu einer eigenen motivationalen Kraft wird. Die Handlungssteuerung nach dem *Modus III* erfolgt also aus dem Antrieb nach Befriedigungserfahrungen, die im Zusammenhang mit der Selbstorganisation entstehen.

Die *Erhaltung der Integration (Modus IV)* von biologisch determinierten Motivationen des Kleinkindes durch Einbau in eine stabile und einheitliche Zielhierarchie trägt zur Erhaltung stabiler *Makrostukturen der Selbstorganisation* bei, *die eine personale Individualität schaffen* (Modus IV). Mit der Erfahrungsbildung über symbolische Operationen im Verlauf der kognitiven Entwicklung des Kindes entsteht ein emotionales Selbstbewusstsein. Die Lust/Unlust Reaktionen der vorherigen Entwicklungsstufe können jetzt auf symbolische Kategorien bezogen werden. Nach diesem kognitiven Entwicklungsschritt ist das Kind zum Austausch affektiver Reaktionen auf einer Scham/Stolz-Dimension in der Lage. Es können Prioritäten bezüglich der Wünsche gesetzt werden, weil die Kinder die affektiven Konsequenzen von Wunscherfüllung oder Wunschversagung zu erinnern vermögen.

Der *Aufbau des Überich (Modus V)* setzt die Entwicklung der Gefühle von Stolz und Scham und später von Schuld voraus. Diese tragen zur Integration von Gegenmotiven bei, die auf die Steuerung der Modi I bis IV bezogen sind, wenn wenn Stolz, Scham und Schuld auf Ablehnung in der mächtigeren Außenwelt stoßen. Eine gelungene Überich-Bildung ermöglicht die Aufrechterhaltung einer flexiblen Selbstorganisation angesichts des Anpassungsdrucks dieser Gegenmotive.

Die höchste Dominanz in diesem hierarchischen Motivsystem kommt der *Ich-Steuerung (Modus VI)* der darunter liegenden Motivsysteme zu. Die Handlungsmotive dieses Modus ergeben sich aus der Reifung der autonomen Ich-Funktion (Hartmann, 1939), die so etwas wie die »Stimme der Vernunft« im Chor der fünf anderen Stimmen darstellt. Das Individuum wird in der Reifung dieser Funktionen autonomer gegenüber den darunter liegenden Motivsystemen. Das Ich kann sich dabei auf das eigene Urteil verlassen, in Übereinstimmung mit der Aktivität der anderen Motivsysteme. Im existenziellen Notfall ist es sogar in der Lage, ohne Gefahr Ansprüche aus diesen anderen Motivationssystemen zurückzunehmen.

3.6 Grundlagen von Lernen, Gedächtnis, Kognition

3.6.1 Lernen

Die behavioralen Konzepte des Lernens (Konditionierung, Lernen am Erfolg, Lernen durch Identifikation mit einer sozialen Rolle) sind die Grundlage der Behandlungskonzepte und Techniken der Verhaltenstherapie (Siegl & Reinecker, 2004,

3 Psychologische Grundlagen der Psychoanalyse

S. 124 ff.). Die einzelnen Verfahren der Verhaltenstherapie (VT) sind in einem Systemmodell menschlichen Verhaltens (S-O-R-C) miteinander verbunden.

Das Modell S-O-R-C kennzeichnet somit die Ansatzpunkte der Techniken behavioraler Therapie:
1. S steht für Situation und Stimulus. Die Konfrontations- und Bewältigungsverfahren haben die Veränderung der Stimulusqualität zum Ziel. Dysfunktionale

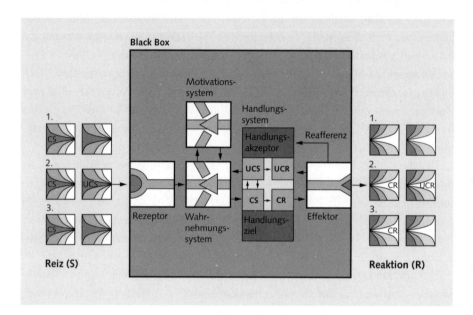

Abb. 12: *Das behaviorale Konzept des klassischen Konditionierens stellt eine Übereinstimmung von Reiz-Reaktionsfolgen in beobachtetem Verhalten und hypostasiertem Modell her. Das Modell des russischen Kybernetikers Anokhin gibt der klassischen Experimentalanordnung die obige systemanalytische Struktur. Die Darbietung von Reiz 1, 2 und 3 hat die Reaktionen 1, 2 und 3 zur Folge: 1. Einfache sensorische Reize (später CS = conditioned stimulus), die noch nicht in eine Reiz-Reaktionskette CS-CR (conditioned response) im Handlungssystem eingebaut sind, haben nur eine unspezifische Orientierungsreaktion zur Folge. 2. Durch wiederholte Darbietung der CS-UCS-UCR- (conditioned stimulus-unconditioned stimulus-unconditioned reaction-) Sequenz wird im Handlungssystem des Modells ein spezifisches neuronales Netzwerk (UCS-UCR → CS-CR) ausgebildet. Mittels der Reafferenz (Rückmeldung) wird die im Effektor geformte Reaktion mit diesem Abbild verglichen und die nächste geplante Reaktion (CR) gesteuert. 3. Nach gelungener Koppelung von UCS und CS kann CS alleine dargeboten werden, um zu einer konditionierten Reaktion (CR) zu kommen. So können z.B. Spinnen oder Mäuse (CS) eine Angst- und Fluchtreaktion (UCR) auslösen, die zu einem phobischen Verhalten (CR = Vermeidung von Spinnen und Mäusen) führt (mod. n. Legewie & Ehlers, 1992, S. 248).*

Verhaltensmuster und Kognitionen sollen dadurch verändert werden, dass eine Auseinandersetzung mit der problematischen Situation erfolgt. Es geht um die aktive Auseinandersetzung mit phobischen und traumatischen Situationen. Angststörungen, posttraumatische Belastungsstörungen, Abhängigkeitserkrankungen, Essstörungen und chronische Trauerreaktionen sind die wesentlichen hiermit erreichbaren Störungsgruppen.

2. O steht für kognitive Vorgänge im Gehirn des Organismus. Die Modelle für dieses Lernen sind aus dem Konzept der semantischen Konditionierung abgeleitet. Statt inhaltsleerer physikalischer Reize wie im Experiment der klassischen Konditionierung werden hier sprachliche Signale verwendet, die eine bestimmte Bedeutung (Semantik) besitzen. Sprachsymbole sind schon für Pawlow Signale von Signalen. Sie sind eine Abstraktion der Wirklichkeit und ermöglichen die Operationen des Denkens. Kognitive Ereignisse und Prozesse (Gedanken, Bilder, Erinnerungen, Erwartungen) sollen verdeckten Reizen und Reaktionen entsprechen, die den gleichen Lerngesetzen folgen wie Stimulus (S) und Response (R).

3. R steht für Response (Antwortverhalten) als Grundlage des Modell-Lernens. *Modell-Lernen* beschreibt das Lernen durch Beobachtung und Nachahmung. Dieses Lernmodell dient der Verhaltenstherapie zur Erklärung von Wirkfaktoren, die vom Therapeuten ausgehen.

4. C steht für Contingency (Kontingenz) bei operanten Lernverfahren. Diese zielen auf eine Kontrolle der Konsequenzen von Verhalten ab. Zugrunde gelegt ist Edward Lee Thorndikes Gesetz vom Lernen am Erfolg. Burrhus Frederic Skinner hat dieses pädagogische Prinzip ganz unter die Idee eines radikalen Behaviorismus gestellt, der die Verbesserung des unerwünschten Verhaltens durch die operante Kontrolle des Individuums mittels Belohnungs- und Bestrafungsplänen in das Zentrum seiner Experimentaluntersuchungen gestellt hat. Strategien zum Abbau von Verhalten setzen auf Verlernen, Bestrafung, Löschung, Sättigung, Beschränkung und Unerreichbarkeit von Verstärkern. Zum Aufbau von Verhaltensweisen werden Möglichkeiten von positiven Verstärkern gesucht und systematisch eingesetzt.

Die behavioralen Lerntheorien versuchen also den Zusammenhang von Außenwelt und Handlung des Individuums durch Lerngesetze zu beschreiben. Die systematische Veränderung der Außenwelt soll dazu dienen, gewünschtes Verhalten herzustellen und unerwünschtes abzustellen. Krankheit wird als unerwünschtes Verhalten aufgefasst. Angewendet wird dieser Theorieansatz als objektive Alternative zum psychoanalytischen Ansatz, der sich auf Konflikte außerhalb des menschlichen Bewusstseins (im Unbewussten) der Patienten stützt und eher ein »Lernen durch

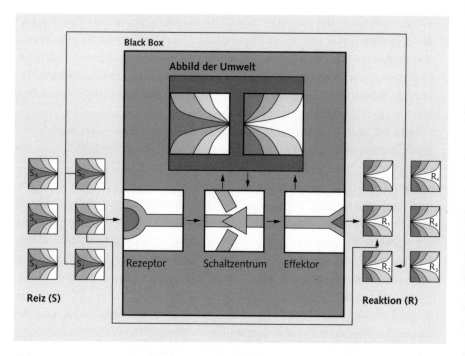

Abb. 13: *Das operante Konditionieren versucht, Hypothesen über den inneren Zustand des Organismus zu vermeiden. Dennoch kommt ein entsprechendes systemtheoretisches Modell nicht ohne die Annahme eines sich verändernden Abbildes der Folgen des Verhaltens (z. B. in Form des Gedächtnisses) aus. Gewünschtes Verhalten (R_X) wird dadurch gelernt, dass alle Reaktionen, die als Vorstufen des gewünschten Verhaltens (z. B. verbessertes Essverhalten bei Magersucht) gelten, immer wieder durch bestimmte Verstärker S_D (z. B. Freizeit) bekräftigt werden (äußerer Rückmeldeweg). Durch diesen Vorgang (shaping of behavior) wird die Wahrscheinlichkeit des Auftretens der gewünschten Sequenz (S_X-R_X) immer größer und bei anderen Verhaltensweisen (R_3, R_4) immer kleiner. Für diese programmierte Verstärkung werden Kontingenzpläne entwickelt, die für eine Zeitstabilität des neuen Verhaltens (Intervallbekräftigung) oder für eine Vermehrung des gewünschten Verhaltens (Quotenbekräftigung) sorgen sollen (modifiziert nach Legewie & Ehlers, 1992, S. 259).*

Erfahrung« (Bion, 1992) als Grundlage therapeutischer Veränderungsprozesse postuliert. Dennoch kommt auch die analytische Psychotherapie nicht ohne die Fähigkeit zum Lernen am Erfolg und Lernen durch Konditionierung im klassischen und operanten Modus aus. Allerdings werden dieses Modi nicht im Sinne einer gezielten Verhaltensänderung eingesetzt, da die Gefahr der fehlgeleiteten Manipulation zu groß ist.

Othmar W. Schonecke (1995, S. 204) spricht von dem »Realitätsprinzip des Lernens«. Er meint damit, dass sich eine Verhaltensänderung des Organismus aus dem »Merken« von Reizbeziehungen ergibt. Gemeint sind Reizbeziehungen zwischen unkonditionierten Reizen und dazugehörenden Reizen, die mit ersteren nach festen Auftretenswahrscheinlichkeiten verbunden werden (siehe Abb. 12). Hierdurch ergeben sich für den Organismus wichtige Vorhersagen in einer sonst chaotisch erscheinenden Welt. Infolge der angeborenen Reiz-Reaktionsbeziehung (z. B. die Nähe einer zum Stillen bereiten Brust, die einen Geruchsreiz aussendet) können aufeinander bezogene Reiz-Reaktions-Konstellationen mit den Erfordernissen des

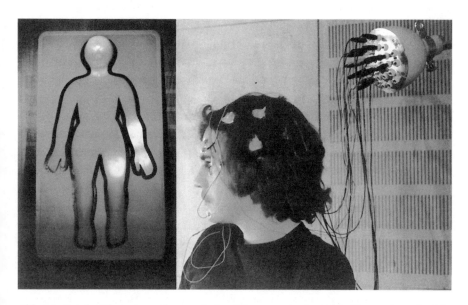

Abb. 14: *Bei der Therapie psychosomatischer Störungen durch gezielte Verwendung der Methoden des operanten Konditionierens werden zahlreiche vom autonomen Nervensystem (ANS) kontrollierte Funktionen des Körpers wie Herzschlagrate, Blutdruck und periphere Durchblutung des Körpers, Magen-Darm-Kontraktionen und die Harnausscheidung mittels »Shaping-Prozeduren« der »willentlichen« Kontrolle unterworfen, so dass extreme Zustände der emotionalen Aktivierung wie z. B. Angst oder Wut durch den Umweg über die Körperentspannung reduziert werden können. Auf der rechten Seite der Abbildung ist das Abgreifen der Muskel- und Gehirnaktivität durch EEG- und EMG-Elektroden erkennbar. Diese Signale werden zur Ganzkörperfigur auf der linken Bildseite geleitet und von dort durch Lichtsignale zurückgemeldet. Bei der Bewertung dieser Methoden ist zu bedenken, dass ähnliche Ergebnisse auch im Rahmen der aktiven Psychotherapie durch Methoden der Autosuggestion, wie z. B. durch das autogene Training (AT), zu erzielen sind (modifiziert nach Legewie & Ehlers, 1992, S. 262).*

Organismus verbunden werden. Ein Beispiel ist der Säugling, der den unkonditionierten Geruchsreiz der mütterlichen Brust mit konditionierten Reizen des Tastens, Fühlens und Schmeckens und mit der mütterlichen Stimme verbinden kann und sich auf diese Weise an veränderte Bedingungen des Nicht-gestillt-Werdens leichter anpassen kann, weil nicht mehr allein der Geruchsreiz das Triebziel signalisiert. Die Unmittelbarkeit des Saugens als unkonditionierte Reaktion dient der Triebbefriedigung und wird von Schonecke als Primärprozess bezeichnet, der durch die Fähigkeit zum Lernen in sekundärprozesshaftes Verhalten verwandelt wird, das den Säugling zum Aufschub der Triebbefriedigung befähigt.

Hans Sjöbäck (1988) hat in einer Konzeptanalyse der ätiologischen Theorieentwicklung bei Sigmund Freud aufgezeigt, welche Lerngesetze in der Psychoanalyse von Bedeutung sind. Freud beschreibt den erheblichen Einfluss der Erziehung in Form der Sexualmoral auf die Triebsteuerung (Freud, 1905d, 132–145). Das Lustprinzip verkörpert die Belohnungsstrukturen des Es und das Realitätsprinzip die Konsequenzen der Sexualmoral, die eine Anpassung durch das Ich erfordert. Von den oben beschriebenen Lernprozessen bevorzugt Freud den Mechanismus der Identifikation mit den Erziehungspersonen und deren Moral.

Der Vorgang der *Introjektion* führt zu einer Verinnerlichung der elterlichen Moralgesetze, die später vom Überich vertreten werden. So kommt es innerlich zu Belohnungs- und Bestrafungsstrukturen, die vom Lernpsychologen experimentell manipuliert werden, um Krankheit zu verlernen. Dieses Lernmodell lässt sich im Tierexperiment sehr gut in seiner Auswirkung auf Hirnstrukturen studieren und hat auch zu Ergebnissen geführt, die unser Wissen über die Realisierung psychischer Mechanismen im Gehirn unerhört erweitert haben (siehe 6.4.2). Allerdings gibt die Fähigkeit zum Bewusstsein dem Menschen eine einzigartige Möglichkeit, sich durch kognitive Prozesse, Sprachbildung und Denken – über die dem Tier mögliche Anpassung hinaus – an veränderte Bedingungen der Außenwelt anzupassen. Das heißt natürlich nicht, dass menschliche Anpassung an veränderte Außenweltbedingungen ohne ein Lernen am Erfolg, klassische Konditionierung und Lernen am Modell auskommen könnte.

Die Psychoanalyse sieht diese Anpassung durch ein Ich kontrolliert und hält sie durch das Bewusstsein für reflektierbar. Dort, wo diese Ichfunktionen gestört sind, soll das Ich wieder in die Lage versetzt werden, die Kontrolle zu übernehmen. Bezüglich der Ausrichtung der therapeutischen Techniken bedeutet dies einen Verzicht auf direkte, willentlich geplante Steuerung des Verhaltens der Patienten durch den Therapeuten. Die psychoanalytische Haltung erfordert wohlwollende Neutralität und Abstinenz. Ein manipulatives Vorgehen wird somit ausgeschlossen (Dantlgraber, 2000, S. 270).

3.6 Grundlagen von Lernen, Gedächtnis, Kognition ■ 155

Abb. 15: *Konditionierung im kleinen Welttheater (Döhl, 1985): Der Künstler Uwe Ernst führt in seinem »kleinen Welttheater« in einer Zeichnung mit schwarzer Kreide eine Szene ein, die er »Der liebe Gott beim Konditionieren« nennt (Uwe Ernst, 1985, schwarze Kreide, 42 × 41 cm). In der Manier des Fotorealismus wird das Individuum als Motorradfahrer auf die Bühne gestellt, die sich gleichsinnig zum Vorwärtsstreben des Motorradfahrers bewegt, aber vielleicht von Gott oder Teufel ferngesteuert ist. Der Pfeil auf dem Podest verdeutlicht die ausweglose Situation des Individuums, das um sich selber kreisen muss, ohne diesen fremdbestimmten Wiederholungszwang auflösen zu können. Ursache für diese Versuchsanordnung, auf die der Begriff des Konditionierens hinweist, ist das Spiel zwischen Gott und Teufel oder »Gut« und »Böse«. Das Lernprinzip der Konditionierung erinnert uns an die Abhängigkeit des menschlichen Lernens von den Kräften der Natur und der Kultur (Copyright: VG Bild-Kunst, Bonn 2006).*

Ziel dieser Haltung ist die Entwicklung einer Übertragungsneurose, die durch Deutungen, emotionales Lernen, Einsicht und Erkennen geheilt wird. Aufgrund der lern- und lebensgeschichtlichen Erfahrung des Psychoanalytikers gehen aber eigene Überzeugungen, Normen und Werte in diese Übertragungsbeziehung ein. Hierdurch entstehen komplexe Kommunikationsprozesse, die mit Lerngesetzen nicht mehr zu fassen sind. Die Begrenzung der Lerngesetze auf relativ einfache und lineare Reiz-Reaktionsbeziehungen hat auch zu einem Paradigmenwandel in der Psychologie geführt, der als »kognitive Wende« bezeichnet wird. Die psychoanalytische Behandlungstechnik hat sich von einer mehr passiven in eine aktive Haltung verwandelt. Was dies heißt, soll in Band 2 der Reihe *Basiswissen Psychoanalyse* dargestellt werden.

3.6.2 Gedächtnis

In der von Sigmund Freud (1914g) postulierten klinischen Funktionsreihe *erinnern – wiederholen – durcharbeiten* steht das Gedächtnis in Form des Erinnerns, der Methoden des Abrufens von Vergessenem und der kognitiven Bearbeitung der traumatischen Fixierung des Erinnerten im Zentrum der klinischen Arbeit. Aufgrund von Freuds Theorie des psychischen Apparates, im Sinne eines Gehirnmodells des Gedächtnisses, ist die Erinnerung als Auffinden von visuellen und akustischen Wahrnehmungsresten zu verstehen. Diese Idee ist somit Grundlage einer Abbildtheorie des Gedächtnisses, in der abgelegte Wahrnehmungsrepräsentanten aufgelesen werden. Freud unterscheidet zwischen Wort- und Sachvorstellungen, die sich aus dem Zusammenspiel von zwei Untersystemen ergeben, dem System W (Wahrnehmung) und dem System Bw.

Das System W wird durch äußere Reize angeregt, deren Inhalte nur bewusst werden, wenn das System Bw die Aufmerksamkeit – ähnlich wie ein Scheinwerfer Gegenstände erfasst – auf die äußeren Objekte richtet. Das System Bw hingegen wird auch von Gedanken angeregt (innere Prozesse der Wahrnehmung und Fantasie). Diese können wiederum erst bewusst werden, wenn sie durch Assoziationen mit *Erinnerungsspuren der Reize aus dem System W* in Verbindung gebracht werden. Die Methode der freien Assoziation, zu der ein Patient in der Psychoanalyse angeregt wird, hat daher die Aufgabe, einen Zugang zu den inneren Prozessen des Subjekts zu schaffen, auch zu denen, die im deskriptiven Sinn unbewusst sind.

Dieser *Abbildtheorie des Gedächtnisses* ist jedoch eine Erfahrung entgegenzuhalten, die in der theoretischen Weiterentwicklung der Psychoanalyse bedeutsam wurde. Unser Gedächtnis wie auch unsere Wahrnehmung sind ein konstruktiver Akt, im Gegensatz zur aristotelischen Idee, dass Erinnerungen wie auf einer Wachstafel im Gehirn eingeschrieben seien. In diesem aristotelischen Sinne versuchte die amerikanische Ich-Psychologie durch die Annahme primär autonomer Ich-Funktionen (Hartmann, 1939) Wahrnehmungsprozesse von der Triebverschränkung abzukoppeln und damit die Erinnerungen im Normalfall der verzerrenden Wirkung von Trieben und Affekten zu lösen.

Neuerdings wird aber von der Säuglingsforschung (Stern, 1996) abgelehnt, dass im Normalfall *Wahrnehmung und Gedächtnis* in der Interaktion des Säuglings mit der primären Bezugsperson ohne Affekte und Bedürfnisse entstehen; denn bei den frühesten Objektbeziehungserfahrungen spielt die Befriedigung elementarer Triebbedürfnisse eine entscheidende Rolle. Neben den Affekten wird zunehmend auch der Aspekt der Hirnentwicklung berücksichtigt. So meint Lotte Köhler (1998), Psychoanalytiker täten gut daran, wenn sie neue Erkenntnisse der Neurobiologie und der Entwicklungs- und Kognitionspsychologie in ihr Wissen um das Erinnern integrieren würden. Für Stephan Granzow (1994) gipfeln die verschiedenen Entwicklungslinien des Gedächtnis in der für die Psychoanalyse so wichtigen Entstehung eines *autobiographischen Gedächtnisses*. Dieses baut auf den biologischen Entwicklungsschritten des zweiten, achten, achtzehnten Lebensmonat auf, in denen eine Affektdifferenzierung wie auch eine Differenzierung der Bindungsmuster erfolgt. Im dritten bis siebten Lebensjahr wird das autobiographische Gedächtnis weiter ausdifferenziert. Auch in den Objektbeziehungstheorien werden von Kennel (1998) und Kernberg (1988) unter Berufung auf Bion (1992) Entwicklungslinien des Gedächtnisses aufgezeigt, bei denen Ergebnisse der Säuglings- und Affektforschung Berücksichtigung finden.

Die interdisziplinären Beiträge der »Embodied Cognitive Science« werden von Leuzinger-Bohleber und Pfeifer (1998) in Zusammenhang mit dem Erinnern in der Übertragung diskutiert:
1. *Gedächtnis* ist demnach als ein Geschehnis des gesamten Organismus zu betrachten, bei dem in einem interaktiven Prozess komplexe und *dynamische Rekategorisierungen* stattfinden.
2. Als Ausgangsbasis dienen aktuelle Erfahrungen im sensomotorisch-affektiven Erleben.

Im Sinne dieser Betrachtung scheint das Erinnern in der Übertragung von einem inneren und äußeren Dialog mit den Objekten abhängig zu sein. Hierbei wird ein Konstruktionsprozess in Gang gesetzt, bei dem narrative Wahrheiten in aktuellen oder aktualisierten Erfahrungen ihren Niederschlag finden. Diese narrativen Wahrheiten scheinen eine kreative Annäherung an historische Wahrheiten dazustellen.

Damit werden Wahrnehmung und Gedächtnis theoretisch den konstruktivistischen Auffassungen der Sprachtheorie näher gebracht. Dadurch wird es möglich, die psychoanalytische Technik nicht lediglich mit der simplen archäologischen Metapher des »Ausgrabens« von historischen Gegebenheiten zu sehen, sondern sie auch als *Rekonstruktion von Erfahrung* zu verstehen. Trotz seiner biologisch veralteten Gedächtnismetapher vom Abbildcharakter der Erinnerungen in der Traumatheorie ist Sigmund Freud in seinen späteren ätiologischen Postulaten bei der Aufstellung von ätiologischen Hypothesen einer konstruktivistischen Hypothese gefolgt.

So verweist Helmut Hinz (2000) darauf, dass durch Freuds zentrale Entdeckung der Fantasie für die Neurosenentstehung der Traumabegriff in den Hintergrund treten musste. Hieraus wurde die Forderung abgeleitet, dass die Deutung der *Aktualität im Hier und Jetzt des Beziehungsgeschehens* wichtiger sei als die *genetisch richtige Rekonstruktion* des historischen Geschehens. Der Analytiker hat nach Freud (1937d, S. 44) das Vergessene aus den Anzeichen, die es hinterlassen hat, zu erraten oder besser: zu konstruieren. Die Deutung ist für ihn eine Konstruktion und damit eine Vermutung, die auf Prüfung, Bestätigung oder Verwerfung wartet. Freud schreibt (1937d, S. 53):

»*Der Weg, der von der Konstruktion des Analytikers ausgeht, sollte in der Erinnerung des Analysierten enden; er führt nicht immer so weit. Oft gelingt es nicht, den Patienten zur Erinnerung des Verdrängten zu bringen. Anstatt dessen erreicht man bei ihm durch korrekte Ausführung der Analyse eine sichere Überzeugung von der Wahrheit der Konstruktion, die therapeutisch dasselbe leistet wie eine wiedergewonnene Erinnerung.*«

Es geht heute also mehr darum, in Erinnerungen keine Entdeckung mit historischem Wahrheitscharakter zu sehen und den Rekonstruktionen in der Analyse eher die Aufgabe einer Sinn schaffenden Handlung zu geben, die sich in der Aktualität des Interaktiosgeschehens in der Übertragung behaupten muss.

3.6.3 Kognition: Wahrnehmen, Erkennen, Denken, Bewusstsein

Prozesse des Wahrnehmens, Erkennens, Begreifens, Urteilens und Schließens werden in der Psychologie als Teilkomponenten der Ichtätigkeit unter den Begriff »Kognition« gefasst. Die Ich-Entwicklung ist nur zu verstehen, wenn man sowohl die Entwicklung der kognitiven Funktionen als auch die der emotionalen Funktionen einbezieht. Zu den Ich-Funktionen gehören sehr komplexe Interaktionen von kognitiven und emotionalen Verarbeitungsschritten, insbesondere die Fähigkeit zur Anpassung, die zur Realitätsprüfung, die Fähigkeit zur Abwehr ebenso wie die Art der Abwehrmechanismen. Konflikthafte und traumatische Inhalte dieser

3.6 Grundlagen von Lernen, Gedächtnis, Kognition ■ 159

Vorgänge sind im deskriptiven Sinne zeitweise unbewusst. Daher können die Beiträge der Psychoanalyse zur kognitiven Psychologie die Analyse kognitiver Vorgänge um diese unbewussten Beiträge von abgewehrten Konflikten und Traumaerfahrungen erweitern. Andererseits sollte die Psychoanalyse die Entwicklung des unbewussten Konfliktgeschehens auch in seinem kognitiven Kontext verstehen. In diesem Sinne können die individuellen Wahrnehmungen und kognitiven Verarbeitungen der auslösenden Situation betrachtet werden, die zu dem Konflikt geführt haben. Dies machen Phillis und Robert L. Tyson (1997) an der Verarbeitung des traumatischen Erlebens durch ein dreijähriges Mädchen deutlich: *Nachdem es kurz zuvor Zeugin eines Erdbebens geworden war, begrüßt das Mädchen einen Anrufer am Telefon mit den Worten: »Hallo! Bei uns war gerade ein Erdbeben. Ich habe es nicht gemacht, Mama auch nicht, Papa auch nicht, meine Schwester auch nicht. Es hat sich selbst gemacht!«*

Das Mädchen muss seine Mitmenschen beruhigen. Offensichtlich fühlt es sich für das Geschehene verantwortlich. Wir würden uns fragen, welcher unbewusste Konflikt dahinter stehen mag. Wichtig hierbei sind aber auch die Denkmuster, um diesen Konflikt zu lösen. Wenn sie es nicht war, so überlegt die Dreijährige, muss sie in ihrem nächsten Verwandtenkreis prüfen, wer es dort gewesen sein könnte. Obwohl ihr der Begriff »Naturkatastrophe« fehlt, kommt sie doch zu einem Bewusstsein darüber, dass das Gewaltige, was sie im Beben zu fühlen bekommen hat, in diesem selber zu suchen sei.

Das Denken in der alltäglichen Lebenswelt ist durch Sinngebung gekennzeichnet. Im spontanen Hinleben des Bewusstseinstroms, wie es in der Grundregel der freien Assoziation und der Betonung des Gegenwärtigen (Hier-und-jetzt-Regel) in der Psychoanalyse zum Ausdruck kommt, erhält das Erleben durch die Anregungen des Deutens seinen Sinn. Hierdurch bekommen die »freien Einfälle« des Patienten einen Lebenssinn; der Patient kann sich denkend seinen Einfällen zuwenden. Vergangene und gegenwärtige Erfahrungen werden aus dem Bewusstseinstrom ausgegrenzt und können im Dienste zukünftiger Erfahrungen einer Selbstreflexion unterzogen werden (siehe Abb. 16).

Der Prozess der selbstreflexiven Tätigkeit ist auf unser Bewusstsein angewiesen. Das Postulat kognitiver Programmabläufe auf der Basis von Modellvorstellungen, die in der empirischen Erforschung des Denkens gewonnen wurden, ist die Basis der kognitiven Bewusstseinstheorie (Schacter, 1995). Der Einfluss socher kognitiven Modelle auf die neurobiologische Aktivität von Wahrnehmung, Gedächtnis, Problemlösen und Bewusstsein wird zunehmend Gegenstand des wissenschaftlichen Dialogs zwischen der Psychoanalyse und den Neuro- sowie Kognitionswissenschaften (Koukkou et al.,1998).

3 Psychologische Grundlagen der Psychoanalyse

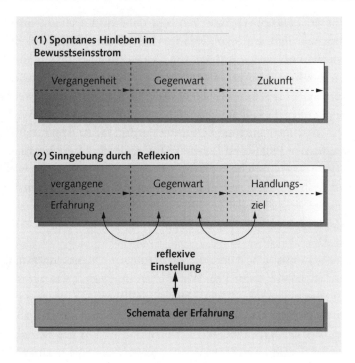

Abb. 16: *Die subjektive Sinngebung schafft nach Schütz & Luckmann (1979) im spontanen Dahinleben durch eine selbstreflexive Einstellung neue Schemata der Erfahrung: Die freien Einfälle im Hinleben des Bewusstseinsstroms im analytischen Prozess erfahren durch die Deutungen des Psychoanalytikers eine Sinngebung. Diese Deutungen regen zur Selbstreflexion an, die unser lebensweltliches Zeiterleben mit Sinn erfüllt. Die so entstehenden neuen Erfahrungen erhalten ihren Sinn dadurch, dass sie durch das selbstreflexive Denken in die Schemata der Erfahrung eingeordnet werden (modifiziert nach Legewie & Ehlers, 1992, S. 279).*

Besonders die Erforschung der Interaktion von Säugling und Pflegeperson hat wesentliche Beiträge über die Entwicklung kognitiver Reifeschritte geliefert. Lotte Köhler (1998) gibt am Beispiel der Entstehung des Gedächtnisses einen Überblick über die neurobiologischen Voraussetzungen für diesen kognitiven Entwicklungsprozess. Sie stellt einen Zusammenhang zwischen neurobiologischen Erkenntnissen über die Gehirnentwicklung und der zunehmenden kognitiven Leistungsfähigkeit des Neugeborenen in der Dyade von Säugling und Pflegeperson her:

1. In den *ersten zwei Lebensmonaten* steht die Ausbildung einer Erwartungsstruktur im Vordergrund.
2. Vom *dritten bis siebten Lebensmonat* entstehen kognitive Strukturen, die durch Wachstum von Erfahrung und Gedächtnis zu einem verbesserten Weltverständ-

nis beitragen. Schon im dritten Monat sind Langzeiterinnerungen einmaliger Ereignisse nachweisbar. Aus einer Vielzahl von Eindrücken bilden sich Schemata, die eine mehr oder weniger dauernde Existenz aufweisen (Sandler & Rosenblatt, 1984) und als »Repräsentanzen« bezeichnet werden. Schon bei Piaget taucht der Begriff »Schema« im Zusammenhang mit der Phase der sensomotorischen Entwicklungsperiode auf. Stern (1996) betont die Interaktivität dieses Leistungsgewinns und spricht von *Repräsentanzen der Interaktion in generalisierter Form* (RIG). Es handelt sich dabei um Repräsentanzen, bei denen eine Abfolge von Ereignissen (z. B. Hunger → an die Brust gelegt werden → die Brustwarze suchen → den Mund öffnen → saugen → Milch bekommen) bei regelmäßig wiederkehrenden Vorkommnissen generalisiert wurde.

3. In einem Zeitraum vom *neunten bis zum achtzehnten Monat* entsteht die Fähigkeit zum Erkennen von geistigen Vorgängen im anderen Menschen (Konzeptbildung). Man spricht auch vom Beginn einer »theory of mind« im Kleinkind. Hierzu gehören die Fähigkeit zur Unterscheidung von Bezeichnetem und Bezeichnendem und die Fähigkeit zu einem präverbalen Langzeitgedächtnis, das sich in der Fähigkeit zur Nachahmung über einen Zeitraum von 1–6 Wochen ausdrücken kann.

4. Vom *achtzehnten bis zum sechsunddreißigsten Lebensmonat* entsteht auf der Grundlage von Erfahrungen beim Spracherwerb, der Verwendung der Symbolbildung und der Ausbildung narrativer Gesprächsformen ein zur Reflexion befähigtes Bewusstsein, auf das sich die Selbstreflexivität des Ich stützen kann. Dies ermöglicht den Kindern, sich eine Fantasiewelt außerhalb der realen Welt zu schaffen. Dabei können alte Erfahrungen und unerfüllte Wünsche durchaus den gegenwärtigen Tatsachen widersprechen. Selbstrepräsentanzen erhalten in diesem Zeitraum möglicherweise eine hierarchische Struktur.

5. Vom *vierten bis siebten Lebensjahr* erhält die Gedächtnis- und Denkorganisation die Fähigkeit zur Schulreife. Piaget spricht vom Übergang vom präoperationalen zum konkret-operationalen Denken. Bei den Primaten werden in diesem Alter die Jungen geschlechtsreif. Beim Menschen ist es die Zeit der frühkindlichen Sexualität, die im Sinne der psychoanalytischen Libidotheorie den Ödipuskomplex bedingt. Im Kulturvergleich ist das Herausragende die gesteigerte Verantwortungsfähigkeit, die sich in den westlichen Kulturen in der Schulreife und in anderen Kulturen in der Fähigkeit zur Beaufsichtigung jüngerer Kinder und der Haustiere ausdrückt.

Die Entwicklung schreitet also von der Ausbildung der Sensomotorik zur Kognition fort; es entwickelt sich die Fähigkeit zur Mentalisierung (Fonagy et al., 2004). Mit dieser Steigerung der mentalen Verarbeitungsaktivitäten wachsen die Fähigkeiten zum Annehmen des anderen und zur Integration von Fühlen und Denken. Hierbei ist zu beachten, dass der Auf- und Ausbau der mentalen Organisation von Beginn an im sozialen Austausch vonstatten geht; das menschliche Neugeborene ist auf sozialen Austausch angelegt. Diese Erkenntnis unterscheidet die moderne kognitive Entwicklungspsychologie von den Annahmen Freuds und Piagets, die das Neugeborene noch nicht in der Kommunikation mit dem anderen als *aktiv* konzeptualisiert hatten.

3.6.4 Stadien der kognitiven Entwicklung

Um die Denkprozesse des Kindes zu verstehen, hat die Psychoanalyse ihre Kenntnisse der Traumvorgänge (Primär- und Sekundärvorgang) genutzt und auch im kindlichen Denken die Logik des Primärvorgangs aufgezeigt. Freud (1923a) beschreibt, wie im Modus des Primärvorganges die Verzerrung logisch rationalen Denkens bei der Suche nach Triebbefriedigung und Wunscherfüllung im Traum wie im kindlichen Denken auftritt. Die spätere psychoanalytische Forschung (Tyson & Tyson, 1997, S. 172–180) versucht jedoch im Vorgang der Triebbefriedigung getrennte Einflüsse von Primärvorgang und Sekundärvorgang aufzuzeigen. Sie konnte sich damit besser auf die Ergebnisse der akademische Forschung an den Universitäten beziehen, die meist aus der Erforschung des Sekundärprozesses gewonnen wurden, weil dieser experimentell besser untersucht werden kann. Dies gilt auch für Piaget (1995) der die grundlegenden Stadien der kognitiven Entwicklung durch die Untersuchung der eigenen drei Kinder entdecken und beschreiben konnte.

Piagets Beobachtungen und Stegreif-Experimente ließen ihn vier grundlegende Stadien der kognitiven Entwicklung unterscheiden, wobei in der zweiten Zeitperiode eine egozentrische und eine intuitive Phase unterschieden werden können. Auf dem Hintergrund einer noch undifferenzierten Reizflut bei der Geburt werden die zum Teil aus dem eigenen Körper und teils aus der Außenwelt stammenden Informationen durch zwei elementare kognitive Schemata unterschieden, die grundlegend für Wahrnehmung, Bewusstsein und Denken sind. Es sind die kognitiven Schemata von Ich und Umwelt. Die Trennung der Erscheinungsformen in Ich und Nicht-Ich, Innenwelt und Außenwelt oder Subjekt und Objekt findet sich auch in der Konstruktion des psychischen Apparates von Sigmund Freud, und zwar in der Beschreibung einer inneren und einer äußeren Wahrnehmungsoberfläche (siehe 6.2.7 und 6.3.2). In der weiteren Entwicklung des Neugeborenen bilden sich in den jeweiligen Zeitperioden charakteristische Schemata heraus. Ein Schema ist ein Plan, der zur Organisation von Wahrnehmung, Denken und Handeln führt (Legewie & Ehlers, 2000, S. 337–346):

1. In der *sensomotorischen Periode* (Geburt bis 2. Lebensjahr) lernt der Säugling, sich selber von der Umwelt zu unterscheiden. Er sucht nach Stimulation und strebt nach der Wiederholung interessanter Ereignisse. Durch Erprobung im Handeln (Manipulation von Objekten) entsteht das Gegenstandsschema. Dieses Schema ist durch das Erreichen einer Objektkonstanz beim Kleinkind gekennzeichnet: Trotz der Veränderungen in Raum und Zeit bleiben die Dinge dieselben Objekte.
2. In der *präoperationalen Periode* (2.–7. Lebensjahr der Kindheit) findet der Spracherwerb statt. Das Kleinkind lernt den Symbolgebrauch. In der egozentrischen Phase (2.–4. Lebensjahr) ist das Kleinkind noch unfähig, den Gesichtspunkt anderer einzunehmen. Sprachlich und operational definiert es die Objekte nur nach ihrer Haupteigenschaft. In der intuitiven Phase (4.–7. Lebensjahr) bedient sich das Kind noch rein anschaulicher Denkoperationen.
3. In der *Periode der konkreten Denkoperationen* (7.–11. Lebensjahr der Kindheit) können logische Operationen in konkreten Situationen beherrscht werden. Diese konkreten Operationen bestehen in dem Denkschema der Umkehrbarkeit, der Klassifikation von Handlungen und Objekten und dem Herstellen von Rangordnungen.
4. In der *Periode der formalen Operationen* (11.–15. Lebensjahr der Jugendzeit) entsteht die Fähigkeit zum Testen von Hypothesen. Gedankenexperimente ermöglichen den Übergang zum abstrakten Denken.

Wenn sich Piaget auch nicht um die Entwicklung der Objektbeziehung zu den Pflegepersonen gekümmert und auch nicht die Entwicklung des primärprozesshaften Denkens verfolgt hat, so trägt seine Erforschung der Denkprozesse in den vier Zeitperioden der kognitiven Entwicklung von Säugling, Kleinkind, Kindheit und Jugend doch entscheidend zu einer Veränderung der psychoanalytischen Entwicklungstheorie von primär- und sekundärprozesshaftem Denken bei (Noy, 1979).

3.6.5 Denkformen im Primär- und Sekundärprozess

Der Begriff des Denkens umfasst die mentalen Vorgänge, mit denen der Mensch mit Vorstellungen und Begriffen innerseelische Vorgänge und Sachverhalte erfassen kann um nach Problemlösungen zu suchen. Hierbei bedient er sich der Wahrnehmungen und Empfindungen, bei Einbindung von Bedürfnissen und Gefühlen. In der Psychoanalyse haben die Denkformen, die sich aus dem primär- oder sekundärprozesshaften Denken ergeben, deshalb eine so wichtige Bedeutung, weil die Auflösung von innerseelischen Konflikten Fähigkeiten für verschiedene Strategien des Problemlösens voraussetzt. Diese muss ein Patient im Verlauf der Analyse durch Identifizierung mit den Fähigkeiten des Psychoanalytiker erst erwerben.

Für die psychoanalytische Theorie des Denkens war die Entdeckung zweier kognitiver Denkformen (Primär- und Sekundärprozess) von entscheidender Bedeutung. Entgegen der heutigen Terminologie (vgl. Leichsenring, 2000, S. 570–572) verwendet Freud die Begriffe Primärvorgang und Sekundärvorgang, um die zwei für die Psychoanalyse wesentlichen Denkmodi zu bezeichnen. Die Begriffe »Primär«- und »Sekundärfunktion« verwendet Freud (1950c, S. 420–422), um das Besetzungsgeschehen im Nervensystem zu beschreiben. Die durch die amerikanische Ich-Psychologie geprägte Auffassung (Rapaport, 1973; Holt, 1989, S. 281), dass dieses Konzept neurophysiologisch heute nicht mehr haltbar sei, muss allerdings korrigiert werden (Kaplan-Solms & Solms, 2003, S. 187–189).

Der Primärprozess dominiert zu Beginn des Lebens die kognitiven Abläufe im Gehirn, aufgrund der elementaren Abhängigkeit des kindlichen Organismus von der Nahrung spendenden Mutter und all ihren weiteren Versorgungs- und Schutzaufgaben. In dem Begriff der oralen Entwicklungsphase (siehe 2.3.1) wird diese Austauschform im Mutter-Säugling-Dialog deutlich hervorgehoben. In der Beschreibung des psychischen Apparates nennt Freud das Es die älteste der psychischen Instanzen, die unter dem Einfluss der Außenwelt steht. Diese wird verkörpert durch das äußere mütterliche Objekt.

Durch die Abhängigkeit von der Außenwelt ergibt sich die Aufgabe zur Selbstbehauptung, die vom Ich schon von Geburt an übernommen wird. Das Ich erfüllt sie,

»… indem es nach außen die Reize kennenlernt, Erfahrungen über sie aufspeichert (im Gedächtnis), überstarke Reize vermeidet (durch Flucht), mäßigen Reizen begegnet (durch Anpassung) und endlich lernt, die Außenwelt in zweckmäßiger Weise zu seinem Vorteil zu verändern (Aktivität); nach innen gegen das Es, indem es die Herrschaft über die Triebansprüche gewinnt, entscheidet, ob sie zur Befriedigung zugelassen werden sollen, diese Befriedigung auf die in der Außenwelt günstigen Zeiten und Umstände verschiebt oder ihre Erregung überhaupt unterdrückt …Von Zeit zu Zeit löst das Ich seine Verbindung mit der Außenwelt und zieht sich in den Schlafzustand zurück, in dem es seine Organisation weitgehend verändert. Aus dem Schlafzustand ist zu schließen, daß die Organisation in einer besonderen Verteilung der seelischen Energie besteht« (Freud, 1940a, S. 67 f.).

Der psychische Apparat unterliegt einer Entwicklung von Geburt an, die sich in der Interaktion der Rindenschicht des Gehirns mit den Organen zur Reizaufnahme und den zum Reizschutz vorgesehenen Einrichtungen im Wechselspiel mit der

Außenwelt vollzieht und ein Ich entstehen lässt. Dieses Ich will der Unlust ausweichen, strebt nach Lust und bedient sich hierbei der Signale, die von den Affekten kommen (z. B. Angstsignale), um vor Gefahren fliehen zu können. Ein Warnsystem bildet sich als Abbild der Normen der Außenwelt heraus und wird als »Überich« bezeichnet.

Die Etablierung des psychischen Apparats im Gehirn durch den Entwicklungsprozess unterliegt der Schlaf-Wach-Rhythmik. Freud hat für den Schlafzustand einen anderen Organisationsmodus postuliert als für den Wachzustand. Dieser Entwicklungsprozess sorgt im Wachzustand in viel größerem Ausmaß als im Schlafen über Affektsignale für seine Anpassung an die veränderten Bedingungen der Außenwelt. Im Schlaf steuern mehr Wunschvorstellungen im Sinne biologischer Bedarfsdeckung den Rhythmus von Traum und Tiefschlaf. Diese rhythmische Organisation von Schlaf- und Wachzustand ist im kognitiven Verarbeitungsprozess durch den Primär- und Sekundärprozess gekennzeichnet.

Die Metapsychologie Freuds beschreibt diese Organisationsformen des Bewusstseins nach dynamischen (Trieb und Verdrängung), topischen (Ubw, Vbw, Bw), ökonomischen (Lust/Unlust und Realitätsprinzip) und strukturellen (Es, Ich, Überich) Modellaspekten.

1. Die Bindung der psychischen Energie im System des Vorbewussten (Vbw) und Bewussten (Bw) an Objektrepräsentanzen, Vorstellungen und Wünsche ist zu unterscheiden von der freien Beweglichkeit der psychischen Energie im System des Unbewussten (Ubw).
2. Die freie Beweglichkeit der Besetzung im System Ubw ist Kennzeichen des Primärvorgangs, der sich im Traum durch die Mechanismen der Verdichtung, Verschiebung und Symbolisierung ausdrückt (siehe 2.1.2). Primärprozesshaftes Denken ist bildhaft und symbolisch und folgt aufgrund der größeren Verschiebbarkeit der Besetzung nicht – wie der Sekundärprozess – ausschließlich der rationalen Logik.
3. Der Sekundärvorgang operiert mit gebundenen Energien, die auch noch von ihrer affektiven Bindung befreit sind. Diese neutralisierte Energie ermöglicht rationale Denkprozesse. Es werden hierbei nur kleine Energiequanten benötigt, was den Denkprozessen eine größere Flexibilität in Bezug auf die Anpassung an die Außenwelt verleiht. An die Stelle der Energie konsumierenden Handlungen tritt das von Freud als »Probehandeln« bezeichnete Denken. Die neurobiologische Konzeption der Entwicklung des Denkens postuliert die Ausbildung einer gestaffelten Reihe von Schutzbarrieren, die sich auf der Basis von Gedächtnisaufzeichnungen über die Verbindung zwischen inneren und äußeren Wahrnehmungsinformationen entwickeln. Die Entwicklungspotentiale werden durch

Vorgänge der Gehirnentwicklung (Lateralisierung der Hemisphären des Kortex und Differenzierung der Frontalhirnfunktionen) und durch die Angebote der Interaktion mit der Außenwelt ausgebildet. Bleiben sie ungenutzt, sind krank machende Störungen in der Entwicklung der Denkmodi die Folge.

4. Die Entdifferenzierung des Denkens im Modus des Primärprozesses ist mit einem Wechsel der zugrunde liegenden Logik verbunden. Im Gegensatz zur Logik des Sekundärprozesses ist die Logik des Primärprozesses durch eine größeren Verschiebbarkeit der Besetzung und der Verdichtung von Konzepten beeinflusst. So können Teile inhaltlich für das Ganze stehen. Negationen, Zweifel und ein Zeitgefühl haben nicht mehr die wichtigste Bedeutung (aufgrund geringerer Besetzung) für das nach Ordnungsstrukturen ausgerichtete Denken. Dieses Denken findet sich unter Entwicklungsgesichtspunkten im nicht ausdifferenzierten Denkmodus des Kindes. Sein Auftreten beim Erwachsenen wirft zahlreiche Fragen auf, weil dieser Denkmodus sowohl während regressiver Prozesse im Krankheitsgeschehen zu beobachten ist wie auch im nächtlichen Traum, im Witz und bei Fehlleistungen im Alltag, ebenso in der Kunst während des kreativen Schaffensprozesses.

Therapeutische Interventionen im Kindes- wie im Erwachsenalter sollten die mögliche Verzerrung der Deutungen infolge unreifer kognitiver Fähigkeiten in Rechnung stellen, wie sie aufgrund des Denkmodus des Primärprozesses zu erwarten sind. Die Interventionen können Erinnerungen, Fantasien, Wünsche und die Erfahrung von Objektbeziehungen nachhaltig verändern. Die Abstimmung der eigenen behandlungstechnischen Interventionen des Psychoanalytikers auf die Denkmuster des Kindes erfordert das Erkennen und die Unterscheidung dieser Denkmuster. Der primärprozesshafte Denkmodus kann in der Arbeit mit Erwachsenen am besten in der Entschlüsselung der Traumarbeit und beim Deuten der regressiven Übertragungsbeziehungen studiert werden.

3.6.5.1 Kognitive Wende in der klinischen Psychologie

Man geht sicher nicht in die Irre, wenn man vermutet, dass die »kognitive Wende« eine Gewichtsverlagerung der klinischen Psychologie von der Verhaltensanalyse zur Analyse von Themen nach sich zog, die bis dahin in der Psychoanalyse der Ich-Psychologie dominierten. Die kognitive Wende ermöglichte es der Verhaltenstherapie Patientenerfahrungen neu zu strukturieren, den Prozess der Sinngebung zu untersuchen und gegenwärtige Erfahrungen mit im Gedächtnis gespeicherten Erfahrungen zu vergleichen.

Die kognitive Wende in der klinischen Psychologie hat also zu einer Erweiterung der Verhaltenstherapie in Richtung psychodynamischer Verfahren der Psychotherapie geführt. Es ergibt sich immer wieder das Verlangen nach einer allgemeinen Theorie der Psychotherapie, die den Widerstreit von Psychoanalyse und Verhaltenstherapie überflüssig macht. Aber es ist wichtig, genau hinzuschauen, worin die Annäherung besteht und welche grundsätzlich verschiedenen Anthropologien aufeinander stoßen. Hierfür scheinen sich die kognitiven Prozesse besonders gut zu eignen, weil es in beiden Ansätzen eine gemeinsame Schnittmenge von kognitiven Phänomenen gibt.

Anfangs waren es psychoanalytisch ausgebildete Psychologen wie Ellis und Beck, die mit den Grundsätzen der Psychoanalyse unzufrieden waren und eigene Theoriesysteme entwickelten. Sie brachten hierbei natürlich ihre reichen psychoanalytischen Erfahrungen mit ein, obwohl sie mit der von ihnen erlernten psychotherapeutischen Praxis unzufrieden waren und diese meist als traditionelle Psychotherapie abqualifizierten. Dieses Werturteil hat sich in der klinischen Psychologie als verdecktes Argument zur Entwertung der psychoanalytischen Haltung als zu passiv und wirkungslos eingebürgert (Siegl & Reinecker, 2004, S. 141).

Für die rational-emotive Therapie nach A. Ellis (1958) steht die Modifikation irrationaler Denkmuster im Zentrum der kognitiven Umstrukturierung. Nach dieser kognitiven Theorie beeinflussen Kognitionen, Emotionen und Verhaltensmuster einander derart, dass auslösende Ereignisse (A) unbewusste oder bewusste Bewertungsmuster (B) im Sinne von Lebensregeln aktivieren, die zu Konsequenzen (C) führen, welche als krankhafte emotionale Reaktionen und Verhaltensweisen zu verstehen sind. Die Orientierung an psychoanalytischen Krankheitsmodellen kognitiver Verarbeitungsprozesse ist nicht zu übersehen.

Im Zentrum der kognitiven Therapie nach A. T. Beck (1963) steht die kognitive Triade aus Welt, Selbst und Zukunft. Durch typische Denkfehler bestätigt und verfestigt sich die verzerrte Sicht der Realität des Kranken. Beim depressiven Patienten ist es die einseitige negative Sicht der eigenen Person, der Welt wie der Zukunft. Da sich diese Triade über die gesamte psychische Entwicklung immer mehr verfestigt, entstehen zahlreiche emotionale, somatische und motivationale Störungen. Die Persönlichkeit des Depressiven z. B. ist durch situationsübergreifende dysfunktionale Schemata (z. B. depressiogene Grundannahmen) gekennzeichnet. Sie sind nicht unmittelbar bewusst, können aber im Verlaufe der Therapie zugänglich gemacht werden.

Dysfunktionale Schemata sind durch frühere Lernerfahrungen bedingte automatisierte kognitive Strukturen, die das Erleben und die Wahrnehmung der Person strukturieren. Sie sind Prädispositionen, die in Belastungssituationen reaktiviert werden. Nach der kognitiv-verhaltenstherapeutischen Haltung hat sich die therapeutische Interaktion im Sinne einer gleichberechtigten Interaktion zu gestalten, weil der Patient als Experte für sein Problem angesehen wird. In einem rationalen Dialog versuchen Patient und Therapeut die kognitiven Verzerrungen zu hinterfragen. Bevor diese Therapiephase beginnen kann, ist allerdings ein Motivationsaufbau und eine verhaltenstherapeutische Aktivierung des passiven Verhaltens des Patienten erforderlich.

Für die Psychoanalyse ergibt sich die Frage, ob die kognitive Wende in der Psychologie auch Spuren in der Theorieentwicklung der Metapsychologie und der Behandlungstechnik hinterlassen hat. Die Dimension von Aktivität und Passivität war ganz entscheidend für den Wandel der psychoanalytischen Technik im Übergang zum 20. Jahrhundert. Freud (1895d, S. 116) wurde von seiner Patientin Emmy N. aufgefordert, er solle die Eindringlichkeit seiner Fragen nach dem Ursprung der Symptome zurückstellen, bis sie ihm erzählt habe, was ihr auf dem Herzen lag.

Die in der Hypnose erzwungene Passivität des Patienten wurde durch die daraus entwickelte Technik der freien Assoziation in eine aktive Teilnahme des Patienten am Gespräch verwandelt. Der Patient sollte alle seine Gedanken, Vorstellungen und Wünsche so, wie sie ihm spontan einfallen, aussprechen dürfen. Diese Wandlung der Technik vom passiven Gebundensein an die Suggestionen des Hypnotherapeuten hin zu einem Gespräch zwischen zwei gleich wachen Personen (Freud, 1904a, S. 5) veränderte die Asymmetrie der Sprechsituation, aber nicht die des kognitiven Austauschs in der unbewussten Kommunikation zwischen Psychoanalytiker und Patient.

Es wurde in der Psychoanalyse aber kein rationaler sokratischer Dialog eingeführt, durch den der Therapeut den Patienten zur Erkenntnis der Irrationalität seiner Kognitionen hinführt. Vielmehr blieb das Ziel die Aufdeckung der unbewussten Prozesse des Konflikts, der zur Erkrankung geführt hat.

Weiterführende Literatur

Beebe, B & Lachmann, FM (2002) *Säuglingsforschung und die Psychotherapie Erwachsener.* Klett-Cotta, Stuttgart.
Boothe, B (2004) *Der Patient als Erzähler in der Psychotherapie.* Psychosozial-Verlag, Gießen.
Buchholz, MB & Gödde, G (2005) *Macht und Dynamik des Unbewussten. Bd. I: Auseinandersetzungen in Philosophie, Medizin und Psychoanalyse.* Psychosozial-Verlag, Gießen.
Dreher, AU (1998) *Empirie ohne Konzept?* Verlag Internationale Psychoanalyse, Stuttgart.
Engel, GL (1970) *Psychisches Verhalten in Gesundheit und Krankheit.* Huber, Bern.
Fenichel, O (1999) *Psychoanalytische Neurosenlehre. Bd. 1–3.* Walter, Olten. (Engl. Original: *The psychoanalytic theory of neurosis,* 1946.)

Kernberg, O (1988) *Innere Welt und äußere Realität. Anwendungen der Objektbeziehungstheorie.* Verlag Internationale Psychoanalyse, München.

Krause, R (1997) *Allgemeine Psychoanalytische Krankheitslehre.* Bd. 1: *Grundlagen.* Kohlhammer, Stuttgart-Berlin-Köln.

Krause, R (1998) *Allgemeine Psychoanalytische Krankheitslehre.* Bd. 2: *Modelle.* Kohlhammer, Stuttgart, Berlin, Köln.

Leichsenring, F (2004) (Hrsg.) *Lehrbuch der Psychotherapie für die Ausbildung zur/zum psychologischen PsychotherapeutIn und für die ärztliche Weiterbildung,* Bd. 2: *Vertiefungsband psychoanalytische und tiefenpsychologisch fundierte Therapie.* CIP-Medien, München.

Mertens, W & Waldvogel, B (Hrsg.) (2000) *Handbuch psychoanalytischer Grundbegriffe.* Kohlhammer, Stuttgart.

Zepf, S (2000a) *Allgemeine psychoanalytische Neurosenlehre, Psychosomatik und Sozialpsychologie. Ein kritisches Lehrbuch.* Psychosozial-Verlag, Gießen.

Zepf, S (2000b) Der Freudsche Triebbegriff – was kann bleiben? In: *Psychoanalyse. Texte zur Sozialforschung,* 6, 69–87.

4 Medizinische Grundkenntnisse: Aufbau des Nervensystems

■ *Uwe Heinemann, Berlin, und Wolfram Ehlers, Stuttgart*

Das objektive Studium der Hirnfunktionen bedient sich struktureller und funktioneller neurobiologischer Methoden. Die funktionellen Methoden der Neurobiologie, Neuropsychologie und Neuropsychoanalyse ermöglichen einen psychophysiologischen Zugang zu den Gehirnleistungen (siehe 6.1). Zu den strukturellen Methoden über den Aufbau des Nervensystems gehört die neuroanatomische Modellbildung (siehe Kasten 4, S. 183 f.). Die Neuroanatomie arbeitet mit makroskopischen und mikroskopischen Methoden, die die Beschaffenheit des Gewebes über das Zellniveau bis zu Zellorganellen und Makromolekülen beschreiben. Der Aufbau des Nervensystems (NS) von den beiden Großhirnhemisphären bis hin zum Rückenmark und den motorischen und sensiblen Koppelungen des NS an die Muskeln und Sinnesorgane ist so wichtig für unsere psychischen Leistungen vom Wahrnehmen bis hin zum Fühlen und Handeln, dass die Kenntnis dieser materiellen Grundlagen unseres seelischen Lebens für die Psychotherapie unerlässlich ist.

Die strukturelle Sichtweise in der Wissenschaft ist aber nicht nur auf die Untersuchung der Hirnanatomie begrenzt; auch in der Neuropsychologie und Neuropsychoanalyse kennen wir ein strukturelles Denken, wenn das seelische Funktionieren z. B. in Fließdiagrammen dargestellt wird. In diesen Diagrammen wird strukturelles und funktionelles Wissen zusammengeführt, um das Funktionieren verschiedener Strukturen zu verdeutlichen (siehe Abb. 17).

Es handelt sich dabei aber immer um Modellannahmen, die aus psychologischen und physiologischen Experimenten hervorgegangen sind. Während der Neuroanatom und Neurophysiologe sich um die Details von Struktur und Elektrophysiologie der Zelle, der Nervenbahnen und der Gehirnhemisphären und ihrer Areale kümmert, ist der Psychologe mehr an dem Zusammenspiel dieser Strukturen interessiert. Neuropsychologie und Neuropsychoanalyse wollen psychische Funktionen aus materiellen Modellen heraus erklären, oft in Analogie zu einem Computer. Philosophisch und auch biologisch hat sich diese Gleichsetzung des menschlichen Gehirns und Geistes mit einer Rechenmaschine (Computer) jedoch als zu trivial herausgestellt (siehe Kasten 3, S. 175). Dies hat die Ingenieure und Naturwissenschaftler aber nicht davon abgehalten, immer komplexere menschliche und tierische Funktionen in Computern abzubilden, was aber noch lange nicht dazu berechtigt, der Materie Bewusstsein zuzusprechen, wie das manche Neurobiologen neuerdings versuchen (Laucken, 2003). So behaupten sie mit dieser Annahme, dass mit neurobiologischen Methoden die Existenz der Willensfreiheit zu prüfen sei, ohne Rücksicht auf den philosophischen Diskurs.

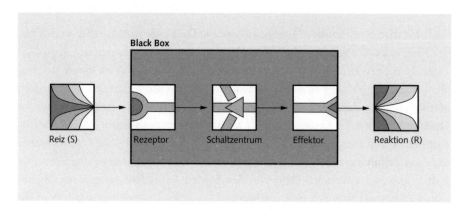

Abb. 17: *Zur Erforschung hypothetischer Modelle bedient sich die »Black-Box-Methode« (S-R-Modell) der Beobachtung von Stimuli (S) und der darauf erfolgenden Reaktionen (R). Aufgrund der Ergebnisse verschiedener Beobachtungsserien werden Hypothesen über die Struktur der »Black-Box« aufgestellt. Diese werden in folgenden Beobachtungsserien überprüft. Sollten sich die Hypothesen als falsch erweisen, so müssten neue Strukturannahmen getroffen werden, die in weiteren Beobachtungen zu überprüfen sind. Bei einem einfachen S-R-Modell (1) des Reize (S) verarbeitenden Organismus (O) sind Vorrichtungen zur Reizaufnahme (Rezeptoren), Leitungsbahnen zum Schaltzentrum (afferente Bahnen zur Informationsleitung), ein Schalt- oder Entscheidungszentrum, Leitungsbahnen vom Zentrum zum Bewegungsmechanismus (efferente Bahnen) und eine Bewegungsvorrichtung (Effektor) zur Ausführung von Handlungen vonnöten. Wenn alle Reaktionen aus Umweltreizen ableitbar sind, kann sich die Neuropsychologie auf die Untersuchung der Reiz-Reaktionsbeziehungen beschränken (S-R-Neuropsychologie) (modifiziert nach Legewie & Ehlers, 1992, S. 32).*

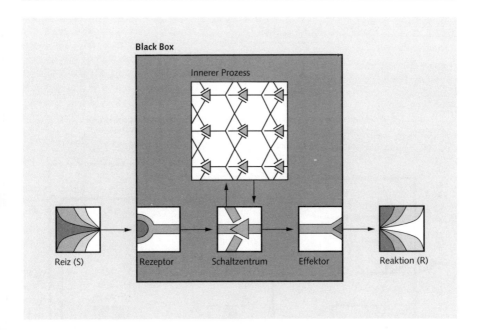

Abb. 18: *Beim S-I-R-Modell (2) kommen Annahmen (Hypothesen) über einen internen Impulsgeber hinzu. In diesem Fall können Stimuli sowohl aus der Umwelt (Informationsquelle für die äußere Wahrnehmungsoberfläche) als auch von einem internen Impulsgeber (Informationsquelle für die innere Wahrnehmungsoberfläche) ausgesandt werden. Leitungsbahnen zwischen dem Schaltzentrum und dem internen Impulsgeber ermöglichen die Modifikation der Afferenzen. Als interner Impulsgeber der Neurobiologie werden neuronale Netzwerke postuliert. Die Modifikationen der Informationen werden durch zentrale Afferenzen und Efferenzen zu weiteren neuronalen Netzen (z. B. im Kortex Assoziationsareale) geleitet. Eine Vielzahl solcher neuronalen Netze erfordert eine Koordination und Integration der Informationen. Neurobiologie, Neuropsychologie und Neuropsychoanalyse haben für diese internen Modellannahmen unterschiedliche Theoriesprachen und Nachweismethoden. Bei Modellen über die Rückmeldung von Signalen (z. B. Afferenzkopie) vom Effektor (Handlungsmodelle) muss auch die Existenz von neuronalen Netzen für die Einflussnahme der Handlungswirkung auf die Reaktionen des Organismus postuliert werden (modifiziert nach Legewie & Ehlers, 1992, S. 33).*

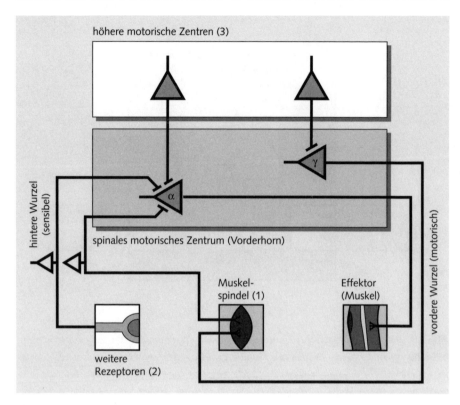

Abb. 19: *Ein Beispiel für zwei S-R-Modelle (1 und 2) sowie ein S-I-R-Modell (3) findet sich in der Neurobiologie bei der Beschreibung des Reflexbogens. Eine Muskelkontraktion (Muskel als Effektor) kann durch drei afferente Informationswege ausgelöst werden: (1) Beim Eigenreflex (z. B. Patellarsehnen-Reflex) wird durch Reizung (S) der Muskelspindel (Rezeptor) mit einem Schlag auf die Sehne unterhalb der Kniescheibe (Patella) eine Muskelkontraktion (R) über das motorische Alpha-Neuron im spinalen Vorderhorn ausgelöst (S-R-Modell). (2) Beim Fluchtreflex wird durch Stimulation (S) anderer Rezeptoren (Schmerzrezeptoren) ebenfalls eine Stimulation im spinalen motorischen Zentrum (Vorderhorn) ausgelöst (S-R-Modell). (3) Durch Willkürbewegungen, die von höheren motorischen Zentren ausgehen, werden die Modelle 1 und 2 gehemmt oder gebahnt. Als Impulsgeber aus der inneren Wahrnehmungsoberfläche sind auch Vorstellungen und Gefühle relevant (S-I-R-Modell) (modifiziert nach Legewie & Ehlers, 1992, S. 49).*

Kasten 3: Neurobiologie: Konzept und Messung

Philosophische Konzepte über den Zusammenhang von Natur und seelisch-geistigen Prozessen sind wissenschaftsmethodisch notwendig, weil die wissenschaftstheoretischen Auswirkungen neurobiologischer Modelle unsere heutige Diskussion über geisteswissenschaftliche Probleme wie das der Willensfreiheit und des Bewusstseins mitbestimmen.

Die zentrale Bedeutung der Neurobiologie lässt sich leicht an Descartes' Vorschlag erkennen, dass der Dualismus von Materie und Seele (Geist) in der Substanzenlehre (res extensa und res cogitans) durch die Vermittlungsinstanz der Hypophyse, in der beide Substanzen interagieren und sich beeinflussen können, erklärt und aufgelöst werden könnte. Da die Hypophyse ein materieller Teil des Gehirns ist, scheint dieser Verweis nicht die Lösung des Seele-Geist-Gehirn-Problems zu sein. Die wissenschaftliche Frage müsste lauten: Wie können die in beiden Wissensbereichen aufgefundenen Daten so miteinander verbunden werden, dass sie einander beeinflussen können, ohne die Gesetze der Naturwissenschaft zu verletzen. Dies ist wichtig für die Frage, ob Psychotherapie die Funktion und Struktur des Gehirns verändern kann oder nur zu einer vorübergehenden Anpassung im Handeln führt.

Messmethoden zu verschiedenen naturwissenschaftlichen Konzepten und Modellen des Gehirn- und Nervensystems sollen eine Überprüfung der Modellbildung in der Neurobiologie ermöglichen. Die Zurückführung der Informationsverarbeitung im Gehirn auf ein molekulares Niveau wird als Begründung für die neurobiologische Geltung der materialistischen Position gesehen.

Für die mathematische Beschreibung von Übergängen zwischen den verschiedenen physikalischen Gesetzen entstehen neue Modellbildungs- und Analysemethoden, die Zufälle in der Vorhersagekraft der Gesetze berücksichtigen lassen, wie in der Quantenmechanik der Physik. Allerdings sollte die Problematik der Heisenberg'schen Unschärferelation, wie sie bei den Messungen in bestimmten Bereichen der Physik relevant ist, nicht außer Acht gelassen werden.

4.1 Anatomie und Funktion des Nervensystems

Mit einem kurzen Überblick möchten wir den Aufbau des Nervensystems in seinen makroskopischen wie mikroskopischen Strukturen verdeutlichen. Diese Strukturen dienen zwei vitalen Grundfunktionen, nämlich der Interaktion des Organismus mit der Umwelt durch Verhaltenssteuerung (Wahrnehmung und Handlung) und der Steuerung und Regulation körpereigener Funktionen. Verhalten ist abhängig von der Informationsaufnahme aus der Außenwelt über die Wahrnehmung und dient der Beeinflussung und der Anpassung an (nicht veränderbare) Umweltbedingungen durch Handlungen. Die Steuerung und Regulation körpereigener Funktionen (z. B. Wärmehaushalt, Atmung, Verdauung, Schlaf-Wachrhythmus) findet genauso wie Wahrnehmung und Handlung unter wesentlicher Beteiligung des Zentralnervensystems statt (ZNS). Ein Großteil der Steuerungen dieser zwei vitalen Grundfunktionen erfolgt unbewusst. Nur ein geringer Anteil der Umweltinteraktion und des Körpergefühls erfolgt im Sinne bewusster Planung anhand von willentlichen Zielvorstellungen.

Makroskopisch stehen zur Außenweltwahrnehmung Rezeptoren der Körperperipherie und in den Sinnesorganen zur Verfügung, die mit dem Kortex (Großhirnrinde) über Rückenmark, Hirnstamm und Thalamus verbunden sind. Die verbindenden Nervenbahnen werden als *Afferenzen* bezeichnet. *Efferente Bahnen* dienen der Handlungssteuerung, ihre physiologischen Signale erzeugen auch die dazu nötige Körperspannung (Tonus), die Handlungsbereitschaft ermöglicht. Eigen- und Fremdreflexe sowie angeborene und erlernte Bewegungsprogramme sorgen für eine Teilautomatisierung der Bewegungsabläufe. Sowohl die Körperwahrnehmung (somatotopisch, z. B. Füße, Hände, Mund usw.) als auch die Abbildung optischer (retinotopischer) und akustischer (sonotopischer) Wahrnehmungen aus der Außenwelt finden ihre Entsprechung in der Großhirnrinde. Aufgrund dieser anatomischen Strukturen im Kortex sind Ereignisse in der Umwelt präzise zu lokalisieren. Der Schmerz wird über die protopatische Sensibilität dem Gehirn vermittelt, so dass von der Haut und aus dem Körperinneren, das u. a. die Organe der Verdauung, der Atmung und des Kreislaufs beherbergt, Gefahren für den Organismus (Magenschmerzen, Atemnot und Herzstechen) an das Zentralnervensystem (ZNS) gemeldet werden können.

Für die Steuerung und Regulation körpereigener Funktionen wirken Zentren im Hirnstamm (Atmung, Kreislaufzentrum) mit dem Hypothalamus (Abschnitt des Zwischenhirns) zusammen. Vom Hirnstamm ausgehend werden Regulationsprozesse über das vegetative Nervensystem (Sympathikus, Parasympathikus) und vom Hypothalamus über endokrine Interaktionen gesteuert. Die für homöostatische Prozesse erforderlichen Informationen werden über das vegetative Nervensystem und über Hormonwirkungen auf das NS bzw. lokal im Hirnstamm und Hypothalamus erfasst (Interozeption) und erlauben eine kontinuierliche, unbewusst ablaufende Steuerung von Körperfunktionen wie Atmung, Kreislauf, Verdauung usw. Nicht-regulierbare Abweichungen werden in Form von Allgemeinempfindungen wie Hunger, Durst und Schmerz verhaltensrelevant und beim Menschen als Bedürfnisspannung registriert.

Diese homöostatische Regulation in Verbindung mit solchen Allgemeingefühlen wird um die Regulierung der Fortpflanzung (Sexualfunktionen) und der Arterhaltung (Suche des Geschlechtspartners, Mutter-Kind-Bindung) ergänzt. Während die Steuerung des Verhaltens in Bezug auf die Interaktion mit der Umwelt üblicherweise bewusst und damit vorwiegend eine Funktion des Großhirns ist, sind die Prozesse der Interozeption, der Homöostase, der Steuerung von Instinktverhaltensweisen auf das limbische System (LS) mit den efferenten Wegen über Großhirn, vegetatives Nervensystem und Endokrinium angewiesen und weitgehend bis auf den orbitofrontalen Anteil unbewusst.

Mikroskopisch lassen sich im Gehirn verschiedene Nerven und Gliazellen identifizieren. Die Nervenzellen (Neurone) sind für die schnelle Informationsverarbeitung verantwortlich. Sie sind mit den Zellfortsätzen von Dendrit und Axon polar organisiert (siehe Abb. 20).

Dendriten dienen der Informationsaufnahme, Somata (Zellleib) der genetischen und biochemischen Bereitstellung von Proteinen und der Integration von synaptischen Signalen. Diese synaptischen Signale werden im Fall der Weiterleitung von Informationen zu Aktionspotentialen umkodiert und entlang den Axonen gesendet. An den Nervenendigungen wird über einen kalziumabhängigen Prozess die Freisetzung von Botenstoffen (Transmitter: Acetylcholin, Noradrenalin, Dopamin, Glutamat, GABA, Glycin, Peptide) organisiert. Sie erreichen über den synaptischen Spalt andere Nervenzellen oder Zellen in Erfolgsorganen (Muskeln, Drüsen). Dort lösen sie über ionotrope Rezeptoren (transmittergesteuerte Ionenkanäle) schnelle Potentialänderungen aus. Daneben können metabotrope Rezeptoren (Umwandlung von Nährstoffen) angeregt und genregulatorische Prozesse sowie langsame Potentialänderungen und Veränderungen im Verarbeitungsmodus der Zellen bewirkt werden.

Gliazellen haben üblicherweise Stütz- und Versorgungsfunktionen für die Nervenzellen. Mikrogliazellen sind ortständige Makrophagen und übernehmen zusammen mit Astrozyten immunologische Steuerungsfunktionen. *Astrozyten* sind wichtig für die Entwicklung des Nervensystems. Sie regulieren Ionengehalt und Metabolismus, sind an der Bluthirnschranke beteiligt und an der Steuerung des Blutflusses im Gehirn. *Oligodendrozyten* isolieren Nervenfasern und beschleunigen damit die Informationsübertragung. Sie beeinflussen aber auch nach Läsionen das Wiederausknospen von axonalen Verbindungen. Neben den aus den Nervenzellen freigesetzten Transmittern nehmen auch Cytokine, Wachstumsfaktoren, Peptide und Hormone auf die im Gehirn befindlichen Zellen Einfluss.

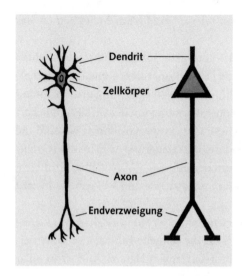

Abb. 20: Das Neuron (links) ist die kleinste Funktionseinheit des Nervensystems. Es ist eine Nervenzelle mit Fortsätzen, die sich als Dendriten und als Axon verzweigen. Die Dendriten empfangen die Erregung von anderen Nervenzellen. Die Endkolben der Axone werden als Synapsen bezeichnet. Der Neurit (Axon) leitet die Erregung von der Nervenzelle entlang des Axon weiter und endet an einer Synapse. Der Neurit wird oft von markhaltigen Scheiden umgeben. Die halbschematische Darstellung des Neuron (rechts) wird in unseren Blockschaltbildern (Abb. 17–19) als Schaltelement der neuronalen Netzwerke verwendet.

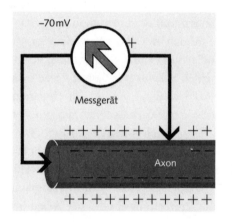
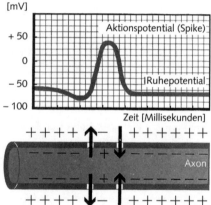

Abb. 21: Ruhe- und Aktionspotential eines Axons. Das Ruhepotential (rechts) wird durch ständig ablaufende Stoffwechselvorgänge zwischen der Innen- und der Außenseite der Zellmembran des Axons erzeugt. Das Aktionspotential entsteht durch Depolarisation aus dem Ruhepotential (–70 mV [Millivolt]) an der Zellmembran (links). Die Depolarisation bewirkt einen Einstrom von Natrium-Ionen (+) ins Zellinnere. Dadurch wird für 1ms (Millisekunde) das Innere der Zelle gegen die äußere Umgebung mit einer Spannung von 40 mV positiv aufgeladen, was als Aktionspotential bezeichnet wird. Dieser Impuls überspringt die Markscheiden des Axons. Hierdurch wird die Nervenleitgeschwindigkeit gesteigert. Fehlen am Beginn des menschlichen Lebens noch die Markscheiden an den Axonen (fehlende Myelinisierung), ist auch die Leistungsfähigkeit des ZNS eingeschränkt (Zeichnungen: Boerne, in Legewie & Ehlers, 1992, S. 44).

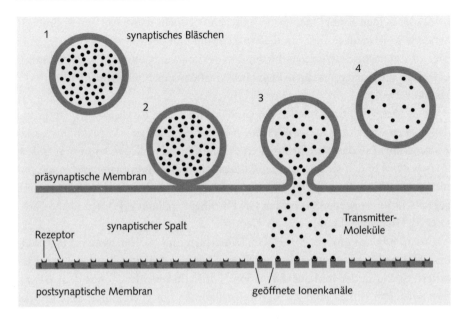

Abb. 22: *Die Synapse ist auf die Erzeugung und Ausschüttung von Transmittersubstanzen (z. B. Dopamin, Glutamat, Noradrenalin, Acetylcholin, Serotonin) spezialisiert. Der Übertritt der Transmitter (Botenstoffe) aus den synaptischen Bläschen in den synaptischen Spalt erfolgt über die präsynaptische Membran (Bläschenstadien 1–4). Die Bindung der Botenstoffe an der postsynaptischen Membran erfolgt durch Rezeptormoleküle, die das Membranpotential durch Öffnung der Ionenkanäle bewirken. Hierdurch entsteht die Möglichkeit, eine erregende oder hemmende Wirkung von Impulsübertragungen zwischen Neuronen zu erzeugen (modifiziert nach Legewie & Ehlers, 1992, S. 45).*

4.2 Entwicklung des Nervensystems

Der Bauplan des Nervensystems wird verständlich, wenn wir seine Entwicklung von den ersten embryonalen Lebenswochen bis zur Ausreifung des Kortex nach der Geburt betrachten.

Im Embryo entsteht aus dem *Neuralrohr* (Farbtafel 1a, Gehirnentwicklung, vierte Woche) die Anlage für das Rückenmark und das Gehirn, das sich unterteilt in *Vorderhirn, Mittelhirn (Mesencephalon)* und *Rautenhirn* oder auch *Hinterhirn*. Am Ende der vierten Embryonalwoche (Farbtafel 1b) entwickelt sich ein Teil des Vorderhirns zum *Zwischenhirn* (Diencephalon), an dessen beiden Seiten sich Endhirnbläschen (das spätere Telencephalon) bilden. Aus den Hohlräumen dieser Bläschen werden die vorderen Hirnkammern (Ventrikel).

Ab der achten Embryonalwoche sprechen wir nicht mehr von einem Embryo, sondern von einem Fötus. Von diesem Zeitpunkt an beginnt die spezifische, vom Tier zu unterscheidende menschliche Entwicklung des Gehirns. Die Seitenwände enthalten die Anlage für die beiden Großhirnhemisphären (Hemisphäre, griech.: Halbkugel).

Beim Menschen umschließen das *Großhirn* und seine Rinde (Kortex) aufgrund des Größenwachstums in der *vierzehnten Woche der Embryonalentwicklung* (c) das Zwischenhirn, so dass dies im Inneren des Großhirns zu liegen kommt. Aus dem *Zwischenhirn* bilden sich Thalamus, Basalganglien und Hypothalamus heraus. Somit können wir diese zum Zwischenhirn gehörenden Strukturen nur noch in einem Sagitalschnitt zwischen den beiden Großhirnhemisphären erkennen (siehe Farbtafel 2d, Hirnentwicklung nach der Geburt).

Das *Stammhirn* umfasst Mittelhirn, Hinterhirn und Nachhirn. Aus dem Mittelhirn sind die Hirnnerven herausgewachsen. Diese werden umgeben von einer netzartigen Struktur, der Retikulärformation (Formatio reticularis). Aus dem *Hinterhirn* entstehen Brücke und Kleinhirn. Im Rahmen der Hirnfaltung gelangen die phylogenetisch alten kortikalen Strukturen wie entorhinaler Kortex, Hippocampus und Riechhirn auf die Unterseite des Gehirns. Sie bilden den Rand (Lat.: limbus) des Kortex, gegenüber den Nervensträngen, die eine Verbindung zwischen den beiden Großhirnhemisphären herstellen und als *Corpus callosum* bezeichnet werden. Funktionell gehören diese Kortexgebiete zum limbischen System (siehe Kasten 6: Verschaltung des limbischen Systems, S. 259 f.).

Die *Entwicklung des Zentralnervensystems (ZNS)* ist zunächst genetisch gesteuert. Aber je weiter die Embryonalentwicklung fortschreitet, umso größer wird die Anfälligkeit für Schädigungen durch die Umwelt des Fötus. *Erbe und Umwelt* beginnen bereits jetzt in Interaktion zu treten. Die Migration von Nervenzellen kann bei fötalen Entzündungsprozessen und toxischen Einwirkungen von Alkohol und anderen Suchtmitteln gestört werden. Eine Alkoholeinwirkung kann darüber hinaus die Entwicklung neuromodulatorischer Systeme (Transmitter als Botenstoffe der Neurone) beeinflussen, die bei der späteren nutzungsabhängigen Entwicklung des Nervensystems von Bedeutung sind. Aufgrund der Plastizität und der Abhängigkeit des ZNS von kritischen Entwicklungsphasen sind eine ausreichende Nutzung der sensorischen Stimulation und Erfahrungsbildung mit der Außenwelt Voraussetzung einer normalen Hirnentwicklung und Reifung. Durch Infektionen und toxische Substanzen betroffene Kinder können weniger von der erfahrungsabhängigen Modulation des angelegten Nervensystems profitieren und müssen später mehr Konzentrationsleistungen aufbringen, um zu lernen. Die ektopisch liegenden Nervenzellen können auch die Ursachen von Epilepsien sein. Entwicklungsstörungen werden aber auch häufig in Gehirnen verstorbener Schizophreniepatienten nachgewiesen.

Der mikroskopische Blick auf die Entwicklung führt uns zu den biochemischen und zellulären Übertragungswegen der Information im ZNS. Die *Stammzellen* für die Entwicklung des Nervensystems finden sich in den Ventrikularzonen entlang der Hohlräume des Gehirns. Zunächst bilden sich radiäre Gliazellen, die von den Proliferationszonen der Ventrikel bis an die Hirnoberfläche reichen. Die Stammzellen (Vorformen späterer Nervenzellen = Neurone) sind noch teilungsfähig und liefern später im Endhirn (Telencephalon) hauptsächlich *Pyramidenzellen*. Diese klettern den radiären Gliazellen entlang in ihre finalen Positionen, wobei der Aufbau der Hirnrinde (Kortex) von innen nach außen erfolgt. GABA-erge (gamma-amino-butter-acid) Interneurone entspringen im Vorderhirn fast ausschließlich der medialen ganglionären Eminenz. Dabei wandern die Interneurone zunächst ebenfalls radiären Gliazellen entlang, verlassen diese, um parallel zur Ventrikularzone weiterzuwandern und schließlich wieder über radiäre Gliazellen ihre Zielorte zu erreichen.

Die Stammzellen in den Ventrikularzonen behalten ihr proliferatives Potential bis ins hohe Alter und stellen möglicherweise eine medizinisch nutzbare Quelle für Neuronenersatz dar. Ein Teil der Stammzellen bleibt ebenso wie radiäre Gliazellen aktiv und kann auch in erwachsenen Organismen für Neuronenersatz vor allem im Hippocampus und im Bulbus olfactorius sorgen.

Nach der Geburt ist das Nervensystem in seinen Grundzügen fertig angelegt, wenn man von einzelnen Strukturen des limbischen Systems absieht. Im Weiteren erfolgt die Feinausprägung des Nervensystems erfahrungsabhängig. Hierbei werden nicht genutzte Nervenzellen über programmierten Zelltod eliminiert und nicht nützliche Verbindungen zwischen Nervenzellen zurückgebildet. Nach Erreichen der finalen Positionen im Nervensystem bilden die Nervenzellen ihre *Dendriten und Axone* aus und bilden provisorische Netzwerke. Diese sind auf langsam wiederkehrende Oszillationen in den neuralen Netzen angewiesen. Die Interaktion der genetischen Disposition mit den Entwicklungsangeboten der Umwelt kann sich also auf nachweisbare Entwicklungsmechanismen stützen.

Viele genutzte Verbindungen werden stabilisiert und verstärkt (»Fire together, wire together«). Beispielsweise ist vor der Geburt die akustische Hirnrinde mit dem visuellen Kortex verbunden.

Diese Verbindungen werden bei normalsichtigen Kindern zurückgebildet, bleiben aber bei blind geborenen Kindern erhalten. Sie ermöglichen es dem akustischen System, einen Teil des visuellen Systems für Höraufgaben zu nutzen. Tatsächlich werden ca. 60 Prozent der Hirnrinde für die visuelle Informationsverarbeitung genutzt.

Die erfahrungsabhängige Ausreifung des Nervensystems erfordert adäquate Reize. Schon relativ kurze Isolationsphasen führen zu erheblichen Beeinträchtigungen der Entwicklung des kindlichen Gehirns. Zudem ist ein optimiertes Zusammenspiel verschiedener Subsysteme erforderlich, das, wie oben beschrieben, bei fötalem Alkoholsyndrom gestört ist.

Die *Plastizität des Gehirns* ist bei kleinen Kindern noch außergewöhnlich hoch, so dass Funktionsausfälle in umschriebenen Gebieten besonders gut kompensiert werden können. Für jedes Teilsystem gibt es kritische Phasen, die zwischen den Systemen überlappend angeordnet sind und bei Kindern mit Behinderungen genutzt werden müssen, um eine möglichst weitgehende Ausbildung von Fähig- und Fertigkeiten zu ermöglichen.

Die Hirnentwicklung ist erst mit der Pubertät abgeschlossen. In diesem Zeitraum erfolgt auch die finale sexuelle Differenzierung des Gehirns. Neben neonatalen hormonellen Prägungen spielt hierbei die Bildung der Sexualhormone mit dem Beginn der Abgabe von Gonadotropin freisetzenden Hormonen (GnRH) eine große Rolle. Teile des Zentralnervensystems werden ab diesem Ereignis sexuell dimorph. Dabei wirken die Sexualhormone einerseits über entsprechende Steroidhormone auf das ZNS ein. Andererseits werden einzelne Hormone im Nervensystem zu Neurosteroiden umgebaut. Besondere Bedeutung hat hier das Progesteron, das vor allem die Wirkung des inhibitorischen Transmitters GABA (*Gamma*a*mi*no*b*uttersäure) verstärkt. Da das GABA-erge System seine Wirksamkeit auf ein mittleres Niveau einpendelt, kommt es bei plötzlichem Entzug (Menses, Geburt, Menopause) leicht zu Verstimmungen, die sich nach der Geburt als »Heultage« darstellen und nicht so selten in schwere Depressionen mit Gefährdung des Neugeborenen übergehen können.

5 Neurologische und psychiatrische Erkrankungen

■ Uwe Heinemann, Berlin, und Wolfram Ehlers, Stuttgart

Die Erforschung der Pathophysiologie (siehe Kasten 4) neurologischer und biopsychosozialer Erkrankungen wie Schizophrenie und Depression hat in den letzten 50 Jahren durch die rasante Entwicklung in den neurobiologischen Wissenschaften einen wesentlich größeren Differenzierungsgrad erreicht als in den ersten 50 Jahren des 20. Jahrhunderts. Diese Entwicklung ist charakterisiert durch die pathophysiologische Erkundung auf mikroskopischer und neurobiochemischer Ebene. Die Entwicklung zahlreicher neuer pathophysiologischer Modelle für die Neurologie wie auch für die Psychiatrie könnte auch zu Veränderungen in der Systematik der Psychopathologie führen, weil diese auf einer klinischen Systematik beruht, die in den ersten 50 Jahren des 20. Jahrhunderts mit einem Leib-Seele-Modell extremer cartesianischer Trennung zu monokausalen Ätiologiemodellen führte. Zu den bio-psychosozialen Erkrankungen werden neben Schizophrenie,

---

Kasten 4: Neuroanatomische Modellbildung in der Pathophysiologie

Wie können mittels morphologisch festlegbarer Läsionen im Gehirn ätiologische Krankheitserklärungen entwickelt werden? Ausgehend von Beobachtungen an epileptischen Patienten in der Antike wurde früh der Zusammenhang von abnormen Verhaltensweisen mit Veränderungen im Gehirn erkannt. Die systematische Untersuchung der Hirnmorphologie im 19. Jahrhundert erlaubte zunehmend, Funktions- und Verhaltensänderungen auf Läsionen in umschriebenen Strukturen des Nervensystems zurückzuführen. Ausgehend von den Beobachtungen von Broca und Wernicke zur Entstehung der Aphasien begann eine systematische Untersuchung von Änderungen des Verhaltens an Patienten mit umschriebenen Läsionen bei Verletzungen, Blutungen, Tumoren und Missbildungen.

Mit der Einführung mikroskopischer Methoden gelang es erstmals Alzheimer, den Zusammenhang zwischen zellulären Veränderungen im Nervensystem und einer dementiellen Erkrankung herzustellen. Ein weiterer Meilenstein war die Entdeckung diskreter Unterschiede der kortikalen Organisation, die zur Aufteilung der Hirnrinde in unterschiedliche Areale führte.

Die individuelle Färbung einzelner Neuronentypen (Golgi, Cajal, Lorente de No, Freud) sowie die Identifizierung von Signalmolekülen für Botenstoffe (GABA [Gammaaminobuttersäure], Glutamat, Dopamin, Serotonin, Noradrenalin, Histamin, Acetylcholin, verschiedenste Peptide) erlaubte zusätzliche Einblicke in die Organisation der Nervenzellen. Mit der Aufklärung der verschiedenen Rezeptoren für Neurotransmitter und intrazelluläre Signalkaskaden gelang es auch, Veränderungen in den inter- und intrazellulären Signalwegen zu entdecken, die zur biologischen Erklärung von diskreten Störungen bei neurologischen und psychiatrischen Erkrankungen führten (z. B. Degeneration von dopaminergen Zellen beim Morbus Parkinson, Dysplasien als Ursachen fokaler Epilepsien und fötales Alkoholsyndrom).

Die Erkrankung des Gehirns kann auf struktureller Ebene erkennbar sein, wie das mit den Methoden der Neuropathologie bisher nur nach dem Tod diagnostiziert wird. Dadurch ergibt sich die Möglichkeit makroskopischer Modellbildung. Neuerdings kann auch am lebenden Patienten das Gehirn strukturell und funktionell mit bildgebenden Verfahren untersucht werden:

1. Computertomografie (CT) und Magnetresonanztomographie (MRT) ermöglichen die Berechnung von virtuellen Hirnschnitten, die scharfe Bilder der Hirnstruktur ergeben. So können Bahnverläufe im Nervensystem (NS) und kleinste Gewebebesonderheiten beurteilt werden.
2. Positronenemissionstomographie (PET) und funktionelle Magnetresonanztomographie (z. B. fMRT) erlauben Einblicke in Stoffwechselfunktionen des Gehirns, mit denen aktivierte Hirnregionen identifiziert werden können.

PET misst den Stoffwechsel bei erhöhtem Zucker- (Glucose) und Sauerstoffverbrauch der Neurone als Hinweis auf einen erhöhten Energieverbrauch im Sinne des Kohlenhydratstoffwechsels und kann daher auch Veränderungen in Rezeptoren des Zentralnervensystems (ZNS) aufdecken. Die fMRT registriert die dem erhöhten Energieverbrauch folgende Erhöhung des Blutflusses und des Sauerstoffverbrauches in den entsprechenden Hirnregionen. Die strukturellen Befunde erleichtern die neuroanatomische Modellbildung. Die Störung kann aber auch nur in Fehlfunktionen der physiologischen und psychischen Verarbeitung von inneren wie äußeren Reizen bestehen. Dies erfordert die Kombination von bildgebenden Verfahren (PET, fMRT) mit experimentellen Untersuchungen der psychophysiologischen Funktionsveränderungen (z. B. Untersuchungen im Schlaf und Wachzustand oder beim Auftreten einer psychopathologischen Symptomatik).

endogener Depression und Psychosomatosen zunehmend auch bestimmte Persönlichkeitsstörungen und neurotische Erkrankungen wie schwere Zwangsneurosen gezählt.

Hat die Psychoanalyse zu Beginn des 20. Jahrhunderts zu einer veränderten Auffassung der Psychopathologie neurotischer und psychosomatischer Erkrankungen geführt, wird vermutlich die neurobiologische Erforschung der gleichen Krankheiten eine Präzisierung der Pathophysiologie auf neuro-biochemischer und funktioneller Ebene bewirken. Dies wird die Entwicklung nebenwirkungsarmer Psychopharmaka ermöglichen, was zu einem veränderten Umgang mit diesen Patienten in der Psychiatrie und Psychotherapie führen könnte. Andererseits wird die Diagnostik von funktionellen Erkrankungen des Gehirns vielleicht so verbessert, dass sie auch den Psychotherapiepatienten zugute kommen kann.

5.1 Entwicklung von Krankheitsmodellen

Wenn zwischen auslösenden Faktoren und Symptomen ein pathophysiologischer Zusammenhang erkannt worden ist, der verspricht, eine Krankheit zu verstehen, muss experimentell versucht werden, das Krankheitsgeschehen im Tierversuch nachzubilden. Dies kann über pharmakologisch-toxikologische, molekulargenetische und entwicklungshemmende Eingriffe, gelegentlich aber auch durch Exposition in bestimmten gefährlichen Situationen erreicht werden. Durch solche Krankheitsmodelle kann dann geklärt werden, wieweit das pathophysiologische Geschehen wirklich verstanden ist, an welcher Stelle im Krankheitsgeschehen Eingriffsmöglichkeiten bestehen, wie sich krankheitsmodifizierende Eingriffe auf das Krankheitsgeschehen und wie sich mögliche Nebenwirkungen der Eingriffe auswirken (siehe Kasten 4, S. 183 f.).

Die Zahl der heute erfassbaren Parameter macht es erforderlich, Methoden der multiparametrischen Auswertungsverfahren zu verbessern und zu verfeinern. Daneben werden die Daten in einen inneren kausalen oder korrelativen Zusammenhang gebracht, der mit Hilfe von Modellrechnungen erkennbar wird.

Die *Computational Neurosciences* nutzen Kenntnisse der Neurobiologie und bringen sie in Modellrechnungen ein. Hierdurch soll geprüft werden, wieweit die angenommenen Erklärungen durch die Daten wirklich zu belegen sind. Andererseits lassen sich Experimente vorschlagen, mit denen zwischen verschiedenen Erklärungsmodellen entschieden werden kann.

Die Fortschritte in den letzten 20 Jahren sind erheblich, aber die Abschätzung der toxikologischen Folgen von Nebenwirkungen wie auch der Auswirkungen für die Ethik in der Medizin müssen damit Schritt halten (z. B. irreversible Schädigungen aufgrund frontaler Lobotomien bei psychiatrischen Erkrankungen im ersten Drittel des 20. Jahrhunderts). Andererseits sind die Fortschritte der Patientenbehandlung in der Psychiatrie und Neurologie ohne die Erkenntnisse der Psycho- und Neuropharmakologie heute – seitdem die wirksamen Medikamente in den 50er Jahren des gerade vergangenen Jahrhunderts entdeckt wurden – nicht mehr wegzudenken.

Die Geschichte der Erforschung von Hirnerkrankungen ist auf medizinischer Seite von dem Bemühen gekennzeichnet, für funktionelle Erkrankungen möglichst ein anatomisch-physiologisches Substrat zu finden. Als Beispiel hierfür sei das Bemühen von Jean Martin Charcot genannt, zum einen Lähmungen zu bestimmen, die auf Strukturschädigungen des Nervensystems verweisen, und davon abgegrenzt funktionelle Lähmungen diagnostisch zu identifizieren. Die Letzteren bezeichnete er als *Hysterien*, weil für sie noch kein materielles Substrat gefunden war.

Auf psychologischer Seite besteht das Bemühen, nachzuweisen, dass funktionelle Erkrankungen einer psychologischen Behandlung zugänglich sind und invasive medizinische Behandlungen wie chirurgische und medikamentöse Eingriffe vermieden werden könnten. Beispiele hierfür hat die Psychoanalyse geliefert. So konnte Sigmund Freud, nachdem er bei Charcot die hysterischen Lähmungen und ihre Erzeugung unter Hypnose studiert hatte, einen Krankheitskomplex ausgrenzen, den er als *Neuropsychose* bezeichnete. Dieser war allein durch Aufdeckung und Behandlung von emotionalen Konflikten und den durch sie erzeugten Ängsten zum Verschwinden gebracht worden. Dies war die Geburtsstunde der psychosomatischen Neurologie, die sich durch das Aufzeigen einer Psychogenese von neurologischen Erkrankungen auszeichnet.

Ein aktuelles Feld der Auseinandersetzung findet sich auf dem Gebiet der Psychosentherapie. Nachdem mit bildgebenden und molekularbiologischen Verfahren nachgewiesen wurde, dass den Depressionen, Schizophrenien und auch neurotischen Erkrankungen wie Ängsten und Zwängen funktionelle Störungen im Gehirn zugrunde liegen, steht wieder zur Diskussion, in welcher Weise biologische oder psychologische Therapieformen den Vorrang haben sollen. Bei der Depression hat man mit Therapieeffekt-Studien (siehe Bd. 2 der Reihe *Basiswissen Psychoanalyse*) nachweisen können, dass die Kombination von biologischen und psychologischen Behandlungsverfahren den besten Erfolg liefert.

Im Folgenden werden wir Funktionsstörungen des Gehirns beschreiben, deren Pathophysiologie teilweise aufgeklärt wurde. Bei einigen Erkrankungen wie Schizophrenie und Depression hingegen werden die ätiologischen Faktoren noch kontrovers diskutiert. Die Auswahl der Erkrankungen erfolgte aufgrund ihrer didaktischen Zuordnung zu funktionellen Störungsbildern. Wir folgen der Leitsymptomatik und unterscheiden Störungen der Wahrnehmung (Halluzinationen), der Affekte (depressive Affektstörung) und der Handlungssysteme; für diese psychologischen Funktionen wollen wir ein neurobiologisches Konzept (siehe 6.0) vorstellen, dessen Grundlagen sich schon am historischen Beginn der Psychoanalyse im Konzept des psychischen Apparates (siehe 2.1.1) von Sigmund Freud (1950c) finden.

5.2 Schizophrenie

Störungen der Wahrnehmung (Halluzinationen) und kognitiver Funktionen finden sich in ausgeprägter Form bei den Erkrankungen aus dem schizophrenen Formenkreis. Bei der Verursachung von Schizophrenie wird von einem Zusammenwirken unterschiedlicher Faktoren ausgegangen. So ist die genetische Disposition infolge der Polygenie nicht als Hauptursache anzunehmen. Es müssen vielmehr zahlreiche andere Faktoren hinzukommen wie psychosoziale Bedingungen (familiäre Interaktionsmuster), biochemische Störung der Botenstoffe an den Neuronen oder neuroanatomische Befunde durch Erweiterung des 3. Ventrikels (Störungen der Hirnentwicklung z. B. durch virale Infekte bei Wintergeburten). Diese morphologischen Veränderungen sind aber nicht eindeutig. In diesem Kapitel sollen deshalb vor allem die neurobiologischen Faktoren diskutiert werden, um eine erkenntniskritische Einstellung gewinnen zu können. Die schizophrene Erkrankung betrifft unabhängig von Geschlecht, Kultur und Klima etwa 0,5–1 Prozent der Bevölkerung.

Der britische Psychologe Tim Crow hat vorgeschlagen, die schizophrenen Erkrankungen in den *Typ I* und den *Typ II* zu unterteilen:
1. Die *Typ-I-Schizophrenie* ist gekennzeichnet durch eine Plussymptomatik (d. h. durch das Vorhandensein) von Wahnideen, Halluzinationen und formalen Denkstörungen. Die Symptome sind gut durch Psychopharmaka vom Typ der Neuroleptika zu beeinflussen. Daher wird ätiologisch an eine Stoffwechselstörung der Neurotransmitter (z. B. an den Dopaminrezeptoren) im mesolimbischen System gedacht. Man geht von einer Dopaminüberaktivität aus. Die Prognose der medikamentösen Behandlung wird als gut bezeichnet. Dieser prognostisch gute Typus findet sich bei ca. 30 Prozent der erkrankten Personen.
2. Die *Typ-II-Schizophrenien* sind gekennzeichnet durch ein Vorherrschen von Negativsymptomen (Minussymptomatik), also das Fehlen von Antrieb, Affekt und lebendiger Sprache (Antriebsstörungen, Affektreduktion, Sprachverar-

mung). Das schlechte Ansprechen auf Neuroleptika kann eventuell durch die Gabe von atypischen Neuroleptika ausgeglichen werden. Man geht in diesen Fällen von einer Unterfunktion des Dopaminstoffwechsels aus. Da eher eine schlechte Prognose besteht, wird von einer chronischen Schizophrenie gesprochen, bei der es auch zu Intelligenzminderungen kommt. Crow postuliert als Ursache einen Zellverlust in der Kortexregion des Schläfenlappens. Mit der EEG-Untersuchung mittels »Ereigniskorrelierter Potentiale« konnte auf Störungszentren für die Aufmerksamkeit in temporalen und frontalen Regionen hingewiesen werden.

Als ein »schizophrenes Residuum« bezeichnet man ein Krankheitsbild, bei dem mindestens eine Phase von Positivsymptomatik (produktive Symptomatik) vorausgegangen ist und die dann durch Negativsymptomatik wie Affektverflachung, Antriebsarmut und Rückzug geprägt ist.

Von der Forschung werden zunehmend weitere biochemische Risikofaktoren entdeckt, die für intensive biochemische und pharmakologische Forschungsent-

Tab. 3: *Der britische Psychiater Liddle (1987; Liddle & Morris, 1991; Liddle et al., 1992) nimmt auf neurobiologische Faktoren Bezug. Er unterscheidet das paranoid-halluzinatorischen Syndrom von der hebephrenen Symptomatik des Jugendlichen und der Residualsymptomatik des chronischen Schizophreniepatienten. Die somatische Ursache für die Positivsymptomatik des paranoid-halluzinatorischen Syndroms wird in einer Dysfunktion des mesialen Temporallappens gesucht, während der hebephrene Patient eher eine Störung der rechten präfrontalen Funktionen aufweisen soll. Die Denkstörungen der Negativsymptomatik des Residuums verweisen eher auf die Störung der linken dorsalen Präfrontalregion.*

Krankheitskonzept: Schizophreniesyndrome nach Liddle (1987			
Psychische Systeme	Realitätsbezug (Außenwelt verzerrt)	Wahrnehmungsbewusstsein (Denkstörung)	Psychomotorik (Verarmung)
Symptome	Wahn Halluzination	Denkstörung (formal) Ablenkbarkeit Affekt (inadäquat)	Sprachverarmung Hypomotorik Affektverflachung
Klinische Phänomenologie			
Einteilung	Positivsymptomatik: produktiv-paranoid-halluzinatorische Symptome	Hebephrene Symptomatik des Jugendlichen	Negativsymptomatik: Residualsyndrom
Anatomische Entsprechung			
Anatomische Struktur	Mesialer Temporallappen	Rechter ventraler präfrontaler Kortex	Linker dorsaler präfrontaler Kortex

wicklungen verantwortlich sind. Allerdings erscheinen einige kritische Anmerkungen angebracht:

1. Aufgrund pharmakologischer Wirkungen verschiedener eine Psychose induzierender oder auslösender Substanzen wurden die ersten Antipsychotika entwickelt, denen gemeinsam ist, dass sie durch Blockade von Dopaminrezeptoren wirken. Tatsächlich kann eine Überdosierung des Dopaminvorläufers L-Dopa akute transiente psychotische Zustände bei Parkinsonpatienten auslösen. Diese Beobachtungen führten zur Dopaminhypothese der Entstehung der Schizophrenien. Nach dieser Hypothese soll Dopamin in frontalen Hirnabschnitten vermindert freigesetzt werden, während es in temperomesialen Strukturen vermehrt aufzufinden ist. Da aber alle klinisch eingesetzten Substanzen nicht nur auf Dopaminrezeptoren wirken und schnell an die entsprechenden Rezeptoren binden, während die klinische Wirksamkeit sich erst über Wochen entfaltet, wird angenommen, dass dopaminerge Prozesse nur indirekt am Krankheitsgeschehen beteiligt sind.
2. Tatsächlich greifen alle wirksamen Antipsychotika nicht nur in das dopaminerge System ein, wodurch u. a. hedonistische Systeme im ZNS (siehe 6.2.6) angesprochen werden, sondern sie beeinflussen auch Rezeptoren, die an der selektiven Aufmerksamkeitssteuerung (siehe 6.2.4) beteiligt sind.
3. Außerdem wirken sie auf serotonerge Rezeptoren, die bei der Gedächtniskonsolidierung (siehe 6.3.3) und Schlafsteuerung (6.2.1) von Bedeutung sind, sowie auf histaminerge und noradrenerge Rezeptoren, die u. a. bei der Stressverarbeitung wirksam werden.
4. Die Beobachtung, dass bestimmte dissoziative Anästhetika wie Ketamin und verwandte Substanzen wie Phencyclidine Psychosen induzieren können, die wie bei schizophrenen Patienten sowohl die Positiv- wie die Negativsymptome einer akuten Psychose nachahmen, hat zur Glutamathypothese der Schizophrenien geführt. Phencyclidine und Ketamin blockieren eine Untergruppe von Glutamatrezeptoren, so genannte NMDA-Rezeptoren, die bei der Speicherung von Informationen im Nervensystem in vielen, aber keineswegs allen Synapsen beteiligt sind. Aus dieser Hypothese sind bisher aber keine wirksamen Medikamente entwickelt worden.

Die klinische Nutzung einiger Substanzen hat die Behandlung der Schizophrenien revolutioniert, insofern es mit Hilfe dieser Medikamente gelingt, die Krankheitseinsicht zu fördern, einen Sozialverlust zu vermeiden, die Arbeitsfähigkeit der Patienten zu fördern und sie für weitere Therapieansätze zu öffnen. Letztlich konnte erst durch diese Medikamente die Befreiung der Patienten aus langjähriger Klinikbehandlung und dem Syndrom der Hospitalisierung ermöglicht werden.

Neben der medikamentösen Behandlung (so wenig wie möglich, so viel wie nötig), die sich auf die biochemischen Faktoren der Erkrankung bezieht, spielen psychosoziale Faktoren eine für die Lebenspraxis der Patienten entscheidende Rolle. Strukturgebende Therapien wie die Ergotherapie und Kunsttherapien sowie stützende psychotherapeutische Verfahren sind bestrebt, die dem jeweiligen Krankheitsverlauf angepassten Unterstützungen anzubieten. Sie sollten nur in stabilen Phasen konfliktorientiert sein. Soziotherapeutische Maßnahmen erlauben es den Patienten, relativ bald die klinische Behandlung zu verlassen. Die gemeindenahe psychiatrische Behandlung optimiert die Behandlung durch den Einsatz verschiedener therapeutischer Verfahren in der Sozialpsychiatrie.

Die psychoanalytischen Therapiekonzepte vertreten drei verschiedene theoretische Ansätze (Dümpelmann, 2004, S. 110):

1. Psychose als Problem von Abwehr und Konflikt: Bion (1956, S. 38) begann in den fünfziger Jahren mit der Entwicklung einer psychoanalytischen Theorie der Denkstörungen, in der er zeigte, dass der schizophren erkrankte Patient unter der Spaltung (Abwehrfunktion im Ich) des Wahrnehmungsapparates leidet. Die Persönlichkeit des Patienten wird durch die Spaltung deswegen entleert, weil die Spaltungsprodukte nur als projizierte Wahrnehmungsfragmente in der Außenwelt des Subjekts existieren und als bizarre Objekte wahrgenommen werden. Reale Objekte außerhalb der Person werden auf diese Weise für das Subjekt zu verfolgenden Objekten, die über die inneren Vorgänge des Patienten Bescheid wissen. Halluzinationen und Paranoia könnten somit neuropsychologische Störungen wie Aufmerksamkeitsdefizite, Gedächtnisstörungen und bizarres zielgerichtetes Handeln zur Folge haben. Mentzos (1992) sieht die Lösung des psychotischen Konflikts darin, dass nicht allein Motivations- und Triebkonflikte des Patienten bearbeitet werden, sondern auch Konflikte zwischen den selbstbezogenen und den objektbezogenen Tendenzen des Patienten ins Blickfeld der Therapie kommen.
2. Psychose als Störung der Symbolisierung: Durch die strukturelle Regression des Ich wird die Fähigkeit des Menschen beeinträchtigt, für sich selbst und die Objekte der Außenwelt passende und geeignete Symbole zu bilden, so dass seine Aussagen für den anderen nicht mehr verständlich sind. Wenn bei der Neurose, wie Freud (1915f, 240–244) sagt, die Funktion der Wortvorstellung gestört ist, so findet sich bei der schizophrenen Psychose eine Störung der Sachvorstellung (siehe auch 6.3.3.1), wie das von Benedetti (1991) postuliert wurde.
3. Psychose als Störung der Beziehungsregulierung: Die Beobachtung der Interaktion des Säuglings mit seiner Bezugsperson lieferte einen weiteren Ansatz zur Beurteilung der Beziehungsstörung des schizophrenen Patienten zu den Objekten seiner Außenwelt. Der Symbolverlust des erwachsenen Patienten äußert sich in dieser

Beobachtungsposition in gestörter averbaler, präsymbolischer und interaktiver Kommunikation. Die heterogene Symptomatik der schizophrenen Erkrankungen lässt auch heterogene psychische Störungen als psychodynamische Grundlage der verschiedenen Symptome in der Kommunikation vermuten. In der psychotischen Regression werden gewohnte intrapsychische und interpersonelle Grenzen durchlässiger. Zwischen schizophrenen Patienten und ihrem Gegenüber stellt sich oft ein, was Evelin Steimer-Krause (1996) »negative Intimität« nennt, womit gemeint ist, dass im mimischen Ausdruck der Gefühle zwischen den Gesprächspartnern, Kontaktsuche und Rückzug simultan ablaufen. Es wirkt wie ein Balanceakt zwischen der Angst vor dem Autonomieverlust und dem Objektverlust.

Für die Psychotherapie der Patienten mit schizophrener Symptomatik ist darum wichtig, dass neben der medikamentösen Reduktion der biologisch determinierten Symptomatik in der Psychotherapie ein flexibler Spielraum zur Entwicklung von personenbezogener Wahrnehmung ermöglicht wird, trotz aller fremden und bizarren Symbole, die Befremden in der interpersonellen Beziehungsregulierung auslösen.

5.3 Affektive Störungen

Bei den affektiven Störungen steht die unipolare Depression im Vordergrund mit einer *life-time*-Prävalenz von bis zu 17 Prozent gegenüber etwa 1 Prozent bei bipolaren Erkrankungen. Depressionen treten häufig gemeinsam mit Angststörungen und Alkoholismus auf, betreffen Frauen häufiger als Männer, mit einem mittleren Beginn in der dritten und zwei Häufigkeitsgipfeln in der vierten und siebten Lebensdekade. Störungen der Affekte beziehen sich auf krankhafte Gefühlszustände und Stimmungen, die durch extreme Schwankungen in der Affektregulation bestimmt sind. Depressive und manische Stimmungsschwankungen können solche krankhaften Ausmaße annehmen, dass Betroffene eine psychiatrische oder psychotherapeutische Therapie benötigen, wobei an das erhöhte Suizidrisiko zu denken ist.

Das Krankheitsbild ist durch eine vitale Verstimmung gekennzeichnet, bei der eine seelische Erstarrung und eine anscheinende Gefühllosigkeit vorherrschend sind. Schuldgefühle können wahnhaft gesteigert sein, so dass von einem Verarmungs-, Versündigungs- und Kleinheitswahn gesprochen werden kann. Vitale Verstimmung und Schuldgefühle treten phasenhaft auf (Zyklothymie), mit manischen und depressiven Phasen (bipolar), und sind oft verbunden mit Tagesschwankungen, wobei besonders am Morgen von einem Tief berichtet wird. Verstärkt

treten auch Schlafstörungen auf. Erleidet der Patient nur depressive Phasen, spricht man von einer *unipolaren Depression,* bei der verschiedene Erscheinungsbilder (Syndrome) zu unterscheiden sind:
1. Beim gehemmt depressiven Syndrom ist der Antrieb gehemmt.
2. Beim agitiert-depressiven Syndrom steht ein ängstlich klagendes und rastloses Verhalten im Vordergrund.
3. Beim wahnhaft-depressiven Syndrom wird der Kranke grundlos von Vorstellungen getrieben, eine unverzeihliche Missetat begangen zu haben, bitterarm zu sein oder nicht wiedergutzumachende Schuld auf sich geladen zu haben.
4. Bei der somatisierten Depression nimmt der Patient seine depressive Stimmung nicht wahr, sondern spürt an deren Stelle körperliche Beschwerden, die oft als internistische Erkrankungen missdeutet werden.

Sind die depressiven Stimmungs- und Schlafstörungen nicht nachweisbar lebensgeschichtlich determiniert und sind sie mit manischen Stimmungsausschlägen phasenhaft kombiniert, so besteht die Annahme, dass es sich um eine funktionale biologische Grunderkrankung handelt (endogene Depression).

Einen ersten Einblick in die neurobiologische Basis der Depression ermöglichte die klinische Erfahrung, dass Patienten nach Einnahme des Blutdruckmittels Reserpin eine depressive Erkrankung bekommen können. Die zyklischen Schwankungen erklärte man sich aus der biologischen Schwankung des Monoaminspiegels im Blut dieser Patienten, weil das Reserpin die Monoaminspeicher (Noradrenalin, Dopamin, Serotonin) entleert hat.

Neuere neurobiologische Forschungen haben aber gezeigt, dass der Wirkmechanismus der Monoamine sowohl innerhalb eines Stressmodells (Störung im Hypothalamus-Nebennierenrindensystem) der Erkrankung zu diskutieren ist als auch im Zusammenhang mit der Störung des Schlafzyklus (REM-onset-Schlaf) und der Durchblutung des Gehirns (PET-Studien), was auf die Störung der Regelung des Serotoningehaltes im Blut verweist. Neben den bereits erwähnten Symptomen lassen sich noch weitere biologische Parameterveränderungen nachweisen:

Hierzu zählt der Gewichts- und Appetitverlust aufgrund von Störungen der Hypothalamus-Hypophysen-Nebennierenrindenachse (HPA-Achse) mit erhöhten Cortisolspiegeln im Blut. Deswegen ist der Dexamethason-Suppressionstest, der bei normalen Probanden zu einer Reduktion des freigesetzten Cortisols führt, bei depressiven Patienten ebenso wie bei Anorexiepatienten meist negativ.

Erste biologische Theorien der Entstehung von Depressionen beruhten auf der stimmungsaufhellenden Wirkung bestimmter Tuberkulostatika, die zur Entwicklung der trizyklischen Antidepressiva führten. Diese Substanzen reduzieren den

Abbau von biogenen Aminen, wobei eine *Monoamin-Mangel-Hypothese* besondere Bedeutung erlangte und zur Einführung der Serotonin-Wiederaufnahmehemmer in die Behandlung der Depressionen führte.

Die Beobachtung, dass bei depressiven Patienten sowohl CRH- (*Corticotropin-releasing-Hormon*) wie ACTH- (*Adrenocorticotropes Hormon*) und Cortisolspiegel erhöht sind, lenkte die Aufmerksamkeit auf die *HPA-Achse* und den Zusammenhang mit der Stressverarbeitung. Hierfür scheint ein Teil des Hippocampus mitverantwortlich zu sein, in dem besonders hohe Spiegel für Glucocorticoidrezeptoren gefunden werden.

Im Tierexperiment bewirken erhöhte Cortisolspiegel eine Herabregulation der Serotonin-1A-Rezeptoren, ein Befund, der auch post mortem bei depressiven Patienten gesichert wurde. Hierbei ließ sich die Serotonin-Rezeptorabnahme auch in den Raphekernen, dem Ursprungsgebiet der serotonergen Fasern, nachweisen.

Aufgrund der Existenz unterschiedlicher biologischer Hypothesen zur Ätiopathogenese der endogen Depression kommen in der medikamentösen Therapie neben den Monoaminoxidase- (MAO-) Hemmern, den Serotonin-Wiederaufnahme-Hemmern, auch Noradrenalin- und Dopamin-Wiederaufnahme-Hemmer sowie Antikonvulsiva, wie das Carbamazepin, und Derivate der Valproinsäure zum Einsatz. Bei therapieresistenten Depressionen wird der modifizierten elektrokonvulsiven Therapie, bei größter Vorsicht, wieder mehr Raum eingeräumt.

Abzugrenzen von den endogenen Depressionen sind neurotische Depressionen (Dysthymien), bei denen lebensgeschichtliche Dispositionen, wie frühe Trennungen, Verluste, Entbehrungen, aber auch Verwöhnungen nachzuweisen sind, die zu typischen seelischen Grundkonflikten führen. Die Konflikte kreisen um orale und aggressive Selbstbehauptung. Die Affektstörung ist durch Unterdrückung von aggressiven Affekten und Impulsen gekennzeichnet, die im Zusammenhang mit der Selbstbehauptung und der Regulierung des Selbstwertgefühls (narzisstische Persönlichkeitsstörung) auftauchen. Der depressive Grundkonflikt kann regressiv oder progressiv verarbeitet werden:

a) Bei regressiven Verarbeitungsformen (phobische, gehemmte, anklammernde Beziehungsformen) kann eine Fokussierung auf Selbstaktualisierung, Ambivalenzerleben und Trennungsschuld sinnvoll sein.

b) Bei progressiven Verarbeitungsformen (narzisstisch, schizoid, zwanghaft-autonom) ist auf die hohe Selbstanforderung und die vordergründige Ablehnung von Bindung und Abhängigkeit zu achten.

Die Behandlung der Depressionen wird in der stationären Therapie durch verschiedene psychotherapeutische Kurzzeitpsychotherapien, die sich nicht der Psychoanalyse verpflichtet fühlen (wie z. B. kognitive Verhaltenstherapie; siehe 3.6.1), erfolgreich unterstützt. Klinische Studien (Hoffmann & Schauenburg, 2004) zeigen eine bessere Wirksamkeit in der Behandlung von Depressionen, wenn psychotherapeutische mit medikamentösen Behandlungen kombiniert werden.

5.4 Gedächtnisstörungen

Eine Reihe neurologischer Erkrankungen ist von Gedächtnisstörungen begleitet, wobei Störungen des deklarativen oder expliziten Gedächtnisses immer im Vordergrund stehen, während Störungen des prozeduralen oder impliziten Gedächtnisses zunächst nachgeordnet sind (siehe 6.3.5).

Unterschieden werden anterograde Amnesien von retrograden Amnesien.

1. Bei *retrograden Amnesien* können auch zurückliegende Vorgänge nicht mehr erinnert werden. Amnestische Störungen mehr oder weniger transienter (vorübergehender) Art treten nach Hirnverletzungen, epileptischen Anfällen und gelegentlich auch bei Migräneattacken auf.
2. Bei den *anterograden Amnesien* können neue Informationen nicht mehr gespeichert werden. Encephalitiden, ischämische Läsionen mesiotemporaler Strukturen – insbesondere des Hippocampus – sowie Infarkte im Bereich der posterioren zerebralen Arterien und der polaren Thalamus-Arterien sowie beim Korsakoffsyndrom (Alkoholintoxikation) können anterograde Amnesien nach sich ziehen, die nicht mehr reversibel sind. Nicht immer sind sich die Patienten ihrer Situation voll bewusst. Dies beeinträchtigt dann die Rehabilitationsprognose.

Gedächtnisstörungen sind darüber hinaus charakteristisch für *Depressionen*. Bei Depressionen im höheren Lebensalter werden diese Gedächtnisstörungen oft für den Beginn einer Alzheimer'schen Erkrankung gehalten. Bedauerlicherweise wird dabei übersehen, dass sich durch die Behandlung der Depression eine Gedächtnisstörung stark zurückbilden kann. Gedächtnisstörungen treten auch bei Schizophrenien und Temporallappen-Epilepsien auf.

Bei *dementiellen Erkrankungen* sind die Gedächtnisstörungen progressiv und treten immer auch mit anderen Funktionsstörungen gemeinsam auf. Zu diesen zählen Störungen des abstrakten Denkens, gestörtes Beurteilungs- und Planungsvermögen, Persönlichkeitsveränderungen, Aphasien (Sprachverlust), Apraxien (Störung von Bewegungsabläufen bei erhaltener Bewegungsfähigkeit) oder Agnosien (Störung des Erkennens bei erhaltener Wahrnehmungsfähigkeit). Im Verlauf der Erkrankung verlieren die Patienten auch die Fähigkeit, für sich selber zu sorgen, und es treten Auffälligkeiten in der persönlichen Hygiene und dem Ernährungsverhalten auf. Schwer erkrankte Patienten können nicht mehr für sich selber sorgen und bedürfen ständiger Pflege. Die häufigsten dementiellen Erkrankungen sind die Alzheimer'sche Erkrankung, die Multiinfarktdemenz, die frontotemporale Demenz oder Pick'sche Erkrankung.

Die letzte Krankheitsbezeichnung ergibt sich aus dem krankhaften Zellbefund. Unter dem Mikroskop werden im kranken Gewebe (histologisch) Pick'sche Körperchen gefunden. Bei der Lewy-Body-Krankheit, die häufig mit der Parkinson-Krankheit assoziiert ist, werden Lewy-Body-Einschlüsse bei der histopathologischen Untersuchung post mortem gefunden.

Dementielle Verläufe werden darüber hinaus in späten Stadien der multiplen Sklerose (MS) beobachtet. Die jeweilige zugrunde liegende Geweberückbildung im Nervensystem wird nach der entsprechenden Gewebelokalisation oder nach dem Entdecker der Erkrankung bezeichnet. So sind die Huntington-Chorea, die olivocerebelläre und die spinocerebelläre Atrophie (Geweberückbildung) wie auch das Creutzfeldt-Jacob-Syndrom ebenfalls dementielle, wenn auch seltene Erkrankungen. Stark zurückgegangen sind dementielle Verläufe bei der AIDS-Erkrankung und der Syphilis.

Während bei der Multiinfarktdemenz in der MRT-Untersuchung multiple Infarktresiduen nachweisbar sind, lassen sich bei den degenerativen Erkrankungen des Nervensystems unterschiedliche morphologische Veränderungen erst nach dem Tode durch die Gewebediagnostik (Histopathologie) nachweisen:
1. Bei der Alzheimer'schen Erkrankung sind initial mesiotemporale Strukturen betroffen, bevor im Verlauf der Erkrankung eine allgemeine Hirnrinden- Atrophie auftritt. Histopathologisch werden neurofibrilläre Tangles und Amyloid-Plaques gefunden.
2. Bei der frontotemporalen Demenz ist die Atrophie auf Frontal- und Temporallappenstrukturen begrenzt. Die Krankheit ist durch neurofibrilläre Tangles gekennzeichnet.
3. Bei der Lewy-Body-Erkrankung ist das MRT oft normal, aber in PET-Untersuchungen werden Auffälligkeiten in den Basalganglien gefunden.

Da die endgültige Diagnose bei der Alzheimer'schen Erkrankung, der Lewy-Körper-Erkrankung und der frontotemporalen Demenz erst durch die histopathologische Analyse *post mortem* festgestellt werden kann, ist die Entwicklung funktioneller Diagnosemethoden für die frühzeitige Entdeckung von Wichtigkeit. Da bei diesen Erkrankungen auch Mischformen auftreten, ist selbst in neuropathologischen Untersuchungen die Diagnose nicht immer eindeutig zu stellen.

Interessant ist, dass biochemisch bei vielen dementiellen Erkrankungen Fehlfaltungen in Proteinen zugrunde liegen, wobei genetische Faktoren die Fehlfaltungen begünstigen können. Dadurch können diese Proteinkomplexe nicht mehr verarbeitet werden und stören die zellulären Funktionen. Den jeweiligen Pathologien liegen unterschiedliche unlösbare Proteinkomplexe zugrunde. Zum Beispiel werden bei der Alzheimer-Erkrankung Tau- und Amyloidvorläufer-Proteine falsch verarbeitet. Bei den Lewy-Körperchen bilden Synnuklein, Ubiquitin und Parkin unlösbare Proteinkomplexe.

Die therapeutische Aussichtslosigkeit scheint in neuerer Zeit durch die neurobiologische Forschung vermindert zu werden. Während bei der Alzheimer'schen Erkrankung durch indirekte Acetylcholin-Agonisten oft eine therapeutische Verbesserung der Hirnleistung zu erreichen ist, kann dies bei anderen dementiellen Erkrankungen jedoch noch nicht geschehen. Interessanterweise gibt es nun zunehmend Hinweise, dass bei der Alzheimer'schen Erkrankung auch nicht-kompetitive NMDA-Rezeptor-Antagonisten wirksam sein könnten.

Wichtig in der Betreuung von Demenz-Patienten ist, dass nicht alle Gedächtnisformen gleichzeitig und in gleichem Ausmaß betroffen sind. So reagieren nicht selten Demenz- und Korsakoffsyndrompatienten längere Zeit später mit ängstlichen Symptomen, wenn sie durch Pflegepersonal und Therapeuten stark gescholten wurden, so dass emotionale Gedächtnisspuren (implizites Gedächtnis) durchaus noch gebildet werden können. Dies zu wissen ist für den sozialen Umgang mit diesen Patienten äußerst wichtig. Auch motorische Fertigkeiten (prozedurales Gedächtnis) gehen oft nicht oder später als kognitive Fähigkeiten (explizites Gedächtnis) verloren. Die diagnostische Unterscheidung der Störung verschiedener Gedächtnisspeicher scheint also bei der differentiellen Prognosestellung und der Pflege sehr sinnvoll zu sein.

5.5 Motorik- und Handlungsstörungen

Der Begriff des »motorischen Systems« bezieht sich auf die traditionelle Einteilung des Gehirns in Sensorik, zentrale Verarbeitung und Motorik. Da Sensorik und zentrale Verarbeitung gleitend ineinander übergehen – wie wir es in unserer Bezeichnung »Informationsaufnahme und -verarbeitung« (siehe 6.3) zum Ausdruck bringen –, ist auch für die Motorik und die komplexe Handlungssteuerung das Zusammenwirken zwischen Motorik, interner Informationsverarbeitung und Sensorik von großer Wichtigkeit. So berichten wir nicht nur über die Akinesie bei der Parkinson-Erkrankung, sondern auch von den seelischen Auswirkungen der neuroanatomischen Störung. Weiterhin sind die Krankheitsbilder der Motorik und des Handlungssystems sehr vielfältig. Deshalb berichten wir auch über den Ausfall des Handlungs- und Wahrnehmungssystems beim Schlaganfall und über das Anfallsgeschehen bei den Epilepsien.

5.5.1 Parkinson (Akinesie)

Schon vor fast 200 Jahren wurde dieses Krankheitsbild, bei dem Patienten meist im Alter ab 60 Jahren eine Verlangsamung der Bewegungs- und Sprechmotorik und eine Verarmung der Mimik entwickeln, durch den englischen Arzt James Parkinson beschrieben. Nach heutiger Auffassung stehen bei diesem Krankheitskomplex vier Symptome im Vordergrund: Akinesie, Tremor, Rigor, Arbeitsstörungen.
1. Die *Akinesie* ist hierbei führend. Dabei handelt es sich um eine Störung des Handlungsantriebs, so dass Bewegungsabläufe nur schwer initiiert werden, aber auch nur schwer abgestoppt werden können. Die Akinesie betrifft auch die Psychomotorik, so dass die Patienten ihr Empfinden nicht mehr über Gesichtsausdruck und Körperhaltung ausdrücken. Das »Buster-Keaton-Gesicht« ist sprichwörtlich hierfür.
2. Der *Parkinsontremor* ist mehr oder minder mit der Akinesie eng verbunden. Er tritt unter Ruhebedingungen auf und betrifft die vorderen Extremitäten, Hand, Finger und Lippen, aber selten den Rumpf.
3. Charakteristisch ist weiter der *Rigor*, wobei es sich um einen erhöhten Widerstand gegen passive Bewegungen in den Gelenken handelt.
4. Weniger bekannt ist, dass bei Parkinson-Patienten auch die Halte- und Stell-Reflexe gestört sind, was bei *Arbeiten des Hebens und Tragens* behindert und als Arbeitsstörung sozial bedeutsam ist.

Ursache der Krankheit ist eine degenerative *Veränderung der dopaminergen Zellen* in der *Substantia nigra* – einem Kern des Mittelhirns –, die über den Transmitter Dopamin zwei Schleifen moduliert, die vom Kortex durch die Basalganglien und den Thalamus zurück in den Kortex verlaufen. Die Freisetzung von Dopamin regeln motivationalen Antriebe aus dem limbischen System. In den Basalganglien sind wie in den Kleinhirnhemisphären Bewegungsabläufe gespeichert und werden in ein laufendes Bewegungsprogramm eingespeist. Die beiden Schleifen durch die Basalganglien werden als *direkte* und als *indirekte Schleife* bezeichnet:
1. Die *direkte Schleife* verbindet den Kortex über das Striatum mit dem *Pallidum internum* und von dort mit dem Thalamus, von wo motorische Kortexareale erreicht werden. Diese Schleife wird unter dem Einfluss von Dopamin aktiviert und sorgt für eine Enthemmung in thalamischen Umschaltkernen, die den

motorischen Kortexarealen vorgeschaltet sind. Dieser Prozess ist bei Dopaminmangel eingeschränkt.
2. Die *indirekte Schleife* dient der Hemmung thalamischer Umschaltkerne. Durch den Verlust von Dopamin wird dieser indirekte Weg enthemmt, erreicht dadurch ein Übergewicht über den direkten Weg und sorgt für das Hauptsymptom, die Akinesie. Die halte- und stützmotorischen Funktionen werden durch eine Fehlverarbeitung in dem Netzwerk zwischen Basalganglien und Hirnstammkernen gestört, eine Fehlverarbeitung, die einen erhöhten Muskeltonus und Störungen in den halte- und stützmotorischen Reflexen des Hirnstammes bewirkt.

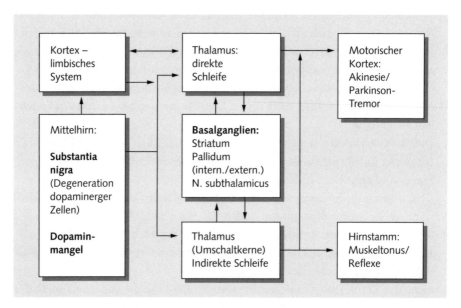

Abb. 23: *Akinesie und Tremor beim Parkinson: Die direkte Schleife verbindet den Kortex über das Striatum mit dem Pallidum internum und von dort mit dem Thalamus, von wo motorische Kortexareale erreicht werden, die Parkinsontremor und Akinesie bewirken. Die indirekte Schleife verbindet Kortexareale über das Striatum mit dem Pallidum externum, von wo aus das Pallidum internum erreicht wird. Über diesen Weg werden thalamische Umschaltkerne gehemmt. Der hierauf verstärkend wirkende Nucleus subthalamicus erhält Eingänge einerseits aus dem Pallidum externum und andererseits aus motorischen Kortexarealen und erreicht mit seinen Ausgängen das Pallidum internum, welches den Thalamus hemmt. Die Fehlverarbeitung in den Hirnstammkernen, die zur Störung der Halte- und Stützmotorik führt, wird von den Basalganglien über die Substantia nigra (pars reticulata) vermittelt (modifiziert nach Kolb & Wishaw, 1996).*

Die Parkinson-Erkrankung ist progressiv und greift zunehmend auch andere dopaminerge Systeme an. Im weiteren Verlauf werden auch noradrenerge und serotonerge Funktionen beeinträchtigt, so dass es zunehmend zu mnestischen Störungen (Gedächtnisausfällen) kommt. Beim Parkinson-Plussyndrom sind auch tiefe Schichten des entorhinalen Kortex betroffen und zunehmend auch frontotemporale Strukturen, was zu Gefühls- und Beziehungsstörungen führt.

Therapeutisch versucht man die dopaminergen Funktionen wiederherzustellen. Dies gelingt für einige Zeit im Verlauf der Krankheit durch Gabe des Dopamin-Vorläufers *L-Dopa*. Bei Wirksamkeitsverlust dieser Medikamente können mit Hilfe von *Dopamin-Rezeptoragonisten* therapeutische Verbesserungen erreicht werden. Während die Substitution dopaminerger Zellen bisher nicht überzeugt, hat sich bei Patienten mit Unwirksamkeit der Medikamente die *Tiefenstimulation des Nucleus subthalamicus* durchgesetzt. Sie verbessert innerhalb weniger Minuten die Akinesie und den Rigor und kann zudem auch den Tremor aufheben. Allerdings erzielt die Stimulation keinen Einfluss auf die Störung der halte- und stützmotorischen Reflexe. Relativ häufig sind auch Dyskinesien bei den Basalganglien-Erkrankungen, die ebenfalls durch Tiefenstimulation, jedoch im Pallidum, neuerdings gut behandelbar geworden sind.

5.5.2 Schlaganfall und spastische Parese

Die Ursache des Schlaganfalls ist ein abruptes Unterbrechen der Versorgung von Nervenzellen (Ischämie) mit Sauerstoff und Glucose im Versorgungsbereich der *Arteria cerebri media*, als Folge entweder eines Gefäßverschlusses oder einer Gefäßruptur, mit nachfolgender Einblutung ins Gewebe. In der ischämischen Zone sterben innerhalb weniger Minuten bis Stunden alle Zellen ab, während sich im Randbereich der Versorgungszone des betroffenen Gefäßabschnittes eine Penumbrazone ausbildet, in der das Gewebe nicht unrettbar verloren ist. Entscheidend für die spätere Situation des Patienten ist es, dass Zellen in der Penumbrazone möglichst gerettet werden. Dazu muss man die Schädigungsmechanismen kennen, die zu Nervenzellverlusten in dieser Zone beitragen, weil die organischen Mechanismen der Schadensbegrenzung in der Penumbrazone auch toxische Wirkung haben:
1. Durch Ödembildung entsteht *Perfusionsverlust* (Durchblutungsminderung), der eine exzitotoxische Läsion bedingt, vermittelt wahrscheinlich durch rekurrent auftretende Depolarisationswellen.
2. Nach Wiederöffnung der Gefäße entsteht ein *Reperfusionsschaden*, der durch die Bildung freier Radikale (aggressiv oxidierende Substanzen) zustande kommen könnte.

3. Es entstehen auch Schädigungen im Zusammenhang mit der *Inflammation* (Entzündung), die dazu dient, beschädigte Zellmaterialien zu neutralisieren.

Die frühe Folge eines Schlaganfalls ist die schlaffe Parese (motorische Lähmung), die von kortikalen Ausfallerscheinungen wie Aphasien (Sprachverlust), Apraxien (Unfähigkeit zweckgerichteter Bewegungen) und Neglektsymptomen (Ausblendung der Schädigungen) begleitet sein kann. Im weiteren Verlauf der Erkrankung entwickelt sich eine spastische Parese.

Ursache für die spastische Parese sind der Wegfall inhibitorischer Wirkungen über die indirekte Schleife der motorischen Steuerung auf die stützmotorischen Zentren des Hirnstamms (siehe 5.5.1) sowie wahrscheinlich der Verlust inhibitorischer Wirkungen von sensomotorischen Neuronen (in der Pyramidenbahn und dem corticorubrospinalen Trakt) auf Motoneurone, die für die Steuerung der Körperhaltung verantwortlich sind.

Nach einer mehr oder weniger gut organisierten intensiv-medizinischen Behandlung profitieren die Patienten von Krankengymnastik und ergotherapeutischen Maßnahmen. Eine Spätrehabilitation wird häufig nach passiver (z.B. infolge eines Armbruchs) oder aktiv induzierter Immobilisierung des gesunden Armes notwendig. Hierbei werden die ungekreuzt verlaufenden Bahnen von der gesunden Hemisphäre genutzt, um eine mehr oder weniger weitgehende Rehabilitation zu erreichen. Neben rehabilitativen Maßnahmen werden prophylaktisch therapeutische Maßnahmen eingesetzt, die einem erneuten Gefäßverschluss entgegenwirken sollen. Hierzu zählen insbesondere Reduktion der Blutgerinnungsparameter, Einstellen des Blutdrucks sowie diätetische Maßnahmen. Die gelegentlich mit der Behinderung und /oder der hirnorganischen Veränderung einhergehenden Depressionen bedürfen nicht selten psychotherapeutischer Maßnahmen. Hierbei ist das Wissen um die Bedeutung der Störung des Systems für das zielgerichtete Handeln (siehe 6.4.3) in Verbindung mit der Gefühlssteuerung von besonderer Bedeutung.

5.5.3 Epilepsie (psychomotorisches Anfallsgeschehen)

Epilepsien stellen eine Gruppe von Erkrankungen unterschiedlicher Ätiologie dar, denen gemeinsam ist, dass es plötzlich und, vom Patienten nicht kontrollierbar, zu auffälligen Verhaltensänderungen mit oder ohne Bewusstseinstrübung oder Bewusstseinsverlust kommt. Nach elektrophysiologischen Kriterien und der Anfallsart werden primär-generalisierte Epilepsien von partiellen (fokalen) Epilepsien unterschieden. Bei den *primärgeneralisierten Epilepsien* tritt immer Bewusstseins-

verlust auf, da in beiden Hemisphären des Gehirns Neurone synchron aktiv sind. Bei den primär generalisierten Epilepsien werden konvulsive von nicht konvulsiven Anfällen unterschieden.
1. Bei *nicht konvulsiven Anfällen* treten kurze Bewusstseinsausfälle mit oder ohne motorische Begleitsymptome auf (Absence, Petit Mal, Propulsive Petit Mal u. a.), bei denen sich eine hochsynchrone neuronale Aktivität im EEG (synchrone 3-Hz-Spike-Wave Komplexe) zu erkennen gibt. Ursache sind fazilitierte Synchronisationsprozesse in thalamokortikalen Schaltkreisen, wie sie auch bei entspannter Aufmerksamkeit und in manchen Schlafstadien vorkommen (siehe 6.2.1).
2. Das Anfallsgeschehen der primärgeneralisierten *konvulsiven Epilepsien* ist durch beidseitige tonisch-klonische Anfälle mit entsprechenden Kontraktionen der Extremitäten gekennzeichnet, denen während der tonischen Phase im EEG eine niederamplitudige, relativ hochfrequente Aktivität und während der klonischen Phase niederfrequente, hochamplitudige Wellen entsprechen. Diese Anfallsarten sind in der Regel gut pharmakologisch behandelbar, und die Patienten können sich entsprechend gut in das Berufsleben integrieren. Primärgeneralisierte Anfälle haben nicht selten eine genetische Ursache, sofern sie nicht symptomatisch andere Erkrankungen begleiten, wobei meist polygenetische Veränderungen für die Epileptogenese verantwortlich sind.

Größere Probleme bereiten die *partiellen (fokalen) Epilepsien*, bei denen die Anfälle von umschriebenen Hirnregionen ausgehen: Bis zu 70 Prozent dieser Patienten werden bei der Behandlung mit den verfügbaren Medikamenten nicht dauerhaft anfallsfrei.
1. Solche Anfälle können sich von der epileptogenen Zone des Gehirns in gesundes Gewebe hin ausbreiten und lösen dann oft entsprechende motorische Symptome aus. Sie führen bei Übertreten auf die andere Hirnhemisphäre auch zu Bewusstseinsverlust (*sekundäre Generalisierung*).
2. Je nach Ursprungsort der partiellen oder fokalen Anfälle ist die *Anfallssemiologie* (Lehre der Anfallszeichen) von erheblicher Bedeutung, um Hypothesen in Bezug auf den Ort der Genese der Anfälle zu bilden. Hierbei sind Video-EEG-Aufzeichnungen sehr nützlich. In Zusammenarbeit mit dem Patienten erlauben diese auch, den Anfallsbeginn immer früher zu erkennen und so Strategien der mentalen oder motorisch-sensorischen Aktivierung zu entwickeln, mit denen der Patient Kontrolle über seine Anfälle erhalten kann. Diese Durcharbeitung erlaubt es zudem, anfallsdisponierende Faktoren zu erkennen und diese zu meiden.
3. Einem Teil dieser Patienten kann durch *epilepsiechirurgische Eingriffe* geholfen werden. Die funktionellen Folgen sind hierbei umso geringer, je früher der chirurgische Eingriff nach Krankheitsbeginn durchgeführt wird.

4. Die *Ursachen fokaler Epilepsien* sind gelegentlich genetischen Ursprungs, häufig aber sind es Entwicklungsstörungen im Gehirn, Tumoren, Spätfolgen eines komplizierten Fieberkrampfes oder einer Hirnhautentzündung. Häufig lassen sich die eigentlichen Ursachen nicht mehr eruieren. Die häufigsten Formen partieller (fokaler) Epilepsien sind die *Temporallappenepilepsien* und die *Frontallappenepilepsien*.

Beide anatomische Strukturen sind durch polymodale Eingänge aus verschiedenen sensorischen Systemen gekennzeichnet. Deswegen spielen bei der Ausbildung von Gedächtnisspuren diese unterschiedlichen Inputsysteme eine wichtige Rolle. Sie sind deshalb auch auf verschiedene Arbeitsmodi für die Speicherung von Informationen, die Neuigkeitsdetektion und das Abrufen von Informationen und das Übertragen gespeicherter Informationen aus temporären Gedächtnisspeichern in mehr permanente Speicher angewiesen. Deshalb sind sie auch weniger stabil als primär sensorische Hirnrindenfelder. Die Ursache der Pharmakoresistenz beruht wahrscheinlich auf adaptiven Prozessen im Gewebe wie auf Veränderungen im Transport der Pharmaka über die Bluthirnschranke.

6 Neurobiologische und biopsychologische Grundlagen

■ *Uwe Heinemann, Berlin, und Wolfram Ehlers, Stuttgart*

Die wissenschaftliche Analyse der Gehirnfunktionen erfordert verschiedene Beobachterpositionen, aus denen heraus im Verlauf der Wissenschaftsgeschichte eine jeweils eigene Methodik entwickelt wurde. Somit enthält unsere Zusammenfassung neurobiologischer und psychologischer Grundlagen Modelle und Fakten, die auf den Beobachterpositionen der Neuropsychoanalyse, der Neuropsychologie und der Neurobiologie (Teilgebiete: Anatomie, Physiologie, Biochemie) basieren.

6.1 Neuropsychoanalyse, Neuropsychologie und Neurobiologie

Die Neuropsychoanalyse gründet auf den Konzepten und Entdeckungen Freuds als medizinisch-naturwissenschaftlichem und psychoanalytischem Forscher. Der russische Neuropsychologe Lurija bezeichnete seine klinisch-neuropsychologische Methode zur Beschreibung von Krankheitsverläufen in Verbindung mit neuroanatomischen Befunden der Hirnverletzung als Neurodynamik, in Analogie zu der von Freud entwickelten Psychodynamik. Kaplan-Solms und Solms (2003) gelang es, mittels der Verbindung psychoanalytischer Behandlungen mit der Methode der Neurodynamik eine klinische Heil- und Forschungsmethode zu entwickeln, die auch wissenschaftlich für die Psychoanalyse wie für die Neuropsychologie Fortschritte erzielen ließ. Schmidt-Hellerau (1995) hat ein formalisiertes konsistentes Modell der psychoanalytischen Trieb- und Strukturtheorie entwickelt, das eine »Brückenkonstruktion« zur neurodynamischen Theorie von Lurija erlaubt. Lurija (1973, dt. 1996) ging davon aus, dass alle Grundformen psychischer Tätigkeit als funktionelle Systeme aufzufassen sind, die sich nicht auf bestimmte Hirn- oder Rindenbereiche begrenzen lassen, sondern in der Zusammenarbeit von zum Teil weit auseinander liegenden Zonen bestehen. Schmidt-Hellerau verbindet Lurijas Theorie mit Freuds Teilsystemen des psychischen Apparates: mit Trieb (T), Wahrnehmung (W) und Handlung (M). Als materielle Basis eines solchen psychischen Apparates beschreibt Lurija die folgenden drei grundlegenden Funktionseinheiten des Gehirns:

1. Kortikaler Tonus: Aktivierung, Bewusstseinslage und Triebsteuerung;
2. Aufnahme, Speicherung und Verarbeitung von Wahrnehmungsinformation;
3. Programmierung, Steuerung und Kontrolle von zielgerichtetem Handeln.

Unsere Darstellung der Hirnfunktionen eines hypothetischen psychischen Apparates als materielle Grundlage seelisch und geistig erfassbarer Phänomene der Natur wie auch der Gesellschaft und ihrer Kultur sowie ihrer Erkrankungen folgt diesem neuropsychoanalytischen Konzept unter Berücksichtigung des materialistischen Forschungsansatzes der Neuropsychologie und Neurobiologie. Von den naturwissenschaftlichen Untersuchungsmethoden wird sich die Neuropsychoanalyse in Zukunft vermehrt auf die Verbindung zwischen neuroanatomischer Modellbildung, nichtinvasiver Signalanalyse und auf nichtinvasive bildgebende Verfahren stützen müssen (Beutel et al., 2004, S. 1493).

Die Neuropsychologie wird von Bryan Kolb und Ian Q. Whishaw (1996, S. 3) als ein Forschungsgebiet definiert, das die Beziehung zwischen Gehirnfunktionen und Verhalten untersucht. Ihr zentrales Anliegen ist die Entwicklung einer Wissenschaft vom menschlichen Verhalten, die sich auf die Funktionsweise des menschlichen Gehirns gründet. In Zusammenarbeit mit der Neurochirurgie entwickelt sie Verhaltensproben, die psychische Funktionen in experimentellen Anordnungen bei hirnoperierten Patienten überprüfen lässt. Sie baut auf den Lokalisationstheorien des 19. Jahrhunderts auf, bedient sich aber auch der neuesten Entwicklungen in der Neurobiologie (siehe Läsions- und Stimulationsmethoden, elektrophysiologische Methoden und neuroanatomische Modellbildung). Sie basiert somit auf den Erkenntnissen der »Dritter-Beobachter«-Position der Neurophysiologie (siehe Kasten 3: »Neurobiologie: Konzept und Messung«, S. 175) und muss sich daher in den Forschungsansatz des naturwissenschaftlichen Denkens einfügen.

Neuere neuropsychologische Ansätze fordern, dass die Diagnostik eine Untersuchung der gestörten kognitiven Funktionen in Verbindung mit den Emotionen und Motivationen (Bartl-Stork & Dörner, 2004) zum Ziel haben muss. Weiterhin wird von einer Neuropsychologie der Motivation (Gauggel, 2004b) gefordert, dass diese auf einer funktionellen Neuroanatomie aufbauen muss, die erklären kann, wie Läsionen im präfrontalen Kortex, bei den Basalganglien (Caput nuclei caudati) und im Thalamus zu Störungen der Motivation führen können. Ein vollständiges Modell eines solchen motivationalen Netzwerks müsste allerdings nicht nur die Gründe für zielgerichtetes oder motiviertes Verhalten erklären, sondern auch aufzeigen, wie interozeptive und exterozeptive Informationen und hormonelle Einflüsse motiviertes Verhalten realisieren und welche Kontroll- und Steuerungs-Systeme daran beteiligt sind. Gerhard Roth (2003a, S. 25, 138) hat versucht, das Gehirn als vielseitiges Steuerzentrum des Verhaltens zu beschreiben, das sich durchaus in

das psychoanalytische Modell des psychischen Apparates einfügen lässt. Er unterscheidet fünf Tätigkeiten des menschlichen Gehirns:
1. Steuerung der biologischen Grundbedürfnisse in Hirnstamm, Hypothalamus und Teilen des Mandelkernes (Amygdala).
2. Emotionale Bewertung im limbischen System über die Folgen unseres Handelns, die Steuerung des Gedächtnisses und die Entscheidung zwischen Handlungsalternativen in Verbindung mit (1) und (4).
3. Eine Verarbeitung der unimodalen Sinnesinformationen für das Sehen, Hören, Schmecken, Riechen sowie das Körper- und Gleichgewichtsempfinden (Somatosensorik), die in den zuständigen Bereichen der primären Hirnrinde (Kortex) stattfindet.
4. Kognitive Leistungen wie komplexe Wahrnehmungen, Vorstellungen, Erinnerungen und Handlungsplanung einschließlich der Sprache in ihren bewussten Anteilen finden im assoziativen Kortex des vorderen Hinterhauptslappens (okzipital), im mittleren und unteren Schläfenlappen (temporal) und im unteren Scheitellappen (parietal) statt. Der obere und mittlere Schläfenlappen ist für das Hören von Geräuschen, Musik und Sprache zuständig. Der hintere Scheitellappen ermöglicht die bewusste Körperempfindung der Wahrnehmung für Raumorientierung, einschließlich der Augenbewegung und der zum Greifen notwendigen Bewegungen der Gliedmaßen. Bewusstseinsfähiges Gedächtnis und bewusste Handlungsvorbereitung werden ebenfalls in der assoziativen Großhirnrinde hergestellt. Die Planung erfolgt in der Zusammenarbeit von Hippocampus, limbischem System und präfrontalem Kortex zur Steuerung von zielgerichteten Handlungen.
5. Die Steuerung der Bewegungen unseres Körpers erfolgt willentlich (mit Ausnahme der Basalganglien) durch die motorischen Bereiche der Großhirnrinde, die im hinteren Bereich des Stirnlappens (Frontalhirn) vor der Zentralfurche (sulcus centralis) zu finden sind. Das unwillkürliche motorische System unterliegt einer unbewussten Informationsverarbeitung in einer Vielzahl von Zentren im verlängerten Mark, in der Brücke, im Kleinhirn, Mittelhirn und Zwischenhirn. Die Bewegungen der Augen, der Gesichtsmuskeln, des Kopfes, Rumpfes und der Gliedmaßen werden auch automatisch und oft unbemerkt (eben unwillkürlich) über die motorischen Kerne und efferenten Nervenfasern im Mittelhirn, im verlängerten Mark und Rückenmark gesteuert.

Die Aufteilung der Gehirnleistung auf verschiedene Gehirnteile ist die Grundlage unseres wissenschaftlichen Arbeitsmodells, aber dies entspricht nicht unserer subjektiven Erfahrung. Wir erleben die äußere und innere Wahrnehmung als einen Akt, der mit Erinnerungen, Vorstellungen, Gedanken und Gefühlen verbunden ist, die zu bewussten oder unbewussten Handlungsentwürfen führen. So war es eine wichtige Entdeckung der Psychoanalyse, dass die Gründe für unerklärliches Verhalten – wie im Traum, bei Fehlleistungen und neurotischen Krankheitsprozessen – in unbewussten Abläufen der Reizverarbeitung im Gehirn zu suchen sind (Roth, 2003b, 433–434).

Die Neurobiologie erforscht die normalen und krankheitsgestörten Hirnfunktionen. Sie entwickelt Modellvorstellungen über elektrophysiologische, biochemische, pharmakologische, anatomische und genetische Funktionen auf makroskopischer, mikroskopischer und molekularer Untersuchungsebene. Die Untersuchung der gesunden und kranken Funktionsweisen des Gehirns durch die Neurobiologie hat die Entwicklung von Krankheitsmodellen zum Ziel, mit deren Hilfe medikamentöse und andere klinische Therapieverfahren entwickelt und überprüft werden können. Tatsächlich hat dieser Ansatz das Repertoire therapeutischer Optionen in der Neuropädiatrie, der Neurologie, der Neurochirurgie, der Psychiatrie und der Gerontologie stark erweitert. Neben klassische medikamentöse und chirurgische Behandlungsverfahren treten neue therapeutische Methoden, sensorische Prothesen, Tiefenstimulation, Rehabilitation und psychotherapeutische Verfahren, die zunehmend gezielt eingesetzt werden können. So hat sich die Lebenserwartung von MS-Patienten innerhalb der letzten 20 Jahre verfünffachen lassen, ca. 80 Prozent der Epilepsie-Patienten werden durch medikamentöse Behandlung, chirurgische Eingriffe und psychotherapeutische Verfahren anfallsfrei. Die Dauer depressiver Episoden kann stark verkürzt werden. Bei den meisten Schizophrenic-Patienten kann die institutionalisierte Unterbringung nicht zuletzt durch die aus einfachen Tiermodellen resultierende Entwicklung von Antipsychotika vermieden werden. Eine Innenohr-Schwerhörigkeit kann durch Cochleaimplantate gebessert werden, und die Akinesie des Parkinson-Patienten kann durch Tiefenstimulation im Nucleus subthalamicus aufgehoben werden. Schließlich lässt die Entdeckung von spinalen Lokomotionsgeneratoren hoffen, dass auch querschnittsgelähmten Patienten eine gewisse Eigenbeweglichkeit zurückgegeben werden kann.

6.2 Schlaf, Aktivierung und Triebrepräsentanz

Die somatische Verwirklichung des »instinktiven Pols« des psychischen Apparates sehen Kaplan-Solms und Solms (2003) in einer funktionellen Einheit des Gehirns realisiert, die Lurija (1973, dt. 1996) als verantwortlich für die Modulation von Tonus und Wachheitsgrad des Kortex bezeichnet. Aus ihr kommen nicht nur die Informationen zur Steuerung von Schlafen und Wachen, sondern auch die Infor-

Legenden für Farbtafeln

Farbtafel 1: *Das vorgeburtliche Wachstum des Gehirns dauert im Vergleich zur Entwicklung des Kreislauf- und Verdauungssystems des Körpers wesentlich länger. Während der fötalen Gehirnentwicklung (vierte Woche) reifen zuerst die Regionen, denen für das fötale Leben schon wichtige Funktionen zukommen: Rückenmark, Nachhirn, Mittelhirn und Zwischenhirn (a). Die fötalen Bewegungen im Mutterleib geben hiervon ein merkbares Zeichen. Das Endhirn gewinnt erst nach der Geburt seine überragende Bedeutung für den Menschen in der Ausbildung der Großhirnhemisphären. Besonders die Entwicklung des Frontalhirns ist erst in der Adoleszenz abgeschlossen. Das Neuralrohr (vierte fötale Woche) besteht aus vier Segmenten (Rückenmark, Rautenhirn, Mittelhirn, Vorderhirn), die hier farblich unterschieden werden. Am Ende der vierten Woche (b) finden sich schon alle Anlagen für das nachgeburtliche Gehirn: Rückenmark, Nachhirn, Hinterhirn, Mittelhirn, Zwischenhirn und Endhirn. In der 13.–14. Woche (c) der Embryonalentwicklung ist die Form (Seitenansicht) des menschlichen Gehirns schon erkennbar. Die linke Großhirnhemisphäre überdeckt Anteile von Mittelhirn, Hinterhirn (Kleinhirn) und Zwischenhirn.*

Farbtafel 2: *Das nachgeburtliche Gehirn (d) enthält in seiner Struktur noch die vorgeburtliche Entwicklung des Nervensystems (NS), das aus einem Neuralrohr (vierte fötale Woche) mit vier Segmenten (Rückenmark, Rautenhirn, Mittelhirn, Vorderhirn) entstand. Aus dem Zwischenhirn bilden sich Thalamus, Basalganglien und Hypothalamus heraus. Von den Großhirnhemisphären kommen alte kortikale Strukturen infolge der Faltung des Kortex an der Unterseite der Großhirnlappen am Rand (lat. limbus) zum Balken (B) (lat. Corpus callosum) zu liegen: entorhinaler Kortex, Hippocampus und Riechhirn (Rhinencephalon). Diese alten kortikalen Strukturen gehören zum so genannten limbischen System.*

Farbtafel 3: *Das neurobiologische Traummodell von Solms: Im Traumprozess erfolgt eine zustandsabhängige Verarbeitung von Reizen der inneren Wahrnehmungsoberfläche. Hierzu ist ein Zusammenspiel von unspezifischer Aktivierung (REM-Aktivierung) durch die Generatoren im aufsteigenden retikulären System mit den Kortexregionen erforderlich, die der Gedächtnis-, Emotions- und Motivationsverarbeitung dienen, um das Denken und Handeln in der Vorstellung zu steuern.*

Farbtafel 4: *Seitenansicht von einer Großhirnhälfte (Kortex). – (a) zeigt die Gliederung des Kortex in vier Hirnlappen, von denen drei durch zwei tiefe Furchen (fissura centralis, sylviae) voneinander getrennt sind. An der Stirn befindet sich der Frontallappen, am Hinterhaupt der Okzipitallappen. An der Schläfe ist der Temporallappen und seitlich darüber der Parietallappen lokalisiert. Die auf jedem Hirnlappen befindlichen Hirnwindungen werden Gyri genannt. Vom Kleinhirn, das entwicklungsgeschichtlich nicht zum Kortex gehört, sind die unteren Anteile zu sehen. – (b) zeigt die Funktionen der Rindenfelder des Kortex. Die Lokalisationen der einzelnen Sinnesfunktionen und der Sprachbildung wie des Sprachverständnisses sind abhängig vom augenblicklichen Forschungsstand. Je nach Modellvorstellung und Untersuchungsmethode sind*

Legenden für Farbtafeln

unterschiedliche Bezeichnungen und Begrenzungen der Lokalisationen in der Literatur anzutreffen. Siehe dazu den Text von Kap. 6. Hier sind die Funktionen der primären und sekundären Assoziationsareale bezeichnet, für die weitgehende Übereinkunft besteht.

Farbtafel 1

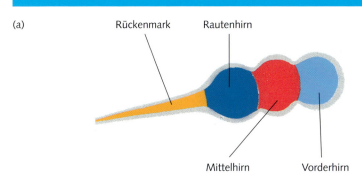

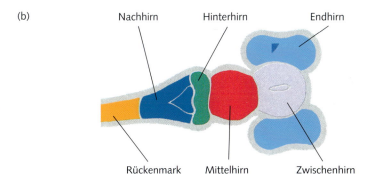

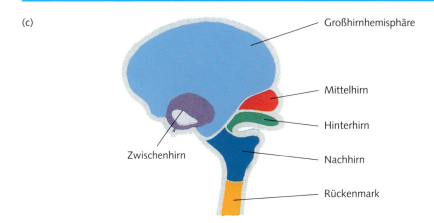

Farbtafel 2

(d)

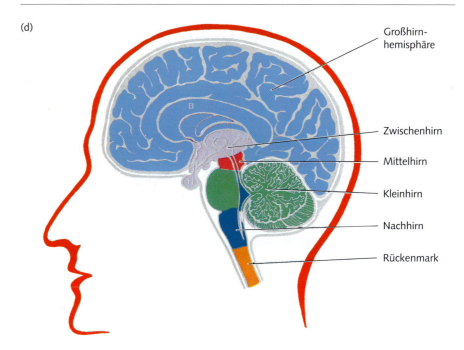

Farbtafel 3

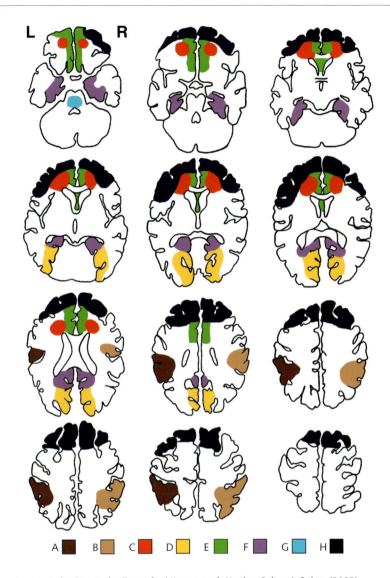

Anatomische Zonen der Traumfunktionen nach Kaplan-Solms & Solms (2003)

- A Wortsymbolische Transkription, li. Temporallappen
- B Speicher räumlicher Muster, re. Temporallappen
- C Weckstimulus, Mittelhirn, ventral
- D Visueller Speicher, Okzipitallappen
- E Reflexive Urteile, fronto-limbische Verbindung
- F Weckstimulus, temporales limbisches System
- G REM-Erzeugung, pontines Stammhirn
- H Traumarbeit, Frontalhirn ventromesial

Farbtafel 4

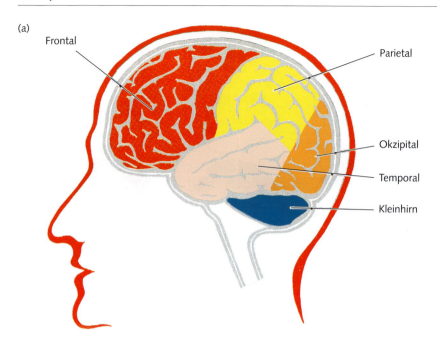

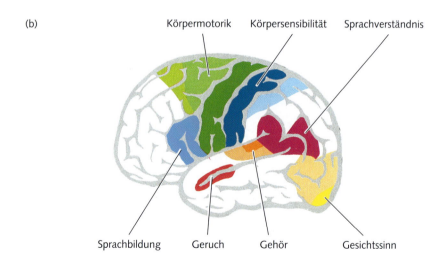

mationen über die lebenswichtigen Bedürfniszustände wie Hunger, Durst, Müdigkeit und Schmerz. Aber auch affektive Zustände wie Aggressivität, Lust, Wut, Ärger, sexuelles Begehren haben hier ihren hirnphysiologischen Ursprung. Sowohl das System für die Reizaufnahme als auch das für die Steuerung der Handlungen ist abhängig vom Wachheitsgrad (siehe EEG-Stadien der Wachheit und des Schlafes) und von der Bedürfnisregelung. Bei den hierdurch beeinflussten psychischen Funktionen handelt es sich um Phänomene der Erregung und Hemmung des Kortex, die von einer Stimulation sowohl aus der äußeren wie aus der inneren Wahrnehmungsoberfläche stammen. Für beide Quellen der Erregung und Hemmung und ihren Einfluss auf Sinneseindrücke und Vorstellungen soll der Begriff der *Aktivität* oder *Aktivierung* Verwendung finden. Hierbei ergibt sich die Zu- oder Abnahme der Aktivierung aus den spezifischen Eigenschaften der funktionellen Systeme auf physiologischer Ebene, im Verhalten und auf der Bewusstseinsebene.

Die Fasern des aufsteigenden (afferent) und des absteigenden (efferent) retikulären Systems sind für die kortikale Aktivierung von entscheidender Bedeutung.

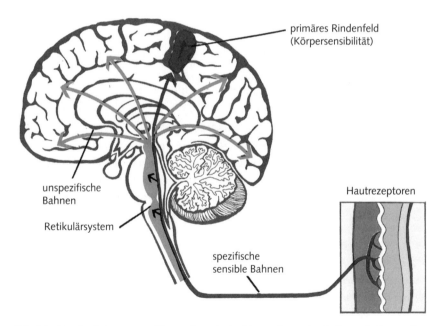

Abb. 24: *Das Retikulärsystem (Formatio reticularis) empfängt über kollaterale Fasern der spezifischen sensiblen Bahnen Nervenimpulse, die zu einer Aktivierung des Kortex über die unspezifischen Bahnen führen. Die spezifischen sensiblen Bahnen erreichen direkt die primären Rindenfelder der jeweiligen Sinnesmodalität (z. B. Körpersensibilität). Zeichnung: Boerne, aus Legewie & Ehlers, 1992, S. 109).*

Nicht außer Acht gelassen werden sollte auch der limbischen Kortex. Mesulam (1985) unterscheidet dieses für die Aktivierung verantwortliche Neuronensystem, das zustandsabhängig (z. B. Schlaf- und Wachzustand) von einem kanalabhängigen perzeptuell-mnestischen System reguliert wird. Für Gerhard Roth (2003a, S. 145) ist das limbische System der Sitz des Unbewussten. Roth unterteilt das limbische System in drei Funktionsebenen, die in der Tiefe der Großhirnlappen zu suchen sind. Die Entwicklung dieser Funktionsebenen ist deswegen bedeutsam, weil ihre Differenzierung zu unterschiedlichen Zeitpunkten in der Ontogenese erfolgt.

Auf der untersten Ebene der Hierarchie der Aktivierungssysteme findet sich die Formatio reticularis, die makroskopisch im verlängerten Mark (siehe Abb. 30) als netzartige Struktur die sensomotorischen Kerngebiete von sieben Hirnnerven umspannt. Diese Struktur reicht von Bulbus und Pons bis zum vorderen Mittelhirn. Sie hat eine entscheidende Bedeutung für die lebenswichtigen Funktionen des Organismus. Die Zwischenschaltung dieses intermediären subkortikalen Systems in den Weg der Wahrnehmungsverarbeitung verknüpft die Wahrnehmungsanalyse mit der Bewusstseinslage (verschiedene Wachheitsgrade des Organismus) und der Aufmerksamkeits-Steuerung bei der Reizaufnahme. Diesem funktionalen Vorgang entsprechen Aktivitäten kortikaler und subkortikaler Regionen des Gehirns, die neurobiologisch als Hinweis auf einen interozeptiven Informationsaustausch gesehen werden.

Die neuronalen Aktivitätsmuster werden in einem systemtheoretischen Modell von Martha Koukkou und Dietrich Lehmann (1998, S. 305) als momentane funktionelle Zustände (z. B. Entspannung, Erregung, Schlaf) des Gehirns beschrieben, die für die Analyse der Gefühlsdimensionen sensorischer Informationen relevant sind, bevor diese in den modalitätsspezifischen Regionen des Gehirns kognitiv bearbeitet werden. Die Analyse der Gefühlsdimensionen exterozeptiver Informationen ist mit der Verarbeitung interozeptiver Informationen und mit Regelungsprozessen von körperlichen Funktionen (Atmung, Kreislauf, Verdauung, Stress)

Abb. 25: *Die Verarbeitung interozeptiver Informationen wird über den afferenten Anteil des ANS aus den peripheren Körperorganen (rechte Seite der Abb.) gespeist. Diese Afferenzen sind Grundlage für die Interpretation von Schmerz und Lust aus der Aktivierung innerer Organe. Andererseits dienen efferente Steuer-Signale der Aktivität von Körperorganen zur Aufrechterhaltung der Homöostase im internen Körpermilieu (milieu interieur). Diese efferente Steuerung erfolgt über Sympathikus und Parasympathikus, die sich gegenseitig hemmen. So führt z. B. eine parasympathische Aktivierung zur Blasenentleerung durch Erschlaffung, während die sympathische Aktivierung den Schließmuskels kontrahiert. Der Grenzstrang dient überwiegend der sympathischen Aktivierung (modifiziert nach Legewie & Ehlers, 1992, S. 40).* ▶

6.2 Schlaf, Aktivierung und Triebrepräsentanz

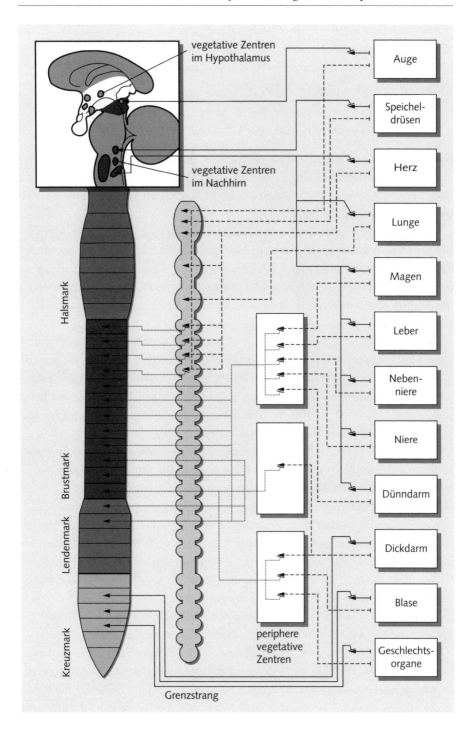

verbunden. Hierdurch ist die Zustandsabhängigkeit der Arbeitsabläufe bei der Wahrnehmungsanalyse bezüglich der inneren wie der äußeren Wahrnehmungsoberfläche möglich. Einbezogen sind auch die Informationen aus der Rückmeldung der Ergebnisse des Handlungssystems.

6.2.1 Steuerung des Schlafes und der Wachheit

Die Steuerung von Schlafen und Wachheit in der Formatio reticularis und im Hypothalamus liefert den unspezifischen Hintergrund der Aktivierung, aus dem sich die verschiedenen modalitätsspezifischen kognitiven wie emotionalen psychischen Tätigkeiten ergeben.

Anatomisch sind diese erregenden und hemmenden Strukturen mit dem limbischen System und dem Hypothalamus verbunden. Andererseits kann das unspezifisch aktivierende System auch beeinflusst werden, und zwar sowohl vom präfrontalen Handlungssystem (siehe 6.4.2) als auch aus anderen kortikalen Gebieten der Wahrnehmungsanalyse (siehe 6.3.1) und des Gedächtnisses (siehe 6.3.3 bis 6.3.5).

Die unspezifische Aktivierung (nach Lurija als »kortikaler Tonus« bezeichnet) der retikulären Formation des Hirnstammes und des Hypothalamus steigert die Wachheit, schärft die Wahrnehmungsempfindlichkeit, senkt die Empfindungsschwellen und führt zu einer Verstärkung der motorischen Reaktionen auf Reize (Lurija, 1973, S. 46 [dt. 1996]). Im Wachzustand modelliert sie die gefühls- und triebgesteuerte Wahrnehmung (Machleidt, 1998).

Im Schlaf, insbesondere beim Träumen, richtet sie sich auf die innere Wahrnehmungsoberfläche (Interozeption). Entsprechend der unterschiedlichen Wachheit lassen sich durch Beobachtung im Verhalten und elektrophysiologisch im Elektroenzephalogramm (EEG) subjektiv verschiedene Bewusstseinszustände (bewusstseinsklar, bewusstseinsgetrübt, träumerisch, Tagtraum, Klartraum, hypnoid) und objektiv verschiedene Aktivierungsgrade registrieren. Wir unterscheiden im EEG verschiedene Wachheitsgrade wie Erregtheit (*arousal* bei einem EEG mit Beta-Wellen, über 13 Hz), Orientierungsreaktion (Blockade des Alpha-EEG), entspanntes Wachsein (Alpha-Wellen im EEG), Einschlafzustand (vermehrt Theta-Wellen im EEG, 3–4 Hz). Auch für einen hypnoiden Wachheitsgrad lassen sich im EEG quantitative Kriterien der Aktivierung finden (Ehlers & Kugler, 1978).

Auch das Einschlafen und der Schlaf sind – mit den verschiedenen Schlaftiefen (siehe Abb. 26) – im EEG objektiv von der Schädeloberfläche zu klassifizieren. Durch Tiefenelektroden unterhalb der Schädeldecke sind im Tiefschlaf die thalamokortikalen Umschaltneurone so stark hyperpolarisiert, dass nur sehr intensive

Reize den Kortex erreichen. Das heißt aber nicht, dass der Kortex in dieser Zeit inaktiv würde. Er ist sich weitgehend selbst überlassen und kann sich mit Informationen auseinander setzen, die im Laufe des Tages in die neuronalen Netze eingegeben wurden.

Daneben können im Schlaf angeborene Instinktverhaltensweisen reaktiviert und mit der am Tag gespeicherten realen Lebenswelt (»Tagesrest«, im psychoana-

Schlafstadium	EEG (Hirnstromkurve)	Bewusstsein (psychisches Erleben)
aktiv wach		Kontrolle des Verhaltens, Problemlösen (»Sekundärvorgang«)
entspannt		»Spontane« Gedanken, Phantasie (»Primärvorgang«)
1		Hypnagoge Halluzinationen (fragmentarisches Bildmaterial, »Träumchen«, nicht affektiv)
2		
3		Gedankenfetzen, Tageserinnerungen, Traumbruchstücke (geringe emotionale Beteiligung)
4		
REM		Träume (visuell, dramatisch, emotional, »Primärvorgang«)

Abb. 26: *Die Ergebnisse der experimentellen Schlaf- und Traumforschung basieren auf dem Zusammenhang zwischen EEG-Registrierungen (Bildmitte) während des Einschlafens und bei verschiedenen Schlaftiefen (linke Seite). In der Abbildung als Stadien unterschieden werden Stadium 1 beim Einschlafen mit Zerfall der regelmäßigen Alpha-Wellen des entspannten Wachzustandes sowie Schlafstadium 2–4 (leichter, mittlerer und tiefer Schlaf mit Delta-Wellen). Der REM-Schlaf lässt sich bezüglich der EEG-Kriterien nicht einordnen, weil ein dem Stadium 1 ähnliches EEG zu registrieren ist. Dennoch ist ein Aufwachen unwahrscheinlich aufgrund einer – wie im Tiefschlaf – erhöhten Weckschwelle. Gleichzeitig zeigt sich im EMG (Elektromyogramm) eine erhöhte Aktivität, die insbesondere durch schnelle Augenbewegungen im Elektrookulogramm (EOG) registriert werden kann. Darum wird diese Schlafphase auch als »paradoxer Schlaf« bezeichnet. Das psychische Erleben (rechte Seite) wird mittels der EEG-Registrierung aus Weckträumen rekonstruiert (mod. n. Legewie & Ehlers, 1992, S. 144).*

lytischen Sprachgebrauch) in Beziehung gebracht werden. Dies hat aber keine unmittelbaren Konsequenzen für das beobachtbare motorische Verhalten, weil gleichzeitig die motorische Aktivität im Schlaf gehemmt ist. Somit kann das motivierte Handeln in der Vorstellung ohne das Risiko der Kontrolle durch die soziale und physische Außenwelt ablaufen. Dass Instinktverhalten in REM-Perioden eine wichtige Rolle spielt, lässt sich in Experimenten zeigen, in denen durch Eingriffe in den Locus coeruleus die so genannte *Schlaflähmung* aufgehoben wird (Morrison, 1988).

Tiere mit einer so aufgehobenen Schlaflähmung leben in der REM-Schlafphase offenbar stereotype Instinktverhaltensmuster aus. Es kann gut sein, dass das häufigere Durchlaufen von REM-Schlafanteilen während der kindlichen Entwicklung mit den Anpassungsprozessen von Instinktverhaltensweisen an biologische Notwendigkeit und soziale Randbedingungen zu tun hat (Roffwarg et al., 1966; Dement & Kleitmann, 1957).

6.2.1.1 EEG, Schlaftiefe und Traum

Mit polygrafischen Aufzeichnungen (EEG, EMG und EOG) kann der Schlafverlauf verfolgt werden und in Bezug auf Schlafperiodik, Schlafarchitektur, Wachphasen und schlafbegleitendes Verhalten (Parasomnien) beurteilt werden. Physiologisch ist der Nachtschlaf durch 4–5 Zyklen gekennzeichnet. Mit dem Einschlafen treten Verlangsamungen in den EEG-Frequenzen mit zunehmenden Theta- (4–7 Hz) und Deltaanteilen (0,5–3,5 Hz) auf. Im Tiefschlaf ist das EEG durch Deltaaktivität charakterisiert (Slow wave sleep, SWS). Nach ca. 1,5 Stunden tritt eine erste REM-Periode mit wach-ähnlichem EEG auf, das von schnellen Augenbewegungen (REM) begleitet wird, während der Muskeltonus in Rumpf und Extremitätenmuskulatur sehr niedrig ist (Schlaflähmung). Die Weckschwelle ist im REM-Schlaf ähnlich hoch wie im SWS-Schlaf. Während aber während der Nacht nur 1–2 SWS-Perioden auftreten, werden pro Nacht 4–5 REM-Schlafperioden beobachtet, die zum Morgen hin länger werden. Traumberichte aus verschiedenen Schlafstadien nach dem Wecken haben ergeben, dass im REM-Schlaf besonders bildhaft geträumt wird. Die Trauminhalte abends spielen sich nahe am Tagesgeschehen ab, während sie gegen Morgen immer halluzinatorischer werden. Für das Traumgeschehen besteht eine physiologische Amnesie, d. h. es kann allenfalls eine Traumepisode erinnert werden, wobei der Traumbericht teilweise eine Rekonstruktion des vermeintlichen Traumgeschehens darstellt.

Sigmund Freud spricht von der Schutzfunktion des Traumes, der gehäuft in REM-Phasen nach dem Aufwecken abzufragen ist, gegenüber den Triebimpulsen des

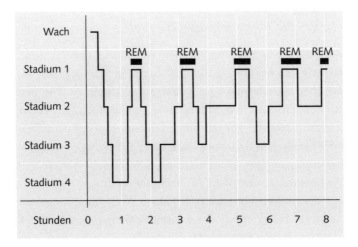

Abb. 27: *Darstellung des gesunden Schlafverlaufes: Entlang der Ordinate (von oben nach unten) wird die Schlaftiefe (wach bis Stadium 4) eingetragen, die im Verlaufe der Nacht über 8 Stunden hinweg mit dem EEG im Schlaflabor registriert worden ist. Entsprechend der Klassifikation der Schlaftiefe (siehe Abb. 26) wird entlang der Abszisse (waagerecht) die Dauer der Schlaftiefe und des REM-Schlafes eingetragen. Die Darstellung des Schlafverlaufes wird zur Diagnostik von Schlafstörungen im Labor benötigt (modifiziert nach Legewie & Ehlers, 1992, S. 142).*

Unbewussten. Weiterhin hat der Schlaf für die Gedächtniskonsolidierung eine erhebliche Bedeutung, indem während des Tagesgeschehens gespeicherte Informationen so reaktiviert werden, dass sie aus dem Arbeitsgedächtnisspeicher etwa des Hippocampus in andere Strukturen des Gehirns übertragen werden und dadurch unmittelbarer bei kognitiven Prozessen zur Verfügung stehen. Tatsächlich ist die Konsolidierung von Gedächtnisinhalten besonders gut, wenn diese kurz vor dem Schlafen gelernt werden, und umgekehrt interferiert Schlafentzug mit der Lernleistung. Der REM-Schlaf fördert darüber hinaus die Fähigkeit zur emotionalen Erinnerung und schafft damit die Voraussetzung zur psychoanalytischen Einsicht in persönliche emotionale Konflikte (Wagner et al., 2001). Die Bereitstellung gespeicherter Informationen könnte in Form von lokalen Netzwerkoszillationen geschehen, die entsprechende neuronale Aktivitätsmuster (Gammaoszillationen) sowie kortikale Spindeln (*Sharp wave ripple*-Komplexe) im räumlich-zeitlichen Zusammenhang reaktivieren (Draguhn et al., 1998, Schmitz et al., 2001).

6.2.2 Hirnmodell der Traumfunktion

Das neuropsychoanalytische Traummodell von Solms (1997a) beschreibt eine funktionelle Anatomie des Träumens (siehe Farbtafel 3); es schreibt den Systemen der unspezifischen Aktivierung eine wichtige Bedeutung zu. Die neurodynamische Struktur des Träumens besteht funktionell-anatomisch aus Teilkomponenten (Zone A–H in der Reihe der Hirnschnitte). Hiervon sind der frontale und temporale Anteil des limbischen Systems zwei wichtige Teilkomponenten des unspezifischen Aktivierungssystems. Dessen Unspezifität bezieht sich aber nur auf die exterozeptive Reizanalyse und nicht auf die Interozeption.

1. Der *Prozess des Träumens* beginnt durch einen Weckstimulus entweder aus dem ventralen Mittelhirn (Zone C der Läsionsstudien) oder aus den temporalen Anteilen des limbischen Systems (Läsion der Zone F).
2. Durch Mechanismen im pontinen Bereich des Stammhirns (Zone G) wird der *REM-Schlaf* erzeugt, dessen Aktivierung zeitlich häufig von Weckträumen begleitet ist.
3. Die Antwort auf die Komponenten der Traumerzeugung wird *symbolisch* (Zone A) in einem räumlichen Kontext (Zone B) dargestellt.
4. Das abgeschwächte reflexive Urteilsvermögen durch *Aktivierung der frontolimbischen Verbindung* (Zone E) begünstigt die Traumentstehung.
5. Am Ende des Pfades im Traumprozess steht wohl die für die »Traumarbeit« zuständige Komponente im ventromesialen Frontalhirnbereich (Zone H), der eine *Verbindung zur Motivationssteuerung* verdeutlicht.
6. Im Schlaf ist die motorische Abfuhr im Handeln gehemmt und äußert sich in einem szenischen Handeln (Traumbericht), während im Wachen in dieser Region – statt der Traumarbeit – Einfluss auf das Denken und das motivierte Handeln ausgeübt wird. Die in den *visuellen Speicher* (Zone D) projizierten Gedächtnismuster werden durch das *reflexive System* (Zone E) im frontalen Anteil des limbischen Systems sprachlich oder bildlich erfasst, so dass Träume eine *halluzinatorische Qualität* erhalten, die dem Bewusstsein eine Wahrnehmung vortäuscht.

6.2.3 Kortikale Aktivierung: Wachheit und Bewusstseinslage

Nehmen wir den entspannten Wachzustand als Ausgangsposition für die Aktivierungsprozesse, weil er es ist, aus dem heraus der Psychoanalytiker seinen Patienten auffordert, alles auszusprechen, was ihm in den Kopf kommt, ohne zu zensurieren (Grundregel der freien Assoziation). Er ist aber auch der Zustand, der bei allen

Entspannungsverfahren (progressive Muskelrelaxation, autogenes Training) angestrebt wird. Die Aufmerksamkeit ist die eines Beobachters, der keine Angst hat und bei dem eine unerwartete Reizdarbietung eine Orientierungsreaktion auslösen kann, die aber auch wieder gut habituieren kann – ganz im Gegenteil zum angespannten Menschen, der Angst hat und wo die Habituation verzögert ist, oder zum einschlafenden Menschen, wo sie schneller erfolgt und Reize auch schon einmal übersehen werden. Bewusstseinsprozesse wie Gedächtnis- und Denkfunktionen werden durch dieses System der kortikalen Aktivierung in ihrer Abhängigkeit von der Bewusstseinslage (zustandsabhängige Regelung) beeinflusst.

Auch Bewusstseinsprozesse, die eine Selbstreflexion zum Ziel haben, sind von der Bewusstseinslage beeinflusst, wie das Suggestionen in der Hypnose und affektive Bindungen im Übertragungsgeschehen deutlich machen. Bewusstsein ist für Freud (1950c [1895], S. 403; 1940b, S. 146) durch zwei wesentliche Merkmale definiert:

1. ist es die subjektive Seite eines Teils der physischen Vorgänge im Neuronensystem, die Freud mit der Wahrnehmung verbunden sieht. Die Subjektivität dieser Qualität definiert das Bewusstsein als Erste-Person-Phänomen gegenüber den Dritte-Person-Phänomenen der naturwissenschaftlichen Beobachtung von psychischen Funktionen wie Aufmerksamkeit und Gedächtnisspeicherung (Edelman, 1995; Metzinger 1995, S. 18).
2. vermittelt das Bewusstsein Qualitäten der Außenwelt (Gegenstands- oder Inhaltsbewusstsein), die durch Empfindungen des Andersseins der Objekte in der Außenwelt vermittelt werden, gegenüber der Ich-Wahrnehmung von inneren Objekten (Ich-Bewusstsein). Die Qualitäten dieser psychischen Innenwelt sind eine weitere Quelle von Bewusstseinsqualitäten, wie sie sich im Gegensatz von Primär- und Sekundärvorgang oder verschiedenen Bindungsqualitäten darstellen.

Von besonderem Interesse für die Psychotherapie sind Veränderungen des Inhaltsbewusstseins, wie sie durch Hypnose oder subliminale Wahrnehmung beschrieben werden (siehe Abb. 6 und 7). Der Kognitionsforscher Kihlstrom spricht bei diesen Phänomenen von einem *kognitiven Unbewussten,* das dem von Freud beschriebenem Vorbewussten entspricht. Dies ist zu unterscheiden von dem dynamischen Unbewussten der Psychoanalyse, das sich durch die Dynamik seiner Triebrepräsentanzen dem Ich-Bewusstsein so aufdrängt, dass ein bewusstes Erleben von Triebgefahr (Gefahr durch Reizüberflutung) abgewehrt werden muss. Erst die Modifikation ihrer Inhalte durch Symbolisierung und Sprachbildung macht die Triebrepräsentanzen im Vorbewussten erfassbar und dadurch potentiell bewusstseinsfähig. Die aktivierende Bedeutung der Bewusstseinsinhalte des dynamischen

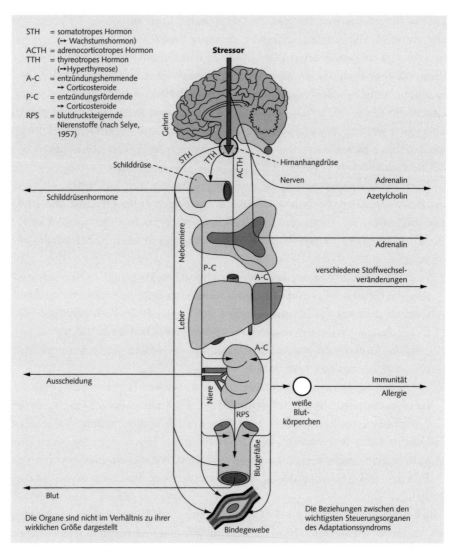

Abb. 28: *Die erhöhten Leistungsanforderungen an das Gehirn im Stress führen zu einer Überforderung der Mechanismen der Körperregulation im Sinne eines Adaptationssyndroms. Die neuroendokrine Antwort des Körpers besteht in der vermehrten Ausschüttung von somatotropem Hormon (STH), thyreotropem Hormon (TTH) und adrenocorticotropem Hormon (ACTH). Signalwege für die Aktivierung im Stress führen vom Zwischenhirn zur Nebennierenrinde (P-C) und zur Niere (A-C), mit der Folge vermehrter Produktion von entzündungsfördernden Corticosteroiden und von Adrenalin im Nebennierenmark. Hierdurch werden in Leber, Niere, Blutgefäßen und Bindegewebe die Immunität, die Durchblutung und die Gewebsreaktion beeinflusst im Sinne zunehmender Destruktion (mod. n. Legewie & Ehlers, 1992, S. 202).*

Unbewussten kann durch den Hinweis auf ihre Bedeutung für die Entwicklung von Angstzuständen und psychosomatischen Reaktionen verdeutlicht werden. Diese führen zu Überforderungszuständen, die uns in einen anderen Bereich des Aktivierungs- und Wachheitskontinuums führen, nämlich in Zustände, die durch Alarmreaktionen oder Stressverhalten gekennzeichnet sind und klinisch als Traumata fühl- und erkennbar werden.

Hans Selye (1936, 1946) definiert Stress als einen Zustand, der durch erhöhte Anforderungen an das motorische und kognitive System hervorgerufen wird. Das Gehirn muss besondere Maßnahmen ergreifen, um die zusätzliche Belastung zu bewältigen. Die sofortige Reaktion besteht in der Aktivierung stressrelevanter subkortikaler (Amygdala, Hypothalamus) Zentren, die zu einer Erregung des sympathischen Nervensystems über den Locus coeruleus (Noradrenalin) führt. Gleichzeitig werden über die noradrenerge Stimulation von Hippocampus, Amygdala und Kortex Aufmerksamkeit und Verhaltensbereitschaft gesteigert. Über den Hypothalamus und die vegetativen Zentren im Hirnstamm kommt es im Nebennierenmark zur Ausschüttung von Noradrenalin und Adrenalin in die Blutbahn. Antistressmaßnahmen können durch endogene Opiate (ß-Endorphin) zur Schmerzverminderung (Julien, 1997) und durch Neuropeptide (NPY) zur Hemmung des Hypothalamus durch Mitwirkung des Hippocampus vermittelt werden.

6.2.4 Aufmerksamkeitssteuerung

Seit den Tagen Wilhelm Wundts wird die Aufmerksamkeit als Voraussetzung dafür angesehen, dass eine Reizkonstellation überhaupt ins »Bewusstsein« tritt. Der Philosoph und Psychiater Karl Jaspers (1913) hat in seinen Reflexionen über die »allgemeine Psychopathologie« hierfür ein treffendes Beispiel gefunden:

> »Bildlich stellen wir uns das Bewusstsein gewissermaßen als die Bühne vor, auf der die einzelnen seelischen Phänomene kommen und gehen; oder als das Medium, in dem sie sich bewegen. Dieses Bewußtsein, das jedem psychischen Phänomen zu eigen ist, wechselt seine Art auf sehr mannigfaltige Weise« (zit. n. Legewie und Ehlers [2000], S. 108) (siehe 3.4.1).

Während bei konzentrierter Aufmerksamkeit und konzentrierter mentaler Aktivität im EEG Beta-Wellen (13–30 Hz) und eingelagerte synchrone Gammawellen (30–100 Hz) dominieren, ist der entspannte Wachzustand durch das Alpha-EEG (8–13 Hz) gekennzeichnet. In diesem Zustand sind die dem Kortex vorgelagerten Thalamuszellen rhythmisch gehemmt, so dass der Thalamus weniger als im Zustand der Konzentration für sensorische Informationen durchlässig ist (Kasten 5, S. 219). Allerdings ist der Kortex nicht so radikal wie im Schlaf von einlaufenden

6 Neurobiologische und biopsychologische Grundlagen

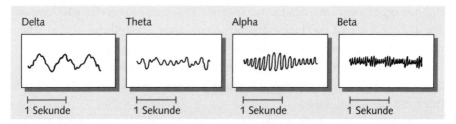

Abb. 29: *Das Elektroenzephalogramm (EEG) wird von verschiedenen Positionen an der Kopfhaut abgeleitet. Es ist ein Gemisch verschiedener Wellen, die nach ihrem dominanten Frequenzspektrum als Delta-Wellen (unter 4 pro Sekunde), Theta-Wellen (4–7,5 pro Sekunde), als Alpha- (8–12 pro Sekunde) und Betawellen (12,5–40 pro Sekunde) bezeichnet werden. Die Wellen entstehen aus oszillierender Aktivität tiefer liegender Hirnzellen, deren intrazelluläre Aktivität aufsummiert wird. Creutzfeld und Houchin (1988) konnten dies durch Messungen von thalamokortikalen Fasern und der Faseraktivität der Substantia reticularis nachweisen.*

sensorischen Aktivitätsmustern abgekoppelt. Der Thalamus kann als das »Tor« zum Bewusstsein bezeichnet werden, weil alle Wahrnehmungsreize seiner Verarbeitungsaktivität unterworfen werden.

Informationen im entspannten Wachzustand werden auch nach ihrem aktivierenden Beitrag stark gefiltert, um den Zustand der Entspannung aufrechtzuerhalten. Neuwertige Reize führen zu einer Alphablockade. Außerdem wird in der Entspannung eine einmal aufgenommene Information für kurze Zeiten konstant im Bewusstsein oder Halbbewusstsein gehalten. Während des Alpha-Rhythmus werden somit Kapazitäten des Gehirns für kreative Vorstellungen, freie Assoziationen und Tagträume frei. Die Verteilung des Spektrums der EEG-Frequenzen (Powerspektrum) kann Unterschiede zwischen verschiedenen Bewusstseinslagen aufzeigen. So ist z.B. in der Vorreizphase während der Hypnose das Powerspektrum im Theta-Bereich vermindert, während die Wirksamkeit von Suggestionen durch Intensitätszunahme im Alpha-EEG begleitet wird (Ehlers & Kugler, 1978). Dies weist bei Suggestionen auf eine Steigerung der Aktivierung der inneren gegenüber der äußeren Wahrnehmungsoberfläche (Verminderung der Alphablockade) hin. Bei Hypnose ereignet sich dagegen eine verminderte Aktivierung der Schläfrigkeit zugunsten einer hypnoiden Bewusstseinslage.

Kasten 5: Alpha-EEG und neuronale Aktivität

Der Alpha-Rhythmus im Elektroenzephalogramm (EEG) ist auf neuronale Aktivitäten zurückzuführen. Auf der Untersuchungsebene einzelner Neurone ist nachzuweisen, dass thalamokortikale Umschaltzellen über eine spezifische Klasse von Kalziumkanälen verfügen, die transient aktiviert und dann sofort inaktiviert werden. Werden thalamokortikale Zellen auf ein Membranpotential von ca. -60 bis -50 mV eingestellt, so sind diese Kanäle inaktiviert. Durch synaptische Erregung der thalamokortikalen Projektionsneurone werden inhibitorische Zellen im Nucleus reticularis thalami (NRT) ebenso aktiviert wie Kortexzellen. Spezifische Zellen im NRT erzeugen hemmende synaptische Potentiale in einem ganzen Cluster von thalamokortikalen Projektionszellen. Dadurch wird der Kalziumkanal aus dem inaktivierten in den aktivierbaren Zustand überführt, und nach Beendigung der synaptischen Hemmung kommt es zur Aktivierung dieser Ionenkanäle. Dieser Vorgang wird so lange fortgesetzt, bis es im Rahmen einer Orientierungsreaktion oder »startle«- bzw. »arousal«-Reaktion zu einem »resetting« der entsprechenden Aktivität kommt (Creutzfeldt & Houchin, 1988). Hierdurch wird die Erregbarkeit der inhibitorischen Zellen im NRT stark hochgesetzt.

Für die Aktivierung des Bewusstseins sind die *mesenencephalen-retikulären Aktivierungssysteme* (MRF, = mesencephale retikuläre Formation) zusammen mit den *medial gelegenen Thalamuskernen* von Bedeutung. Eine Trennung dieser Verbindungen führt zu einem Dauerschlafverhalten (Bremer, 1936). Entsprechend sind Ödeme im Hirnstammbereich, die die MRF außer Funktion setzen, für komatöse Zustände verantwortlich, obwohl Sinnesinformationen durchaus noch die Hirnrinde erreichen können.

Für die Regulation der Interaktion zwischen den verschiedenen Kurzzeitgedächtnisspeichern wurde ursprünglich allein das retikuläre aszendierende System mit dem Transmitter Acetylcholin verantwortlich gemacht. Es ist aber sehr wahrscheinlich, dass hier ebenfalls die serotonergen, dopaminergen und noradrenerge Bahnen ebenso wie vielleicht auch die histaminergen aszendierenden Bahnen aus Kernen des Stamm- und Mittelhirns eine wichtige Funktion besitzen.

Für die Regulation des Bewusstseins sind neben den exterozeptiven Signalen auch die ständig auf den Hypothalamus und andere Strukturen des limbischen Systems einwirkenden interozeptiven Signale von Bedeutung, die auch eine wesentliche Voraussetzung für die Entstehung des Ich-Bewusstseins (Körper-Ich) sind.

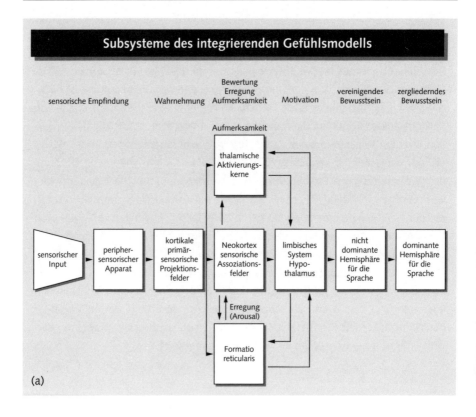

(a)

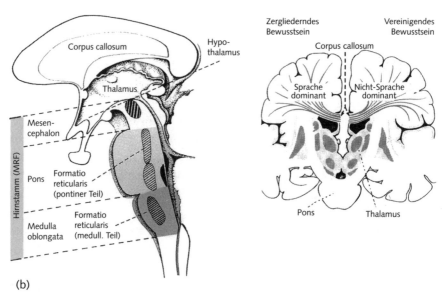

(b)

Entsprechend führen Ödeme im Hypothalamus zu komaartigen Störungen des Bewusstseins.

Die MRF und der Hypothalamus können aber nur allgemein auf die Bewusstseinslage Einfluss nehmen und haben vermutlich keinen direkten Einfluss auf die Entscheidung, welcher Kurzzeitgedächtnisspeicher gerade unser Bewusstsein dominiert. Hier werden dem präfrontalen Kortex, dem parietalen Assoziationskortex und dem limbischen System erhebliche Bedeutung zugeschrieben. Eine Schlüssel-Funktion könnten auch die Amygdalae besitzen, in denen »Wissensaspekte« und emotionale Aspekte der Informationsverarbeitung konvergieren.

In den Kurzzeitgedächtnisspeichern werden vermutlich unterschiedliche Aspekte unserer Umwelt bearbeitet. So ist für zeitlich verzögerte Zuordnungen ein Teil des *frontalen Kortex* notwendig (Fuster, 1982). Dieser Teil weist bei Patienten mit schizophrenen Psychosen eine Minderdurchblutung auf (Ingvar & Lassen, 1977). Hier sind bei einem Teil der Patienten auch Dopaminrezeptoren in ihrer Expression verändert. Elektrophysiologische Untersuchungen von Fuster (1982) zeigen, dass Zellen in diesen Strukturen während entscheidungsrelevanter, zeitlich auseinandergezogener Reizdarbietungen aktiviert werden. Die Wege für das Erkennen von zeitlichen und räumlichen Informationsfolgen konvergieren im *perirhinalen Kortex*, von wo sie *entorhinalen Kortex* und *Hippocampus* erreichen. So sind bei anterograden Amnesien – wie der Alzheimer'schen Erkrankung – auch Zellen in den oberflächlichen Schichten des perirhinalen Kortex und des entorhinalen Kortex zuerst von der Krankheit betroffen (Braak & Braak, 1990, 1993). Es ist interessant, dass Läsionen im perirhinalen Kortex und im Gyrus parahippocampalis auch zu Störungen in der Bewältigung von Aufgaben führen, für die der präfrontale Kortex verantwortlich gemacht wird. So scheinen diese Strukturen nicht nur dem Hippocampus, sondern auch frontalen Kortexarealen vorgeschaltet zu sein.

◀ **Abb. 30:** *(a) Formatio reticularis und Thalamuskerne sorgen in Interaktion mit dem limbischen System und dem Hypothalamus für die emotionale Bewertung und Aufmerksamkeitsaktivierung von Sinnesreizen, wie das im Gefühlsmodell von Temoshok (1983) postuliert wird. Dieses Modell ordnet die emotionale Informationsverarbeitung den psychologischen Funktionen der sensorischen Empfindung, der Wahrnehmung, der Interaktion von Bewertung – Erregung – Aufmerksamkeit, der Motivation und dem Bewusstsein zu. (b) Der linke Hirnschnitt zeigt das mesencephale-retikuläre Aktivierungssystem (MRF) im Hirnstamm (schraffierte Fläche). Der rechte Hirnschnitt veranschaulicht die beiden Hemisphären des Kortex mit der Lokalisation der dominanten Sprachfunktion (links), dem Corpus callosum zur Hemisphärenverbindung, dem Thalamus zur Aufmerksamkeitssteuerung (modifiziert nach Legewie & Ehlers, 1992, S. 199).*

6.2.5 Spezifische Aktivierung: Vigilanz und Schreck

Im Wachzustand kann die Wahrnehmung durch den kortikalen Tonus moduliert werden, d. h. der biologische Bedarf (Hunger, Durst, Sexualität) und auch die Vorstellung von Bedürfnissen kann die soziale Wahrnehmung im Kontakt mit der Außenwelt verändern (Legewie & Ehlers, 1992, S. 103 und 123). Beim subkortikalen Aktivierungssystem handelt es sich um eine vertikale Verbindung aller Teile des Gehirns; es nimmt aufgrund der eingebauten Mechanismen der Rückkopplung als ein sich selbst regulierendes System der Wachheitssteuerung Einfluss auf die afferente Informationsaufnahme (Wahrnehmung) und im efferenten Teil Einfluss auf das Handlungssystem.

Jede Reaktion auf eine kognitiv neue Situation erfordert zuerst den Vergleich des neuen Reizes mit früheren Reizen. Die Aktivierung entsprechender Systeme zur Schaffung von vegetativer und muskulärer Anspannung und Aufmerksamkeitsleistungen geschieht also immer dann, wenn ein Verhalten oder eine Information von einem im Zentralnervensystem gespeicherten Modell der Reizumwelt abweicht. Diese Reaktionen werden unter anderem von der Formatio reticularis ausgelöst und führen zur Aktivierung von Bahnen, die an den Synapsen Transmittersubstanzen wie Acetylcholin, Noradrenalin, Serotonin, Dopamin und Histamin freisetzen.

Diese Reaktionen haben zum einen die Funktion, eine im Zentralnervensystem verarbeitete Information, die mit der Aktivierung verbunden ist, ins Bewusstsein zu holen, wobei gerade bearbeitete Prozesse im ZNS in den Hintergrund geschoben werden. Zum anderen wird der Organismus auf eine mögliche körperlich-motorische Aktivität vorbereitet und eingestellt. Und schließlich wird die Fähigkeit, den gerade laufenden Vorgang abzuspeichern, stark gefördert (Birbaumer & Schmidt, 2002).

Diesen Zustand der erhöhten Wachheit bezeichnet man auch als *Vigilanz*. Die gesteigerte Leistungsfähigkeit in diesem Wachzustand wird in Signal-Detektions-Experimenten untersucht, wo es um Kontrollaufgaben in der Signalüberwachung geht, wie z. B. beim Autofahren oder in vielen Arbeitssituationen der Maschinenüberwachung. Hier können die Leistungen der selektiven Aufmerksamkeit in Abhängigkeit von der Vigilanz untersucht werden. Diese Aktivierung von Hirnstamm und Hypothalamus durch potentiell den Organismus bedrohende Reize und Situationen der Umwelt wird in der Neuropsychologie als *arousal* (Erregung) bezeichnet. Diese geht im Eustress nur dann mit einer gesteigerten Vigilanz einher, wenn sie zu keiner Überforderung des Organismus führt. Bei einer Überforderung des Organismus wird von *Belastungsstress* (Englisch: strain) gesprochen. Der Zusammenhang von Aktivierung und Leistung steigt somit nicht linear an, sondern kann nach einem Maximum auch wieder abfallen. Die optimale Aktivierung ist abhängig von der geforderten Leistung. Das Aufbrechen einer Tür in einer Notfallsituation erfordert eine viel höhere Aktivierung als das Einfädeln eines Fadens, das wesentlich geringere Aktivierung, d. h. »ruhig Blut«, erfordert, damit das Nadelöhr getroffen wird.

Die hierbei notwendige selektive Aufmerksamkeit wird also in Abhängigkeit von der Reizanalyse moduliert und auf die Beobachtung der Gefahr ausgerichtet. Unerwartete Reize, die die Integrität des Organismus bedrohen, führen deshalb auch zur Aktivierung von Orientierungsreflexen im entspannten Wachzustand und zu Weckreaktionen im Schlaf.

Wir sollten auf der Aktivierungsdimension verschiedene Grade unterscheiden, die von der Orientierungsreaktion bis zum Schreck und zur Stressreaktion reichen (Aktivationsgrad). Die Stimulation der Aktivierungsgrade kann von der äußeren oder inneren Wahrnehmungsoberfläche her erfolgen:
1. So kann zwischen erregenden Impulsen aus allen Modalitäten der *Sinnessysteme*,
2. den erregenden und hemmenden Impulsen der *Hirnrinde* und
3. den erregenden und hemmenden Impulsen aus dem *Hirnstamm* unterschieden werden.

Als Antwort auf alle diese Eingänge von Erregung entsendet das Retikulärsystem einen ständigen Impulsstrom, der die Höhe des Aktivierungsgrades bestimmt. Während die durch unerwartete Reize ausgelöste *Orientierungsreaktion* von der unteren Organisationsebene des Hirnstamms auf die höhere Analyseebene des Kortex gerichtet ist (bottom up), ist die durch die Analyse sensorischer Informationen ausgelöste Änderung der Aufmerksamkeit von höheren Verarbeitungsebenen des Kortex auf Hirnstamm und Hypothalamus gerichtet (top down). Im limbischen System ist hierfür neben der untersten Funktionsebene (Zentralkern der Amygdala und Hypothalamus) auch die mittlere Funktionsebene im basolateralen Teil der Amygdala von Bedeutung. Wir unterscheiden folgende Komponenten der Orientierungsreaktion:
1. Motorische Reaktionen wie Ausrichtung von Kopf- und Augenbewegungen zur Reizquelle oder »Schnüffeln« und »Ohrenspitzen« bei Tieren. Auch in der menschlichen Sprache finden sich entsprechende Hinweise für körpernahe Orientierungen, z. B.: »Ich kann den anderen gut oder gar nicht riechen«. Auf sprachlich-symbolischer Ebene kommt zusätzlich zur spezifischen biologischen Aktivierung meist noch eine motivationale Bewertung hinzu.
2. Reaktionen der Sinnesorgane wie Pupillenerweiterung und Schwellenerniedrigung der Sinnesrezeptoren.

3. Vegetative Reaktionen wie Beschleunigung des Herzschlags und die Kontraktion der Blutgefäße.
4. Reaktionen in den elektrischen Potentialen der Schädeloberfläche (EEG) wie Blockierung von Alpha-Wellen im EEG des entspannten Wachzustandes oder Auftreten von Theta-Wellen bei Schläfrigkeit.

Eine Besonderheit der Orientierungsreaktion besteht darin, dass sie nur von neuen Reizen ausgelöst wird. Bei mehrfacher Wiederholung des gleichen Reizes unterliegt

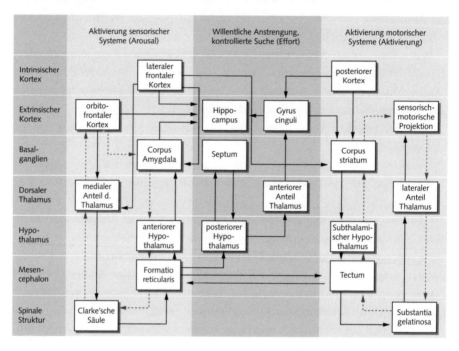

Abb. 31: *Nach Pribram und McGuinnes (1975) gehören zur Steuerung von Aktivierungs- und Aufmerksamkeitsprozessen drei Untersysteme des Gehirns (siehe Abb. 5) mit unterschiedlicher Aufgabenstellung: Die sensorische Aktivierung wird vom Reiz-Input angeregt und reguliert die sensorischen Schwellenwerte (optisch, akustisch, gustatorisch, haptisch). Die willentliche Anstrengung (effort) koordiniert die Steuerungsprozesse zwischen sensorischer und motorischer Aktivierung. Die motorische Aktivierung dient der vorbereitenden Aktivierung von Hirnstrukturen zur Steuerung zielgerichteter Handlungen. Die Hierarchie der Gehirnstrukturen reicht von der Tiefe der spinalen Struktur (Medulla oblongata und pons, siehe Abb. 30b) bis zur Oberfläche des intrinsischen Kortex mit seinen lateralen und posterioren Anteilen. Die Vernetzung der so geordneten Subsyteme des Gehirns verdeutlicht die enorme Integrationsaufgabe zur Steuerung der Aktivierungs- und Aufmerksamkeitsprozesse, die unseren Bewusstseinsleistungen zugrunde liegt.*

die Reaktion der *Habituation*. Dies meint, dass die Reaktion von Mal zu Mal schwächer wird, bis sie im Endzustand der Habituation nicht mehr auftritt. Die von der Leistung her notwendige Aktivierung des Aufmerksamkeitsystems, die für den Zusammenhang von Aktivierung und Leistung erforderlich ist, kann die Habituation begrenzen, was in allen Aufmerksamkeit erfordernden Übermüdungssituationen von besonderer Bedeutung ist. Pribram und McGuinness (1975) haben für die Habituation der Orientierungsreaktion und den Einfluss der Aufmerksamkeit auf das Aktivierungsgeschehen der Wahrnehmungs-, Verarbeitungs- und Handlungskomponente unterschiedliche Hirnstrukturen identifiziert (siehe Abb. 31).

6.2.6 Motivationssteuerung von Nahrungssuche und Fortpflanzung

Die biologische Bedürfnissteuerung entsteht durch den Metabolismus des Körpers. Über den allgemeinen Aktiviertheitsgrad hinaus, der durch Stimulation aus der Umwelt aufrechterhalten wird, sind für die Sicherung des Lebens biologische Motive von Bedeutung, wie sie in der Mutter-Kind-Dyade zum Beginn des Lebens erforderlich sind, um dem Kind eine konstante und lebensfreundliche Umwelt zu gewährleisten (siehe auch 3.5.2). Die Stoffwechselprozesse dienen der Aufrechterhaltung des inneren Gleichgewichts (Homöostase) dieser vitalen Motive. Die hierzu gehörenden Körperfunktionen wie Atmung, Verdauung, Umwandlung von Zucker in Eiweiß, innere Sekretion werden durch den Hypothalamus gesteuert.

Dabei reagiert der *Hypothalamus* über das vegetative Nervensystem und die Freisetzung von Hormonen auf die physiologischen Bedürfnisse des Körpers. Sobald die intrinsischen Regulationsprozesse ihre Grenzen zur Aufrechterhaltung optimaler Lebensbedingungen einzelner Organe und Organsysteme erreichen, entstehen Allgemeingefühle wie Hunger und Durst, die so lange einen Handlungsantrieb auslösen, bis die Bedürfnisse des Körpers befriedigt sind. Damit trägt der Hypothalamus zur biologischen Motivationssteuerung der triebbezogenen Handlungen wie auch zu motivationsgesteuerten Wahrnehmungen bei. Zur biologischen Motivationssteuerung gehören auch die Kerne des Diencephalon (Zwischenhirn) und des limbischen Systems.

Gerhard Roth (2003a, S. 145) unterteilt das *limbische System* in drei Funktionsebenen, die sich über das ganze Gehirn verteilen, aber vor allem in der Tiefe der Großhirnlappen zu suchen sind.

Die *unterste Ebene* zur Steuerung lebenswichtiger Funktionen der Bedarfsdeckung des Körpers bezieht sich auf die anatomischen Strukturen des Hypothalamus, der Amygdala (Zentralkern), das Tegmentum (ventrales Areal) und die vegetativen Zentren im zentralen Höhlengrau. *Funktionell* ist diese Ebene zuständig für

Atmung, Kreislauf, Wärmehaushalt, Energieversorgung, Schlaf-Wachrhythmus und elementare Verhaltensreaktionen wie Nahrungssuche, Angriff und Verteidigung gegen Bedrohung, Stressreaktionen bei Belastungen und Paarungsverhalten. Diese Verhaltensweisen sind verbunden mit dem Empfinden von Bedürfniszuständen wie Hunger, Durst, Müdigkeit und Schmerz und Paarungsdrang (Allgemeinempfindungen). Aber auch affektive Zustände wie Lust, sexuelles Begehren, Wut, Ärger und Schmerzempfindungen haben hier ihren hirnphysiologischen Ursprung.

Die *mittlere Funktionsebene* beschreibt das Zusammenspiel von Hypothalamus, Amygdala und mesolimbischem System für den Bereich unserer Gefühle (Emotionen) im engeren Sinne. Emotionen können – anders als Affekte – in Abhängigkeit von vorher gemachten Erfahrungen angemessen die Bedingungen der Außenwelt berücksichtigen. Der Ort dieser Emotionsverarbeitung ist der basolaterale Anteil der Amygdala. Hier werden sensorische mit emotionalen Informationen verknüpft und erhalten eine emotionale Bewertung. Der kortikomediale Teil der Amygdala dient der innerartlichen Kommunikation über Gerüche (Pheromone) z.B. beim Paarungsverhalten.

Das für die Bedürfnisbefriedigung und das Belohnungslernen so wichtige mesolimbische System (ventrales Tegmentum, Nucleus accumbens, ventrales Striatum) erzeugt unbewusste Lustimpulse (siehe Abb. 32), an denen neben Dopamin auch Peptide (Endorphin, Enkephalin) beteiligt sind. Diese hirneigenen Botenstoffe gelangen auch in den Kortex und ermöglichen uns zufriedene, glückliche, euphorische und ekstatische Erlebnisse. Allerdings sind sie auch bei der Suchtentwicklung beteiligt. Das von Schmidt-Hellerau (1995) in Freuds psychischem Apparat als T (für Trieb) bezeichnete System kann in den Funktionen des Sexualtriebs und des

Abb. 32: *Im limbischen System finden sich die neuronalen Grundlagen der Belohnungs- und Bestrafungsmechanismen. J. A. Gray (1972) hat hierfür ein Modell zur Verhaltenssteuerung entworfen: (a) Das Septumgebiet bildet in Verbindung mit dem Hypothalamus und dem Vorderhirnbündel den Belohnungsmechanismus, der – durch die Amygdala (Belohnungsvergleicher) gesteuert – die belohnten Verhaltensweisen zur Wiederholung (Belohnungssignale) anregt. Das System »Frontalkortex-Septalkerne-Hippocampus« bildet den Bestrafungsmechanismus. Die bestrafenden Verhaltenskonsequenzen werden vom Bestrafungsvergleicher (Amygdala) in Bestrafungssignale umgesetzt. (b) Limbisches System: Die Lokalisation der anatomischen Strukturen der Belohnungs- und Bestrafungszentren sind in der Tiefe unter dem Gyrus cinguli zu suchen: Amygdala, basales Vorderhirn (Frontalkortex), Hippocampusformation. (Zeichnung Eva Böcker)* ▶

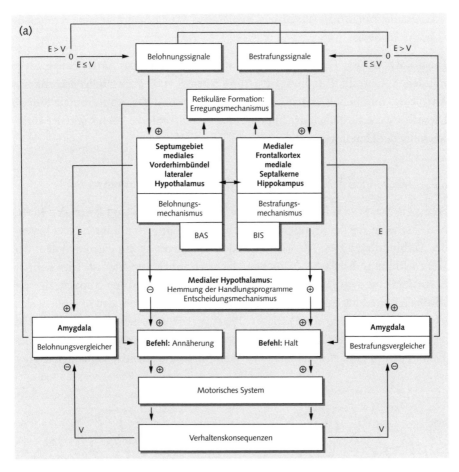
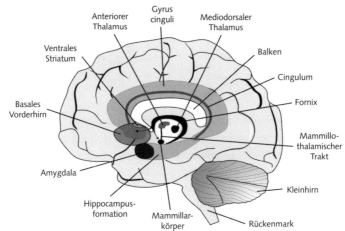

Selbsterhaltungstriebs mit diesem spezifischen Aktivierungssystem in Verbindung gebracht werden.

Die *dritte Funktionsebene des limbischen Systems* verbindet das Aktivierungssystem mit dem System der Handlungssteuerung (siehe 6.4). Die zuständigen kortikalen Anteile des limbischen Systems sind der cinguläre und der orbitofrontale Kortex. Diese Kortexareale dienen der Impulskontrolle, der Fehlerkorrektur und der Überwachung der Handlungsabläufe.

6.2.7 Nach innen gerichtete Wahrnehmungsoberfläche (Interozeption)

Solms (1996a, S. 485) hat vorgeschlagen, die subkortikalen und kortikalen Kerne und Faserzüge, die das limbische System bilden, zusammen mit ihren tiefer liegenden Verbindungen zum Hirnstamm und Rückenmark als ein eigenes System der Wahrnehmungsoberfläche anzusehen, das nach innen gerichtet ist. Dies sieht er in Analogie zu dem nach außen gerichteten sensomotorischen Apparat, der die kortikale Konvexität mit den peripheren Körperorganen verbindet. Er schließt sich hiermit der Auffassung von Damasio (2000) an. Die Wahrnehmungsoberfläche ist nach innen gerichtet und registriert die quantitativen Prozesse im Innern des psychischen Apparates innerhalb einer Bandbreite von affektiven Qualitäten. Hier

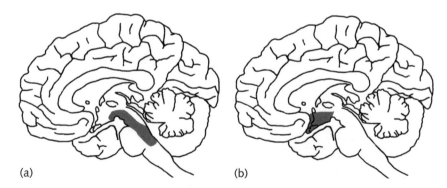

Abb. 33: *Die neuroanatomische Grundlage des psychischen Apparates wird von Kaplan-Solms und Solms (2003) aus neuropsychoanalytischen Studien mit Hirnverletzten erschlossen. Für die aktivierenden Systeme (siehe 6.2) sind die vitalen grauen Strukturen (periaquäduktales Grau) in der Umgebung (grau gefärbt) des 4. Ventrikels (a) im Zusammenwirken mit den Strukturen des Hypothalamus (b) von Wichtigkeit. Hier sehen Kaplan und Solms die biologischen Grundlagen des Es lokalisiert, wie es von S. Freud im psychischen Apparat (1950c, Nachtragsband) konzipiert wurde.*

wird in der Neuropsychoanalyse ein wichtiger Gedanke Freuds zur Organisation des Bewusstseins wieder aufgegriffen.

Für Freud (1950c) ist das Psi-Neuronensystem, in dem die Ichfunktionen organisiert werden, einerseits durch seine Verbindung mit dem Phi-Neuronensystem über so genannte Mantelneurone an die Analyse der exterozeptiven Reize gebunden:

»Das System Psi ist nach unserer besten Kenntnis in Verbindung mit der Außenwelt, es empfängt Quantität (Q) nur einerseits von den Phi-Neuronen selbst, andererseits von den zelligen Elementen im Körperinneren«.

Die hierfür zuständigen Kern-Neurone des Psi-Systems sind den endogenen Reizen des Körpers zugewandt:

»Der Kern von Psi steht in Verbindung mit jenen Bahnen, auf welchen endogene Erregungsquantitäten aufsteigen. Ohne daß wir Verbindungen dieser Bahnen mit Phi ausschließen, müssen wir doch die ursprüngliche Annahme festhalten, daß ein direkter Weg vom Körperinneren zu Psi-Neuronen führt. Dann ist aber Psi auf dieser Seite den Quantitäten (Q) schutzlos ausgesetzt, und hierin liegt die Triebfeder des psychischen Mechanismus« (siehe S. 235).

Dieses *konzeptuelle Neuronensystem* (siehe Abb. 33 und 35) wird die geistige Vorlage Freuds für die später rein in psychologischen Termini formulierte Triebtheorie des psychischen Apparates (siehe 6.3.1). Freud postulierte bezüglich der neuronalen Abbildung körperlicher Bedürfnisse im Kern des späteren Ich-Systems spezifische *Psi-Neuronen* für Durst, Hunger usw. Bei einer das Bedürfnis befriedigenden Handlung wird zwischen der Wunschbesetzung in den Kern-Neuronen (K) und der Wahrnehmungsbesetzung in den Mantel-Neuronen (M) eine Bahnung hergestellt. Hiermit übernimmt Freud von seinem Kollegen Sigmund Exner (1884) die Idee zum Entstehen von Gedächtnis und Lernen durch zelluläre Mechanismen der selektiven Verstärkung und Abschwächung der Kontakte zwischen Nervenzellen. Diese bilden ein Netzwerk als Grundlage des Ich-Apparates, der zur äußeren Welt durch die Exterozeption und zur Innenwelt des Körpers durch die Interozeption Verbindungen herstellt, die der Anpassung und Kontrolle dienen können.

Die Regulation der Allgemeinempfindungen, Bedürfnisspannung (siehe 6.2.6) und Motivationszyklus (siehe 3.5.1)) benötigen Informationen aus dieser Enterozeption zur Steuerung von Appetenz, Antrieb und Emotionen. Dabei werden Informationen über den Zustand des Organismus und Informationen aus der Umwelt miteinander verrechnet. Je stärker die Abweichung von einem Sollwert ist, je geringer ist die Chance, dem Mangelzustand durch körpereigene Regulationsprozesse abzuhelfen, und umso größer wird der Antrieb, dem Mangelzustand durch Aktivierung von teilweise festen programmierten Verhaltensrepertoires abzuhel-

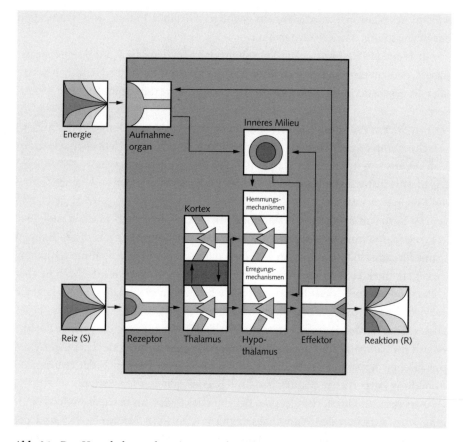

Abb. 34: *Der Hypothalamus hat eine zentrale Bedeutung in der Regelung der Homöostase. Seine Hemmungs- und Erregungsmechanismen werden über zwei wesentliche Eingänge in das System beeinflusst: 1. Motivationale sensorische Reize erreichen über die Verbindung Rezeptor-Kortex-Thalamus die hypothalamischen Steuerzentren. Die zugeführte Energie (z. B. durch Nahrung) beeinflusst über das innere Milieu (Blutzuckerkonzentration, osmotischer Druck usw.) durch den Hypothalamus die Motivationssteuerung. In anderen Modellen wird auch die Bedeutung des limbischen Systems und des frontalen Kortex für die Motivationssteuerung herausgearbeitet (siehe 6.2.7.2) (modifiziert nach Legewie & Ehlers, 1992, S. 210).*

fen. Dazu werden kognitive Ressourcen und »psychische Energie« mehr und mehr auf die Bedürfnisbefriedigung gerichtet. Sie werden erst durch die Befriedigung des Bedürfnisses wieder freigegeben.

Antrieb und Emotion regeln auch den Zugang von Informationen in die aktiven Kurzzeitgedächtnisspeicher. Die Aktivierung von Emotionen führt in Verbindung mit bestimmten Reizkonstellationen zu besonders »guten« Lernerfolgen, die sowohl das Verhaltensgedächtnis (Lernmechanismen), das prozedurale Gewohnheitsgedächtnis als auch das Wissens- oder deklarative Gedächtnis betreffen. Insofern bestimmen letztlich Emotionen stark das Verhaltensrepertoire von Mensch und Tier, aber auch das Bewusstsein des Menschen. So können wir von einer zweiten Wahrnehmungsoberfläche sprechen, die sich auf die Rückmeldungen über die Triebspannung des Körpers (Allgemeinempfindungen wie Hunger, Durst und sexuelles Verlangen) und die Affekte bezieht.

Allgemeinempfindungen entstehen immer dann, wenn homöostatische Prozesse zur Erhaltung des »milieu intéreur« (Claude Bernard, 1878) nicht mehr ausreichen. Das betrifft Empfindungen wie Hunger und Durst sowie Empfindungen von »zu warm« oder »zu kalt«. Darüber hinaus ergeben sich Allgemeinempfindungen auch aus der Einwirkung von Sexualhormonen auf das Zentralnervensystem, wodurch sexuelle Appetenz entsteht. Schließlich bewirken neue Anreize aus der Umwelt für den biologischen Organismus die Empfindung von Neugier. Auch die der unmittelbaren körperlichen Befriedigung und damit auch der Homöostase dienenden Regelmechanismen (Nahrungs- und Flüssigkeitsaufnahme) sind nicht nur durch innere Reize aktivierbar. So werden Hunger und Durst durchaus auch durch adäquate Angebote ausgelöst, selbst wenn der Organismus eigentlich keinen Hunger oder Durst verspürt (Birbaumer & Schmidt, 2002).

6.2.7.1 Interozeption von Durst

Zelluläre Dehydrierung und Hypovolämie sind die zwei prinzipiellen Ursachen des Trinkens. Für das Durstgefühl sind dabei neben Osmorezeptoren im Hypothalamus und in der Wand des dritten Ventrikels afferente Einflüsse aus der Körperperipherie verantwortlich, wie der Füllungszustand der Gefäße und die im Primärharn gemessene Natriumkonzentration in ihrer Wirkung auf den juxtaglomerulären Apparat. Dabei ist das Renin-Angiotensin-System vor allem in das durch Hypovolämie induzierte Trinken involviert (Fitzsimons, 1998). Das Gehirn verfügt über ein von der Peripherie unabhängiges Renin-Angiotensin-System. Neben dem medianen preoptischen Kern im Hypothalamus und dem medialen Mandelkern (Amygdala) sind vor allem das subfornikale Organ und das Organum vasculosum der Lamina tectalis in die Steuerung der Wasseraufnahme einbezogen.

Durst entsteht aber auch antizipatorisch. Die Wahrnehmung eines Durstgefühls löst einen Handlungsantrieb aus, in dem kognitive Ressourcen gebündelt werden, die letztlich zum Beschaffen eines Getränkes führen. Führt die zur Löschung des Trinkbedürfnisses gewählte Strategie nicht zur Löschung des Durstes, entstehen Wut, Aggressionen und – bei länger anhaltenden Verweigerungen der Bedürfniserfüllung – Frustrationen, die sich in aversiven Reaktionen ausdrücken können.

Ebenso wie bei anderen Allgemeinempfindungen sind tageszeitliche Rhythmik, Wahrnehmung eigener (und fremder) körperlicher Arbeit, Exposition gegenüber hohen Temperaturen etc. an der Durstempfindung beteiligt (Rolls, 1981).

6.2.7.2 Interozeption des Hungers

Ähnlich verhält es sich bei der Allgemeinempfindung *Hunger* (Rolls, 1981). Hier spielt der Füllungszustand des Magens und Darmes eine wesentliche Rolle, wobei die Empfindung über vegetative Afferenzen zum Hypothalamus gelangt. Dort befinden sich zudem Zellen, die für Hormone (Cholezystokinin, vasoaktives intestinales Polypeptid [VIP], Insulin, Glukagon, Leptin, Orexine und Anorexine) empfindlich sind, die während der Verdauungsarbeit gebildet werden (Geracioti et al., 1992). Injiziert man derartige Peptide in den Hypothalamus oder die Ventrikel, vermindert sich die Fressrate bei Tieren. Andererseits führen Injektionen von Noradrenalin und anderen Stoffen in den lateralen Hypothalamus bei Tieren zur selektiven Bevorzugung einer proteinreichen, einer kohlehydratreichen oder einer fettreichen Kost, so dass der Hypothalamus auch in der Lage ist, die Schattierungen des Appetits zu vermitteln (Kissileff und van Itallie, 1982). Zudem können Zellen im Hypothalamus den Glukosegehalt des Blutes messen, werden aber erst bei höheren Abweichungen von der Norm aktiv. Schließlich kann der Hypothalamus wohl auch den Fettgehalt des Blutes ermitteln und darauf reagieren.

Die Nahrungsaufnahme wird durch den Hypothalamus um einen mittleren Gewichtspegel herum reguliert. Bei größeren Abweichungen nach oben wird das Fressverhalten herabgesetzt, bei größeren Abweichungen nach unten heraufgeregelt (Kupfermann, 1991). Dieser »Sollwert« kann allerdings – wie z. B. beim Blutdruck – verändert sein. Die Regelung um diesen Sollwert erfordert die Interaktion verschiedener Hypothalamuskerne, deren Reizung oder Zerstörung zu Verschiebungen dieses Sollwertes bzw. zum Ausfall der Regelung insgesamt führt. So wird durch die Zerstörung der medial gelegenen Kerne des Hypothalamus eine *Hyperphagie* induziert, während bei der Zerstörung lateral gelegener Kerne eine Gleichgültigkeit gegenüber der Nahrungsaufnahme entsteht (Anand & Brobeck, 1951).

Der Hypothalamus ist aber nicht die einzige Region, die für das Fressverhalten entscheidend ist. Die dort entstehenden Informationen werden über ventrale Thalamuskerne in limbische Assoziationsareale gelenkt, von wo sie u. a. den Mandelkernkomplex erreichen. Die Reizung umschriebener Strukturen in diesem Komplex löst Fressverhalten aus (Gray, 1972). Wie wir aus den von Klüver und Bucy (1939) an Temporallappen durchgeführten Läsionsexperimenten wissen, führt eine Zerstörung der Mandelkerne insgesamt zu einer sehr starken oralen Handlungsneigung, wobei essbare und nicht essbare Gegenstände von den betroffen

Tieren ins Maul genommen werden. An der Regelung um den Sollwert sind Peptide beteiligt, die orexigen oder anorexigen wirken. Eine besondere Bedeutung kommt hierbei dem in körpereigenen Fettzellen gebildeten Peptid *Leptin* zu. Genetische Variationen der Leptinrezeptoren führen zur entsprechenden Gewichtsstörung.

6.2.7.3 Interozeption von sexueller Appetenz

Für die Allgemeinempfindung *sexuelle Appetenz* sind wahrscheinlich nicht nur hypothalamische Strukturen verantwortlich. So finden sich Hormonrezeptoren für Sexualhormone in vielen Teilen des Zentralnervensystems. Epileptische Patienten mit Temporallappenepilepsien berichten ebenso über Veränderungen ihrer sexuellen Appetenz wie Menschen, die Opiate zu sich nehmen. Untersuchungen an Tieren während des Kopulationsverhaltens zeigen zudem, dass während des Orgasmus, ausgehend vom Septum, eine Synchronisierung der EEG-Aktivität in limbischen Strukturen stattfindet, die Ähnlichkeiten mit einem epileptischen Anfall besitzen soll (DeFrance, 1976). An der Auslösung sexueller Appetenz sind wahrscheinlich auch Geruchsinformationen beteiligt, wobei Immunglobuline im Schweiß offenbar Attraktion und Ablehnung mit beeinflussen.

6.2.7.4 Interozeption von Neugier und Exploration

Weniger wissen wir zum Entstehen der Allgemeinempfindung *Neugier*. Sie kann im Tierexperiment als Explorationsverhalten untersucht werden. Explorationsverhalten wird bei Tieren ausgelöst, wenn sie in eine neue Umgebung gebracht werden. Explorationsverhalten wird aber auch ausgelöst, wenn nach unerwarteten Reizen die Schreckreaktion überwunden ist oder das Tier nach einem epileptischen Anfall im limbischen System das Bewusstsein zurückerlangt (Heinemann, 1996). Ebenso wie für Durst, Hunger und Sexualverhalten gibt es auch in Bezug auf das Explorationsverhalten eine Art Sättigung.

6.3 Informationsaufnahme – Speicherung und Objektrepräsentanz

Die Informationsaufnahme der äußeren und der inneren *Wahrnehmungsoberfläche* bestimmt den Verlauf des *Bewusstseinsstroms*. Die Definition, was Innen und was Außen ist, regelt der jeweilige Bewusstseinsinhalt unseres *Ich-Bewusstseins*. Seit es ein philosophisches Denken gibt, wird darüber gerätselt, welchen *Realitätsgehalt unsere Wahrnehmung* hat (Metzinger, 1995). Für die philosophische Position der Realisten gibt es an dem Realitätsgehalt keine Zweifel, weil unsere Wahrnehmung ein eher wirklichkeitsgetreues Abbild der äußeren Welt liefert. Für die idealistische

Position sind die Wahrnehmungsinhalte in der Hauptsache Erfindungen unseres Geistes. Das Höhlengleichnis Platons lässt die äußere Welt wie ein Schattenreich erscheinen, und ihre Bewegungen können vom Feuer eines erleuchteten inneren Höhlenraums aus studiert werden. Vorerfahrungen, Vorstellungen, Erwartungen und Gedanken nehmen einen erheblichen Einfluss auf den Wahrnehmungsinhalt und seine Darstellungsform.

Der neurobiologische Konstruktivismus geht ebenfalls davon aus, dass jeder Wahrnehmungsprozess eine Hypothesenbildung über Gestalten, Zusammenhänge und Bedeutungen der äußeren Wahrnehmungswelt in Gang setzt und Selektions- und Entscheidungsprozesse über die erreichbaren Informationen mit sich bringt. Es handelt sich also meist um komplexe Wahrnehmungen, die unser Gedächtnis als unser wichtigstes inneres Wahrnehmungsorgan benötigt. Die Wahrnehmungsinhalte unseres Ich-Bewusstseins werden also aus Informationsquellen gespeist, die an der äußeren und der inneren Wahrnehmungsoberfläche unseres Ich zu suchen sind. Entsprechend diesen zwei Wahrnehmungsoberflächen wird in der Psychoanalyse die Beziehung des Ich zur Welt durch seine *äußeren* und seine *inneren Objektrepräsentanzen* definiert.

Bezüglich unseres Ich-Bewusstseins ergibt sich die Frage, ob es nur *ein* Ich-Erleben gibt, wie es Descartes in der Selbstreflexivität des Ich zu definieren suchte, oder ob wir von der Existenz *verschiedenster Ich-Zustände* im Gehirn ausgehen müssen, die nur im unverletzten und normal entwickelten Gehirn als zu ein und demselben Ich gehörig erkannt werden, wie es der Philosoph David Hume (geistesgeschichtlich Kontrahent von Descartes) postulierte. Wie entscheidend das labile Gleichgewicht eines ganzheitlichen und konstanten Weltbezuges des Ich durch *Hirnverletzungen* beeinträchtigt werden kann, zeigen die meisterhaft geschriebenen Krankengeschichten von Lurija (1991) über den »Mann, dessen Welt in Scherben ging« und von Oliver Sacks (1987) über den »Mann, der seine Frau mit einem Hut verwechselte«. Die Merkwürdigkeiten des Bewusstseinsstromes für ein beobachtendes Ich lassen sich in Momentaufnahmen bei modernen Schriftstellern wie James Joyce gut nachvollziehen, die in ihren widersprüchlichen Feststellungen über die innere und äußere Wahrnehmungsoberfläche unseres Ich auf die notwendige hohe Integrationsleistung unseres bewussten Ich-Erlebens verweisen.

6.3.1 Reiz-Aufnahme und -Verarbeitung (Wahrnehmung)

Schon Freud hat dem *System W*, das für die Reizaufnahme zuständig ist, wichtige Funktionen im *posterioren Kortex* zugeschrieben. Im psychischen Apparat ist das *Phi-System* mit seinen sensiblen Neuronen für die Aufnahme der Erregungsgrößen äußerer Reize zuständig. Die neurophysiologische Wahrnehmungsanalyse (Creutzfeldt, 1983) hat die Systemeigenschaften des Kortex recht präzise untersuchen können und Mechanismen entdeckt, die gut geeignet sind, zahlreiche Wahrnehmungsphänomene des *visuellen Systems* zu beschreiben, bis hin zur Berücksichtigung der Gesetze der Gestaltwahrnehmung und optischen Täuschungen (Singer, 2002). Aber neben den Gestaltgesetzen spielen sicher auch motivationelle Einflüsse eine Rolle.

Schon für Freud wurde deutlich, dass die Wahrnehmungsreize aus der Außenwelt auf dem Weg zum Kortex auf der subkortikalen Ebene bedeutende Veränderungen erfahren (siehe 6.2.3). Diese subkortikalen Transformationen fasst Freud im *Psi-Neuronensystem* (Abb. 35) zusammen.

Das Psi-System *besteht aus Mantelneuronen (M) und Kern-Neuronen (K), die für die »Besetzung« durch äußere Wahrnehmungsreize (S) und »endogene Reize des Körpers« (ER) zuständig sind. Da den Mantelneuronen kein Reizfilter wie das Phi-System vorgeschaltet ist, kann das Psi-System durch Reize (ER) aus der inneren Wahrnehmungsoberfläche überfordert werden. Hierin läge die »Triebfeder des psychischen Mechanismus«. Es werden daher spezifische Neuronen für Durst, Hunger usw. ausgebildet, die eine Differenzierung der endogenen Reize ermöglichen. Durch die Befriedigungserlebnisse bei der Bahnung der Wunschbesetzungen zwischen K- und M-Neuronen wird ein Lernen aus der Erfahrung möglich. Dem neuronalen Subsystem des Ich kommt die Aufgabe der Integration der jeweiligen Psi-Besetzungen zu. Durch den Mechanismus der Hemmung versucht das Ich die Wiederholung von Schmerzerlebnissen und unerträglichen Affekten zu vermeiden.*

Für dieses Psi-Neuronensystem gibt es *zwei Wahrnehmungsoberflächen*, die zur Außenwelt gerichtete Wahrnehmungsoberfläche und die zum Innern des Organismus gerichtete Wahrnehmung, die sich auf die affektiven Qualitäten der Wahrnehmung bezieht (Ehlers, 1979). Solms (1996a) schlägt – wie schon Papez (1937) – vor, den *Lobus limbicus* als für die Emotionen zuständig zu erklären, ebenso für die Erfassung der affektiven Qualitäten von Wahrnehmungsreizen. Seine tiefer gehenden Verbindungen zum *Hirnstamm* und *Rückenmark* und den inneren Körperorganen entsprechen dem nach außen gerichteten sensomotorischen Wahrnehmungsapparat und schaffen für den Körper eine zweite eigene innere Wahrnehmungsoberfläche. Von Lurija wird diese innere Wahrnehmungsoberfläche dem System für die Regelung des kortikalen Tonus (siehe 6.2) zugeordnet.

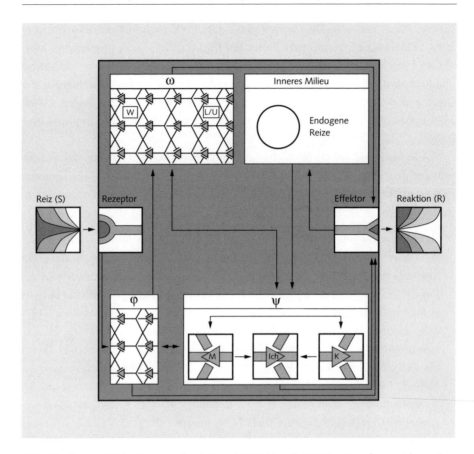

Abb. 35: *Der psychische Apparat, den S. Freud 1895 (Freud, 1950c) entwarf, setzt sich aus dem Phi-, dem Psi- und dem Omega-Neuronensystem zusammen. Das Phi-System enthält die sensiblen Neuronen zur Aufnahme der äußeren Reize (S) mit ihren Erregungsgrößen. Die Wirkungsfähigkeit von äußeren Reizen wird durch Reizschwellen eingeschränkt, um den psychischen Apparat gegen Übererregung zu schützen. Dieses System ist außerdem – durch die Wirkweise der »Nervenenddecken« – selektiv wie ein »Sieb«. Im Psi-System ist ein Lernen aus der Erfahrung möglich. Die K- und M-Neurone verbinden es mit der äußeren und der inneren Wahrnehmungsoberfläche. Das Omega-System soll Bewusstseinsqualitäten erzeugen. Es besteht aus Wahrnehmungsneuronen, die von der Besetzungstätigkeit innerhalb des seelischen Apparates angeregt werden. Diese Neuronen werden über periodische Schwankungen der anderen Systeme angesprochen und benötigen hierfür geringere Erregungsmengen als die anderen Systeme. So werden Wahrnehmungen (W) und Gedanken sowie Wünsche, Lust und Unlust (L/U) als Aktivitäten im Omega-Systems registriert und dem Psi-Systems zurückgemeldet (Abb. modifiziert nach Ehlers, 1979).*

6.3.1.1 Kognitive Wahrnehmungsfunktion und das Ich-Bewusstsein

Die neuropsychologische (Lurija, 1980) und die neurophysiologische Analyse (Creutzfeldt, 1983) der unimodalen kortikalen Regionen muss heute um die noch komplexere neurophysiologische Analyse der exterozeptiven und interozeptiven kognitiven Wahrnehmungsverarbeitung ergänzt werden, wie sie von Wolf Singer (2002) so eindrücklich beschrieben wird. Es ist wichtig, in diesem Zusammenhang darauf hinzuweisen, dass sich schon Freud in seinen Arbeiten zur Aphasielehre gegen eine zu engstirnige Lokalisation der elementaren Modalitäten der bewussten Wahrnehmung gewandt hat. Ebenso hat er sich auch gescheut, dem Ich einen konkreten Ort im Gehirn zuzuweisen.

Karen Kaplan-Solms und Mark Solms (2003, S. 236–248) vertreten die Meinung, dass das Ich als Ganzes anatomisch dem *gesamten kortiko-thalamischen Ausdehnungsbereich* entspricht, der eine Trennung zwischen externer und interner Welt ermöglicht. Das Ich hat seinen Ausgangspunkt in den unimodalen Regionen der Wahrnehmung und Motorik auf der äußeren Oberfläche des Kortex. Es umfasst die Strukturen der heteromodalen Rindenfelder auf den posterioren Hemisphären und endet im Ring des limbischen Kortex, der das Innere des Gehirns umschließt. Seine grundlegende Funktion besteht darin, zwischen der internen und der externen Welt zu vermitteln, eine Funktion, die es aufgrund einer Reihe von gestaffelten Schutzbarrieren zwischen seinen beiden sensomotorischen Oberflächen auszuführen vermag. Diese Barrieren bilden sich im Lauf des Entwicklungsprozesses aus. Sie entwickeln sich auf der Basis von Gedächtnisaufzeichnungen der Verbindungen zwischen inneren und äußeren Wahrnehmungen. Sie schalten das Gedächtnis zwischen Impuls und Handlung ein und dienen der Aufmerksamkeit, dem Urteilsvermögen und dem Denken. Allerdings sollten die anatomischen Grenzen des Ichs nicht mit seinem funktionellen Einflussbereich gleichgesetzt werden.

Neuropsychologisch sind nach Gerhard Roth (2003a, S. 151) verschiedene Ich-Aspekte zu unterscheiden, denen ebenfalls unterschiedliche neurobiologische Strukturen zugrunde liegen. Der neurobiologische Ort der verschiedenen *Ich-Empfindungen* und *-Leistungen* lässt sich in Läsionsstudien jeweils daran erkennen, welche Empfindung oder Leistung bei welcher Schädigung ausfällt. Hierbei gehören das Erlebnis-Ich und das *Ich* des Ortsbewusstseins zum System der Reizaufnahme und -verarbeitung, während das Ich des menschlichen Willens, das autobiographische Ich, das selbstreflexive und das ethische Ich zum Handlungssystem in seiner Interaktion mit den Strukturen der Reizaufnahme und Verarbeitung zu zählen sind. Läsionsstudien geben uns Auskunft über die für diese Ich-Leistungen notwendigen, aber nicht immer hinreichenden Strukturen des Gehirns:

a) Im *Lobus parietalis* werden das Körper-Ich, das Ortsbewusstsein und die Raumwahrnehmung gestört.
b) Das Erlebnis-Ich, das sich der Urheberschaft seiner Wahrnehmungen, Ideen und Gefühle bewusst ist, erfordert die intakte Funktion des *Temporallappens* am Übergang zum Parietallappen.
c) Der menschliche Wille – also die Überzeugung, dass ich der Verursacher meiner Gedanken und Handlungen bin – setzt die *Intaktheit von Funktionen des Handlungssystems (supplementär-motorisches Areal)* in seiner Zusammenarbeit mit dem *parietalen und präfrontalen Kortex voraus.*
d) Das autobiographische Ich ist an die Funktion des *Hippocampus* in Zusammenarbeit mit dem vorderen Rand des *Temporallappens* und des *orbitofrontalen Kortex* gebunden.
e) Das selbstreflexive Ich ist von der Funktionsfähigkeit *des präfrontalen Kortex* abhängig.
f) Das ethische Ich mit seinen Gewissensfunktionen (Überich) basiert auf der reifen Tätigkeit des *orbitofrontalen Kortex*.

Die Verarbeitung der Sinnesinformationen (Abb. 36) erfolgt einerseits für die Sinnesmodalitäten des Sehens, Hörens, Schmeckens, Riechens und des Körperempfindens *(Somatosensorik)* getrennt. Diese Informationen werden dann aber durch die Fähigkeit der heteromodalen Assoziationsareale des Kortex zur Bindung von Information simultan und konstruktiv zusammengefügt. Für die erste Analyseebene ist der *unimodale Kortex* (Großhirnrinde) zuständig, der die Einzelheiten der Wahrnehmungsobjekte – wie Richtung, Intensität, Winkel, Kanten, Kurven und Bewegung der Gestaltwahrnehmung – abbildet. Die Zusammenfügung dieser Informationen kann hier aber noch nicht erfolgen. Es entstehen Wahrnehmungsperzepte.

Der *heteromodale Assoziationskortex* hat dagegen die Fähigkeit, die ganzheitliche Wahrnehmung und die Integration der Wahrnehmungsperzepte zu leisten. Die erste Wahrnehmungsanalyse der Außenwelt erfolgt neurobiologisch über die *posterioren unimodalen Rindenfelder* des Kortex. Die weitere Erfassung, Analyse und Speicherung von Wahrnehmungen erfolgt über die *heteromodalen Rindenfelder der posterioren Oberflächen* beider Hemisphären. Hier werden die verschiedenen unimodalen kortikalen Analyse-Systeme verknüpft (Lurija, 1973, dt. 1996; Mesulam, 1985). In den posterioren Kortexfeldern werden sensorische mit motorischen Feldern verknüpft, so dass reziproke Einflussnahmen möglich werden; die einfachen linearen Reflex-Modelle der Informationsverarbeitung von der Wahrnehmung zur Handlung müssen als zu vereinfacht erkannt werden (Kolb & Wishaw, 1996, S. 113).

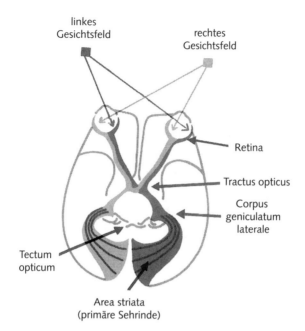

Abb. 36: *Die Verarbeitung der Sinnesinformationen für das Sehen beginnt im optischen Apparat des Auges. Dort wird das Gesichtsfeld des Sehens auf die Retina beider Augen projiziert. Hier erfolgt die Umwandlung der Lichtreize in Nervenimpulse, die über Bipolarzellen der Retina durch den Sehnerv zum Tractus opticus geleitet werden, wo die Sehbahnen der inneren Retinaschicht sich kreuzen (Chiasma opticus). Im Thalamus (Corpus geniculatum laterale) werden die Opticus-Neuronen auf die Thalamus-Neuronen umgeschaltet, die dann zur Sehrinde (Area striata) führen. Eine Nebenbahn führt im Thalamus zum Mittelhirn (Tectum) – zur Koordination der Augenbewegungen, deren Sprungbewegungen der Aufmerksamkeitsfixierung im Gesichtsfeld dienen. Von den unimodalen Zellen der Sehrinde gelangen die Informationen über die Wahrnehmung im Gesichtsfeld dann in die heteromodalen Zellen des Assoziationskortex (Zeichnung: Boerne, Legewie & Ehlers, 1992, S. 96).*

In den ersten Lebensmonaten entstehen zwischen den unimodalen Analysezentren *kortiko-thalamische Verknüpfungen*, die komplexe neuronale Netzwerke bilden und zu verschiedenen synthetischen Funktionsleistungen in der Lage sind (Mesulam, 1998; Singer, 2002). Einige dieser Verbindungen sind genetisch angelegt, andere entwickeln sich in Abhängigkeit vom Wahrnehmungsangebot der Außenwelt. In kritischen Reifeperioden sind diese Strukturen noch labil, aber je länger die Funktionen eingeübt werden, umso stabiler funktionieren sie. Hier bilden sich assoziative, zur Abbildung von *Ganzobjektrepräsentationen* befähigte Gedächtnisstrukturen.

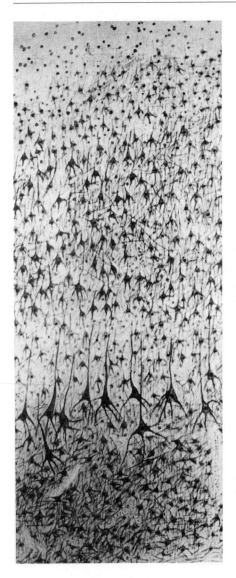

Abb. 37: *Die menschliche Großhirnrinde (Kortex) hat eine Feinstruktur, die sich erst im Mikroskop entschlüsseln lässt. Die Rinde besteht aus einer 5–6 mm dicken Schicht in beiden Großhirnhemisphären, eine Schicht, in der spezialisierte Neuronen Sinnesinformationen aufnehmen und an motorische Aktionsneurone weiterleiten. Verknüpfungen zwischen verschiedenen Hirnarealen werden durch mehrere Abzweigungen aus einzelnen Neuronen realisiert. Die Verzweigungen sind besonders gut im unteren Drittel des Gewebeschnittes bei den großen Pyramidenzellen mit einem Eingang und mehreren Ausgängen zu erkennen. Zwischen den Pyramidenzellen finden sich die kleineren Sternzellen, die eine netzartige Verbindung zwischen den Pyramidenzellen herstellen (Foto aus Legewie & Ehlers, 1992, S. 57).*

Während des Entwicklungsprozesses werden habituelle Wahrnehmungs-Assoziationen in den heteromodalen kortiko-thalamischen Verbindungen internalisiert und automatisiert. Mesulam (1998) sieht hierin eine biologische Grundlage für das Konzept der *Strukturbildung des Ich* in der Psychoanalyse. Zwischen diesen perzeptuell mnestischen Systemen bestehen Verbindungen zu den Systemen zur Regulation von *Erregung und Aktivierung* (siehe 6.2).

Die Lateralisierung der beiden Hemisphären ermöglicht die Ausbildung verschiedener Strukturen der Wahrnehmungsanalyse, die Kaplan-Solms und Solms (2003, S. 245) rechtshemisphärisch als *körperliche Ich-Wahrnehmung* und links als *audioverbale Ichstruktur* bezeichnen. In der linken Hemisphäre wird darum die Außenwelt auch durch Worte und Begriffe repräsentiert, die aus der audioverbalen Analyse und Kommunikation mit den Objekten der Außenwelt entstehen. Hier sind die *Repräsentanzen der Wortvorstellungen* zu suchen.

Patienten mit Läsionen der rechten posterioren perisylvischen Region entwickeln in der Kurzpsychotherapie eine Störung räumlicher Kognition, verbunden mit der Unfähigkeit zu trauern, mit narzisstischer Reizbarkeit, Paranoia und Melancholie. Sobald die kognitiven Repräsentationen des äußeren Raumes zusammenfallen, regredieren diese Patienten von den Ganzobjektvorstellungen zu Teilobjektrepräsentanzen, die eine Abkehr von der Objektliebe und einen narzisstischen Rückzug nach sich ziehen. Der sonst mögliche Zugang zu den Sachvorstellungen im Sinne der Freud'schen Definition (siehe 2.2.5) ist gestört.

Die *Reizaufnahme* beginnt in der Körperperipherie mit den sensorischen Endorganen, die kodierte Information aus der Außenwelt an den Kortex weiterleiten. Eine wichtige Annahme Freuds ist die, dass unser Bewusstsein auf zwei *Wahrnehmungsoberflächen* gründe. Eine weitere ist die, dass die sich unterschwellig und vorbewusst ereignenden Prozesse der Wahrnehmungsanalyse durch einen *Zensor* vom Bewusstsein ausgeschlossen bleiben müssten. Die *Bewusstwerdung* dieser Inhalte ist an Gedächtnisfunktionen (siehe 6.3.3) gebunden, die von der Neuropsychologie in den letzten Jahrzehnten genauer untersucht wurden.

6.3.2 Bewusstsein der nach außen gerichteten Wahrnehmungsoberfläche

Die der sensorischen Reizaufnahme nachgeschaltete *Wahrnehmungsanalyse* gibt der bewussten Wahrnehmung ihre Struktur, deren Gesetzmäßigkeiten wir aus der Wahrnehmungspsychologie gut kennen. Was wir wahrnehmen, wenn wir den Raum um uns herum betrachten, sind Gegenstände auf dem Hintergrund eines Raumes oder einer Fläche. Aber es sind auch Ereignisse, die in der Zeit ablaufen. In der Psychotherapie noch wichtiger sind die Wahrnehmungen von Personen und von deren Gefühlen und Wünschen. Die subjektive Untersuchung von Gegenständen in der Außenwelt, die sinnesphysiologische Kodierung und die nachfolgende Wahrnehmungsanalyse im Gehirn führen zu Problemen, die schon der deutsche Gestaltpsychologe Max Wertheimer in seiner Schrift »Experimentelle Studien über das Sehen von Bewegung« (1912) beschrieben hat:

»Ich stehe am Fenster und sehe ein Haus, Bäume, den Himmel. Rein theoretisch könnte ich das alles zahlenmäßig erfassen: Es sind ... 327 Farbtöne und Helligkeitsstufen vorhanden. Sehe ich tatsächlich 327 Unterschiedsstufen? Nein: Himmel, Haus, Bäume – die Gegebenheit der 327 Abstufungen kann kein Mensch realisieren.«

Wie können diese vielfältigen Informationen so zusammengefasst werden, dass sich die uns vertrauten Wahrnehmungsbilder einer akustisch-optischen Wahrnehmungsoberfläche unserer Außenwelt ergeben?

6.3.3 Wahrnehmungsbewusstsein und Gedächtnis

Am Beginn des Verarbeitungsprozesses des Ich mit der Welt steht das Wahrnehmungssystem, das zu einem ersten Schritt der Wahrnehmungsanalyse auf dem Weg zum Bewusstsein befähigt ist (W-Bw). 1895, als Freud noch neurologisch tätig war, lokalisierte er auf der Basis seiner Aphasiestudien und der psychotherapeutischen Erfahrungen die Funktionen des psychischen Apparats in den Rindenfeldern des Kortex und beschrieb in seinem konzeptuellen Nervensystem ein bewusstseinsfähiges *Omega-* und ein nur teilweise bewusstseinsfähiges *Psi-Neuronensystem* (Ehlers, 1979). Er stellte fest, psychische Funktionen müssten Produkte eines dynamischen Funktionssystems sein, das die Fähigkeit hat, sich ständig wechselnden Bedingungen in der Außenwelt anzupassen und sich neu zu organisieren.

In diesem Funktionssystem können die unimodalen sensorischen Rindenfelder für die vier Hauptmodalitäten Sehen, Hören, Kienästhetik, taktile Sensorik als Ecksteine des seelischen Wahrnehmungssystems gelten. Die erst später entdeckten zerebralen Repräsentationen des Geruchs- und Geschmackssinns und der Subkomponenten der Somatosensorik wurden von ihm noch nicht berücksichtigt, weil es dafür ausgefeilterer Forschungsmethoden bedurfte. *Bewusstsein* wird von Sigmund Freud einerseits mit der *bewussten Wahrnehmung* gleichgesetzt, deshalb spricht er von einem Wahrnehmungsbewusstsein (Bw-W).

In den Anfängen sah er jedoch das Wahrnehmungssystem getrennt vom Bewusstsein, das er vor allem in Bezug auf das Vorbewusste und das Unbewusste seiner Patienten untersuchte (siehe 2.1.1). Zu dieser noch heute bestehenden Unentschlossenheit der Definition tragen die Forschungsergebnisse der *subliminalen Wahrnehmung* (Dixon, 1981) bei, die nachweisen, dass unterschwellige Reize vom Wahrnehmungsapparat nicht bewusst verarbeitet werden können, weil sie unterhalb der sensorischen Wahrnehmungs- oder Erkenntnisschwelle liegen (siehe Abb. 5 und 6). Hierbei ist sicher nicht nur die exterozeptive Wahrnehmung, sondern auch die Information aus der *inneren Wahrnehmungsoberfläche* von Bedeutung.

Mit der kognitiven Wende in der Psychologie sind auch in der Neuropsychologie Wahrnehmung und Bewusstsein zu einem wichtigen Forschungsthema geworden. Der Psychologe Schacter hat ein *kognitives Bewusstseinsmodell* (CAS, conscious awareness system) entwickelt, dass ein phänomenales Bewusstsein als Ergebnis kognitiver Subsysteme der Informationsverarbeitung und Entscheidungsbildung postuliert. Dieses kognitive Funktionssystem dient dazu, die in kognitiven Forschungen gewonnenen Daten zu interpretieren.

Sehen und Hören werden durch spezialisierte Module der Subsysteme zur Wahrnehmungsverarbeitungen herangezogen, um es dem ausführenden System zu ermöglichen, Denken und Handeln zu kontrollieren. Ein Subsystem des episodischen Gedächtnisses sorgt über die Vorgänge des Erkennens, der Einsicht und des planenden Denkens für Bewusstsein bezüglich des Selbstbewusstseins. Das Verarbeitungssystem für das phänomenale Bewusstsein *kann also in Interaktion treten mit den spezialisierten Modulen der* Wahrnehmung, *des* episodischen Gedächtnisses *wie auch mit dem für die Ausführung von Entscheidungen* zuständigen Handlungssystem *(executive system). Das Handlungssystem wiederum steht in Interaktion mit dem Antwortsystem der spezialisierten Wahrnehmungsmodule, wie z. B. mit dem Steuersystem für Prozeduren und Gewohnheiten (procedural/habit system), das dem Handlungsraum des Individuums genügen kann.*

Das neuropsychoanalytische Modell des *Wahrnehmungssystems* für die Informationsaufnahme und -speicherung und die Objektrepräsentanz steht ebenfalls in Verbindung mit dem *Handlungssystem* für die Steuerung und Rückmeldung des zielgerichteten Handelns, ebenso mit dem System für die Steuerung der kortikalen Aktivierung und der Regelung der biologischen Bedürfnisse und seiner Triebrepräsentanzen, die im Unbewussten mit Objektrepräsentanzen verbunden sind. Es soll deutlich machen, wie die verschiedenen Bewusstseinszustände tief in unbewusste Prozesse eingebettet sind.

6.3.4 Speicherfunktionen und Bewusstsein

Die Speicherfunktion des Ich, sein Gedächtnis, leitet sich aus dem System W des psychischen Apparates ab. Der Wahrnehmungsapparat enthält Schutzbarrieren gegenüber den traumatischen Einflüssen der Stimulation (siehe Phi-System in Freuds *Entwurf*, Abb. 35). Die an die unimodalen Rindenfelder (Abb. 38a) sich anschließenden sekundären und tertiären Assoziationsfelder bilden den Ausgangspunkt für die Gedächtnissysteme des Ich. Die phylogenetisch-genetisch determinierten Ich- (Phi-Systeme) Systeme überziehen die posteriore kortiko-thalamische Konvexität. Die hier gebildeten Reizmuster werden auf immer tieferen Ebenen gespeichert und dienen als Reizschutz. Sie folgen einer phylogenetischen Auswahl und entsprechen dem Gesetz der natürlichen Auslese. Dennoch erscheinen sie als ontogenetisch modifizierbar.

In den heteromodalen kortiko-thalamischen Zonen der rechten Hemisphäre (Abb. 38b) entsprechen die Reizmuster den Ganzobjektvorstellungen nach einer Integration und Differenzierung der Teilobjektbeziehungen des Individuums. Diese Ich-Leistung wird im Falle einer Schädigung wieder entdifferenziert. Die Menge der sensorischen Information wird durch ihre Bindung an signifikante Objekte (*Sachvorstellungen*) für die Weiterverarbeitung reduziert, weil eine stabile Anordnung geschaffen werden kann, die als Reizschutz wirkt. Die Verknüpfung dieser Vorgänge mit einem zweiten System, das für eine Übereinstimmung mit den Bedürfnissen des Individuums sorgt, erfolgt in den heteromodalen Rindenfeldern der linken Hemisphäre (Abb. 38d). Hier werden visuell-räumliche mit abstrakten räumlichen Mustern des audioverbalen Typs (*Wortvorstellungen*) verbunden. Informationen der visuellen und akustischen Modalität werden verglichen und gespeichert.

Sach- und Wortvorstellungen werden zu Ganzobjektvorstellungen zusammengefügt. Mit dieser Transkription beschreibt Freud einen wichtigen Aspekt der *Symbolisierung*. Die unendliche Vielfalt der Reizinformationen der Außenwelt wird quasi in einem Lexikon von Kategorien der Objektvorstellung festgehalten und auf ein erträgliches Maß reduziert, ein Vorgang, der ebenfalls als Reizschutz fungiert. Das *lexikalische System* der Wortvorstellungen oder Wortrepräsentationen ist verbunden mit dem *Handlungssystem* in den entsprechenden Regionen im präfrontalen Kortex (Abb. 38e/f). Bei der Bewertung interozeptiver und exterozeptiver Informa-

Abb. 38: *Die Neuroanatomie des psychischen Apparates wird von Kaplan-Solms und Solms (2003) aus neuropsychoanalytischen Studien mit Hirnverletzten abgeleitet. (a) entspricht dem linkshemisphärischen System W, (b) zeigt auf der rechten Hemisphäre die für Ganzobjektvorstellungen zuständigen heteromodalen kortiko-thalamischen Kortex-Zonen, (c) zeigt die linkshemisphärischen Regionen des prämotorischen und motorischen Kortex, der die bisher erzeugten Sprach- und Denksequenzen in Muster muskulärer Handlungen transkribiert; (d) zeigt die linkshemisphärischen Kortex-Regionen für die Verbindung von konkreten visuell-räumlichen mit audioverbalen Ganzobjektrepräsentanzen wie die für die Symbolisierung von Dingen (Sachvorstellungen) durch Worte; (e/f) zeigt die links- und rechtshemisphärischen präfrontalen kortikalen Bereiche in ihrer Zuständigkeit für die Verbindung des lexikalischen Systems der Wortrepräsentanzen mit dem System der logisch-grammatikalischen Regeln der propositionalen Sprache.* ▶

6.3 Informationsaufnahme – Speicherung und Objektrepräsentanz

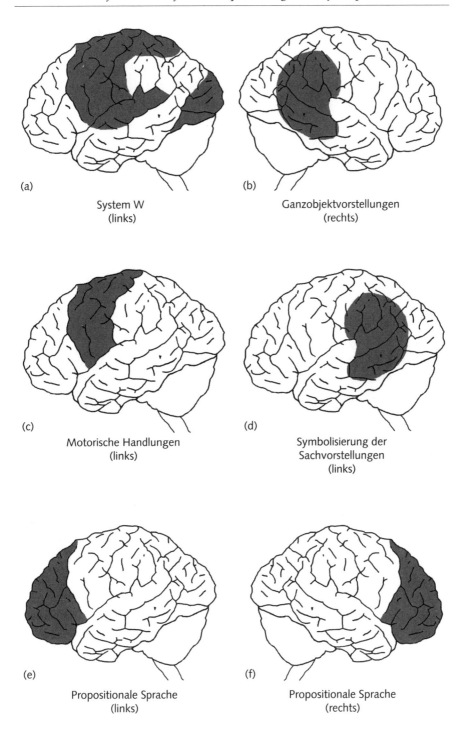

tionen bestehen durch die verschiedenen Steuersystemen des limbischen Systems weitere Integrationsfunktionen in der Informationsverarbeitung. Wort- und Sachvorstellungen haben ebenfalls *elektrophysiologische Korrelate,* wie in der Forschergruppe des Neuropsychologen Schacter durch Budson et al. (2005) nachgewiesen wurde.

Die Möglichkeit zur Bewusstseinsbildung ist stark an das *Kurzzeitgedächtnis (KZG)* gebunden. Letztlich entscheidet das Kurzzeitgedächtnis für unser Bewusstsein, welche Informationen gerade vorhanden sind. Obwohl wir nur ein Kurzzeitgedächtnis (KZG) gleichzeitig aktivieren können, verfügen wir über mehrere Kurzzeitgedächtnisspeicher, wie Untersuchungen an *split brain*-Patienten (Sperry, 1969) zeigten:

> *Bei diesen Patienten ist infolge einer Kallosotomie (Corpus callosum) die Verbindung zwischen linker und rechter Großhirnrinde unterbrochen. Sie können getastete Gegenstände mit der nicht dominanten Hemisphäre aus mehreren Gegenständen richtig herausfinden, obwohl sie diese nicht benennen können. Gegenstände, die der dominanten Hemisphäre angeboten werden, können mittels dieser Funktion auch sprachlich benannt werden.*

Der Inhalt im Kurzzeitgedächtnis steht für relativ kurze Zeit zur Verfügung, kann aber immer wieder aufgefrischt werden. Welcher Gedächtnisspeicher für Kurzzeitinformationen gerade dominiert, wird durch das sog. *Aufmerksamkeitskontrollsystem* kontrolliert:

1. Dieses sorgt einerseits dafür, dass nur zusammengehörende Informationen in den gerade dominierenden Kurzzeitgedächtnisspeicher transportiert werden. Für diese Bindungsaufgabe wird die Synchronisierung der Hirnaktivität über hochfrequente Rhythmen und Assoziationsbahnen verantwortlich gemacht (Engel et al., 1999; Freeman, 1975).
2. Zum anderen regelt es, welcher Kurzzeitgedächtnisspeicher gerade dominiert. Die Umorientierung von einem aktiven Speicher auf andere Kurzzeitgedächtnisspeicher ist durch so genannte *Orientierungsreaktionen* jederzeit möglich (Routtenberg, 1968).

Tatsächlich sind nicht-dominante Kurzzeitgedächtnisspeicher die ganze Zeit über in die unbewusste Informationsverarbeitung eingebunden, so dass sie sofort ihren Informationsgehalt dem Bewusstsein zur Verfügung stellen können, wenn es erforderlich wird.

Weitere Untersuchungen zu den Eigenschaften von Kurzzeitgedächtnis-Speichern an Patienten mit einer *anterograden Amnesie* (siehe 5.4) haben ergeben, dass für räumliche, zeitliche, verbale und emotionale Kontexte unterschiedliche Kurzzeitgedächtnisspeicher zur Verfügung stehen. Jedem Kurzzeitgedächtnisspeicher werden Informationen aus den verschiedenen Verarbeitungssystemen als Ressourcen zugeordnet. Derjenige Kurzzeitgedächtnisspeicher, dessen Informationsgehalt am stärksten von gespeicherten Modellen abweicht, wird wahrscheinlich zum gerade dominanten KZG-Speicher. Die Mühe, die mit einer Aufgabe verbunden ist, bedingt ebenfalls eine verstärkte Ressourcenzuordnung. Schließlich beeinflusst die biologische Bedeutung einer Reizkonstellation die Entscheidung, welcher Kurzzeitgedächtnisspeicher das Bewusstsein bestimmt.

Die vitale Bedeutung des Gedächtnisses verdeutlichen die verschiedenen Demenzerkrankungen (siehe 5.4). Die Anpassung an veränderte Bedingungen der Außenwelt ist dann extrem gefährdet, weil die Neubildung von Gedächtnis gestört (*anterograde Amnesie*) ist. Der Gedächtnisverlust nach einem Unfall (*retrograde Amnesie*) ist nur auf bestimmte zurückliegende, wenn auch Jahre umfassende Ereignisse im Leben bezogen. Alltägliche Lücken des Gedächtnisses, wie sie Freud in der Psychopathologie des Alltagslebens beschrieben hat, verweisen uns auf die wichtige Ichfunktion der Abwehr, die dem inneren und äußeren Reizschutz dient. Die *Verdrängung* lässt Bewusstes unbewusst werden, und Unbewusstes kann durch psychoanalytische Arbeit mit dem Analysanden bewusst werden. Solms (1997b) spricht darum von einer *funktionellen Anatomie des Unbewussten*, die er mit Funktionseinheiten beschreibt, die über den Einfluss von Läsionen auf das Träumen ermittelt wurden (siehe 6.2.2). Von besonderer Bedeutung im Sinne eines Zensors sind nach Roth (2003b, S. 435) dabei limbische Strukturen zwischen *Amygdala, insulärem, anterioren cingulären* und *orbitofrontalem Kortex* (siehe 6.4.3).

6.3.5 Gedächtnisformen und Objektrepräsentanz

Wir unterscheiden sowohl aus tierexperimenteller als auch aus psychologischer Sicht verschiedene Gedächtnisformen, wobei die Nomenklatur je nach Schule unterschiedlich ist. Dennoch gibt es Entsprechungen, die wir in der Klammer jeweils vermerken. Wir beschreiben hier die in der Neuropsychologie wichtige Klassifikation von Gedächtnissystemen. In der Psychoanalyse haben darüber hinaus vor allem das semantische, das episodische und das autobiographische Gedächtnis eine herausragende Bedeutung. Sie alle sind Untersysteme des expliziten deklarativen Gedächtnisses (Köhler, 1998).

6.3.5.1 Das Verhaltensgedächtnis (nicht-assoziative und assoziative Lernformen)
Unter Verhaltensgedächtnis versteht man die Anpassung angeborener Verhaltensprogramme an biologisch relevante Bedingungen. Hierzu zählen die *klassische Kon-*

ditionierung und das *operante Konditionieren* (siehe Abb. 12 und 13). Bei der klassischen Konditionierung wird das genetisch determinierte Programm eines Reflexes auf biologisch relevant werdende Reflexe übertragen. Zu diesen angeborenen Reizen können auch Instinktverhaltensweisen gehören (Pawlow, 1927).

Bei der instrumentellen Konditionierung werden bestimmte Verhaltensweisen durch das Auslösen von Belohnungs- oder Bestrafungskontingenzen verstärkt bzw. abgeschwächt. Das ist dadurch möglich, dass das Gehirn die Fähigkeit besitzt, Lust- und Unlustgefühle auszubilden (siehe 3.5.2).

Lernvorgänge für die Entstehung eines Verhaltensgedächtnisses sind z.B. die *Habituation* und die *Sensitivierung*, also die Abstumpfung und das Empfindlichwerden gegenüber bestimmten Reizkonstellationen (Hawkins et al., 1993; Kandel & Schwartz, 1983). Diese nicht-assoziativen Lernformen werden den *assoziativen Lernformen* gegenübergestellt, bei denen die zeitliche Paarung von Reizen im Sinne klassischer Konditionierung zur Auslösung eines Reflexes (Pawlow, 1927) oder eine Verhaltensäußerung auf zunächst inadäquate Reize hin führt. Assoziative Lernformen können wahrscheinlich in allen Teilen des Nervensystems ausgebildet werden, also in vegetativen Ganglien, auf Rückenmarksebene bei querschnittgelähmten Patienten, im Kleinhirn und in limbischen wie nicht-limbischen Strukturen. Auch die operante Konditionierung, bei der im ZNS angenehme oder unangenehme Empfindungen in Verbindung mit bestimmten Reizkonstellationen entstehen, hat verhaltensmodifizierende Folgen und verändert entsprechend das Verhaltensgedächtnis.

An dieser Form des assoziativen Lernens sind folgerichtig limbische Strukturen (Belohnungs-Bestrafungsreize) wesentlich stärker beteiligt. Es handelt sich hierbei um die zweite Funktionsebene des limbischen Systems, für die die sensorische Informationsverarbeitung im basolateralen Teil des *Mandelkerns (Amygdala)* zuständig ist. Die Informationsverarbeitung ist unbewusst. Sie dient der Steuerung von Emotionen, die vorher gemachte Erfahrungen mit Objekten und Szenen verbinden. Der *basolaterale Teil der Amygdala* erhält Informationen aus den visuellen, somatosensorischen, auditorischen Quellen und dem mesolimbischen System, das gute und schlechte emotionale Bewertungen der Objekte und Szenen meldet. Tatsächlich wird durch Belohnung verstärktes Lernverhalten im kognitiven Bereich stark beeinträchtigt, wenn die Mandelkerne oder bestimmte Teile von ihnen beschädigt werden (Mishkin & Appenzeller, 1990; Mishkin, 1982). Die Gedächtniskomponente ist durch die Verbindung mit dem Hippocampus gewahrt. Diese Lernformen bedingen auch ein Erwartungsgedächtnis.

6.3.5.2 Das implizite Gewohnheitsgedächtnis (emotionales und prozedurales Gedächtnis) einschließlich des motorischen Lernens

Zu den Fähigkeiten des impliziten Gewohnheitsgedächtnisses (Fertigkeits- oder prozedurales Gedächtnis) zählen das Schreibenlernen verschiedener Schriften sowie die Steuerung motorischer Abläufe im Sport und bei beruflichen Tätigkeiten. Auch das Auto- und Fahrradfahren erfordern diese Gedächtnisleistung.

Die so erlernten Fertigkeiten sind ganz wesentlich durch Übung und Training geprägt, wobei ein Teil des Lernens durch mentale Rekapitulation erfolgen kann. Wir müssen etwas meist mühsam erlernen, beherrschen es aber dann wie im Schlaf. Am Anfang sind die Dinge ungewohnt, aber dann werden sie uns so vertraut, dass komplizierte Dinge ohne langes Nachdenken ablaufen können. Solche Gedächtnisprozesse laufen weitgehend unbewusst ab.

Vielleicht gehört auch das Vertrautheitsgedächtnis hierher, das sich im Wiedererkennen von Personen, Gesichtern (Prosopagnosie), aber auch in der Verkennung von Vertrautem (Déjà-vu) zeigt.

An diesen Lernformen sind *Basalganglien* und *Cerebellum* stark beteiligt, wobei manche Autoren dem Kleinhirn ein Übergewicht bei mehr automatisierten Bewegungsfolgen ohne emotionale Komponenten zuschreiben (Lisberger, 1988; Seitz et al., 1994). Die Basalganglien sollen dagegen eine wichtige Funktion in der Ausbildung von Gewohnheiten (Automatismen) besitzen, die mit emotionalen Aspekten durchsetzt sind (Mishkin & Appenzeller, 1990). Weiterhin sollen psychomotorische Automatismen bei bestimmten (emotionalen) Epilepsieformen auf die *Beteiligung des Striatums* angewiesen sein. Roth (2003a, S. 95) sieht im emotionalen Gedächtnis keine besondere Form der klassischen Konditionierung, weil es Aufmerksamkeit und Konzentration verlangt. Wichtig ist aber, dass die *Inhalte des impliziten Gedächtnisses* uns im Vergleich zum expliziten Gedächtnis eher unbewusst sind. Die in der Bindungsforschung beschriebenen früh erworbenen Erwartungen, Affektmuster und Verhaltensstrategien sind aus diesem Grunde dem Bewusstsein des Erwachsenen nicht direkt zugänglich. Nach Lotte Köhler (1998, S. 144) kann daher erst das Übertragungsgeschehen diese unbewussten implizit-prozeduralen Gedächtnisinhalte wieder explizit machen. Dadurch könnte insbesondere emotionales implizites Gedächtnis in explizites Wissen umgewandelt werden.

6.3.5.3 Das explizite Wissensgedächtnis (deklaratives Arbeitsgedächtnis und Langzeitgedächtnis)

Innerhalb des Wissensgedächtnisses lassen sich wiederum je nach Erinnerungsart, Dauer und Leichtigkeit des Vergessens und der Verdrängung gespeicherter Informationen ein *Arbeitsgedächtnis* und ein *Langzeitgedächtnis* unterscheiden. Die Engramme des Langzeitgedächtnisses sind so in die kognitiven Funktionen der jeweiligen sensorischen Systeme eingewoben, dass diese Informationen praktisch nicht löschbar sind.

Das *Wissensgedächtnis* schließlich ist auf die kognitive Interpretation räumlich-zeitlicher und sprachlicher Informationen angewiesen, wobei biologisch wichtige Informationen besser und schneller gelernt werden als biologisch unwichtige Informationen. Dabei spielen die emotionale Bewertung und das Antriebsverhalten sowie die Motivation ebenso eine Rolle wie beim Lernen bestimmter Aspekte des Gewohnheitsgedächtnisses (Birbaumer & Schmidt, 2002).

Das *Aktualbewusstsein* wird vom deklarativen Gedächtnis bestimmt. Es formt unsere Wahrnehmungsinhalte: was uns wann in welcher Weise und für wie lange in den Sinn kommt. Organisiert wird dieses Gedächtnis vom *Hippocampus* und den umgebenden *Kortex-Arealen des limbischen Systems* (entorhinal, perirhinal, parahippocampal). Diese Strukturen stehen unter dem Einfluss anderer limbischer Strukturen. Hier sind nach Gerhard Roth die materiellen Grundlagen für die Einflussnahme des Unbewussten auf das Bewusstsein durch die Vermittlung vorbewusster Prozesse zu suchen. *Inhalte des deklarativen Gedächtnisses*, die vergessen wurden und damit dem deskriptiven Unbewussten angehören, sind von der Ausreifung des deklarativen Gedächtnisses bis zum dritten Lebensjahr abhängig *(infantile Amnesie)*. Vor der *Ausreifung des assoziativen Kortex* sind die abgespeicherten Informationen über die perzeptiven Prozesse des Säuglings und Kleinkindes trotz infantiler Amnesie potenziell zugänglich, aber aufgrund der fehlenden Ausreifung des deklarativen Gedächtnisses ganz anders organisiert, z.B. im Sinne von *Teilobjektbeziehungen*.

Das Wissensgedächtnis steht in enger Beziehung zum limbischen System. Hierbei wurden vor allem zwei funktionelle Systeme identifiziert:
1. Der Signalweg vom *parahippocampalen Kortex- zum frontalen Kortex-System*.
2. Der Weg vom System des *parahippocampalen Kortex zum Hippocampus-Komplex* (Mishkin, 1982; Mishkin & Appenzeller, 1990).

Beide Systeme sind in Teilen komplementär, d.h. beim Ausfall des einen Systems kann es durch das andere ersetzt werden. Das frontale Kortex- und das Hippocampus-System sind aber auch in Teilen spezialisiert, d.h. der Ausfall des einen Systems führt zu umschriebenen Defiziten, die nicht ohne weiteres zu ersetzen sind.

Der *hippocampale Komplex* hat also verschiedene Arbeitsmodi, die der Informationsspeicherung im Arbeitsgedächtnisspeicher des Hippocampus, dem Abrufen dieser Informationen und der Gedächtniskonsolidierung dienen. Interaktionen zwischen Subiculum und entorhinalem Kortex sind an der *Neuigkeitsdetektion* beteiligt (Eichenbaum 1999, 2001).

Bei der Wissensspeicherung im Hippocampus kommt aber auch den *Mandelkernen* (Amygdalae) eine erhebliche Bedeutung zu. Dies wurde bei Untersuchungen zur Furchtkonditionierung besonders klar. Dabei sind die visuelle und die akustische Furchtkonditionierung auf Zuflüsse aus dem jeweiligen Thalamuskern und aus modalitätsspezifischen Assoziationskernen zu den Mandelkernen angewiesen. Die Mandelkerne sind aber auch für *Lernprozesse im Frontalhirn* von Bedeutung, wobei die intimen Beziehungen zwischen Mandelkernen und perirhinalem, postrhinalem und entorhinalem Kortex von Bedeutung zu sein scheinen.

Das zweite für das Wissensgedächtnis wichtige System ist damit das System aus *parahippocampalem Kortex, Mandelkern* und *frontalem Kortex*. Dabei werden *interozeptive Informationen* einerseits in den Mandelkernen, andererseits aber auch in frontalen limbischen Strukturen verarbeitet und gemeinsam mit exterozeptiven Informationen aus den parahippocampalen Strukturen verarbeitet. Im System aus Mandelkern und frontalem Kortex entsteht vermutlich auch die Assoziation zwischen *Gedächtnissystem und Belohnung bzw. Bestrafung* (Mishkin, 1982; Mishkin & Appenzeller, 1990).

6.3.5.4 Objekt- und Wortrepräsentanz

Wenn wir Karen Kaplan-Solms und Mark Solms (2003, S. 224) folgen, dann zeigen die Beobachtungen an Patienten mit Läsionen an *der rechten perisylvischen Konvexität des Kortex* oder in der *ventromesialen Frontalhirnregion*, dass die Objektwahrnehmung und ihre spezifischen Störungen im Mittelpunkt der analytischen Arbeit mit diesen Patienten stehen müssen. Diese Autoren gehen von der Annahme aus, dass Objektrepräsentationen nicht nur einmal, sondern wiederholt kodiert werden, so dass sie als eine Kaskade von Gedächtnisspuren gespeichert sind. Bei den genannten Läsionen können *Ganzobjektvorstellungen* (an der Oberfläche des rechten perisylvischen Kortex kodiert) von *narzisstischen Objektvorstellungen* (im ventromesialen Frontalhirnbereich kodiert) unterschieden werden. Die narzisstischen Objektvorstellungen bilden den inneren Kern der selbstregulierenden Funktionen des Ichs und des Überichs, während die Ganzobjektvorstellungen die Fähigkeit verdeutlichen, grundlegende ambivalente Einstellungen gegenüber der Objektwelt mit all ihren Frustrationen und Entbehrungen zu vereinen. Dies ist die Voraussetzung einer reifen und ausgewogenen Objektbindung, die auch die Fähigkeit zu trauern ermöglicht, was bei der *Zerstörung der rechten perisylvischen Regionen* nicht mehr gelingt. Aus der Neuropsychologie ist weiterhin bekannt, dass diese Region auf die *Beziehungsaufnahme* zum konkreten Außenraum des Organismus spezialisiert ist.

Die *symbolischen Wortrepräsentationen* sind hingegen auf dem *linken perisylvischen Kortex* verschlüsselt. Dies wird besonders bei sensorischen Aphasien (Wortfindestörungen) deutlich, bei denen Worte nicht mehr an Gedanken gebunden werden können, so dass die Gedanken nicht mehr ins Bewusstsein vordringen können. Dieser Befund veranlasste Freud, die Verdrängung von Wortvorstellungen im Vorbewussten zu lokalisieren, während Sachvorstellungen eher im Übergang vom Unbewussten zum Vorbewussten verdrängt werden können (siehe 2.1.3).

6.4 Zielgerichtetes Handeln: Programmierung, Steuerung, Kontrolle

Zielgerichtetes Handeln, Denken (als Handeln in der Vorstellung) und Sprechen dienen der Einflussnahme auf die Außenwelt und der Kommunikation der Menschen untereinander. Diese Kommunikation ist eingebettet in die Lebenswelt der Kommunizierenden, wobei die jeweilige konkrete Sprechsituation und die übergreifenden kulturellen Regeln das Kommunikationsgeschehen bis in seine Einzelheiten hinein mitbestimmen. Da Sprechsituation und kulturelle Regeln in Bezug auf das Zusammenspiel der kognitiven, emotionalen und motivationalen Faktoren der Hirnfunktionen auf dem jeweiligen Entwicklungsniveau der Hirnleistung mit der Handlungssteuerung verknüpft werden müssen, ist der Rückschluss auf die hypothetische Vernetzung von Wahrnehmung und Handlung vermutlich komplexer, als in der Neurobiologie postuliert wird.

Die *sprachliche* (Wörter, Sätze, Redebeiträge, szenische Aussagen) und die *außersprachliche* (Körperhaltung, Gestik, Mimik, Tonfall der Stimme) *Kommunikation* verwenden verschiedene Zeichensysteme, die auf der Empfängerseite Verstehen, Fühlen und Handlungsabsichten erzeugen sollen. Die Konnotation (der gefühlsmäßige Beiklang) und die Denotation (inhaltliche Bedeutung) müssen vom *Sender* kodiert und vom *Empfänger* dekodiert werden.

Die hierbei zwangsläufig entstehenden Missverständnisse zwischen den Partnern können durch Rollenwechsel zwischen Sender und Empfänger ausgeräumt, benutzt oder verstärkt werden, je nach der Absicht der Kommunikationsteilnehmer. Von großer Bedeutung sind hierbei wichtige kulturelle und individuelle Regeln und Absichten. Die so entstehenden *Sprachspiele* sind als *soziale Handlungen* aufzufassen, die der sozialen Kommunikation oder einem strategischen Handeln

6.4 Zielgerichtetes Handeln: Programmierung, Steuerung, Kontrolle ■ 253

dienen können (Habermas, 1981). Das *kommunikative Handeln* ist auf Verständnis hin orientiert, das *strategische Handeln* täuscht dieses nur vor. Beides aber setzt zielgerichtetes Handeln und Denken voraus, jedoch ist die soziale Bewertung völlig verschieden.

Die Ausführung von *zielgerichtetem Handeln* ist an die Funktion des motorischen Effektors des psychischen Apparates gebunden. Es geht hier also um die Programmierung und Regulierung des ausführenden Pols des gesamten neurobiologischen Systems. In der neuropsychologischen Analyse der *Handlungsregulation* (Jahanschahi & Frith, 1998) wird, wie schon von Lurija (1973, S. 55 [dt. 1996]) postuliert, eine enge Verbindung zwischen *Handlungsplanung* und *Motivationen* aufgezeigt, die über das Belohnungsparadigma hinausgeht. Nach diesem Modell werden *Willenshandlungen* über ein neuronales Netzwerk aus frontalen und subkortikalen Arealen kontrolliert.

Die anatomischen Strukturen dieses Systems umfassen die beiden *Frontallappen* mit dem präfrontalen und orbitofrontalen Kortex und das *motorische System*. Sie steuern das motorische Ende des psychischen Apparates (siehe Abb. 8, S. 121). Neuroanatomisch gehören zum frontalen Assoziationskortex (siehe Abb. 39) neben dem präfrontalen (A9, 10, 46) und orbitofrontalen Kortex (mit Area 9, 10, 12, 46, 47), das frontale Augenfeld (A 8), das supplementäre Augenfeld (A 8), das supplementär-motorische Areal (medialer Teil von A 6) und die Broca'sche Sprachregion (A 44, A 45).

Nach Lurija (1973, S. 55 [dt. 1996]) erfolgt die Aktivierung von Absichten, Plänen, Vorhaben und Programmen über den präfrontalen Kortex (PFK):
1. Der *dorsolaterale PFK* erhält körperbezogene Informationen aus dem posterioren parietalen Kortex über die Stellung von Bewegungen des Kopfes, Nackens, Gesichtes und der Hände sowie über räumliche Aspekte der Handlungsplanung. Bezüglich verhaltensrelevanter Ereignisse ist er weiterhin für die Überwachung von Informationen des Arbeitsgedächtnisses verantwortlich (Petrides, 2000).
2. Der *ventrolaterale PFK* ist auf die Verwendung komplexer auditorischer und visueller Wahrnehmungen aus dem linken Temporallappen spezialisiert. Über diese Verbindung ist das Erfassen von Objekten, Szenen und Sprachbildungen als Grundlage zur Handlungsplanung möglich. Dies befähigt ihn zur kontextgerechten Beurteilung von Handlungsentscheidungen (Rowe et al., 2000).

Diese Impulsgeber des *zielgerichteten Handelns* im präfrontalen Kortex sind aber auch für die Steuerung von Entscheidungsprozessen und Emotionen bedeutsam. Zusammen mit den absteigenden Fasern, die vom *präfrontalen Kortex* (PFK) zu den Kernen des *Thalamus und Hirnstammes* laufen, entsteht ein hierarchisches System, bei dem die höheren Ebenen des Kortex, die unmittelbar an der Bildung von

254 ◼ 6 Neurobiologische und biopsychologische Grundlagen

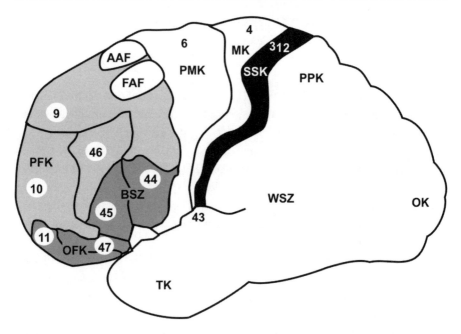

Abb. 39: Seitenansicht des frontalen Kortex, der für die Handlungsregulation mit spezifischen Gebieten des Assoziationskortex (Area nach Brodmann) zuständig ist: Von Bedeutung sind der präfrontale Kortex (PFK; Area 9, 10, 46) das frontale Augenfeld (FAF), das anteriore Augenfeld (AAF), das motorische Sprachzentrum nach Broca (BSZ; Area 44, 45) und das Wernicke-Sprachzentrum (WSZ), der orbitofrontale Kortex (OFK; Area 11, 47), der dorsolaterale prämotorische Kortex (PMK; Area 6), der motorische Kortex (MK, Area 4), der somatosensorische Kortex (SSK; Area 3, 1, 2). Die Lage weiterer Regionen der Kortexoberfläche ist näherungsweise gekennzeichnet: posteriorer-parietaler Kortex (PPK), orbitaler Kortex (OK), temporaler Kortex (TK). Der hellgrau gekennzeichnete dorsolaterale PFK ist für Handlungsplanung und vorausschauendes Denken wichtig. Die dunkelgrauen Bereiche sind für die Steuerung von emotionalem und sozialem Handeln wichtig (Zeichnung Eva Böcker, modifiziert nach Roth, 2003b, S. 100, und Markowitsch & Welzer, 2005).

Absichten und Plänen beteiligt sind, die niederen Systeme der retikuläre Formation, des Thalamus und des Hirnstammes ansteuern und kontrollieren können. Dieses hierarchische System ist für die Entstehung von Träumen sehr wichtig (siehe 6.2.2). Die *Emotionen* werden über den orbitofrontalen Kortex (OFK) moduliert. Im Folgenden sollen bei der Beschreibung des Handlungssystems die neurobiologische, die neuropsychologische und die neuropsychoanalytische Beobachterposition zur Sprache kommen.

6.4 Zielgerichtetes Handeln: Programmierung, Steuerung, Kontrolle

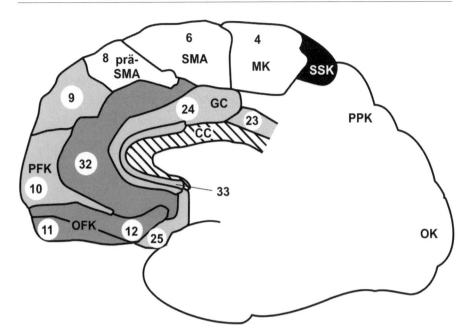

Abb. 40: *Mediansicht des frontalen Kortex, der für die Handlungsregulation mit spezifischen Gebieten des Assoziationskortex (Area nach Brodmann) zuständig ist: Von Bedeutung sind der präfrontale Kortex (PFK; Area 9, 10), der orbitofrontale Kortex (OFK; Area 11, 12), die prä-supplementär-motorische Area (präSMA, A8), die supplementär-motorische Area (SMA, Area 6), der motorische Kortex (MK; Area 4), der somatosensorische Kortex (SSK), Gyrus Cinguli (GC), Corpus callosum (cc), posterior-parietaler Kortex (PPK), okzipitaler Kortex (OK). Die dunkelgrauen Bereiche sind für die Steuerung von emotionalem und sozialem Handeln wichtig (Zeichnung Eva Böcker, modifiziert nach Roth, 2003b, S. 101, sowie Markowitsch und Welzer, 2005, S. 65).*

6.4.1 Neurobiologie der Ziel- und Greifbewegungen

Willkürliche Ziel- und Greifbewegungen erfordern zunächst einen motivationalen Antrieb, der aus *limbischen Kortexarealen* (orbitofrontaler Kortex und Gyrus cinguli, Amygdala, Hippocampus und Hypothalamus) die *Basalganglien* und insbesondere die *Substantia nigra pars compacta* erreicht. Im Folgenden sehen wir, wie ein Bewegungsentwurf erarbeitet wird:

1. Für den Bewegungsentwurf werden aus dem somatosensorischen (SSK) und dem visuellen Kortex Bewegungskoordinaten in die Basalganglien eingespielt. Diese Informationen erreichen die Basalganglien über das somatosensorische visuelle Assoziationsfeld, das hinter dem somatosensorischen Kortex im Gyrus

parietalis liegt und dessen Läsion zu *Neglektsymptomen, Agnosien und Apraxien* führt.
2. Die Basalganglien und die Kleinhirnhemisphären stellen gelernte Motorprogramme bereit. Diese Informationen werden in den supplementär-motorischen Kortex gespielt. Gedachte Bewegungen aktivieren den supplementär-motorischen Kortex (SMA) , aber noch nicht den prämotorischen Kortex (PMC) und den motorischen Kortex (MC).

Prämotorischer Kortex, motorischer Kortex, aber auch der somatosensorische Kortex geben Motorkommandos an das *Rückenmark*. Dort werden über *Motoneurone* letztlich in einer präzisen zeitlich-räumlichen Abfolge *Muskelgruppen* aktiviert. Grundmodell dieser Bewegungssteuerung ist der Eigenreflex (Abb. 41).

Für die Ausführung von Bewegungen ist neben der Pyramidenbahn vom Kortex zum Rückenmark auch eine Verbindung von *motorischen Rindenfeldern* über den Nucleus ruber zum Rückenmark erforderlich, um die *Bewegungspläne* zur Ausführung kommen zu lassen.

Auf dem Weg zum Rückenmark geben diese Bahnen Informationen über das Bewegungsprogramm an den Thalamus, die Basalganglien, an die stützmotorischen Zentren des Hirnstamms und das Kleinhirn ab. Informationen in die Basalganglien aktivieren die nächstfolgenden Bewegungskomponenten. Indem die stützmotorischen Zentren im Hirnstamm über das laufende Bewegungsprogramm (Efferenzkopie) informiert werden, wird eine Adaptation des Muskeltonus in der Halte- und Stützmuskulatur erreicht, wodurch Bewegung erst ermöglicht wird (siehe auch Abb. 23 zur Störung der Handlungssteuerung beim Parkinsonsyndrom). Die Übergabe der Efferenzkopie an mediale und intermediäre Zonen des Kleinhirns erlaubt, die ablaufende Bewegung mit Rückmeldungen aus den sensorischen Kanälen (propriozeptive Informationen, Gleichgewicht, visuelle und akustische Informationen) zu vergleichen und bei Abweichungen vom Bewegungsplan zu korrigieren.

Störungen dieser Abgleichungen führen ebenso zu *Ataxien* wie Störungen der Übermittlung propriozeptiver Informationen aus den Gelenken und Muskeln über das Hinterstangsystem des Rückenmarks zum somatosensorischen Kortex. Diese Informationen werden auf kortikaler Ebene genutzt, um Bewegungen zu korrigieren.

Neben den genannten motorischen Feldern finden sich im frontalen Kortex noch weitere motorische Areale:

Das *sprachmotorische Zentrum von Broca* initiiert die sprachliche Verbalisierung, ist aber auch für die schriftliche Kommunikation erforderlich. Ein weiteres motorisches Zentrum des Frontallappens ist das frontale Augenfeld (FAF), das für die

6.4 Zielgerichtetes Handeln: Programmierung, Steuerung, Kontrolle ■ 257

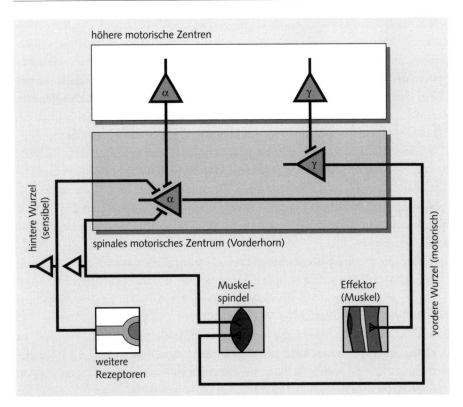

Abb. 41: *Beim* **Eigenreflex** *erfolgt eine Muskelkontraktion durch Erregung aus dem motorischen Neuron (Alpha-Neuron) im Vorderhorn des Rückenmarks (spinales motorisches Zentrum), und zwar infolge der Reizung der Muskelspindel über die sensible hintere Wurzel des Rückenmarks. Dieses Neuron kann aber auch Informationen von anderen Rezeptoren erhalten, die beim* **Fluchtreflex** *z. B. Schmerz melden. Bei* **Willkürbewegungen** *werden die Alpha-Neuronen im Vorderhorn von höheren motorischen Zentren angeregt. Komplexe Bewegungskoordinationen müssten sich demnach aus der kettenartigen Anordnung von Einzelreflexen konstruieren lassen. Automatisierte Bewegungsabläufe wie das Schreibmaschineschreiben oder das Klavierspielen lassen sich hiermit aber nicht erklären, weil die Rückkopplung für die Bewegungssteuerung aus Eigenreflexen zu langsam wäre. Daher ist es notwendig die Bewegungskoordination durch* **Bewegungspläne** *im Handlungssystem des Gehirns zu erklären. Als modulierend wirkt hierbei das gamma-motorische-System, das die Empfindlichkeit der Dehnungsrezeptoren in den Muskelspindeln verändern kann.*

willkürliche *Steuerung von Augenbewegungen* sorgt. Schließlich finden sich im Frontallappen im Gyrus cinguli weitere motorische Felder. Diese steuern die *Psychomotorik*, indem sie emotionale und affektive Informationen aus dem limbischen System in die Bewegungsprogramme einspielen. Entsprechend erhält der anteriore Gyrus cinguli Informationen aus verschiedenen frontalen Kortexabschnitten, aus den Mandelkernen, aus den anterioren Teilen der Basalganglien, einschließlich des für Belohnungserwartung und -vermittlung wichtigen Nucleus accumbens.

Affekthandlungen können auf fest programmierte und genetisch determinierte Bewegungsprogramme zurückgreifen, die vom Hypothalamus exekutiert und von den Mandelkernen angesteuert werden. Der präfrontale Kortex kann dabei die Auslösung von Affekthandlungen unterdrücken. Eindrücklich gemacht werden diese komplexen motorischen Programme, wenn man die Frontallappenepilepsien näher betrachtet:

1. Anfälle, die *im supplementär-motorischen Kortex* beginnen, sind durch unilaterale oder bilaterale tonische Krämpfe gekennzeichnet, die mit Spracharrest, Grimassieren, aber auch mit Vokalisationen einhergehen können. Zusätzlich können Gelächter, Beckenbewegungen und Ausschlagen mit den Beinen auftreten.
2. Anfälle, die in *mediofrontalen, orbitofrontalen, frontopolaren Regionen oder im Gyrus cinguli* beginnen, sind durch motorische Agitation, gestische Automatismen, starke emotionale Gefühle mit entsprechenden Verbalisierungen, Lachen oder Weinen charakterisiert und werden oft wegen ihres bizarren Verlaufs für psychogen gehalten.

6.4.2 Neuropsychologie der Emotionen und des Verhaltens

Alles Handeln und Wahrnehmen schließt Gefühle mit ein. Dennoch war es für die Neuropsychologie lange nicht selbstverständlich, die Gefühle der Patienten und ihre Störung im Gehirn zu untersuchen. Schon seit Charles R. Darwin (1896) war außerdem bekannt, dass unsere Gefühle durch die Evolution mitbestimmt sind. Die neurobiologische Forschung wusste schon durch Goltz Ende des 19. Jahrhunderts, dass Hunde nach einer *Entfernung des Kortex* bei trivialen Reizen in Wut geraten können.

Die Entdeckungsgeschichte der Affekte steht im Zusammenhang mit folgenden *affektrelevanten Hirnstrukturen*:

1. P. Bard (1928) entdeckte bei Katzen, dass die Reizempfindlichkeit bei einer Abtrennung des Diencephalon (*Thalamus-Hypothalamus*) vom Mittelhirn nicht mehr auftrat. Diese Regionen mussten demnach neuronale Strukturen enthalten, die für die emotionale Verarbeitung von Reizen relevant sind.

2. Papez (1937) ergänzte diese Beobachtungen durch seine Hypothese von einem »emotionalen Gehirn«, das er in einem *limbischen System* lokalisiert sah, das Einfluss auf den Hypothalamus nimmt.
3. Klüver und Bucy (1939) ergänzten diese Annahme durch eine Beobachtung in Bezug auf die Bedeutung des *anterioren Temporallappens* bei Affen; die Läsion des anterioren Temporallappens führte zum Verlust von Furcht und hatte undifferenziertes Fressverhalten und Hypersexualität zur Folge. Zudem muss es bei diesem Klüver-Bucy-Syndrom auch zu einer Läsion des *Mandelkerns (Amygdala)* kommen, der ein Teil des limbischen Systems im Sinne von Papez ist.

Aus diesen Annahmen entwickelte sich *die subkortikale Theorie der Affekte* (Legewie & Ehlers, 2000, S. 194), die aber schon Hinweise auf die aktive Beteiligung kortikaler Strukturen aufweist.

Die *Lateralisierung des Kortex* für die Steuerung von Emotionen war somit ein weiterer wichtiger Schritt in der neurobiologischen Emotionsforschung. Michael S. Gazzaniga und Joseph E. LeDoux (1983) konnten für die Analyse neutraler und emotionaler Reize bei *split brain*-Patienten die Aktivität verschiedener Fasersysteme zur rechten und linken Hemisphäre des Kortex nachweisen. Weiterhin untersuchte LeDoux mit seinen Mitarbeitern in Experimenten zur Furchtkonditionierung die *Amygdala* des limbischen Systems und das *mesolimbische System*, insbesondere in ihrer Bedeutung für die Wirkung von Drogen, und diskutierte die neurobiologischen Grundlagen für das Suchtverhalten.

Kasten 6: Die Verschaltung des limbischen Systems

Das limbische System ist für homöostatische Funktionen, Motivation und Antrieb, Emotionen und emotionales Verhalten, Körpersprache, Belohnung und Bestrafung, emotionales Lernen und Sexualverhalten sowie Stressadaptation zuständig.

Die exekutive Struktur ist der *Hypothalamus,* der die Körperfunktionen über die Hypophyse hormonell und über das vegetative Nervensystem nerval beeinflusst und über den Hirnstamm motorische Zentren und Instinkthandlungen kontrolliert. Der Hypothalamus steht über die Corpora mammilaria unter der Kontrolle des Hippocampus. Er wird von den Mandelkernen gesteuert, die wiederum unter der Kontrolle von *limbischen Kortexregionen im Frotallapen* stehen und dort insbesondere unter dem Einfluss des Gyrus cinguli und der medialen und orbitofrontalen Regionen des Frontalhirns stehen.

> Für die komplexere Bearbeitung affektiver und emotionaler Informationen stehen die olfaktorischen und gustatorischen Hirnregionen, die insulären Teile der hippocampalen Formation, der retrospleniale Kortex und der Gyrus cinguli sowie frontale Hirnabschnitte zur Verfügung.
>
> *Belohnungsverhalten* ist auf Verarbeitungsprozesse in den ventralen Basalganglienabschnitten gegründet, die wiederum Zuflüsse aus dem Hippocampus und den Mandelkernen erhalten und auf den Nucleus accumbens angewiesen sind. Diese Strukturen interagieren ebenso wie die limbischen Basalganglien eng mit frontalen limbischen Kortexarealen.
>
> *Furcht und Angstkonditionierung* sind auf Verarbeitungsprozesse in den Mandelkernen, oft in Interaktion mit dem Hippocampus, angewiesen. Dieser regelt durch hohe Expression von Glucocorticoidrezeptoren auch die Stressverarbeitung herunter, wenn die Corticoidspiegel kritische Werte erreichen.
>
> Die hippocampale Formation in ihrer Verschaltung mit dem Septum ist darüber hinaus an der Steuerung des Sexualverhaltens beteiligt.

Die neuropsychologische Untersuchung der Gefühle und Affekte ist erst in den letzten zehn Jahren so differenziert geworden, dass die These von den drei Gehirnen, die McLean (1947, 1952, 1990) aufgestellt hat, als widerlegt gelten kann. Es gibt wesentlich mehr hemmende und fördernde Verbindungen zwischen Neokortex und limbischem System, als er angenommen hatte, um die Unterlegenheit der Vernunft (Neokortex) unter die Herrschaft des Reptiliengehirns (Stammhirn und limbisches System) zu begründen (s. Kasten 6, S. 259 f.).

Abb. 42: *Die Verschaltung (b) (nach Heinemann, 1996, S. 123) des Assoziationskortex mit anderen affektrelevanten Hirnstrukturen (limbisches Sytem) veranschaulicht die Möglichkeiten des Informationsflusses zur emotionalen Steuerung von Handlungen (über Regelschleifen). Zwischen den Hirnstrukturen für das Wahrnehmungsbewusstsein im posterioren Anteil des Assoziationskortex (siehe Abb. 40, PPK und OK) und dem motorischen Ende des psychischen Apparates im frontalen Teil des Assoziationskortex (siehe Abb. 40, PMK und MK) sorgt der präfrontale Kortex für die Steuerung der emotionalen Bewertung von Impulsen aus tieferen Anteilen des limbischen Systems (a) (nach Markowitsch & Welzer, 2005, S. 68). Diese »tieferen« anatomischen Strukturen sind unterhalb des Gyrus cinguli zu suchen. Sie umfassen den Komplex von entorhinalem Kortex und Hippocampusformation. Das Fornix (-Gewölbe) stellt die Verbindung zu dem Komplex aus Mammilarkörpern und Hypothalamus her. Der mammillothalamische Trakt führt die Impulse über den anterioren Thalamus wieder zum Gyrus cinguli zurück. Andererseits ist eine Verbindung vom Fornix zum basalen Vorderhirn wichtig (Zeichnung Eva Böcker).*

6.4 Zielgerichtetes Handeln: Programmierung, Steuerung, Kontrolle

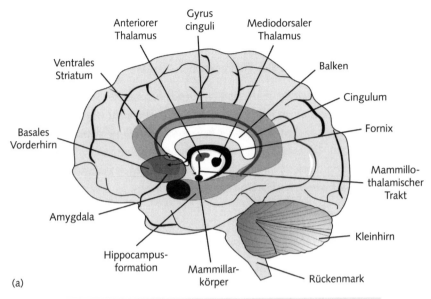

(a)

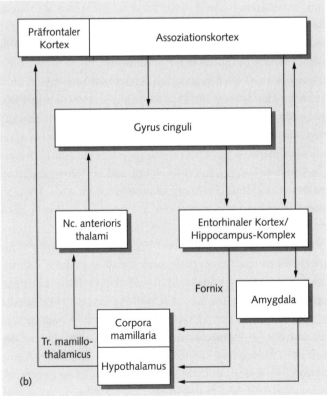

(b)

Vor allem Antonio Damasio (2000) hat in seinen eindrücklichen Untersuchungen bei Läsionen des menschlichen *Frontallappens und der Amygdala* mit bildgebenden und neuropsychologischen Verfahren die folgenschwere Gefühllosigkeit wie auch die Störung des sozialen und ethischen Handelns nachgewiesen.

Diese Patienten konnten ihr Fehlverhalten korrekt beschreiben, konnten es aber, zur Rede gestellt, keinesfalls abstellen. Die Einsicht konnte nicht in die Tat umgesetzt werden. Emotionen greifen also bei der bewussten Handlungsplanung und Handlungsauswahl ein. Ob man hierbei von der Einschränkung des Willens oder unbewusster Motivation spricht, hängt von dem psychologischen Bezugssystem ab (kognitiver oder psychoanalytischer Untersuchungsansatz).

6.4.3 Neuropsychoanalyse des zielgerichteten Handelns und Sprechens

Bei den biologischen *Grundlagen der Informationsverarbeitung* sind neben der Signalaufnahme, Verarbeitung, Speicherung und der Interpretation einschließlich des Zugangs zum Bewusstsein (siehe 3.4) die Prozesse der Steuerung und des Zugangs zum *Handlungsantriebssystem* für die Durchführung einer Psychotherapie von besonderer Bedeutung. Vor allem bei Patienten mit so genannten »Frühstörungen« ist das Agieren ein Versuch, aufgrund von Handlungen Unbewusstes zu erinnern oder in der Beziehung bewusst werden zu lassen, so dass ein Verstehen und Durcharbeiten des agierenden Handelns in der Psychoanalyse immer wichtiger wird.

Die Zentren für zielgerichtetes Handeln müssen nach Vergleich mit im Gehirn gespeicherten Modellen von der Außenwelt über die angemessene Handlungsplanung entscheiden. Beim Vergleich von intrapsychischer Handlungsplanung und äußerer Handlungswirkung, z.B. Wirkung auf andere Menschen, ist vom Gehirn eine erneute Bewertung und Handlungsplanung zu vollziehen. Dies gilt vor allem auch bei unerwünschten Deutungen oder ablehnender Reaktion des Kommunikationspartners in der Psychotherapie.

Für die Psychotherapie von besonderer Bedeutung sind die für Emotionen zuständige Informationsverarbeitung wie auch die differenzierte Beeinflussung des Handelns im Sinne von emotionaler und wunschgesteuerter Kommunikation in der Übertragungsbeziehung. Das Ich – Vermittlungsinstanz zwischen den Anforderungen der Außenwelt und den Erfordernissen der Selbsterhaltung – bedient sich darum nicht nur der Schutzmechanismen der Wahrnehmung und des Denkens, sondern auch der *Planung und Kontrolle des Handelns* und seiner Verwendung als Abwehrfunktion. Die Kommunikation in der Psychoanalyse basiert im Sinne der therapeutischen Ziele auf dem Handeln über die Sprache, auch wenn die averbale

6.4 Zielgerichtetes Handeln: Programmierung, Steuerung, Kontrolle ■ 263

Kommunikation über Mimik, Gestik und Tonfall von untergründig eminenter Bedeutung ist.

Die Planung und das Zielgerichtete unseres Handelns gibt uns die Vorstellung eines freien Willens: Pläne, Absichten und Wünsche entstehen in uns, und wir haben die Vorstellung, dass diese von uns stammten. Wenn diese Handlungen sich verselbstständigen, entsteht das Gefühl eines Zwanges, wie das bei Handlungszwängen, aber auch bei Zwangsgedanken der Fall ist. Ein solcher Zwang schränkt natürlich unseren freien Willen ein, aber bei genauer Analyse erkennen wir, dass dahinter wiederum ein unbewussterWille steht.

Da dessen Intention uns nicht bewusst ist, sprechen wir von *unbewussten* oder *unwillentlichen* Absichten und Wünschen. Diese zu ergründen ist ein wesentliches Ziel von psychoanalytischer Psychotherapie, um die unbewusste Determiniertheit des Handelns wieder in ein vom *Ich gesteuertes Handeln* zu verwandeln. Hierzu schafft der Psychoanalytiker einen sprachlichen Handlungsraum, der von der gesprochenen Sprache gestaltet wird, wobei Mimik und Gestik als sprachloses Sprechen durch die Verwendung lautloser Zeichensysteme mit dazugehören, weil sie Hinweise für den anfangs unbewussten Prozess des Sprechens und Handelns in der Übertragung liefern.

Unser *Sprechvermögen* ist entwicklungsgeschichtlich eine junge Fähigkeit. In der Ontogenese beginnt unsere *Sprachentwicklung* mit Einwortsätzen. Diese Einwortsätze bestehen aus Substantiven und dienen der »phonematischen Etikettierung« von Objekten. Dieser Vorgang setzt die Entwicklung eines Kategoriensystems für Objekte voraus. Hierbei muss das Gehirn entscheiden, welche der verschiedenen sensorischen Informationen über ein Objekt und über »mein« Verhältnis zu ihm in eine einzige Realität integriert werden. Das Sprechen sollte nicht nur als Fähigkeit zur Kategorisierung als Gehirnleistung des *posterioren Kortex*, sondern auch als motorisches Handeln betrachtet werden.

Die Entwicklung unserer Sprechmotorik lässt Sprache auch unter dem Aspekt der »motorischen Willkürhandlung« verstehen. Diese Aktivität der Großhirnrinde erfolgt im *motorischen Kortex*, der für die detaillierte Muskelansteuerung zuständig ist. Der globalere Handlungsablauf wird von den *lateralen prämotorischen* und den *medialen supplementär-motorischen Arealen* des Kortex geplant.

Die durch das Denken als Probehandeln vorbereiteten Handlungen werden in den *supplementär-motorischen Arealen* ausgelöst, die uns den subjektiven Eindruck verschaffen, dass die Sprachhandlung gewollt sei. Die bewusste Planung und Vorbereitung von Sprachhandlungen (Speichern und Abrufen von Worten) erfolgt aber im *hinteren parietalen Kortex* in Abstimmung mit dem *präfrontalen Kortex*. Im *posterioren temporalen Kortex* werden die Substantive gespeichert, und im *frontalen*

Kortex findet sich das Gedächtnis für die handlungsrelevanten Verben. Im Gegensatz zur insulären Funktion für den automatischen Sprechfluss ist der frontale und temporale Kortex für die Erzeugung neuer Sprachinhalte von Bedeutung. Aber auch die *hemisphärische Organisation der Sprache* ist von Belang.

So werden die Repräsentationen von verbalem und auditivem Sprachmaterial hemisphärisch an verschiedenen Orten gespeichert. Die Syntax und die zeitliche Reihung der Silben sind eher linkshemisphärisch organisiert. Die rechte Hemisphäre ist eher an der semantischen Verarbeitung beteiligt. Das Gleiche gilt für das begriffliche Denken mit »Wortvorstellungen« und »Dingvorstellungen«, wobei das Denken in Wortbegriffen eher linkshemisphärisch und das Denken in Sachvorstellungen, wie Objekten in Traumbildern, eher rechtshemisphärisch erfolgt.

Die komplexeren *exekutiven Sprachfunktionen* im Sinne des zielgerichteten Handelns und der Willensbildung, auch gegenüber den Emotionen und Motivationen, übernimmt der *präfrontale Kortex*. Die präfrontalen Regionen sind einerseits zwischen die perzeptuell-mnestischen Verarbeitungsschritte und die rein motorische Verarbeitung des Gehirns geschaltet, andererseits haben sie ebenfalls wichtige steuernde Funktionen zur Kontrolle des instinktiven Pols der vitalen und emotionalen Gehirnfunktionen.

Lurija (1973, S. 55 [dt. 1996]) betont einerseits, dass der *frontale Kortex* hierarchisch allen anderen Gehirnbereichen übergeordnet ist. Er versucht aber, den präfrontalen Kortex – neben der Aktivierung von Absichten, Plänen, Vorhaben und Programmen – auch für die Steuerung von Emotionen als Ausgangspunkt zu nehmen. Insbesondere die absteigenden Fasern, die vom präfrontalen Kortex zu den Kernen des Thalamus und des Hirnstamms laufen, bilden ein System, mit dem die höheren Ebenen des Kortex, die unmittelbar an der Bildung von Absichten und Plänen beteiligt sind, die niederen Systeme der retikuläre Formation des Thalamus und des Hirnstamms sowie das limbische System ansteuern. Die Forschung der letzten zehn Jahre hat aber gezeigt, dass hierbei genauer zwischen *präfrontalem Kortex* und *orbitofrontalem Kortex* unterschieden werden muss.

So bilden der orbitofrontale und der cinguläre Kortex eine dritte Funktionsebene des limbischen Systems zur Kontrolle der unmittelbaren Bedürfnisbefriedigung durch Überwachung des zielgerichteten Handelns in Zusammenhang mit dem Aufschub der Triebbefriedigung. Hier wird aus den mittel- und langfristigen Konsequenzen des Handelns gelernt und im Gegensatz zu der Bedeutung der Bewertung aus den Erfolgs- und Misserfolgserfahrungen der zweiten Ebene des limbischen Systems ein Vergleich mit sozialen Normen und Werten ermöglicht.

Die Reifungsentwicklung des *frontalen Kortex* scheint auch mit den Entwicklungskrisen im Alter von etwa 3–5 Jahren (infantile Amnesie für ödipal-sexuelle Wünsche) zu korrelieren. Ebenso scheinen die pubertären Konflikte bei der sozialen und ethischen Überwachung von Emotionen und Motivationen mit der verzögerten Fähigkeit zur Kontrolle des limbischen Systems (erhöhte sexuelle Stimulation) durch den orbitofrontalen Kortex beeinflusst zu sein. *Präfrontale Läsionen* beim Menschen zeigen die Auswirkung der eingeschränkten Handlungsplanung auf die Persönlichkeit des Patienten, wobei aber auch immer Funktionen des orbitofrontalen und des cingulären Kortex beteiligt sein können. Die Handlungsplanung im *dorsalen präfrontalen Kortex* betrifft das kreative Denken, das durch Perseverationen eingeschränkt ist. Andererseits ist die Fähigkeit, spontane Antworten zu unterdrücken, lebenswichtig, so dass Patienten mit diesen Läsionen »sehenden Auges« große Risiken und Gefahren eingehen. Hierbei ist aber auch die Überversorgung präfrontaler Netzwerke mit *Dopamin* zu berücksichtigen, die zu einer Lockerung kognitiver und assoziativer Netzwerke führen kann und eine erhöhte Assoziationsbereitschaft bewirkt, wie es bei *Schizophrenie-Patienten* zu beobachten ist.

So fanden Kaplan-Solms und Solms (2003, S. 263) während der analytischen Psychotherapie bei ihren Patienten mit Frontalhirnläsionen regelmäßig Halluzinationen und andere psychotische Symptome. Sie folgerten hieraus:

»Ist die *präfrontale Region* erst strukturiert (was sich größtenteils im Alter zwischen fünf und sechs Jahren abspielt, sich aber bis ins junge Erwachsenenalter fortsetzen kann), hat sie einen starken regulierenden Einfluss auf alle Gehirnaktivitäten. Zum Beispiel übt sie nicht nur einen kontrollierenden und bindenden Einfluss auf die motorischen Entladungen aus, sondern sie reguliert auch perzeptuelle Entladungen und bindet demzufolge Projektionen (um Halluzinationen vorzubeugen). Dieser globale Effekt der präfrontalen Strukturierung wird als Sekundärprozess bezeichnet.«

Die in einer Übertragungssituation zum Psychoanalytiker entstehende Kommunikation bietet dadurch eine Chance, den *Wiederholungszwang* zu durchbrechen, indem die Äußerungen des Unbewussten beim Psychoanalytiker auf Verständnis treffen. Hierdurch wird eine neue Beziehungserfahrung ermöglicht. Die Kommunikationsebene dieser Verständigung umfasst die Prosodie, Mimik und Gestik der sprachlichen Äußerung. Diese Erfahrung ruft bildliche Erinnerungen oder Vorstellungen auf, die vom orbitofrontalen Kortex bis zur Amygdala und dem Hippocampus positiv bewertet werden müssten, damit positive emotionale Erfahrungen im limbischen Gedächtnisspeicher aufgebaut werden können, die parallel zu den negativen Schaltungen die Chance bekommen, für die Handlungssteuerung dominant zu werden (Roth, 2003b, S. 438–441).

Wenn jedoch die Äußerungen des Unbewussten in Fehlleistungen, Träumen und neurotischen oder psychotischen Symptomen nur rational benannt und durch kognitive Techniken korrigiert und unterdrückt werden, so dass der Einfluss der orbitofrontalen Kontrolle auf die Amygdala im Sinne einer Impulskontrolle verstärkt wird, dann können die Ursachen der psychischen Störungen nur übertüncht werden, und das Ich lernt höchstens, die Kontrolle der negativen Auswirkungen auf das Handeln zu verstärken.

Literaturverzeichnis

Abraham, K (1924) Beiträge der Oralerotik zur Charakterbildung. In: Cremerius, J (Hrsg.) *Psychoanalytische Studien zur Charakterbildung*. Fischer, Frankfurt/M., 1969.

Adolph, R, Tranel, D, Damasio, H, Damasio, AR (1995) Fear and the human amygdala. *J Neurosci* 15, 5879–5881.

Alexander, F (1950) *Psychosomatische Medizin*. De Gruyter, Berlin, 1977.

Anand, BK & Brobeck, JR (1951) Hypothalamic control of food intake. *Yale J Biol Med* 24, 123–140.

Angus, LE & McLeod, J (2004) *The handbook of narrative and psychotherapy. Practise, theory, and research*. Sage, London.

Antonovsky, A (1990) Personality and health: Testing the sense of coherence model. In: Freedmann HS (Hrsg) *Personality and disease*. Wiley, New York, 155–177.

Antonovsky, A (1997) *Salutogenese. Zur Entmystifizierung der Gesundheit*. DGVT-Verlag, Tübingen.

Bänninger-Huber, E, Moser, U, Steiner, F (1990) Mikroanalytische Untersuchung affektiver Regulierungsprozesse in Paar-Interaktionen. *Z klin Psychol* 19, 123–143.

Bard, P (1928) A diencephalic mechanism for the expression of rage with special reference to the sympathetic nervous system. *Amer J Physiol* 84, 490–510.

Bartl-Stork, C & Dörner, D (2004) Der »kognitive Kern« der Neuropsychologie. In: Lautenbacher, S & Gauggel, S (Hrsg.) *Neuropsychologie psychischer Störungen*. Springer, Berlin, Heidelberg, New York, 43–65.

Beck, AT (1963) Thinking and depression. Idiosyncratic content and cognitive distortions. *Arch Gen Psychiatry* 9, 324–333.

Becker, P (1982) *Psychologie der seelischen Gesundheit. Bd. 1: Theorien, Modelle, Diagnostik*. Hogrefe, Göttingen.

Becker, P (1992) Die Bedeutung integrativer Modelle von Gesundheit und Krankheit für die Prävention und Gesundheitsförderung. In: Paulus, P. (Hrsg.) *Prävention und Gesundheitsförderung*. GwG-Verlag, Köln, 91–108.

Beebe, B & Lachmann, FM (2002) *Säuglingsforschung und die Psychotherapie Erwachsener*. Klett-Cotta, Stuttgart.

Bellak, L, Hurvich, M, Gediman, HK (1973) *Ego functions in schizophrenics, neurotics, and normals*. Wiley, New York.

Benedetti, G (1991) *Todeslandschaften der Seele*. Vandenhoeck & Ruprecht, Göttingen.

Benedetti, G (1992) *Psychotherapie als existentielle Herausforderung*. Vandenhoeck & Ruprecht, Göttingen.

Bernard, C (1878) *Lecons sur phénomènes de la vie communs aux animaux et aux végétaux*. Baillière, Paris.

Beutel, ME, Dietrich, S, Stark, R, Brendel, G, Silbersweig, D (2004) Pursuit of the emerging dialogue between psychoanalysis and neuroscience: Clinical and research perspectives. *Int J Psychoanal* 85, 1493–96.

Bion, WR (1954) Notes on the theory of schizophrenia. *Int J Psychoanal* 35, 113–118.

Bion, WR (1956) Development of schizophrenic thought. In: Ders., *Second thoughts. Selected papers on psychoanalysis*. New York, Jason Aronson, 1967, 36–42.

Bion, WR (1957) Differentiation in the psychotic from the non-psychotic personalities. In: *Second thoughts. Selected papers on psychoanalysis*. New York, Jason Aronson, 1967, 43–64. (Dt.: Zur Unterscheidung von psychotischen und nicht-psychotischen Persönlichkeiten. In: Bott Spilius, E (Hrsg.) (1990) *Melanie Klein Heute. Entwicklungen in Theorie und Praxis*. Bd. 1: *Beiträge zur Theorie*. VIP, Stuttgart, 75–129 (Klett-Cotta: Stuttgart 3. Aufl. 2002).

Bion, WR (1992) *Lernen durch Erfahrung*. Suhrkamp, Frankfurt/M.

Birbaumer, N (2002) Die Psychoanalyse als parasitäre Pseudowissenschaft: Kognitive Neurowissenschaft rette uns! *Erwägen, Wissen, Ethik* 13, 522.

Birbaumer, N & Schmidt, RF (2002) *Physiologische Psychologie*. Springer, Berlin, Heidelberg, New York.

Bischoff, N (1985) *Das Rätsel Ödipus*. Piper, München.

Blanck, G & Blanck, R (1994) *Ich-Psychologie II*. Klett-Cotta, Stuttgart (3. Aufl.)

Blanck, G & Blanck, R (1999) *Angewandte Ich-Psychologie*. Bd. 1. Klett-Cotta, Stuttgart (7. Aufl.).

Blos, P (1973) *Adoleszenz. Eine psychoanalytische Interpretation*. Klett, Stuttgart, 1973.

Bollas, C (2000) *Genese der Persönlichkeit. Psychoanalyse und Selbsterfahrung*. Klett-Cotta, Stuttgart.

Boothe, B (2004) *Der Patient als Erzähler in der Psychotherapie*. Gießen, Psychosozial-Verlag.

Bowlby J (1975) *Bindung. Eine Analyse der Mutter-Kind-Beziehung*. Kindler, München.

Bowlby, J (1976) *Trennung. Psychische Schäden als Folgen der Trennung von Mutter und Kind*. Kindler, München.

Bowlby, J (1983) *Verlust, Trauer und Depression*. Fischer, Frankfurt/M..

Braak, H & Braak, E (1990) Neurofibrillary changes confined to the entorhinal region and an abundance of cortical amyloid in cases of presenil dementia. *Acta Neuropath* (Berlin) 80, 479–486.

Braak, H & Braak, E (1993) Entorhinal-hippocampal interaction in mnestic disorders. *Hippocampus* 3 (Suppl.), 239–246.

Braus, DF, Tost, H, Demirakca, T (2004) Bildgebende Verfahren bei psychischen Störungen. In: Lautenbacher, S & Gauggel, S (Hrsg.) *Neuropsychologie psychischer Störungen*. Springer, Berlin, Heidelberg, New York, 91–122.

Bremer, F (1936) Nouvelle recherches sur le méchanisme du sommeil. *CR Seances Soc Biol Fil* (Paris) 122, 460–464.

Buchholz, MB (1999) *Psychotherapie als Profession*. Psychosozial-Verlag, Gießen.

Buchholz, MB & Gödde, G (2005) *Macht und Dynamik des Unbewussten*. Bd. 1: *Auseinandersetzungen in Philosophie, Medizin und Psychoanalyse*. Psychosozial-Verlag, Gießen.

Budson, AE, Droller, DB, Dodson, CS, Schacter, DL, Rugg, MD, Holcomb, PJ, Daffner, KR (2005) Electrophysiological dissociation of picture versus word encoding: The distinctiveness heuristic as a retrieval orientation. *J Cogn Neurosci* 17 (8), 1181–93.

Caspar, F & Jacobi, F (2004) Psychotherapieforschung. In: Hiller, W, Leibig, E, Leichsenring, F, Sulz, SKD (Hrsg.) *Lehrbuch der Psychotherapie*. Bd. 1: *Wissenschaftliche Grundlagen der Psychotherapie*. CIP-Verlag, München, 395–410.

Chasseguet-Smirgel, J (1981) *Das Ichideal*. Suhrkamp, Frankfurt/M.

Creutzfeldt, O (1983) *Cortex cerebri: Leistung, strukturelle und funktionelle Organisation der Hirnrinde*. Springer, Berlin, Heidelberg, New York.

Creutzfeldt, O & Houchin, J (1988) Neural basis of EEG-waves. In: Renand, A (Hrsg.): *Handbook of EEG-waves and clinical neurophysiology*. Elsevier, Amsterdam, 2C-5–2C-55.

Crow JT (1984) A re-evaluation of the viral hypothesis: Is psychosis the result of retroviral integration at a site close to the cerebral dominance gene? *Br J Psychiatry* 145, 243–253.

Damasio, A (2000) *Ich fühle, also bin ich. Die Entschlüsselung des Bewusstseins*. List, München.

Dantlgraber, J (2000) Psychoanalytische Haltung. In: Mertens, W & Waldvogel, B (Hrsg.) (2000) *Handbuch psychoanalytischer Grundbegriffe*. Kohlhammer, Stuttgart, 270.

Darwin, CR (1896) Der Ausdruck der Gemütsbewegungen bei den Menschen und den Tieren. Schweizerbart, Stuttgart. (Engl.: *The expression of the emotions in men and animals*. Plenum Press, New York, 1872)

Davison, GC, Neal, JM, Hautzinger, M (Hrsg.) (2002) *Klinische Psychologie*. Beltz/PVU, Weinheim.

DeFrance, JE (1976) *The septal nuclei*. Plenum, New York.

Dement, WC & Kleitmann, N (1957) Cyclic variations in EEG during sleep and their relations to eye movements, body motility and dreaming. *Electroenceph Clin Neurophysiol* 9, 673–690.

Dixon, NF (1981) *Preconscious processing*. Wiley, Chichester.

Dixon, NF, Hentschel, U, Smith, G (1986) Subliminal perception and microgenesis in the context of personality research. In: Angleitner, A, Furnham, A, van Heck, G (Hrsg.), *Personality psychology in Europe* (Bd. 2). Swets und Zeitlinger, Lisse, 239–255.

Döhl, R (1985) Uwe Ernsts kleines und großes Welttheater. In: Ernst, U, *Zeichnungen*: »Der liebe Gott beim Konditionieren« (schwarze Kreide, 42 × 41 cm), Katalog (ohne Verlagsangabe).

Draguhn, A, Traub, RD, Schmitz, D, Jefferys, JGR (1998) Electrical coupling underlies high-frequency oscillations in the hippocampus »in vitro«. *Nature* 394, 189–192.

Dreher, AU (1998) *Empirie ohne Konzept?* Verlag Internationale Psychoanalyse, Stuttgart.

Dührssen, A & Jorswieck, E (1965) Eine empiristische Untersuchung zur Leistungsfähigkeit psychoanalytischer Behandlungen. *Der Nervenarzt* 36, 166–169.

Dümpelmann, M (2004) Zur tiefenpsychologischen Psychotherapie schizophrener Störungen. In: Leichsenring, F (Hrsg.) *Lehrbuch der Psychotherapie für die Ausbildung zur/zum psychologischen PsychotherapeutIn und für die ärztliche Weiterbildung*, Bd. 2: *Vertiefungsband psychoanalytische und tiefenpsychologisch fundierte Therapie.* CIP-Medien, München, 109–126.

Ecco, U (1977) *Zeichen. Einführung in einen Begriff und seine Geschichte.* Suhrkamp, Frankfurt/M.

Edelman, GM (1995) *Göttliche Luft, vernichtendes Feuer. Wie der Geist im Gehirn entsteht.* Piper, München.

Edelson, M (1984) *Hypothesis and evidence in psychoanalysis.* University of Chicago Press, Chicago.

Ehlers, W (1979) Neuronen und Neurosentherapie. In: Fischle-Carl, H (Hrsg.) *Theorie und Praxis der Psychoanalyse.* Adolf Bonz, Fellbach, 280–304.

Ehlers, W (2000) Abwehrmechanismen. In: Mertens, W & Waldvogel, B (Hrsg.) (2000) *Handbuch psychoanalytischer Grundbegriffe.* Kohlhammer, Stuttgart, 12–24.

Ehlers, W (2004) Clinical evaluation of structure and process of defense mechanisms before and during psychoanalytic treatment. In: Hentschel, U, Smith, G, Draguns, JG, Ehlers, W (Hrsg.) *Defense mechanisms. Theoretical, research, and clinical perspectives.* Elsevier, Amsterdam u. a., 354–389.

Ehlers, W & Ischebeck, W (1979) Effect of frontal lobe lesion on cognitive process in neuropsychological tests. In: Obiols, J, Ballus, C, Monclus, G, Pujol, J (Hrsg.) *Biological psychiatry today.* Proceedings of the 2nd World Congress on Biological Psychiatry held from August 31st to September 6th, 1978, in Barcelona, Spain. Amsterdam u. a., Elsevier/North-Holland Biomedical Pr., 1466–1471.

Ehlers, W & Kugler, J (1978) Leistungsspektren des EEG bei Hypnose und Suggestion in der Vorreizperiode. *Z EEG – EMG* 9, 229–233.

Ehlers, W & Munz, D (1986) Evoked potentials as unconscious indicators of cognitive control. In: Hentschel, U, Smith, G, Draguns, JG (Hrsg.) *The roots of perception.* Amsterdam u. a., Elsevier, 361–380.

Ehlert-Balser, M (1996) Das Trauma als Objektbeziehung. Veränderungen der inneren Objektwelt durch schwere Traumatisierung im Erwachsenenalter. *Forum der Psychoanalyse* 12 (4), 291–314.

Eichenbaum, H (1999) The hippocampus and mechanisms of declarative memory. *Behav Brain Res* 103 (2), 123–33.

Eichenbaum, H (2001) The hippocampus and declarative memory: Cognitive mechanisms and neural codes. *Behav Brain Res* 14, 127 (1-2), 199–207.

Eitingon, M (1923) Report of the Berlin Psychoanalytical Policlinic. *Int J Psychoanal* 4, 254–269.

Elhardt, S (1982) *Tiefenpsychologie. Eine Einführung.* Kohlhammer, Stuttgart.

Ellis, A (1958) Rational psychotherapy. *J Gen Psychother* 59, 35–49.

Engel, GL (1970) *Psychisches Verhalten in Gesundheit und Krankheit*. Huber, Bern.

Engel, K & Meyer, AE (1991) Therapie schwer erkrankter Anorexie-Patienten (Zusammenfassender Bericht über ein Forschungsprojekt). *Z psychosom Med Psychoanal* 37, 220–248.

Engel, AK, Fries, P, König, P, Brecht, M, Singer, W (1999) Does time help to understand consciousness? *Consciousness and Cognition* 8, 260–268.

Erikson, EH (1966) *Identität und Lebenszyklus. Drei Aufsätze*. Suhrkamp, Frankfurt/M.

Ermann, M (2002) *Psychotherapeutische und Psychosomatische Medizin. Ein Leitfaden auf psychodynamischer Grundlage*. Kohlhammer, Stuttgart (4. Aufl.).

Exner, S (1884) *Entwurf zu einer physiologischen Erklärung der psychischen Erscheinungen*. Franz Deuticke, Wien.

Fenichel, O (1999) *Psychoanalytische Neurosenlehre*. Bd. 1–3. Walter, Olten.

Ferenczi, S (1933) Sprachverwirrung zwischen den Erwachsenen und dem Kind. Die Sprache der Zärtlichkeit und der Leidenschaft. In: Ferenczi, S (1964) *Bausteine zur Psychoanalyse* (Bd. 3). Huber, Bern, 511–522.

Fischer, G (2004) Störungsspezifische Interventionen auf der Basis analytischer Therapie bei posttraumatischen und akuten Belastungsstörungen. In: Leichsenring, F (Hrsg.) *Lehrbuch der Psychotherapie für die Ausbildung zur/zum psychologischen PsychotherapeutIn und für die ärztliche Weiterbildung*, Bd. 2.: *Vertiefungsband psychoanalytische und tiefenpsychologisch fundierte Therapie*. CIP-Medien, München, 165–172.

Fitzsimons, JT (1998) Angiotensin, thirst, and sodium appetite. *Physiol Rev* 78, 583–686.

Fonagy, P, Gergely, G, Jurist, EL, Target, M (2004) *Affektregulierung, Mentalisierung und die Entwicklung des Selbst*. Klett-Cotta, Stuttgart.

Freeman, WJ (1975) *Mass action in the nervous system*. New York, Academic Press.

Freud, A (1936) Das Ich und die Abwehrmechanismen. In: *Die Schriften der Anna Freud*. Bd. 1: 1922–1936. Kindler, München 1980, 193–355.

Freud, S (1891b). *Zur Auffassung der Aphasien*. Hrsg. von P. Vogel. Fischer Taschenbuch Verlag, Frankfurt/M., 1992.

Freud, S (1985c). *Briefe an Wilhelm Fließ 1887–1904*. Ungekürzte Ausgabe. Hrsg. von Jeffrey Moussaieff Masson. Bearb. der dt. Fassung von Michael Schröder. S. Fischer, Frankfurt/M, 1999 (2. Aufl.).

Freud, S (1907–08) Originalnotizen zu einem Fall von Zwangsneurose (»Rattenmann«). *GW, Nachtragsband*, Texte aus den Jahren 1895–1938, 505–569.

Fürstenau, P (1977) Die beiden Dimensionen des psychoanalytischen Umgangs mit strukturell ich-gestörten Patienten. *Psyche* 31, 197–207.

Fuster, JM (1982) *The prefrontal cortex*. Raven Press, New York.

Gadamer, H-G (1960) *Wahrheit und Methode*. Mohr (Paul Siebeck), Tübingen.

Gauggel, S (2004a) Bildgebende Verfahren und deren Bedeutung für die Psychotherapie. In: Lautenbacher, S & Gauggel, S (Hrsg.) *Neuropsychologie psychischer Störungen*. Springer, Berlin, Heidelberg, New York, 411–428.

Gauggel, S (2004b) Neuropsychologie der Motivation. In: Lautenbacher, S & Gauggel, S (Hrsg.) *Neuropsychologie psychischer Störungen*. Springer, Berlin, Heidelberg, New York, 67–89.

Gazzaniga, MS, LeDoux, J (1983) *Neuropsychologische Integration kognitiver Prozesse*. Enke, Stuttgart.

Gedo, JE (2000) Motivation. In: Mertens, W & Waldvogel, B (Hrsg.) (2000) *Handbuch psychoanalytischer Grundbegriffe*. Kohlhammer, Stuttgart, 457–461.

Geracioti, TD, Liddle, RA, Altemus, M, Demitrack, MA, Gold, PW (1992) Regulation of appetite and cholecystokinin secretion in anorexia nervosa. *Amer J Psychiat* 149, 958–961.

Granzow, S (1994) *Das autobiographische Gedächtnis*. Quintessenz, Berlin, München.

Grawe, K (2005) (Wie) kann Psychotherapie durch empirische Validierung wirksamer werden? *Psychotherapeuten Journal* 4 (1), 4–11.

Gray, JA (1972) The structure of the emotions and the limbic system. In: *CIBA Foundations Symposium 8. Physiology emotion and psychosomatic illness*. Elsevier, Amsterdam, 87–120.

Grünbaum, A (1988) *Die Grundlagen der Psychoanalyse. Eine philosophische Kritik*. Reclam, Stuttgart.

Gutierrez, R, Heinemann, U (2001) Kindling induces transient fast inhibition in the dentate gyrus-CA3 projection. *Eur J Neurosci* 13 (7), 1371–9.

Habermas, J (1968) *Erkenntnis und Interesse*. Suhrkamp, Frankfurt/M.

Habermas, J (1981). *Theorie des kommunikativen Handelns*. Bd. 1 und 2. Suhrkamp, Frankfurt/M.

Habermas, J (1984). *Vorstudien und Ergänzungen zur Theorie des kommunikativen Handelns*. Suhrkamp, Frankfurt/M.

Hadley, J (1989) The neurobiology of motivational systems. In: Lichtenberg, J (Hrsg.) *Psychoanalysis and motivation*. Analytic Press, Hillsdale, NY, 337–372.

Hartmann, H (1927) *Die Grundlagen der Psychoanalyse*. Thieme, Leipzig (Klett, Stuttgart, 1972).

Hartmann, H (1939) *Ego psychology and the problem of adaptation*. New York: International Universities Press. Dt.: *Ich-Psychologie und Anpassungsproblem*. Klett, Stuttgart, 3. Aufl. 1975.

Hartmann, H (1950) Bemerkungen zur psychoanalytischen Theorie des Ichs. In: *Ich-Psychologie. Studien zur psychoanalytischen Theorie*. Klett-Cotta, Stuttgart, 2. Aufl. 1997, 119–144.

Hartmann, H (1952) Die gegenseitige Beeinflussung von Ich und Es in ihrer Entwicklung. In: *Ich-Psychologie. Studien zur psychoanalytischen Theorie*. Klett, Klett-Cotta, Stuttgart, 2. Aufl. 1997, 157–180. Außerdem in *Psyche* 9, 1955, 1–22.

Hartmann, H (1955) Bemerkungen zur Theorie der Sublimierung. *Psyche* 18, 1964, 397–419. Auch in: *Ich-Psychologie. Studien zur psychoanalytischen Theorie*. Klett-Cotta, Stuttgart, 2. Aufl. 1997, 212–235.

Hartmann, H (1956) Notes on the reality principles. *Psychoanal Study Child* 9, 31–53. Dt.: Bemerkungen zum Realitätsproblem. In: *Ich-Psychologie. Studien zur psychoanalytischen Theorie*. Klett-Cotta, Stuttgart, 2. Aufl. 1997), 236–260.

Hartmann, H (1972) *Ich-Psychologie. Studien zur psychoanalytischen Theorie*. Klett, Stuttgart (Klett-Cotta, Stuttgart, 2. Aufl. 1997).

Hartmann, H & Kris, E (1945) The genetic approach in psychoanalysis. *Psychoanal Study Child* 1, 11–30.

Hartmann, H, Kris, E, Loewenstein, R (1946) Comments on the formation of psychic structure. *Psychoanal Study Child* 2, 11–38.

Hartmann, H & Loewenstein, R (1962) Notes on the superego. *Psychoanal Study Child* 17, 42–81.

Hau, S, Leuschner, W, Deserno, H (Hrsg.) (2002) *Traum-Expeditionen*. (Psychoanalytische Beiträge aus dem SFI, 8) edition discord, Tübingen.

Hawkins RD, Kandel, ER, Siegelbaum, SA (1993) Learning to modulate transmitter release: Themes and variations in synaptic plasticity. *Ann Rev Neurosci* 16, 625–665.

Hebb, O (1949) *The organisation of behavior*. Wiley, New York.

Heigl, F (1969) Zum strukturellen Denken in der Psychoanalyse. In: Schelkopf, A & Elhardt, S (Hrsg.) *Aspekte der Psychoanalyse*. Vandenhoek & Ruprecht, Göttingen, 12–25.

Heinemann, U (1996) Neurobiologie – Neurobiologische Grundlagen des emotionalen Verhaltens. In: Uexküll. T. von, *Psychosomatische Medizin*. Hrsg. von Adler, RH, Herrmann, JM, Köhle, K, Schonecke, OW, Uexküll, T von, Wesiak, W. Urban & Schwarzenberg, München (5., völlig neu bearb. Aufl.), 120–135.

Henseler, H (1989) Zur Entwicklung der psychoanalytischen Affekttheorie. *Zeitschrift für psychoanalytische Theorie und Praxis* 4, 1–16.

Hentschel, U, Smith, G, Draguns, JG (1986) *The roots of perception*. Amsterdam u.a., Elsevier.

Hentschel, U, Smith, G, Ehlers, W, Draguns, JG (1993) (Hrsg.) *The concept of defense mechanisms in contemporary psychology. Theoretical, research, and clinical perspectives*. Springer-Verlag, New York, London.

Hentschel, U, Smith, G, Draguns, JG & Ehlers, W (2004) (Hrsg.) *Defense Mechanisms. Theoretical, research, and clinical perspectives*. Elsevier, Amsterdam u.a.

Hinz, H (2000) Konstruktion – Rekonstruktion. In: Mertens, W & Waldvogel, B (Hrsg.) *Handbuch psychoanalytischer Grundbegriffe*. Kohlhammer, Stuttgart, 389–393.

Hoffmann, N & Schauenburg, H (2004) Psychotherapie der Depression. In: Leichsenring (Hrsg.) *Lehrbuch der Psychotherapie für die Ausbildung zur/zum psychologischen PsychotherapeutIn und für die ärztliche Weiterbildung, Bd. 2. Vertiefungsband psychoanalytische und tiefenpsychologisch fundierte Therapie*. CIP-Medien, München.

Hoffmann, SO & Hochapfel, G (2004) *Neurotische Störungen und Psychosomatische Medizin*. Mit einer Einführung in Psychodiagnostik und Psychotherapie. Schattauer, Stuttgart.

Holland, NN (1975) An identity for the Rat Man. *Int Rev Psychoanal* 2, 157–169.

Holt, RR (1989) The present status of Freuds theory of the primary process. In: Holt, RR (Hrsg.) *Freud reappraised. A fresh look on psychoanalytic theory*. Guilford Press, New York, 280–301.

Ingvar, DH & Lassen, N (1977) Cerebral function metabolism and circulation. *Acta Neurol Scand* 55, Suppl. 64.

Jacobi, F & Kosfelder, K (2002) Psychotherapieforschung. In: Jacobi, F & Poldrak, A (Hrsg.) *Wissenschaftliches Arbeiten in der klinischen Psychologie*. Hogrefe, Göttingen, 245–266.

Jahanschahi, M & Frith, CD (1998) Willed action and its impairments. *Cogn Neuropsychol* 15, 483–533.

Jaspers, K (1913) *Allgemeine Psychopathologie*. Springer, Berlin, 1959.

Julien, RM (1997) *Drogen und Psychopharmaka*. Spektrum Akademischer Verlag, Heidelberg u. a.

Kächele, H (1992) Der lange Weg von der Novelle zur Einzelfallanalyse. In: Stuhr, H & Denecke FW (Hrsg.) *Die Fallgeschichte*. Asanger Verlag, Heidelberg, 32–42.

Kächele, H, Ehlers, W, Hölzer, M (1991) Experiment und Empirie in der Psychoanalyse. In: Schneider, F, Bartels, M, Foerster, K, Gaertner, H (Hrsg.) *Perspektiven der Psychiatrie. Forschung – Diagnostik – Therapie*. Gustav Fischer, Stuttgart u. a., 129–142.

Kandel, ER & Schwartz, JH (1983) Molecular biology of learning: Modulation of transmitter release. *Science* 218, 433–443.

Kaplan-Solms, K & Solms, M (2003) *Neuropsychoanalyse. Eine Einführung mit Fallstudien*. Klett-Cotta, Stuttgart.

Kennel, R (1998) Psychoanalyse bei Klein/Bion und Neuroscience bei Edelman. Mesalliance oder göttliche Verbindung? In: Leuzinger-Bohleber, M, Mertens, W, Koukkou, M (Hrsg.) *Erinnerung von Wirklichkeiten. Psychoanalyse und Neurowissenschaften im Dialog*. Bd. 2. Verlag Internationale Psychoanalyse, München, 128–161.

Kernberg, O (1982) Self, ego, affects and drives, *J Am Psa Assn* 30, 893–917.

Kernberg, O (1988) *Innere Welt und äußere Realität. Anwendungen der Objektbeziehungstheorie*. Verlag Internationale Psychoanalyse, München (Verlag Internationale Psychoanalyse, Stuttgart, 3. Aufl. 1997).

Kernberg, O (1997) *Wut und Hass. Über die Bedeutung von Aggression bei Persönlichkeitsstörungen und sexuellen Perversionen*. Klett-Cotta, Stuttgart.

Khan, MR (1963) The concept of cumulative trauma. *Psychoanal Study Child* 18, 286–306.

Kihlstrom, JF & Harackiewicz, JM (1982) The earliest recollection: A new survey. *J Personality* 50, 134–148.

Kissileff, HR & Van Itallie, TB (1982) Physiology of the control of food intake. *An Rev Nutr* 2, 371–418.

Klein, M (1935) A contribution to the psychogenesis of manic-depressive states. *Int J Psycho-Anal* 16, 145–147. Dt.: Zur Psychogenese der manisch-depressiven Zustände. *Int Z Psychoanalyse* 23, 275–305.

Klein, M (1940) Mourning and its relation to manic-depressive states. *Int J Psycho-Analysis* 21, 125–153. Dt.: Die Trauer und ihre Beziehung zu manisch-depressiven Zuständen. In: Dies., *Das Seelenleben des Kleinkindes und andere Beiträge zur Psychoanalyse.* Klett, Stuttgart 1962 (Klett-Cotta, Stuttgart, 7. Aufl. 2001), 95–130. Auch in GSK 1, 1996, 159–199.

Klein, M (1946) Notes on some schizoid mechanism. *Int J Psycho-Analysis* 27, 99–110. Dt.: Bemerkungen über einige schizoide Mechanismen. In: *Das Seelenleben des Kleinkindes und andere Beiträge zur Psychoanalyse.* Klett, Stuttgart 1962 (Stuttgart, Klett-Cotta, 7. Aufl. 2001), 131–161.

Klein, M (1952a) The origins of tranceference. *Int J Psycho-Anal* 33, 433–438. Dt.: Die Ursprünge der Übertragung. In: Dies., GSK 3, 2000, 81–95.

Klein, M (1952b) The mutual influences in the development of the ego and the id. *Psychoanal Study Child* 7, 51–53. Dt.: Wechselseitige Einflüsse in der Ich- und Es-Entwicklung. GSK 3, 2000, 97–103.

Klein, M (1952c) Some theoretical conclusions regarding the emotional life of the infant. In: *Dev Psa*, 198–236. Dt.: Über das Seelenleben des Kleinkindes. Einige theoretische Betrachtungen. *Psyche 14*, 1960, 284–316.

Klein, M (1952d) On observing the behaviour of young infants. In: *Development in Psychoanalysis*. Hogarth, London, 237–270. Dt.: Zur Beobachtung des Säuglingsverhaltens. In: Dies., GSK 3, 2000, 157–199.

Klüver, H & Bucy, PC (1939) Preliminary analysis of the temporal lobes in monkeys. *Arch Neurol Psychiatry* 42, 979–1000.

Knebusch, R (1998) *Eine Erinnerungstafel in einem Bahnhof. Psychoanalyse im Widerspruch.* Institut für Psychoanalyse und Psychotherapie, Heidelberg-Mannheim e.V., 10 Jg. (20), Heidelberg.

Kolb, B & Wishaw, IQ (1996) *Neuropsychologie.* Spektrum Akademischer Verlag, Heidelberg u.a.

Köhler, L (1998) Einführung in die Entstehung des Gedächtnisses. In: Koukkou, M, Leuzinger-Bohleber, M, Mertens, W (Hrsg.) *Erinnerung von Wirklichkeiten. Psychoanalyse und Neurowissenschaften im Dialog. Bd. 1: Bestandsaufnahme.* Verlag Internationale Psychoanalyse, Stuttgart, 131–222.

Kohut, H (1973) *Narzißmus. Eine Theorie der psychoanalytischen Behandlung narzißtischer Persönlichkeitsstörungen.* Suhrkamp, Frankfurt/M.

Kohut, H (1979) *Die Heilung des Selbst.* Suhrkamp, Frankfurt/M.

Koukkou, M, Leuzinger-Bohleber, M, Mertens, W (1998) (Hrsg.) *Erinnerung von Wirklichkeiten. Psychoanalyse und Neurowissenschaften im Dialog. Bd. 1 Bestandsaufnahme, Bd. 2 Folgerungen für die psychoanalytische Praxis.* Verlag Internationale Psychoanalyse, Stuttgart.

Koukkou, M & Lehmann, D (1998) Die Pathogenese der Neurose und der Wirkungsweg der psychoanalytischen Behandlung aus der Sicht des »Zustandswechsel-Modells« der Hirnfunktionen. In: Koukkou, M, Leuzinger-Bohleber, M, Mertens, W (Hrsg.) *Erinnerung von Wirklichkeiten. Psychoanalyse und Neurowissenschaften im Dialog*. Bd. 2. Verlag Internationale Psychoanalyse, Stuttgart, 162–195.

Krause, R (1997) *Allgemeine psychoanalytische Krankheitslehre*. Bd. 1: *Grundlagen*. Kohlhammer, Stuttgart u. a.

Krause, R (1998) *Allgemeine psychoanalytische Krankheitslehre*. Bd. 2: *Modelle*. Kohlhammer, Stuttgart u. a.

Krause, R (2000) Affekt, Emotion, Gefühl. In: Mertens, W & Waldvogel, B (Hrsg.) *Handbuch psychoanalytischer Grundbegriffe*. Kohlhammer, Stuttgart, 30–37.

Krause, R und Merten, J (1996) Affekte und Beziehungsregulierung, Übertragung und Gegenübertragung. *Z psychosom Med Psychoanal* 42, 261–280.

Kris, E (1963) The recovery of childhood memories in psychoanalysis. *Psychoanal Study Child* 11, 54–88.

Krystal, H (1978) Trauma and affects. *Psychoanal Study Child* 33, 81–116.

Kuhn, TS (1967) *Die Struktur der wissenschaftlichen Revolutionen*. Suhrkamp, Frankfurt.

Kupfermann, I (1991) Hypothalamus and limbic system I: Peptigerdic neurons, homeostasis and emotional behavior. In: Kandel, ER, Schwarz, JH, Jessel TM (Hrsg.) *Principles of neural sciences*. Elsevier, New York u. a., 611–635, 750–761.

Lacan, J (1975) *Schriften II*. Walter, Olten.

Landis, EA (2001) *Logik der Krankheitsbilder*. Psychosozial-Verlag, Gießen.

Laplanche, J (1988) *Die allgemeine Verführungstheorie*. edition discord, Tübingen.

Laucken, U (2003). Über die semantische Blindheit einer neurowissenschaftlichen Psychologie. Oder: Was hätte uns eine so gewendete Psychologie zum »Dialog der Kulturen« zu sagen? *Journal für Psychologie* 11, 149–175.

Laucken, U (2004) »Gibt es Willensfreiheit?« Möglichkeiten der psychologischen Vergegenständlichung von »Willens-, Entscheidungs- und Handlungsfreiheit«. *Forum Qualitative Sozialforschung/Forum Qualitative Social Research*, On-line Journal, 6 (1), Art. 8. Verfügbar über http://www.qualitative-research.net/fqs-texte/1-05/05-1-8-d.htm.

Lazarus, RS (1991) Stress und Stressbewältigung – ein Paradigma. In: Filipp, SH (Hrsg.) *Kritische Lebensereignisse*. Urban & Schwarzenberg, München, 198–232.

LeDoux, JE (1986) Cognitive-emotional interactions in the brain. *Cognition and emotion* 3, 267–289.

LeDoux, JE (1998) *Das Netz der Gefühle*. Hanser, München.

Legewie, H (2000) Goldstandard für die Psychotherapieforschung: Kontrollierte oder ökologisch valide Studien? *Gesprächspsychotherapie und Personenzentrierte Beratung* 2, 125–128.

Legewie, H & Ehlers, W (1992) *Knaurs moderne Psychologie*. Droemersche Verlagsanstalt, München.

Legewie, H & Ehlers, W (2000) *Handbuch moderne Psychologie*. Bechtermünz Verlag, Augsburg.

Leichsenring, F (2000) Primär- und Sekundärprozess. In: Mertens, W & Waldvogel, B (Hrsg.) *Handbuch psychoanalytischer Grundbegriffe.* Kohlhammer, Stuttgart, 570–572.

Leichsenring, F (2002) Zur Wirksamkeit psychodynamischer Therapie. Ein Überblick unter Berücksichtigung von Kriterien der Evidence-based Medicine. *Zeitschrift für Psychosomatische Medizin und Psychotherapie* 48, 139–162.

Leichsenring, F (2004) (Hrsg.) *Lehrbuch der Psychotherapie für die Ausbildung zur/zum psychologischen PsychotherapeutIn und für die ärztliche Weiterbildung, Bd. 2: Vertiefungsband psychoanalytische und tiefenpsychologisch fundierte Therapie.* CIP-Medien, München.

Leichsenring, F & Rüger, U (2004). Psychotherapeutische Behandlungsverfahren auf dem Prüfstand der Evidence Based Medicine (EBM). Randomisierte kontrollierte Studien vs. naturalistische Studien – Gibt es einen Goldstandard? *Zeitschrift für Psychosomatische Medizin und Psychotherapie* 50, 203–217.

Leuschner, W (2000) Traum. In: Mertens, W & Waldvogel, B (Hrsg.) *Handbuch psychoanalytischer Grundbegriffe.* Kohlhammer, Stuttgart, 725.

Leuschner, W, Hau, S, Fischmann, T (1997) *Abschlußbericht zur Studie Transformationsprozesse suliminal induzierter Stimuli in Schlaf und Traum.* Sigmund Freud Institut, Frankfurt/M.

Leuzinger-Bohleber, M (2000) Gedächtnis. In: Mertens, W & Waldvogel, B (Hrsg.), *Handbuch psychoanalytischer Grundbegriffe.* Kohlhammer, Stuttgart, 221–226.

Leuzinger-Bohleber, M & Pfeifer, R (1998) Erinnern in der Übertragung: Vergangenheit in der Gegenwart? Psychoanalyse und Embodied Cognitive Sciences: Ein interdisziplinärer Dialog zum Gedächtnis. *Psyche – Z Psychoanal* 52, 884–918.

Lichtenberg, JD (1989) *Psychoanalysis and Motivation.* The Analytic Press, Hillsdale, New York.

Lichtenberg, JD (1991a) *Psychoanalyse und Säuglingsforschung.* Springer Verlag, Berlin, Heidelberg, New York.

Lichtenberg, JD (1991b) Motivational-funktionale Systeme als psychische Strukturen. *Forum der Psychoanalyse* 7, 85–98.

Liddle, PF & Morris, DL (1991) Schizophrenic syndromes and frontal lobe performance. *Br J Psychiatry* 158, 340–345.

Liddle, PF (1987) Schizophrenic syndromes, cognitive performance and neurological dysfunction. *Psychol Med* 17, 49–57.

Liddle, PF, Friston, KJ, Frith, CD, Hirsch, SR, Jones, T, Frackowiac, RS (1992) Patterns of cerebral blood flow in schizophrenia. *Br J Psychiatry* 160, 179–186.

Lisberger, SG (1988) The neural bases for learning of simple motor skills. *Science* 242, 728–735.

Lockot, R (1994): *Die Reinigung der Psychoanalyse. Die Deutsche Psychoanalytische Gesellschaft im Spiegel von Dokumenten und Zeitzeugen (1933–1951).* edition diskord, Tübingen.

Lorenzer, A (1974) *Die Wahrheit der psychoanalytischen Erkenntnis*. Suhrkamp, Frankfurt/M.

Lorenzer, A (1976) *Sprachzerstörung*. Suhrkamp, Frankfurt/M.

Lucius-Hoene, G & Deppermann, A (2002) *Rekonstruktion narrativer Identität. Ein Arbeitsbuch zur Analyse narrativer Interviews*. Leske & Budrich, Opladen.

Lurija, AR (1980) *Higher cortical functions in man*. Basic Books, New York (2. Aufl.).

Lurija, AR (1991): *Der Mann, dessen Welt in Scherben ging*. Rowohlt, Reinbek b. Hamburg.

Lurija AR (1973) *The working brain: An introduction to neuropsychology*. Basic Books, New York. Dt.: *Das Gehirn in Aktion. Einführung in die Neuropsychologie*. Rowohlt, Reinbek b. Hamburg, 1996.

Machleidt, W (1994) Ist die Schizophrenie eine affektive Erkrankung? *Psychologische Beiträge* 36, 348–378.

Machleidt, W (1998) Spurensuche: Vom Gefühl zur Erinnerung. Die psychobiologischen Ursprünge des Gedächtnisses. In: Koukkou, M, Leuzinger-Bohleber, M, Mertens, W (Hrsg.) *Erinnerung von Wirklichkeiten. Psychoanalyse und Neurowissenschaften im Dialog*. Bd. 1: *Bestandsaufnahme*. Verlag Internationale Psychoanalyse, Stuttgart, 462–516.

Machleidt, W, Gutjahr, L, Mügge, A (1989) *Grundgefühle, Phänomenologie, Psychodynamik, EEG-Spektralanalytik*. Springer, Heidelberg u. a.

Machleidt, W, Gutjahr, L, Mügge, A (1994) Die EEG-Spektralmuster der Grundgefühle: Hunger, Angst, Aggression, Trauer und Freude. *Z EEG–EMG* 25, 81–96.

Mahler, M (1963) Thoughts about development and individuation. *Psychoanal Study Child* 18, 307–324.

Mahler, M (1971) Die Bedeutung des Loslösungs- und Individuationsprozesses für die Beurteilung von Borderline-Phänomenen. *Psyche* 29 (1975), 1078–1095.

Mahler, M & Furer, M (1978) *Symbiose und Individuation*. Klett, Stuttgart (Klett-Cotta, Stuttgart, 7. Aufl. 1998).

Mahler, M, Pine, F, Bergman, A (1978) *Die psychische Geburt des Menschen*. Fischer, Frankfurt/M.

Manahan-Vaughan, D, Braunewell, KH (1999) Novelty acquisition is associated with induction of hippocampal long-term depression. *Proc Natl Acad Sci USA* 96 (15), 8739–8744.

Markowitsch, HJ & Welzer, H (2005) *Das autobiographische Gedächtnis. Hirnorganische Grundlagen und biosoziale Entwicklung*. Klett-Cotta, Stuttgart.

Marty, P (1958) Die allergische Objektbeziehung. In: Brede, K (Hrsg.) *Einführung in die psychosomatische Medizin*. Athenäum-Fischer-Taschenbuch-Verlag, Frankfurt/M. 1974, 420–445.

McLean, P (1990) *The triune brain in evolution*. Plenum, New York.

McLean, P (1947) Psychosomatic disease and the »visceral brain«: Recent developments bearing on the Papez theory of emotions. *Psychosom Med* 11, 338–353.

McLean, P (1952) Some psychiatric implications of physiological studies on frontotemporal portion of the limbic system. *Electroenceph Clin Neurophysiol* 4, 407–418.

Mentzos, S (1982) *Neurotische Konfliktverarbeitung*. Kindler, München.
Mentzos, S (1991) *Psychodynamische Modelle in der Psychiatrie*. Vandenhoeck & Ruprecht, Göttingen.
Mentzos, S (1992) *Psychose und Konflikt*. Vandenhoeck & Ruprecht, Göttingen.
Mertens, W & Waldvogel, B (Hrsg.) (2000) *Handbuch psychoanalytischer Grundbegriffe*. Kohlhammer, Stuttgart.
Mesulam, MM (1985) A cortical network for directed attention and neglect. *Ann Neurol* 10, 309–325.
Mesulam, MM (1998) From sensation to cognition. *Brain* 121, 1013–1052.
Metzinger, T (1995) *Bewusstsein. Beiträge aus der Gegenwartsphilosophie*. Schöningh, Paderborn.
Meyer, AE (1993) Nieder mit der Novelle als Psychoanalysedarstellung – Hoch lebe die Interaktionsgeschichte. In: Stuhr, U & Denecke, FW (Hrsg.) *Die Fallgeschichte. Beiträge zu ihrer Bedeutung als Forschungsinstrument*. Asanger, Heidelberg, 61–85.
Mishkin, M (1982) A memory system in the monkey. *Philos Trans Roy Soc Lond (Biol)* 298, 85–95.
Mishkin, M & Appenzeller, T (1990) Die Anatomie des Gedächtnisses. In Singer, W (Hrsg.) *Gehirn und Kognition*. Spektrum der Wissenschaft, Heidelberg, 94–105.
Mitscherlich, A (1966) *Krankheit als Konflikt I. Studien zur psychosomatischen Medizin*. Suhrkamp, Frankfurt/M.
Mitscherlich, A (1967) *Krankheit als Konflikt II. Studien zur psychosomatischen Medizin*. Suhrkamp, Frankfurt/M.
Mitscherlich, A & Mielke, F (1949) (Hrsg.) *Medizin ohne Menschlichkeit. Dokumente des Nürnberger Ärztekongresses*. Fischer Taschenbuch Frankfurt/ M., 1995.
Mitscherlich, A & Mitscherlich M (1967) *Die Unfähigkeit zu trauern. Grundlagen kollektiven Verhaltens*. Suhrkamp, Frankfurt/M.
Morrison, AR (1988) Paradoxical sleep without atonia. *Arch Ital Biol* 126, 275–289.
Müller-Pozzi, H (1985) Identifikation und Konflikt. Die Angst vor Liebesverlust und der Verzicht auf die Individuation. *Psyche* 39 (10), 877–905.
Müller-Pozzi, H. (2002). *Psychoanalytisches Denken. Eine Einführung*. Huber, Bern (3., erw. Aufl.).
Neisser, U (1967) *Cognitive psychology*. Appleton-Century-Crofts, New York.
Nitzschke, B. (1993). Psychoanalyse und Nationalsozialismus. In: Mertens, W. (Hrsg.): *Schlüsselbegriffe der Psychoanalyse*. Verlag Internationale Psychoanalyse, Stuttgart, 13–20.
Noy, P (1979) The psychoanalytic theory of cognitive development. *Psychoanal Study Child* 34, 169–216.
Nuechterlein, KH (1987) Vulnerability models for schizophrenia. State of the art. In: Haefner, H, Gattarz, WF, Janzarik, W (Hrsg.) *Search for the courses of schizophrenia*. Springer, Berlin.

Nunberg, H (1959) *Allgemeine Neurosenlehre auf psychoanalytischer Grundlage*. Huber, Bern.
Oerter, R & Montada, L (1995) *Entwicklungspsychologie*. Psychologie Verlags-Union, Weinheim (3. Aufl.).
Orlinsky, DE & Howard, K (1986) Process and outcome in psychotherapy. In: Garfield, SL & Bergin, AE (Hrsg.) *Handbook of psychotherapy and behavior change*. Wiley, New York, (3. Aufl.), 311–381.
Overbeck, G (1993) Die Fallnovelle als literarische Verständigungs- und Untersuchungsmethode – Ein Beitrag zur Subjektivierung. In: Stuhr, U & Denecke, FW (Hrsg.) *Die Fallgeschichte. Beiträge zu ihrer Bedeutung als Forschungsinstrument*. Asanger, Heidelberg, 43–61.
Papez, JW (1937) A proposed mechanism of emotion. *Arch Neurol Psychiatry* 38, 725–743.
Papoušek, H & Papoušek, M (1975) Cognitive aspects of preverbal social interactions between human infants and adults. In: CIBA Foundation (Hrsg.) *Parent-infant interaction. Proccedings of a sympoium on the parent-infant relationship*. CIBA Foundation Symposium 33 (new series). Elsevier u. a., Amsterdam u. a., 241–269.
Pawlow, IP (1927) *Conditioned Reflexes: An investigation of the physiological activity of the cerebral cortex*. Oxford University Press, London.
Peterfreund, E (1971) Information, systems and psychoanalysis. *Psychological Issues,* vol. VII, No 1–2, monograph 25–26, New York.
Petrides, M (2000). The role of the mid-dorsolateral prefrontal cortex in working memory. *Experimental Brain Research* 133, 44–54.
Piaget, J (1954) *Das moralische Urteil beim Kinde*. Rascher, Zürich.
Piaget, J (1966) *Psychologie der Intelligenz*. Rascher, Zürich (Klett-Cotta, Stuttgart, 10. Aufl. 2000).
Piaget, J (1969) *Das Erwachen der Intelligenz beim Kinde*. Klett, Stuttgart (Klett-Cotta, Stuttgart, 2003).
Piaget, J (1995), *Intelligenz und Affektivität in der Entwicklung des Kindes*. Suhrkamp, Frankfurt/M.
Pine, F (1990) Die vier Psychologien der Psychoanalyse und ihre Bedeutung für die Praxis. *Forum der Psychoanalyse* 6, 232–249.
Poetzel, O (1917) Experimentell erregte Traumbilder in ihren Beziehungen zum indirekten Sehen. *Z Neurologie* 37, 278–349.
Pribram KH (1994) Psychoanalyse und die Naturwissenschaften: Die Beziehung zwischen Gehirn und Verhalten von Freud bis zur Gegenwart. In: Sandler, J (Hrsg.) *Dimensionen der Psychoanalyse. Die Freud Memorial Lectures. Beiträge zu einem interdisziplinären Dialog*. Klett-Cotta, Stuttgart, 161–165.
Pribram, KH & McGuinness, D (1975) Arousal, activation, and effort in the control of attention. *Psychol Rev* 82, 116–149.
Rapaport, D (1973) *Die Struktur der psychoanalytischen Theorie. Versuch einer Systematik*. Klett, Stuttgart (3. Aufl.).

Rapaport, D & Gill, M (1959) The points of view and assumptions of metapsychology. *Int J Psycho-Anal* 40, 153–162.

Richter-Appelt, H (2004) Sexuelle Funktionsstörungen, Paraphilien und Störungen der Geschlechtsidentität. In: Leichsenring, F (2004) (Hrsg.) *Lehrbuch der Psychotherapie für die Ausbildung zur/zum Psychologischen PsychotherapeutIn und für die ärztliche Weiterbildung,* Bd. 2. *Vertiefungsband psychoanalytische und tiefenpsychologisch fundierte Therapie.* CIP-Medien, München, 201–212.

Ricoeur, P (1969) *Die Interpretation. Ein Versuch über Freud.* Suhrkamp, Frankfurt/M.

Roazen, P (1999) *Wie Freud arbeitete.* Psychosozial-Verlag, Gießen.

Roffwarg, HP, Muzio JN, Dement, WC (1966) Ontogenetic development of the human sleep-dream cycle. *Science* 152, 604–619.

Rolls, ET (1981) Central nervous mechanisms related to feeding and appetite. *Brit Med Bull* 37, 131–134.

Roth, G (2003a) *Aus Sicht des Gehirns.* Suhrkamp, Frankfurt/M.

Roth, G (2003b) *Fühlen, Denken, Handeln. Wie das Gehirn unser Verhalten steuert.* Suhrkamp, Frankfurt/M.

Routtenberg, A (1968) The two arousal hypothesis: Reticular formation and limbic system. *Physiol Rev* 75, 51–80.

Rowe, JB, Toni, I, Josephs, O, Frackowiak, RSJ, Passingham, RE (2000) The prefrontal cortex: Response selection or maintenance within working memory? *Science* 288, 1565–1660.

Rudolf, G (2000) *Psychotherapeutische Medizin. Ein einführendes Lehrbuch auf psychodynamischer Grundlage.* Thieme, Stuttgart, New York.

Rudolf, G, Dilg, R, Grande, T, Jacobsen, T, Keller, W, Krawitz, B, Langer, M, Stehle, S, Oberbracht, C (2004) Effektivität und Effizienz psychoanalytischer Langzeittherapie: Die Praxisstudie Analytische Langzeitpsychotherapie. In: Gerlach, A, Springer, A, Schlösser, A (Hrsg.) *Psychoanalyse des Glaubens.* Psychosozial-Verlag. Gießen.

Rüger, U (2000) Strukturelle Störung. In: Mertens, W & Waldvogel, B (Hrsg.) *Handbuch psychoanalytischer Grundbegriffe.* Kohlhammer, Stuttgart, 679–684.

Sacks, OW (1987) *Der Mann, der seine Frau mit einem Hut verwechselte.* Rowohlt, Reinbek b. Hamburg.

Sacks, OW (1993) *Der Tag, an dem mein Bein fortging.* Rowohlt, Reinbek b. Hamburg.

Sandell, R, Blomberg, J, Lazar, A, Carlson, J, Broberg, J, Schubert, J (1999) Unterschiedliche Langzeitergebnisse von Psychoanalysen und Psychotherapien. Aus der Forschung des Stockholmer Projekts. *Psyche – Z Psychoanal* 55, 277–310.

Sander, L (1995) Identity and the experience of specifity in a process of recognition. *Psychoanalytic Dialogues* 5, 579–593.

Sandler, J & Rosenblatt, B (1984) Der Begriff der Vorstellungswelt. *Psyche* 38, 235–253.

Sandler, J, Holder, A, Dare, C, Dreher, AU (2003) *Feuds Modelle der Seele. Eine Einführung.* Psychosozial-Verlag, Gießen.

Schacter, DL (1995). Implicit memory: A new frontier for cognitive neuroscience. In: Gazzaniga, M. (Hrsg.) *The cognitive neurosciences.* MIT Press, Cambridge, Mass. u.a., 815–824.

Schafer, R (1976) *Eine neue Sprache für die Psychoanalyse.* Klett-Cotta, Stuttgart.

Schafer, R (1995) *Erzähltes Leben. Narration und Dialog in der Psychoanalyse.* Pfeiffer, München.

Schauenburg, H (2004) Analytisch orientierte Therapie der Depression. In: Leichsenring, F (2004) (Hrsg.) *Lehrbuch der Psychotherapie für die Ausbildung zur/zum psychologischen PsychotherapeutIn und für die ärztliche Weiterbildung,* Bd. 2: *Vertiefungsband psychoanalytische und tiefenpsychologisch fundierte Therapie.* CIP-Medien, München, 127–136.

Schlosberg, H (1954) Three dimensions of emotion. *Psychol Rev* 61, 81–88.

Schmidt-Hellerau, C (1995) *Lebenstrieb und Todestrieb, Libido und Lethe. Ein formalisiertes konsistentes Modell der psychoanalytischen Trieb- und Strukturtheorie.* VIP, Stuttgart.

Schmidt-Hellerau, C (2000) Metapsychologie. In: Mertens, W & Waldvogel, B (Hrsg.) *Handbuch psychoanalytischer Grundbegriffe.* Kohlhammer, Stuttgart, 450–456.

Schmitz, D, Schichmann, S, Fisahn, A, Draguhn, A, Buhl, EH, Petrasch-Parwez, E, Dermietzel, R, Heinemann, U, Traub, RD (2001) Axo-axonal coupling. A novel mechanism for ultrafast neuronal communication. *Neuron* 31 (5), 831–40.

Schonecke, OW (1996) Psychoanalyse und Lerntheorie, In: T. von Uexküll, *Psychosomatische Medizin,* Urban & Schwarzenberg, München u.a. (5.Aufl.), S.231–251.

Schöpf, A (2000) Hermeneutik. In: Mertens, W & Waldvogel, B (Hrsg.) *Handbuch psychoanalytischer Grundbegriffe.* Kohlhammer, Stuttgart, 278–280.

Schore, AN (1994) *Affect regulation and the origin of the self. The neurobiology of emotional development.* Lawrence Erlbaum, Hillsdale.

Schülein, JA (1999) *Die Logik der Psychoanalyse.* Psychosozial-Verlag, Gießen.

Schulte, D (1993) Wie soll Psychotherapieerfolg gemessen werden. *Z klin Psychol,*22, 374–393.

Schur, M (1966) *Das Es und die Regulationsprinzipien des psychischen Geschehens.* Fischer, Frankfurt/M.

Schütz, A & Luckmann, T (1979) *Strukturen der Lebenswelt.* Bd. 1 und Bd. 2 (1984). Suhrkamp, Frankfurt/M.

Seidler, GH (1995). *Der Blick des Anderen. Eine Analyse der Scham.* Verlag Internationale Psychoanalyse, Stuttgart.

Seitz, RJ, Canavan, AGM, Yágüez, L, Herzog, H, Tellmann, L, Knorr, U, Huang, J, (1994) Successive roles of the cerebellum and premotor cortices in trajectorial learning. *NeuroReport* 5, 2541–2544.

Selye, H (1936) A syndrom produced by diverse noxious agents. *Nature* (London) 32, 138.

Selye, H (1946) The general adaptation syndrom and the diseases of adaptation. *J Clin Endocr* 6, 117–230.

Selye, H (1957) *Streß beherrscht unser Leben.* Verlag Econ, Düsseldorf.

Shevrin, H (1977) Some assumptions of psychoanalytic communication: Implication of subliminal research for psychoanalytic method and technique. In: Freedman, N & Grand, S (Hrsg.) *Communicative structures and psychic structures.* Plenum Press, London, 225–270.

Siegl, J & Reinecker, H (2004) Verhaltenstherapeutische Interventionen. In: Leibig, E, Hiller, W, Sulz, SKD (Hrsg.) *Verhaltenstherapie.* CIP-Medien, München, 123–156.

Singer, W (2002) *Der Beobachter im Gehirn. Essays zur Hirnforschung.* Suhrkamp, Frankfurt/M.

Sjöbäck, H (1988) *The Freudian learning hypothesis.* Lund University Press, Lund.

Smith, G & Hentschel, U (2004) Percept-genetic identification of defense. In: Hentschel, G, Smith, G, Draguns, JG, Ehlers, W (Hrsg.) *Defense Mechanisms. Theoretical, Research, and Clinical Perspectives.* Elsevier, Amsterdam u. a., 129 f.

Sokolov, YN (1963) *Perception and the conditioned reflex.* Pergamon Press, New York.

Solms, M (1996a) Was sind Affekte? *Psyche – Z Psychoanal* 50, 485–522.

Solms, M (1996b) Towards an anatomy of the unconscious. *J Clin Psychoanal* 5, 331–367.

Solms, M (1997a) *The neuropsychology of dreams: A clinico-anatomical study.* Lawrence Erlbaum, Mahwah, New York.

Solms M (1997b) What is consciousness? *J Amer Psychoanal Assoc* 45, 681–778.

Sozialgesetzbuch – SGB (Bücher I – XII) (2001). Textausgabe (Beck-Texte im dtv). Einführung von B. Schulin. dtv, München.

Sperry, R (1969) A modified concept of consciousness. *Physiol Rev* 76, 532.

Spranger, E (1922) *Lebensformen.* Halle.

Stegmüller, W (1978) *Hauptströmungen der Gegenwartsphilosophie. Eine kritische Einführung.* Bd. 1. Alfred Kröner Verlag, Stuttgart.

Steil, R (2003) Posttraumatische und akute Belastungsstörung. In: Leibig, E, Hiller, W. Sulz, SKD (Hrsg.) *Lehrbuch der Psychotherapie.* Bd. 3: *Verhaltentherapie.* CIP-Medien, München.

Steimer-Krause, E (1996) *Übertragung, Affekt und Beziehung – untersucht am Beispiel des nonverbalen Interaktionsverhaltens schizophrener Patienten.* Peter Lang, Bern.

Stern, D (1984) Affect attunement. In: Call, JD, Galenson, E, Tyson, RL (Hrsg.) *Frontiers of infant psychiatry.* Bd. 2. Basic Books, New York

Stern, D (1992) *Die Lebenserfahrung des Säuglings.* Klett-Cotta, Stuttgart.

Stern, D (1996) Ein Modell der Säuglingsrepräsentation. *Forum der Psychoanalyse* 12, 187–203.

Streeck, U (1983) Abweichungen vom »fiktiven Normal-Ich«: Zum Dilemma der Diagnostik struktureller Ich-Störungen. *Z psychosom Med Psychoanalyse* 29, 334–349.

Sulloway, FJ (1982) *Freud. Biologe der Seele. Jenseits der psychoanalytischen Legende.* Hohenheim Verlag, Köln-Lövenich.

Temoshok, L (1983) Emotion, adaptation and disease: A multidimensional theory. In: Temoshok, L, von Dyke, C, Zegans, LS (Hrsg.) *Emotions in health and illness.* Grune und Stratton, New York.

Thomä, H & Kächele, H (1973) Wissenschaftstheoretische und methodologische Probleme der klinisch-psychoanalytischen Forschung. *Psyche* 27, 205–236, 309–355.

Thomä, H & Kächele, H (1985) *Lehrbuch der psychoanalytischen Psychotherapie*. Bd. 1: *Grundlagen*. Springer, Heidelberg u. a.

Thomä, H & Kächele, H (1988) *Lehrbuch der psychoanalytischen Psychotherapie*. Bd. 2: *Praxis*. Springer, Heidelberg-Berlin-New York-Tokyo

Trojan, A & Legewie, H (2001) *Nachhaltige Gesundheit und Entwicklung. Leitbilder, Politik und Praxis der Gestaltung gesundheitsförderlicher Umwelt- und Lebensbedingungen*. Verlag für akademische Schriften, Frankfurt/M.

Trojan, A & Hildebrand, H (1989) Konzeptionelle Überlegungen zu gesundheitsbezogener Netzwerkförderung auf lokaler Ebene. In: Stark, W (Hrsg.) *Lebensweltbezogene Prävention und Gesundheitsförderung*. Lambertus Verlag, Freiburg, 97–116.

Tyson, P & Tyson, RL (1997) *Lehrbuch der psychoanalytischen Entwicklungspsychologie*. Kohlhammer, Stuttgart, 1997.

Uexküll, T von (1996) *Psychosomatische Medizin*. Hrsg. von Adler, R. et al. Urban & Schwarzenberg, München u. a. (5., völlig neu bearb. Aufl.).

Uexküll, T von, Wesiak, W (1996) Wissenschaftstheorie: Ein bio-psycho-soziales Modell. In: Uexküll, T von *Psychosomatische Medizin*. Urban & Schwarzenberg, München, 13–52.

Veracity, TD, Liddle, RA, Litmus, M, Demitrack, PW (1992) Regulation of appetite and cholecystokinin secretion in anorexia nervosa. *Amer J Psychiat* 149, 958–961.

Wagner, U & Born, J (2004) Psychoendokrine Aspekte neuropsychologischer Funktionen: Die Hypothalamus-Hypophysen-Nebennierenrinden-Achse. In: Lautenbacher, S & Gaugel, S (Hrsg.) *Neuropsychologie psychischer Störungen*. Springer, Berlin u. a., 123–145.

Wagner, U, Gais, S, Born, J (2001) Emotional memory formation is enhanced across sleep intervals with high amounts of rapid eye movement sleep. *Learn Mem* 8, 112–119.

Wernado, M, Blaufuß, J, Jacob, A, Kannenberg, S (2004) Spezifische Interventionen auf der Basis der analytisch orientierten Therapie bei psychischen Störungen im Zusammenhang mit psychotropen Substanzen. In: Leichsenring, F (Hrsg.) *Lehrbuch der Psychotherapie für die Ausbildung zur/zum psychologischen PsychotherapeutIn und für die ärztliche Weiterbildung*, Bd. 2: *Vertiefungsband psychoanalytische und tiefenpsychologisch fundierte Therapie*. CIP-Medien, München, 97–108.

Werner, H (1953) *Einführung in die Entwicklungspsychologie*. Barth, München.

Wertheimer, M (1912) Experimentelle Studien über das Sehen von Bewegung. *Zeitschrift für Psychologie* 61, 161–265.

Wertheimer, M (1945) *Productive thinking*. Harper, New York. (Dt.: *Produktives Denken*. Kramer, Frankfurt/M., 1957.)

WHO (1947) Constitution of the world health organisation. (URL: http://who-hq-policy.who.ch)

Wilson, A & Gedo JE (1992) *The concept of hierarchies in psychoanalysis*. Guilford, New York.

Winnicott, DW (1953) Transitional objects and transitional phenomena. *Int J Psycho-Analysis* 34, 1–9.
Wissenschaflicher Beirat Psychotherapie (WBP) (2002) Stellungnahme zur Psychodynamischen Psychotherapie bei Erwachsenen. *Deutsches Ärzteblatt* – PP1, Heft 46, A – 3132.
Wissenschaflicher Beirat Psychotherapie (WBP) (2004) *Deutsches Ärzteblatt* – PP.1, Januar 2005, S. A 73.
Woodworth, RS (1918) *Dynamic psychology.* University Press, Columbia.
Zepf, S (2000a) *Allgemeine psychoanalytische Neurosenlehre, Psychosomatik und Sozialpsychologie. Ein kritisches Lehrbuch.* Psychosozial-Verlag, Gießen.
Zepf, S (2000b) Der Freudsche Triebbegriff – was kann bleiben? In: *Psychoanalyse. Texte zur Sozialforschung* 6, 69 – 87.

Freud-Literatur

Zitiert wird nach der Gesamtbibliographie: Sigmund Freud (1987) *Gesammelte Werke. Nachtragsband, Texte aus den Jahren 1895–1938.* S. Fischer, Frankfurt/M., 799 – 815.

Freud, S (1894a) Die Abwehr-Neuropsychosen. Versuch einer psychologischen Theorie der akquirierten Hysterie, vieler Phobien und Zwangsvorstellungen und gewisser halluzinatorischer Psychosen. GW, Bd. 1, 57 – 74.
Freud, S. (1895d) (mit Breuer, J) Studien über Hysterie. GW, Bd. 1, 75 – 312.
Freud (1895f) Zur Kritik der »Angstneurose«. GW, Bd. 1, 355 – 376.
Freud, S (1898a) Die Sexualität in der Ätiologie der Neurosen. GW, Bd. 1, 491 – 516.
Freud, S (1900a) Die Traumdeutung. GW, Bd. 2/3.
Freud, S. (1901b) Zur Psychopathologie des Alltagslebens. GW, Bd. 4.
Freud, S (1904a) Die Freudsche psychoanalytische Methode. GW, Bd. 5, 3 – 10.
Freud, S (1905d) Drei Abhandlungen zur Sexualtheorie. GW, Bd. 5, 27 – 145.
Freud, S (1905e) Bruchstück einer Hysterie-Analyse. GW, Bd. 5, 163 – 286.
Freud, S (1906a) Meine Ansichten über die Rolle der Sexualität in der Ätiologie der Neurosen. GW, Bd. 5, 1949 – 1959.
Freud, S (1909b) Analyse der Phobie eines fünfjährigen Knaben. GW, Bd. 7, 243 – 377.
Freud, S (1909d) Bemerkungen über einen Fall von Zwangsneurose. GW, Bd. 7, 381 – 463.
Freud, S (1911b) Formulierungen über die zwei Prinzipien des psychischen Geschehens. GW, Bd. 8, 230 – 238.
Freud, S (1914c) Zur Einführung des Narzißmus, GW, Bd. 10, 138 – 170.
Freud, S (1914g) Weitere Ratschläge zur Technik der Psychoanalyse: II. Erinnern, Wiederholen und Durcharbeiten. GW, Bd. 10, 126 – 136.
Freud, S (1915c) Triebe und Triebschicksale, GW, Bd. 10, 210 – 232.

Freud, S (1915d) Die Verdrängung. GW, Bd. 10, 248–261.
Freud S (1915e) Das Unbewußte. GW, Bd. 10, 264–303.
Freud, S (1915f) Mitteilung eines der psychoanalytischen Theorie widersprechenden Falles von Paranoia. GW, Bd. 10, 233–246.
Freud, S (1916–1917) Vorlesungen zur Einführung in die Psychoanalyse. GW, Bd. 11.
Freud, S (1917e) Trauer und Melancholie. GW, Bd. 10, 428–446.
Freud, S (1918b) Aus der Geschichte einer infantilen Neurose, GW, Bd. 12, 27–157.
Freud, S (1919f) Vorrede zur Diskussion auf dem V. Internationalen Kongreß in Budapest: Zur Psychoanalyse der Kriegsneurosen. GW, Bd. 12, 321–324.
Freud, S (1920g) Jenseits des Lustprinzips. GW, Bd. 13, 1–69.
Freud, S (1923a) »Psychoanalyse« und »Libidotheorie«. GW, Bd. 13, 211–233.
Freud, S (1923b) Das Ich und das Es, GW, Bd. 13, 237–289.
Freud, S (1924b) Neurose und Psychose. GW, Bd. 13, 387–391.
Freud, S (1924c) Das ökonomische Problem des Masochismus. GW, Bd. 13, 371–383.
Freud, S (1925a) Notiz über den Wunderblock. GW, Bd. 14, 3–8.
Freud, S (1926d) Hemmung, Symptom und Angst. GW, Bd. 14, 111–205.
Freud, S (1927e) Fetischismus. GW, Bd. 14, 311–317.
Freud, S (1930a) Das Unbehagen in der Kultur. GW, Bd. 14, 419–506.
Freud, S (1933a) Neue Folge der Vorlesungen zur Einführung in die Psychoanalyse. GW, Bd. 15.
Freud, S (1937c) Die endliche und die unendliche Analyse. GW, Bd. 16, 59–99.
Freud, S (1937d) Konstruktionen in der Analyse. GW, Bd. 16, 43–56.
Freud, S (1940a) Abriß der Psychoanalyse. GW, Bd. 17, 63–138.
Freud, S (1940b) Some elementary lessons in psycho-analysis. GW, Bd. 17, 139–147.
Freud, S (1940e) Die Ichspaltung im Abwehrvorgang. GW, Bd. 17, 57–62.
Freud, S (1950c [1895]) Entwurf einer Psychologie. GW, Nachtragsband, 375–486.

Personenregister

Abraham, K 15, 48
Adorno, TW 17
Alexander, F 62
Anand, BK 232
Angus, LE 93
Antonovsky, A 63, 66 f.
Appenzeller, T 248–251

Bänninger-Huber, E 145
Bard, P 258
Bartl-Stork, C 204
Beck, AT 167
Becker, P 67
Beebe, B 51, 79 f.
Benedetti, D 190
Benedetti, G 65
Bernard, C 15, 231
Bernfeld, S 15
Beutel, ME 204
Bion, WR 65, 152, 157, 190
Birbaumer, N 98, 222, 231, 250
Bischoff, N 135
Blanck, G 79
Blanck, R 79
Blos, P 49
Bollas, C 85
Boothe, B 85
Bowlby J 34, 57, 79
Braak, E 221
Braak, H 221
Bremer, F 219
Breuer, J 13
Brobeck, JR 232
Buchholz, MB 101
Bucy, PC 232, 259
Budson, AE 246

Caspar, F 87
Charcot, JM 186
Chasseguet-Smirgel, J 142
Creutzfeldt, O 195, 219, 235, 237
Crow, T 187 f.

Damasio, A 228, 260
Dantlgraber, J 154
Darwin, CR 258

Davison, GC 62, 98, 103
DeFrance, JE 233
Dement, WC 212
Deppermann, A 99
Descartes, R 234
Dixon, NF 114, 117, 123, 242
Döhl, R 155
Dörner, D 204
Draguhn, A 213
Dreher, AU 90, 91, 94
Dührssen, A 84
Dümpelmann, M 65, 190

Ecco, U 85
Edelson, M 93
Ehlers, W 43, 59, 131, 210, 218, 242
Ehlert-Balser, M 74
Eichenbaum, H 251
Elhardt, A 21
Ellis, A 167
Engel, AK 246
Engel, GL 62
Erikson, EH 68
Ermann, M 63
Exner, S 98, 229

Fairbairn, WR 23, 137
Fenichel, O 15, 64, 77
Ferenczi, S 74
Fischer, G 72
Fitzsimons, JT 231
Fonagy, P 34, 161
Freeman, WJ 246
Freud, A 22, 42, 52, 53, 94
Frith, CD 253
Fürstenau, P 79
Fuster, JM 221

Gadamer, H-G 85 f.
Gauggel, S 135, 204
Gazzaniga, MS 259
Gedo, JE 78, 131, 146 f.
Gill, M 33
Gödde, G 101
Grawe, K 88
Gray, JA 226, 232

Personenregister

Habermas, J 69, 85–87, 101, 253
Hadley, J 131, 148
Hartmann, H 22, 29, 33, 50, 52 f., 78, 94 f., 101, 103, 105, 136, 149, 157
Hawkins, RD 248
Hebb, O 104
Heigl, F 79
Heinemann, U 11, 233
Henseler, H 136
Hentschel, U 102, 117
Hildebrand, H 67
Hinz, H 158
Hochapfel, G 63
Hoffmann, N 194
Hoffmann, SO 63
Holder, A 10 f.
Holland, NN 93
Holt, RR 164
Horkheimer, M 17
Houchin, J 219
Howard, K 87
Hume, D 91, 234

Ingvar, DH 221

Jackson, H 104
Jacob, A 13, 195
Jacobi, F 87, 89
Jahanschahi, M 253
Jaspers, K 95, 110 f., 123, 217
Jorswieck, E 84
Joyce, J 234
Julien, RM 217

Kächele, H 83, 86, 91, 93 f.
Kandel, ER 248
Kaplan-Solms, K 29, 164, 203, 206, 237, 241, 251, 265
Kennel, R 131, 157
Kernberg, O 23, 37, 46, 136, 157
Khan, MR 74
Kihlstrom, JF 215
Kissileff, HR 232
Klein, M 23, 30, 34 f., 37, 43, 47, 49, 52, 54 f., 136
Kleitmann, N 212
Klüver, H 232, 259
Knebusch, R 14
Köhler, L 157, 160, 247, 249
Kohut, H 6, 25, 37, 50, 52, 55 f., 147
Kolb, B 204, 238
Kosfelder, K 89

Koukkou, M 159, 208
Krause, R 59, 131, 134–136, 142 f., 145
Kris, E 53, 74
Krystal, H 142
Kugler, J 210, 218
Kuhn, TS 94, 97
Kupfermann, I 232

Lacan, J 79
Lachmann, FM 51, 79 f.
Landis, EA 63
Laplanche, J 131
Lassen, N 221
Laucken, U 172
Lazarus, RS 67
LeDoux, J 259
Legewie, H 11, 59, 66 f., 82, 85–90, 100, 135, 142, 162, 217, 222, 259
Lehmann, D 208
Leichsenring, F 63 f., 84, 164
Leuschner, W 31, 102, 117 f., 127, 129
Leuzinger-Bohleber, M 117, 157
Lichtenberg, JD 79, 130 f., 136, 138, 140 f., 147 f.
Lisberger, SG 249
Loewenstein, R 53
Lorenzer, A 85 f., 101, 131
Lucius-Hoene, G 99
Luckmann, T 160
Lurija, AR 203, 206, 210, 234 f., 237 f., 253, 264

Machleidt, W 210
Mahler, M 6, 23, 52, 55
Marty, P 62
McGuinness, D 225
McLean, P 260
McLeod, J 93
Mentzos, S 65, 79, 190
Mertens, W 97
Mesulam, MM 208, 238–240
Metzinger, T 215
Meyer, AE 99
Mill, JS 91
Mishkin, M 248–251
Mitscherlich, A 11, 17, 62, 101
Mitscherlich, M 17
Montada, L 68
Morrison, AR 212
Müller-Pozzi, H 18, 74

Neisser, U 111
Nitzschke, B 16

Noy, P 163
Nuechterlein, KH 62
Nunberg, H 75

Oerter, R 68
Orlinsky, DE 87
Overbeck, G 99

Papez, JW 235, 258 f.
Papoušek, H 139
Papoušek, M 139
Pawlow, IP 248
Petrides, M 253
Pfeifer, R 157
Piaget, J 161–163
Pine, F 18
Platon 234
Poetzel, O 102
Pribram, KH 114 f., 225

Rapaport, D 33, 79, 102–105, 108 f., 164
Reich, W 15
Reinecker, H 149, 167
Richter-Appelt, H 65
Ricoeur, P 85 f., 101
Roazen, P 92
Roffwarg, HP 212
Rolls, ET 232
Rosenblatt, B 35, 161
Roth, G 204, 206, 208, 225, 237, 247, 249 f., 265
Routtenberg, A 246
Rowe, JB 253
Rudolf, G 63, 84
Rüger, U 79, 84

Sacks, OW 234
Sandell, R 84
Sander, L 80
Sandler, J 28, 35, 122 f., 161
Schacter, DL 159, 243, 246
Schafer, R 30, 97
Schauenburg, H 65, 194
Scheler, M 95
Schlosberg, H 142 f.
Schmidt, RF 222, 231, 250
Schmidt-Hellerau, C 131, 136, 203, 226
Schmitz, D 213
Schonecke, OW 153
Schöpf, A 86

Schore, A 40
Schülein, JA 94 f., 99–101
Schulte, D 88
Schur, M 62
Schütz, A 160
Schwartz, JH 248
Seitz, RJ 249
Selye, H 217
Shevrin, H 112
Siegl, J 149, 167
Singer, W 235, 237, 239
Sjöbäck, H 154
Skinner, BF 151
Smith, G 117
Sokolov, YN 113
Solms, M 29, 31, 164, 203, 206, 214, 228, 235, 237, 241, 247, 251, 265
Sperry, R 246
Spranger, E 82
Stark, R 195
Stegmüller, W 83
Steil, R 71 f.
Steimer-Krause, E 191
Stern, D 6, 23, 34, 50, 52, 56 f., 140, 157, 161
Streeck, U 79
Sulloway, FJ 98, 133

Temoshok, L 221
Thomä, H 91, 93 f.
Thorndike, EL 151
Trojan, A 11, 66 f., 86, 89 f., 100
Tyson, P 51, 159, 162
Tyson, RL 51, 159, 162

Uexküll, T von 62

Van Itallie, TB 232

Wagner, U 213
Wernado, M 65
Werner, H 104
Wertheimer, M 241
Whishaw, IQ 204
Wilson, A 147
Winnicott, DW 51
Wishaw, IQ 238
Wundt, WM 217

Zepf, S 59, 137

Sachregister

Abwehr, pathologische 63
Abwehrformen 42 f., 78
Abwehrfunktion 190, 262
Abwehrkonzeption 62
Affekt-Trauma-Modell 19, 70, 74, 119
Affektabfuhr, Kanäle der 107
Affekte 107, 135, 259 f.
– beziehungsorientierte 142
Affekthandlungen 258
Affektive Zustände 207, 226
Affektmuster 249
Affektregulation 10, 146, 148, 191–194
Affektrepräsentanzen 107, 148
Afferenzen 173, 176, 232
Aggression 22 f., 34, 38 f., 74, 136
Agnosien 194, 256
Akinesie 7, 196–199, 206
Akt
– konstruktiver 156
– konsumatorischer 105, 134
Aktivierung 114, 134, 204, 207, 210, 217, 222 f.
– kortikale 207, 214–217, 243
– spezifische 222–228
– subkortikale 222
– unspezifische 117, 210, 214
Aktivierungssystem 208, 219, 228 s. a. *Aktivierung*
Aktivität und Passivität 168
Aktualbewusstsein 250
Aktualität 158
Aktualneurose s. *Neurose*
Allgemeinempfindungen 176, 226, 229, 231 f.
Alpharhythmus 218
Amnesie
– anterograde 194, 221, 246 f.
– retrograde 194, 247
Amygdala 205, 217, 221, 223, 225 f., 231, 247, 248, 251, 255, 258–260, 265 f.
Anfälle (bei Epilepsie) 194, 201, 258
Angstanfälle 75 f.
Angstkonditionierung 260
Angstneurose s. *Neurose*
Angstsignale 165
Angsttheorie 40, 130
Angstträume 31, 129 f.
Anpassung 22, 33, 49, 53, 64, 67, 72, 96, 103, 135, 154, 158, 164 f., 175 f., 229, 247

Anpassungsanforderungen 147
Anthropologie 167
Antipsychotika 189, 206
Antisemitismus 15
Antriebe 149, 187, 192, 225, 229–231, 255, 259
– homöostatische 135 f.
– nicht-homöostatische 135
Antwortverhalten 151
Aphasie
– sensorische 252
Appetenz. s. *sexuelle Appetenz*
Apraxien 194, 200, 256
Arbeitsgedächtnis s. *Gedächtnis*
Assoziationsfelder 243
Assoziationskortex s. *Kortex*
Ataxien 256
Ätiologie 63, 90, 92, 200
– biologische 63
– psychogene 61 f., 75
– seelischer Krankheit 92, 137
Aufmerksamkeit 123, 217–222, 225
– selektive 111 f., 123, 189, 222 f.
Augenbewegungen 212, 223, 257
Augenfeld 253, 256
Ausdrucksindikatoren 145 f.
Aversives System 140
Axone 178

Basalganglien 180, 195, 197–199, 204 f., 249, 255 f., 258, 260
Basismotive 146, 148
Bedürfnis-Ressourcen-Theorien 67
Bedürfnisbefriedigung 134, 139, 226, 230, 264
Bedürfnissteuerung, biologische 133, 207, 225
Begriffe, empirische 83
Begriffsapparat 91
Behandlung 66, 89, 187, 203
Behandlungsberichte 93
Behandlungsmethode 81, 92
Behandlungsprozess 94
Behaviorale Therapie 150 f.
 s. a. *Kognitiv-behaviorale Therapie (KBT);*
 Lerntheorien
– Modell S-O-R-C 150 f.
Belastungsstress 222
Belohnung 103, 248, 251, 259

Sachregister ▪ 291

Belohnungs- und Bestrafungspläne 151
Belohnungs- und Bestrafungsstrukturen 154
Belohnungsverhalten 260
Beobachterpositionen 30, 83–85, 203
Beobachtungsdaten 83, 91, 94
Beobachtungsmethoden 81, 88, 99
Besetzung 29, 48, 97, 105, 165 f.
  s. a. Wahrnehmungsbesetzung
- libidinöse 46, 70, 127, 132, 137
- narzisstische 46 f., 51
Bestrafung 148, 151, 251, 259
  s. a. Belohnungs- u. Bestrafungspläne;
  Belohnungs- u. Bestrafungsstrukturen
Bewegungsprogramm 197, 256
Bewertung, emotionale 205
Bewusstsein
- Bewusstseinsenge 111
- Bewusstseinslage 7, 204, 208, 214 f., 218, 221
- Bewusstseinsprozesse 109–130, 215
- Bewusstseinsstrom 160, 234
- Bewusstseinsstufen 111 f.
- Bewusstseinstrübung 200
- Bewusstseinsverlust 200 f.
- Bewusstseinszustände 113, 210, 243
- phänomenales 243
- Regulation des Bewusstseins 219
Bewusstseinsmodell, kognitives 243
Bewusstwerdung 241
Beziehungsaufnahme 30, 252
Beziehungserfahrung 146, 265
Beziehungsmuster 24
Bindung, Bedürfnis nach 139
Bindungsaufgabe 246
Bindungsfähigkeit 73
Bindungsschicksal 137
Bindungstheorie 6, 40, 57, 79
Biologisierung 59
Botenstoffe 177
Broca'sche Sprachregion 253

Charakterneurose s. Neurose
Cochleaimplantate 206
Computational Neurosciences 185
Computertomografie 184
Cortisol 193

Daten 88
- Angemessenheit 89
- Datenquellen 88
Demenz 184, 194, 196, 221
Dendriten 177 f., 181

Denken
- Denkformen 82, 163 f.
- Denkmodus des Kindes 166
- Denkmuster 159, 166 f.
- Denkvorgang 106, 123
- hermeneutisches 86
- konkret-operationales 161
- motiviertes 106
- primärprozesshaftes 165 f.
Denkformen 7, 163–166
Denkoperationen
- formale 163
- konkrete 163
Denkprozesse
- des Kindes 162
- rationale 165
Depression 134, 146, 182, 186, 191–194, 200
- agitiert-depressives Syndrom 192
- endogene 10, 192 f.
- gehemmt depressives Syndrom 192
- neurotische 24, 193
- Persönlichkeit des Depressiven 167
- somatisierte 192
- wahnhaft-depressives Syndrom 192
Deutungsmuster 86
Dialog 34, 57, 71, 83, 90, 93, 157, 164, 168
- dialogischer Forschungsansatz 89
Diskurs 89 f., 172
Disposition 62, 64, 92, 181, 187
Dopaminrezeptoren 187, 189, 221
Dritte-Person-Phänomen 215
Dualismus 32, 38, 52, 175
Durst 105, 107, 135, 137, 177, 207, 222, 225 f., 229, 231–233, 235
Dynamische Rekategorisierungen
  s. Rekategorisierungen

Egozentrische Phase 163
Elektroenzephalogramm (EEG) 95, 114, 210, 219
Emotionen 142–146, 229, 258–262
Empfänger s. Kommuniaktion: Empfänger
Entwicklungsaufgaben 10, 49, 68
Entwicklungsphase, orale 164
Entwicklungspotenzen 96
Entwicklungsprozess 28, 51, 147, 160, 237, 240
Entwicklungspsychologie 10, 97, 102, 104, 162
Entwicklungstheorien 6, 46, 50, 52–57, 68, 73, 140, 163
Epigenetisches Prinzip 103
Epilepsie 7, 10, 180, 184, 194, 197, 200–202, 206
- konvulsive 201

- partielle 200–202
- primärgeneralisierte 200 f.
Erbe und Umwelt 180
Erfolgsmessung 88 f.
Erinnerungsspuren 43, 106, 120, 156
Erkenntnis 85, 86, 90, 100
Erogene Zonen 136 f.
Erste-Person-Phänomen 215
Erwartungsstruktur 160
Erzählung 97
Exploration 98, 233
Exterozeption 127, 229

Falldarstellung 75–77, 82, 91, 93, 99
Fixierung 39 f., 96, 103
- traumatische 74, 156
Formatio reticularis 180, 208, 210, 222, 254, 264
Forschung 143 s. a. Psychoanalyse: Forschungsmethoden
- empirisch-psychoanalytische 83
Frontalhirn 205, 251
Funktionelle Zustände 208

Ganzobjektvorstellungen 241, 244, 251 s. a. Objektvorstellungen
Gedächtnis 9, 43, 148, 156–158, 161, 194–196, 243–252
- Abbildtheorie des Gedächtnisses 156
- Arbeitsgedächtnis 213, 250 f., 253
- autobiographisches 157
- emotionales 249
- episodisches 243
- explizites 194, 196, 249
- explizites Wissensgedächtnis 250
- Gedächtniskonsolidierung 213, 251
- implizites 196, 249
- implizites Gewohnheitsgedächtnis 249
- Kurzzeitgedächtnis 111, 219, 221, 246
- Langzeitgedächtnis 161, 250
- prozedurales 196, 249
- Verhaltensgedächtnis 247 f.
Gefühllosigkeit 191, 262
Gegenstandsangemessenheit 87 f.
Gegenstandsschema s. Schema
Gehirn s. Hirn
Gestaltwahrnehmung 235, 238
Gesundheit 6, 59, 63, 66–68, 124, 127
Gliazellen 177, 181
Grimassieren 258
Großhirn s. Hirn

Grundbedürfnisse, biologische 205
Grundmotive, biologische 148

Habituation 215, 225, 248
Handeln s. a. Probehandeln
- ethisches 262
- kommunikatives 253
- konditionale Handlungen 97
- Kontrolle 262
- soziales 69
- strategisches 253
- zielgerichtetes 252 f., 262–264
Handlungsmuster 10, 36 f., 45, 108, 121, 138, 140, 151, 158, 176, 203, 229, 237 f., 252, 262
Handlungsplanung 205, 253, 262, 265
Handlungssprache 43, 97
Handlungssteuerung 149, 176, 196, 228, 252, 265
Hilflosigkeit 70, 127, 142
Hippocampus 180 f., 193 f., 205, 213, 217, 221, 238, 248, 250 f., 255, 259 f.
Hirn, Gehirn 186, 205
- Gehirnentwicklung 40, 160, 166
- Großhirn 171, 180
- Hirnmorphologie 184
- Hirnrinde 181 f., 184, 205, 219, 223 s. a. Kortex
- Hirnverletzungen 194, 234
- Stammhirn 180, 260
- Unterteilung 179
Homöostase 135, 177, 225, 231
Hunger 50, 105, 107, 135, 137 f., 161, 177, 207, 222, 225 f., 229, 231–233, 235
Hypnose 81, 113, 168, 186, 215, 218
Hypothalamus 176, 180, 192, 205, 210, 217, 219, 221–223, 225 f., 228, 231 f., 255, 258 f.

Ich 19–22, 28, 30, 32, 36, 40 f., 50, 55, 76, 104, 110, 162, 165
- autobiographisches 237 f.
- Erlebnis-Ich 237 f.
- ethisches 237 f.
- Ich-Funktionen 22, 96, 129, 157, 158
- Ich-Identität 67 f.
- Ich-Reifung 79
- Ich-Steuerung 149
- Ichentwicklung 78
- Körper-Ich 219, 238
- reifes 148
Ich-Psychologie 5, 11, 18, 22 f., 29, 33, 55, 79, 94, 96, 136, 146, 157–168
Ichstruktur, audioverbale 241

Sachregister ■ 293

Identität 24, 68 s. a. Ich
Illustratoren 145 f.
Impulsdurchbruch 127
Individualität, personale 149
Informationen
– exterozeptive 208
– interozeptive 208
Informationsaufnahme
– afferente 222
Informationsverarbeitung 96, 111, 113, 175, 177, 182, 196, 205, 221, 232–252, 262
Inhaltsbewusstsein 215
Instinkthandlungen 108, 259
Instinktverhalten 212
Institutionalisierung 98
Integrationshierarchie, neuronale 104
Interaktion 137
– des Neugeborenen 138
– kommunikative 93
Interaktionspathologie 79–81, 100, 143
Interaktionsprozesse 79
Interozeption 7, 127, 176 f., 210, 214, 228 f., 231
– interozeptive Informationen 251
Introjektion 42, 74, 154
Intuitive Phase 163
Ionenkanäle 177, 179, 219

Kalziumkanäle 219
Kernselbst 140
Kognition 7
Kognition, kognitiv 9 f., 158, 161, 241
– kognitive Fähigkeiten 138, 196
– kognitive Funktionen 204
– kognitive Schemata 162
– kognitive Vorgänge 151
Kognitiv-behaviorale Therapie (KBT) 71 f.
  s. a. Behaviorale Therapie
– Kontraindikationen 72
Kognitive Entwicklung, Stadien 162 f.
Kognitive Wende 156, 166, 168
Kommunikation 84, 191, 252
– affektive 134
– außersprachliche 252
– Empfänger 145, 252
– komplexe Kommunikationsprozesse 156
– Sender 145, 252
– sprachliche 252
Komorbidität 78
Kompromissbildung 76 f., 130
Konditionale Handlungen s. Handeln
Konditionierung 149

– emotionale 71
– instrumentelle 248
– klassische 151 f., 154, 248 f.
– operante 152, 248
– semantische 151
Konflikt
– bei Psychoneurosen 76
– innerseelischer 64, 76, 122
– Konfliktmodell 75, 104
– neurotischer 64, 76
– ödipaler 77
– psychoanalytischer 79
– psychoanalytische Theorie des Konflikts 78
– psychotischer 190
– traumatischer 71 f.
– Triebkonflikt 77 f., 190
– unbewusster 73, 86, 168
Konfliktpsychologie s. Psychologie
Konsolidierung 49, 55, 94
– von Gedächtnisinhalten 213
Konstitutioneller Faktor 92
Konstruktionsprozess 157
Konstruktiver Akt s. Akt
Konsumatorischer Akt s. Akt
Körperbedürfnisse 120, 137
Körpersprache 86, 145, 259
Kortex s. a. Hirn, Gehirn: Hirnrinde
– Assoziationskortex 221, 238, 253, 254
– assoziativer 205, 250
– cingulärer 264
– entorhinaler 199, 221, 251
– frontaler 221, 256, 263
– orbitofrontaler 238, 253 f., 265 f.
– perirhinaler 221
– perisylvischer 251 f.
– posteriorer 234, 238, 263
– präfrontaler 253
– prämotorischer 256
– somatosensorischer 256
– supplementärmotorische Areale 238, 253, 256, 258, 263
Kortiko-thalamische Verknüpfungen 239
Krämpfe, tonische 258
Krankengeschichte 11, 91–93
– und selektive Darstellung 93
Krankheit 60, 66 f., 75, 122, 151, 183–202
– behaviorale Konzeption 62
– Krankheitsgeschehen 65, 166, 185, 189
– Krankheitsmodelle 64, 88 f., 167, 185–187, 191, 194, 196
– Krankheitstheorie 7, 25, 59, 61, 66, 91 f., 103

Krebsleiden 15
Kurzzeitgedächtnis s. Gedächtnis

Langzeitgedächtnis s. Gedächtnis
Läsionen 177, 183, 194, 204, 221, 241, 247, 251, 260, 265
Lebensgeschichte 91, 92
Lernen 7, 9 f., 59, 103, 138, 149, 151–154, 156, 229, 235, 247–250
– assoziatives 248
– durch Erfahrung 152
– emotionales 259
– Lernvorgang 71, 248
– Modell-Lernen 151
– operantes 71
– optimales 96
Lerntheorien
– behaviorale 151
Libido 14, 38–40, 46, 77, 90, 103, 132, 136 f., 146 f. s. a. Besetzung
– libidinöse Stufen 132
Libidotheorie 39, 53, 91, 136, 161
Limbisches System 259, 260
Limbische Strukturen 233, 247 f., 251
Lobotomie 186
Lokalisationstheorie 204
Lokomotionsgeneratoren 206
Lustimpulse, unbewusste 226
Lustprinzip 14, 20 f., 32, 36–37, 41, 46, 50, 74, 103, 105 f., 122, 124, 131, 148, 154

Magnetresonanztomographie (MRT, fMRT) 184 f., 195
Mandelkern (Amygdala) s. Amygdala
Mentalisierung 34, 161
Mesolimbisches System 187, 226, 248, 259
Metapsychologie 5, 10, 30–33, 81 f., 98, 101 f., 104, 130, 165, 168
Methodenproblem 95
Monoamine 192 f.
Motivation
– Motivationsformen 10, 59, 138–141
– Motivationssteuerung 119, 141, 148, 214, 225 f., 228
– Störungen 204
Motivationsformen 6
Motivationssteuerung 7
Motivationssystem(e) 138–142, 146, 148
–, Hierarchie 147
– aversives 140
– emotionales 139

Motivationstheorie 6, 97, 133, 136, 146 f.
Motivationszyklus 105, 133–135, 229
Motoneurone 200, 256
Mutter-Kind-/Säugling-Dyade 23, 54, 79, 105, 139, 225
– Erweiterung zur Triade 139

Nahrungsaufnahme 225–228, 232
Narrativ 93, 99
Neglektsymptome 256
Neidgefühl 137
Nervensystem 10, 138, 171–184, 189, 248
s. a. Zentralnervensystem
– Entwicklung 179–182
– vegetatives 176 f., 225
Neugier 131 f., 135, 147, 231, 233
Neuigkeitsdetektion 202, 251
Neuralrohr 179
Neuroanatomie 171, 204
Neurobiologie 7 f., 10, 82, 97, 100, 134 f., 157, 171, 174 f., 185, 203 f., 206, 252, 255–258
Neurodynamik 203
Neuronenmodell 229
Neuropathologie 184
Neuropsychoanalyse 10, 82, 171, 203 f., 262
Neuropsychologie 10, 204, 248, 258–262
Neurose 14, 39, 61, 75, 79, 91 f., 133, 158
– Aktualneurose 61, 75, 77
– Angstneurose 75 f.
– Charakterneurose 64
– depressive 65
– Impulsneurose 64
– narzisstische 64, 91
– Organneurose 62, 64
– Psychoneurose 64, 75 f.•
– traumatische 64, 75, 146
– Übertragungsneurose 64, 156
– Zwangsneurose 40, 42, 64, 75, 183
Non-REM-Schlaf 117, 127 s. a. REM-Schlaf
Normalwissenschaft 94–97
Novelle 82, 99

Objekt
– reales 190
– verlorenes 22
Objektangemessenheit 100
Objektbeziehungen 5 f., 23, 40, 46, 48, 52, 54, 68, 70, 75, 78, 136, 157, 166
s. a. Teilobjektbeziehungen
Objektbeziehungstheorie 5, 6, 11, 18, 23 f., 37, 54, 74, 79–81, 137, 157

Objektkonstanz 51, 55, 163
Objektvorstellungen s. a. Ganzobjekt-
  vorstellungen
– narzisstische 251
Objektwahrnehmung 251
Ödipuskomplex 14, 47, 54
Ökonomisches Modell 103
Organneurose s. Neurose
Orientierungsreaktion 113, 210, 215, 219, 223–225, 246
Osmorezeptoren 231
Oszillationen 181
– Gammaoszillationen 213
– Netzwerkoszillationen 213

Paradigma
– biologisches 98
– cartesianisches 90
– humanistisch-existenzielles 98
– kognitives 98
– lerntheoretisches 98
– psychoanalytisches 103
Paraphilien 65
Parese
– schlaffe 200
– spastische 200
Parkinson-Syndrom 184, 189, 196–199, 206
Pathophysiologie 60, 66, 183, 186
Patient
– im psychoanalytischen Setting 35, 156, 159, 168
– split brain-Patienten 246, 259
– und Angstfreiheit 76
– und Kompetenz 168
– und Schizophrenie 190
– und Therapeut 91, 93, 97, 123, 164
Personale Individualität s. Individualität
Perversionen 64 f., 134
Phi-System 229, 234 f., 243
Phobie 64, 75 f.
Poliklinik 15
Positronenemissionstomographie (PET) 184 f., 192, 195
Prädispositionen 167
Präoperationale Periode 163
Prävalenz 191
Primärprozess s. Primärvorgang
Primärvorgang 20, 28, 35–37, 115, 118, 121, 123 f., 162, 164–166
Probehandeln 36, 45, 165, 263
Problemlösestrategien 164

Projektionen 25, 43, 49, 54, 265
Psi-System 229, 235, 242
Psychiatrie 60, 63, 110, 130, 183, 186, 206
Psychische Energie, Bindung 28, 37 f., 130–136, 165
Psychischer Apparat 27 f., 70, 74–76, 96, 104, 119–121, 156, 165, 206
Psychoanalyse 15 s. a. Neuropsychoanalyse; Psychosomatik
– Bindungstheorie 6
– Grundlagen 5
– Krankheitslehre 6
– Neuropsychoanalyse 7 f.
– Normalwissenschaftliche Theorien 6
– Perspektiven 5
– Psychologische Grundlagen 6
– Sozialwissenschaft 5
– Theoriegeschichte 5, 13
– Verbreitung 5
– Affektentladung des Subjekts 107
– als konnotative Theorie 101
– als Naturwissenschaft 95
– als Paradigma 98
– als Vertiefungsrichtung 9, 98
– amerikanische 136, 146
– Basiswissen 9
– Bedeutung des Unbewussten 119
– Behandlungszeit 84
– Beobachtungsdaten 91
– Denkformen 163
– deutsche 16
– Entwicklungsaspekte 10
– Erfahrungsgehalte 133
– Erforschung der Psychoanalyse 95
– Forschungsmethoden 83, 90, 94, 99, 101
– Fortschritt 91
– Freud'sche 16
– Gedächtnissysteme 243, 247
– genetisches Modell 103
– Geschichte 13, 17, 40
– Grundlagen 10, 59, 95, 97, 105
– Institutionalisierung 17, 101
– Junktimmodell 90, 93
– klassische 47, 73
– klinischer Vorteil 91
– Kommunikation 262
– Konzepte 96, 118
– Krankheitslehre 10, 75, 88
– Kritik an der Psychoanalyse 94
– Lerntheorie 154
– Metatheorie 96, 97

Sachregister

- Motivationstheorie 133
- normalwissenschaftliche Theorien 94
- Pionierphase 14, 94, 98
- Realitätstypus 99
- Richtungen 18
- Selbstdefinition 95
- Strukturbildung des Ich 240
- Struktur und Funktion 6
- Struktur und Funktion der Psyche 94–96
- Theoriegeschichte 10 f., 13
- topographisches Modell 19 f., 76, 104, 109–111, 118–123
- Traumvorgänge 162
- Triebtheorie 133
- und kognitive Deutungsarbeit 110
- und narrative Verständigung 99
- und Psychoboom 98
- und Sozialwissenschaften 17, 100
- Wahrnehmungsoberflächen 234
- Weiterentwicklung 233
- wichtigster Bezugspunkt 122
- zentrale Hypothesen 40

Psychogenese 76, 186
Psychologie *s. a. Entwicklungspsychologie; Ich-Psychologie; Selbstpsychologie*
- klinische 62, 87, 98–103
- Konfliktpsychologie 21
- Tiefenpsychologie 98

Psychomotorik 197, 257
Psychoneurose *s. Neurose*
Psychopathologie 14, 60, 119, 146, 183, 217
- des Alltagslebens 247

Psychose 60, 65, 75, 79, 91, 133, 189 f., 221
Psychosexuelle Entwicklung 14, 48 f., 52, 103, 132
Psychosomatik 85
Psychosomatose 62, 133
Psychotherapieforschung, ökonomische 86–89
Pyramidenzellen 181

Qualitätskontrolle 88
Quantifizierung 86 f., 89 f.

Reaktionsbereitschaft, neurotische 92
Realitätsprinzip 21, 32, 36 f., 41, 46, 124, 154
Realitätsprüfung 22, 37, 42, 50, 127, 158
Reflexphysiologie 131
Regression 39 f., 42, 75, 77 f., 103, 108, 127, 190 f.
- topische 118

Regulatoren 145
Reifungsentwicklung 34, 48, 50, 56 f., 146, 162, 264

Reifungsschichten 148
Reinszenierung 24
Reiz
- Paarung von Reizen 248
- Reizaufnahme 164, 207 f., 234, 237, 241
- Reizschutz 70, 73, 126, 164, 244, 247
- Reizüberflutung 64, 70, 74, 133 f., 215
- sensorischer 102, 153

Reiz-Reaktionsbeziehung 153, 156, 172
Rekategorisierungen, dynamische 157
Rekonstruktion 73 f., 80, 91 f., 119, 123, 128, 158, 212
REM-Schlaf 127, 212–214
  s. a. Non-REM-Schlaf
Repräsentanzen 35, 51, 76, 107, 135–137, 161
  s. a. RIG
Retikulärformation, retikuläre Formation
  s. Formatio reticularis
Retrograde Amnesie *s. Amnesie*
Rezeptoren 113, 172, 174, 176 f., 184 f., 189, 193
RIG (Repräsentanzen der Interaktion in generalisierter Form) 23, 161
Rindenfelder, unimodale 238, 243
Risikofaktor 62, 188
Rückzug 77, 80, 118, 140, 188, 191
- narzisstischer 241

Sachvorstellungen 31, 118, 156, 241, 244, 246, 264
  s. a. Wortvorstellungen
Salutogenese 66
Säuglingsforschung 25, 41, 54, 138, 157
Schema 138, 161
- dysfunktionales 167
- Gegenstandsschema 163
- kognitive Schemata *s. Kognition, kognitiv*

Schizophrenie 7, 10, 61 f., 64, 84, 106, 108, 121, 183, 186–191, 206, 221, 265
Schlaf *s. a. Non-REM-Schlaf; REM-Schlaf*
- Schlaflähmung 212
- Schlafperiodik 212
- Schlafzustand 164 f.
- Tiefschlaf 127, 165, 210–212

Schlaf-Wach-Rhythmus 127, 134
Schlaganfall 61, 104, 184, 194, 199 f.
Schuldgefühl 24, 50, 63, 74, 191
Schulstreitigkeiten 18
Sekundärfunktion 85, 164
Sekundärprozess *s. Sekundärvorgang*
Sekundärvorgang 5, 28, 35–37, 99, 108, 124, 162, 164–166
Selbstanalyse 13, 30, 102, 119 f.

Selbstanklage 22
Selbstbehauptung 139, 141, 164, 193
Selbstbewusstsein 149
Selbstobjekt 25, 50, 56
Selbstorganisation, affektive 148
Selbstpsychologie 5, 11, 18, 24 f., 37, 50, 55, 94,
 131, 138–142, 146–149
Selbstreflexion 101, 159 f., 215
Selbstregulation 79
Selbstwertgefühl 24 f., 51, 65
Semantische Verarbeitung 264
Sender s. *Kommunikation: Sender*
Sensitivierung 248
Sexualität 19, 29, 32, 39, 64 f., 91, 131, 137, 140,
 147, 161, 222
Sexualtrieb 226
Sexualverhalten 233, 259
Sexuelle Appetenz 233
Signalanalyse 204
Signalmoleküle 184
Sinnesinformationen, unimodale 205
S-I-R-Modell 173 f.
Sollwert 229, 232 f.
Spaltung 5, 30, 43, 54, 190
Speicherkapazität des organismischen Systems
 96
Split brain s. *Patient*
Sprach- und Interaktionsspiele 131
Sprachbildung 154, 215
Sprachentwicklung 263
Sprachfunktionen, exekutive 264
Sprachhandlungen 263
Sprachtheorie 79, 97, 154, 157, 161
Sprechen 130, 252, 262–266
– sprachloses 263
Sprechmotorik 197, 263
Sprechvermögen 263
Stadien der kognitiven Entwicklung 7
Stammzellen 181
Stimmungsschwankungen 191
Stimulus 150 f. s. a. *Behaviorale Therapie: Modell
 S-O-R-C; Reiz*
Störungen, psychische 70–80, 86–89, 187–195
Stressadaptation 259
Stressmodell 67, 74, 192
Stressverarbeitung 189, 193, 260
Striatum 249
Struktur 10, 95, 102–108
– der biologischen Funktionen 131
– intrapsychische 47
– neurodynamische 214

Strukturmodell 19–21, 28, 91
Strukturpathologie 64, 78, 79
Subjekt, gefährdetes 66
Substanzenlehre 109, 175
Sucht 64, 84
Symbolisierung 43, 117, 128, 161, 165, 190, 215,
 244
Symptomatik 187
Symptomentstehung 63, 72, 77, 89, 91, 123
Synchronisierungen 146
Syndrom, depressives s. *Depression*

Tagesreste 31, 102, 127, 128
Tagträume 103, 106, 119, 218
Tegmentum 225 f.
Teilobjektbeziehungen 244, 250
 s. a. *Objektbeziehung*
Teilobjektrepräsentanzen 241
Temporallappen, anterior 259
Theorieentwicklung 10, 18–33, 46, 52–58,
 66–80, 94–98, 102, 110, 203–206
Therapeut 88, 168
– und Patient 91
Therapeutische Optionen 206
Therapie
– rational-emotive 167
– stationäre 193
Tiefendimension 120
Tiefenhermeneutik 86
Tiefenpsychologie s. *Psychologie*
Tiefschlaf s. *Schlaf*
Todestrieb 34, 38, 136, 147
Topographie 102, 118–122
Topographisches Modell s. *Psychoanalyse:
 topographisches Modell*
Traum
– Schutzfunktion des Traums 74, 212
– Traumanalyse 107, 123, 128 f.
– Traumarbeit 31, 117, 124, 127–129, 166,
 214
– Traumbildung 123, 127 f.
– Traumdeutung 30 f., 108
– Trauminhalt 31, 118, 128 f.
– Traumprozess 123, 127 f.
Trauma-Modell 64, 71 f., 75, 122
Traumanalyse 6
Traumarbeit 6
Traumbildung 6
Trennung 18 f., 24
Triade, kognitive 167
Triebabkömmlinge 37, 118, 128–130, 137–142

Sachregister

Triebbefriedigung 20, 25, 102, 105, 108, 129, 133 f., 154, 162, 264
Triebdualismus 136
Triebe, abgeleitete 48–50, 108
Triebkonflikt s. *Konflikt*
Triebrepräsentanzen 76, 107, 215, 243
Triebtheorie 19–22, 45, 102, 131, 229
Triebwunsch 14, 19 f., 22, 24, 46 f., 73, 120, 127 f., 137

Überdeterminierung 92
Überich 19–22, 28, 30, 32, 41, 45, 47 f., 50, 55, 104, 110, 149, 154, 165, 238
– Aufbau des Überich 149
Überprüfbarkeit, empirische 83
Übertragungsbereitschaft 75
Übertragungsneurose s. *Neurose*
Unbewusstes 20, 29 f., 35–37, 98, 118–129, 167, 242–247
– dynamisches 20, 30, 45, 117, 127, 136, 215
Untersuchungsansatz, denotativer 87
Urteilsvermögen 214, 237

Vegetative Zentren 217, 225
Verben 263
Vererbung 33, 60, 185
Verdichtung 52, 118, 124, 128, 165, 166
Verdrängung, Theorie der 107
Verführungstheorie 19 f., 71, 73
Verhaltensänderung 108, 152, 153
Verhaltenstherapie s. *Behaviorale Therapie*
Verhaltenstherapie-Modell 62
Verschiebung 52, 107, 118, 124, 128, 165
Verstehen 56, 87, 90, 252, 262
Versuchsplanung 88–90
Verzerrungen, kognitive 168
Vigilanz 7, 222–225
Visuelles System 181, 235

Wachheitsgrad 206, 208
Wachheitskontinuum 217
Wachzustand 165, 185, 208, 210, 214, 217 f., 222 f.
Wahrnehmung 234–243
– selektive 93
– subliminale 102, 242
– Wahrnehmungsabwehr 110, 112 f., 117
– Wahrnehmungsanalyse 208, 210, 235, 238, 241 f.
– Wahrnehmungsprozesse 157
– Wahrnehmungssystem 27, 96, 110, 119, 156, 234, 242 f.
Wahrnehmungs-Reiz 117
Wahrnehmungsbesetzung 229
Wahrnehmungsoberfläche 7 f., 120, 228, 231, 234, 241 f.
– akustisch-optische 242
– äußere 64, 123, 147, 162, 173, 210, 218, 233–235
– innere 121, 131, 207, 210, 223, 233–235, 242
Weckreaktionen 223
Weckschwelle 130, 212
Weckträume 129
Willenshandlungen 253
Wirkfaktoren 61, 87, 151
Wirkungsmessung 88
Wissen, explizites 249
Wissensgedächtnis s. *Gedächtnis*
Wohlbefinden 66, 127, 148
Wortvorstellungen 31, 43, 118, 156, 190, 241, 244, 246, 264 s. a. *Sachvorstellungen*
Wünsche 46, 50, 52, 70, 119, 121, 149, 161, 165 f., 168, 263 s. a. *Triebwunsch*
– dynamisch unbewusste 31
– ödipale 47, 49
– sexuelle 49
– triebhabfte 19
– triebhafte 40
Wut 18, 23, 25, 56, 142, 207, 226, 231
Zeichensystem 85
Zelluläre Mechanismen 229
Zensor 110, 119, 122 f., 126, 241, 247
Zensur 20, 104, 124, 127–129
Zentralnervensystem (ZNS) 176, 180–182, 222, 231, 233 s. a. *Nervensystem*
Zielgerichtetes Handeln s. *Handeln*
Zwangshandlungen 76
Zwangsneurose s. *Neurose*
Zwangsvorstellungen 75 f.

Register der zitierten Schriften Freuds

Freud, S (1891b) Zur Auffassung der Aphasien. Hrsg. von P. Vogel, Frankfurt/M., 1992: 104
Freud, S (1894a) Die Abwehr-Neuropsychosen. GW, Bd. 1, 57–74: 63
Freud, S (1895f) Zur Kritik der »Angstneurose«. GW, Bd. 1, 355–376: 142
Freud, S (1898a) Die Sexualität in der Ätiologie der Neurosen. GW, Bd. 1, 491–516: 73
Freud, S (1900a) Die Traumdeutung. GW, Bd. 2/3: 28, 30, 32, 43, 102, 103 f., 107, 110, 117, 119 f., 124
Freud, S (1904a) Die Freudsche psychoanalytische Methode. GW, Bd. 5, 3–10: 168
Freud, S (1905d) Drei Abhandlungen zur Sexualtheorie. GW, Bd. 5, 27–145: 14, 33, 37, 52, 103, 119, 133, 136, 154
Freud, S (1905e) Bruchstück einer Hysterie-Analyse. GW, Bd. 5, 163–286: 14
Freud, S (1909b) Analyse der Phobie eines fünfjährigen Knaben. GW, Bd. 7, 243–377: 14
Freud, S (1909d) Bemerkungen über einen Fall von Zwangsneurose. GW, Bd. 7, 381–463: 14, 92
Freud, S (1911b) Formulierungen über die zwei Prinzipien des psychischen Geschehens. GW, Bd. 8, 230–238: 36, 107
Freud, S (1914c) Zur Einführung des Narzißmus, GW, Bd. 10, 138–170: 14, 25, 46
Freud, S (1914g) Erinnern, Wiederholen und Durcharbeiten. GW, Bd. 10, 126–136: 156
Freud, S (1915c) Triebe und Triebschicksale, GW, Bd. 10, 210–232: 38, 52, 76, 131, 133
Freud, S (1915d) Die Verdrängung. GW, Bd. 10, 248–261: 107
Freud, S (1915e) Das Unbewusste. GW, Bd. 10, 264–303: 20, 29, 32, 38, 73, 107
Freud, S (1915f) Mitteilung eines der psychoanalytischen Theorie widersprechenden Falles von Paranoia, GW, Bd. 10, 233–246: 190
Freud, S (1916–17a) Vorlesungen zur Einführung in die Psychoanalyse. GW, Bd. 11: 74, 76, 122, 133
Freud, S (1917e) Trauer und Melancholie. GW, Bd. 10, 428–446: 14, 22
Freud, S (1918b) Aus der Geschichte einer infantilen Neurose, GW, Bd. 12, 27–157: 92
Freud, S (1919f) Vorrede zur Diskussion auf dem V. Internationalen Kongreß in Budapest: Zur Psychoanalyse der Kriegsneurosen. GW, Bd. 12, 321–324: 90
Freud, S (1920g) Jenseits des Lustprinzips. GW, Bd. 13, 1–69: 14, 32, 34, 38, 74, 136
Freud, S (1923a) »Psychoanalyse« und »Libidotheorie«. GW, Bd. 13, 211–233: 162
Freud, S (1923b) Das Ich und das Es, GW, Bd. 13, 237–289: 20, 41, 104, 110
Freud, S (1924b) Neurose und Psychose. GW, Bd. 13, 387–391: 76
Freud, S (1924c) Das ökonomische Problem des Masochismus. GW, Bd. 13, 371–383: 14
Freud, S (1925a) Notiz über den Wunderblock. GW, Bd. 14, 3–8: 110
Freud, S (1926d) Hemmung, Symptom und Angst. GW, Bd. 14, 111–205: 40, 130
Freud, S (1930a) Das Unbehagen in der Kultur. GW, Bd. 14, 419–506: 14, 68
Freud, S (1933a) Neue Folge der Vorlesungen zur Einführung in die Psychoanalyse. GW, Bd. 15: 31, 118, 133
Freud, S (1937c) Die endliche und die unendliche Analyse. GW, Bd. 16, 59–99: 42
Freud, S (1937d) Konstruktionen in der Analyse. GW, Bd. 16, 43–56: 158
Freud, S (1940a) Abriß der Psychoanalyse. GW, Bd. 17, 63–138: 28, 110, 133, 164
Freud, S (1940b) Some elementary lessons in psycho-analysis. GW, Bd. 17, 139–147: 215
Freud, S (1950c) Entwurf einer Psychologie. GW, Nachtragsband, 375–486: 28, 81, 164, 187, 215, 229
Freud, S. (1895d) (zusammen mit Breuer, J) Studien über Hysterie. GW, Bd. 1, 75–312: 104, 168

Die Autorinnen und Autoren

Ehlers, Wolfram, Privatdozent, Dr. med, Dipl.-Psych., Psychoanalytiker (DPG, DGPT), Gruppenanalytiker (DAGG, mit Supervisionen beauftragt), FA Psychotherapeutische Medizin, Dozent am Institut für Psychoanalyse der DPG in Stuttgart (mit Supervisionen beauftragt). Von 1976–1986 Oberarzt und 1986–1995 stellvertretender Leiter der Forschungsstelle für Psychotherapie in Stuttgart. Mitherausgeber von Werken zur Psychologie und Psychotherapie/Psychosomatik sowie Verfasser zahlreicher Forschungspublikationen. Praxis als Psychologischer analytischer Psychotherapeut. Adresse: Birkenwaldstr. 132, D-70191 Stuttgart, Fax: (0711) 25 66 5 04. URL: http://www.dpg-stuttgart.de.

Heinemann, Uwe, Prof. Dr. med., seit 1998 Geschäftsführender Direktor des Institutes für Physiologie der Charité, 1999 Gründungsdirektor des interdisziplinären Neurowissenschaftlichen Forschungszentrums der Charité. 1994–1997 Prodekan für Lehre der Charité. Zahlreiche internationale Forschungspublikationen über Neurobiologie. Adresse: Tucholskystr. 2, D-10117 Berlin, Tel: (30) 450-5 28 1 52.

Holder, Alex, Dr. phil., Dipl.-Psych., Psychoanalytiker für Kinder, Jugendliche und Erwachsene. Er ist Ordentliches Mitglied der Deutschen Psychoanalytischen Vereinigung (DPV) und der British Psychoanalytical Society (BPS) und seit vielen Jahren Mitherausgeber einschlägiger psychoanalytischer Textbücher und führender internationaler Fachzeitschriften. Adresse: Körnerstraße 17, D-22301 Hamburg, Fax: (040) 410-56 87, E-Mail: alex.holder@dialeasy.de.

Rohde-Dachser, Christa, Prof. Dr. rer. pol., Dr. biol. hum. habil., ist Soziologin und Psychoanalytikerin und war von 1987–2003 Professorin an der Universität Frankfurt/M. Sie ist Gründerin und war Vorsitzende des Institutes für Psychoanalyse der Deutschen Psychoanalytischen Gesellschaft (DPG) in Frankfurt/M. sowie Lehranalytikerin der DPG und der IPA. Ihre zahlreichen Veröffentlichungen beziehen sich auf klinische Fragestellungen zur Krankheitslehre, weiblichen Entwicklung und auf Grenzbereiche von Psychoanalyse und Soziologie. Sie ist Mitherausgeberin der *Psyche – Zeitschrift für Psychoanalyse und ihre Anwendungen*. Adresse: Colmarstr. 2, D-30559 Hannover, Fax: (05 1 73) 92 1 45, URL: http://www.dpg-frankfurt.de.

Stenzel, Hannelore, Dr. med., Psychoanalytikerin (DPG), FA für Psychiatrie, FA Psychotherapeutische Medizin. Dozentin am Institut für Psychoanalyse der DPG in Stuttgart (Lehr- und Kontrollanalytikerin). Praxis als ärztliche analytische Psychotherapeutin. Adresse: Blumenstr. 50, 71397 Leutenbach. Fax: (07253) 67 2 73, URL: http://www.dpg-stuttgart.de.

39,50